海西求是文库

| 海西求是文库 |

演进与形塑：
青年公务员的社会认同

孙秀艳/著

D
EVELOPING and
SHAPING：
Social Identity of
Young Civil Servants

社会科学文献出版社
SOCIAL SCIENCES ACADEMIC PRESS (CHINA)

总　序

　　党校和行政学院是一个可以接地气、望星空的舞台。在这个舞台上的学人，坚守和弘扬理论联系实际的求是学风。他们既要敏锐地感知脚下这块土地发出的回响和社会跳动的脉搏，又要懂得用理论的望远镜高瞻远瞩、运筹帷幄。他们潜心钻研理论，但书斋里装的是丰富鲜活的社会现实；他们着眼于实际，但言说中彰显的是理论逻辑的魅力；他们既"力求让思想成为现实"，又"力求让现实趋向思想"。

　　求是，既是学风、文风，也包含着责任和使命。他们追求理论与现实的联系，不是用理论为现实作注，而是为了丰富观察现实的角度、加深理解现实的深度、提升把握现实的高度，最终让解释世界的理论转变为推动现实进步的物质力量，以理论的方式参与历史的创造。

　　中共福建省委党校、福建行政学院地处台湾海峡西岸。这里的学人的学术追求和理论探索除了延续着秉承多年的求是学风，还寄托着一份更深的海峡情怀。多年来，他们殚精竭虑所取得的学术业绩，既体现了马克思主义及其中国化成果实事求是、与时俱进的理论品格，又体现了海峡西岸这一地域特色和独特视角。为了鼓励中共福建省委党校、福建行政学院的广大学人继续传承和弘扬求是学风，扶持精品力作，经校委研究，决定编辑出版《海西求是文库》，以泽被科研先进，沾溉学术翘楚。

　　秉持"求是"精神，本文库坚持以学术为衡准，以创新为灵魂，要求入选著作能够发现新问题、运用新方法、使用新资料、提出新观点、进行新描述、形成新对策、构建新理论，并体现党校、行政学院学人坚持和发展中国特色社会主义的学术使命。

　　中国特色社会主义既无现成的书本作指导，也无现成的模式可遵循。

思想与实际结合，实践与理论互动，是继续开创中国特色社会主义新局面的必然选择。党校和行政学院是实践经验与理论规律的交换站、转换器。希望本文库的设立，能展示出中共福建省委党校和福建行政学院广大学人弘扬求是精神所取得的理论创新成果、决策咨询成果、课堂教学成果，以期成为党委政府的智库，又成为学术文化的武库。

马克思说："理论在一个国家实现的程度，总是取决于理论满足这个国家的需要的程度。"中共福建省委党校和福建行政学院的广大学人应树立"为天地立心、为生民立命、为往圣继绝学，为万世开太平"的人生境界和崇高使命，以学术为志业，以创新为己任，直面当代中国社会发展进步中所遇到的前所未有的现实问题、理论难题，直面福建实现科学发展跨越发展的种种现实课题，让现实因理论的指引而变得更美丽，让理论因观照现实而变得更美好，让生命因学术的魅力而变得更精彩。

中共福建省委党校 福建行政学院

《海西求是文库》编委会

序

本书作者孙秀艳副教授是我指导的博士研究生，她的博士学位论文得到了评审专家和答辩委员会专家的一致肯定，并被评为福建师范大学优秀博士学位论文一等奖。他在学习和研究过程中表现出来的勤奋刻苦、认真细致、踏实肯干给我留下了深刻的印象。《演进与形塑：青年公务员的社会认同》一书，是在其博士论文的基础上修改扩充而成的一部学术性较高的专著。作者在教育岗位上工作十几年来，一直从事社会学和思想政治教育的教学与研究，积淀了较好的学科理论基础和丰富的实证研究资料，为找到思想政治教育与社会学的有机结合点打下了良好的基础，最终结出丰硕的果实，可喜可贺。综观全书，具有如下几个特点。

一是选题具有很强的理论性和现实性。经济全球化浪潮和多元文化思潮的交融冲击，不仅使形成社会共识的难度增大，而且极易带来社会失范和社会失序，相应加大社会有效整合的难度。作为社会团结的思想基础，社会认同日益成为时代发展进程中的一个新课题，成为各门社会科学争相瞩目的新热点。而公务员又是当代中国炙手可热的职业，青年公务员作为万众瞩目的社会群体，其社会认同的具体状况对积极形塑我国广大社会成员共享的文化意义系统，对切实建设中华民族共有的精神家园，对努力构建社会主义和谐社会都具有重要的意义和作用。作者在回溯公务员群体社会认同的历史演进基础上，分析青年公务员群体对社会的主流意识形态、党的政策制度、自身的身份地位、利益分配格局等方面的认同状况，研究由此折射反映出来的青年公务员思想政治教育的实效性，思考什么样的青年公务员才能获得当代民众的广泛认同，进而探寻实现这种应然目标的各种形塑路径和具体机制。该选题视角新颖，全书结构合理，逻辑清晰，属于思想政治教育领域的前沿性问题，具有一定的学术价值和应用价值。

二是注重多学科交叉整合。多学科的交叉运用是作者一贯追求的研究方法，也体现了作者较为开阔的研究视野和较为宽厚的理论基础。本书较为熟练地运用了社会学、政治学、思想政治教育学的理论与方法，既搜集、梳理了大量的国内外相关研究资料，从各方面进行归纳概括，较好把握了这一选题的研究前沿和发展趋势，也在此基础上提出了自己的界定和见解，从多学科对核心概念"社会认同"进行了较为全面到位的阐释；既注重历史，又立足现实，在深入调查研究的基础上，掌握了丰富充实的第一手资料。

三是较好地使用了定量分析与定性研究相结合的研究方法。定量分析比较客观具体、相关数量维度的处理比较合理规范，定性研究部分比较准确、深入和到位，为定量分析提供理论背景与实践归因，定量分析的点与面的结合比较好。二者的结合为研究成果增色不少，保证了研究过程的实证性和可信度，并且为日后相关研究的深入开展提供了鲜活的新资料。

四是提出一些较有新意的见解。本书把社会认同理论引入思想政治教育领域，把研究重点转向思想政治教育界日常较少关注研究的群体，展现了作者颇有见地的研究视角；在描述性研究的基础上，概括得出青年公务员的社会认同具有复杂多样性、类型分化性、结构二重性和动态过程性等主要特征，也有作者自己的创新之处和学术特色；指出青年公务员的社会认同不仅是一种意识范畴，而且是一种实践范畴，不仅是一个内涵丰富的有机体系，而且从经济、政治、文化、社会等子系统剖析形塑青年公务员社会认同的生态环境，从价值引导方向、夯实发展基础、具体机制运作和制度建设保障等方面提出青年公务员社会认同的形塑路径，也具有一定的理论创新和应用价值。

毋庸讳言，本书虽然选取了一个比较好的研究视角，提出了不少有价值的观点，但仍有一些地方值得继续完善改进。比如，在青年公务员群体内部的比较分析上，在青年公务员群体与中老年公务员群体的比较研究上，在影响青年公务员社会认同的主观因素的剖析上，都可以进一步挖掘。在调查资料的定量分析研究上，也可以更为深入具体地展开。

科学研究是一项艰辛的劳动，要取得优异的成绩，需要付出巨大的代价。古今中外，无论是叱咤风云的政治家，还是学有所长的作家、学者，尽管他们成功的道路并不相同，但有一点是共同的，即勤奋刻苦，意志坚强。勤奋像一把开山斧，可以帮助人们打开知识宝库。希望作者把本书的出版作为学术生涯和人生旅程的一个新起点，在教学科研中博览群书、兼收并蓄、融汇贯通、目标专一、独立思考、不断追求，取得新的成绩！

"在科学上没有平坦的大道，只有不畏劳苦沿着陡峭山路攀登的人，才有希望达到光辉的顶点。"（马克思语）

是为序。

苏振芳

2012 年 11 月 8 日于福州香江枫景

目　录
Contents

绪　论

一　研究的缘起

　　作为社会成员共同拥有的信仰、价值和行动取向的集中体现，社会认同是社会团结的基础，是社会和谐稳固的价值源泉。在经济全球化浪潮和多元文化思潮的交融冲击下，社会认同日益成为时代发展进程中的一个新课题。由于"物理空间和社会空间的流动性和相对化从根本上抽空了社会认同所必须依赖的确定的参照群体"①，特别是"美国式商业文化给所有真正的民族文化和认同造成的威胁"②，认同分化、认同危机同时凸显于世界范围内不同发展程度的国家之中。因此，改善社会认同，加强社会整合，促进社会团结和良性运转是世界各国共同面临的重大现实问题之一。社会认同的相关研究已经引起国内外学术界的高度关注，成为哲学、社会学、心理学、政治学、人类学、民族学等多门社会科学共同涉及的热点领域。改革开放30多年来，中国整体的社会结构、社会形态、社会意识等都发生了不同程度的变化与发展。深入研究各个社会阶层、社会群体的社会认同，对积极形塑我国广大社会成员共享的文化意义系统，对建设中华民族共有的精神家园和构建社会主义和谐社会，都具有重要的意义和作用。

---

① 李友梅、肖瑛、黄晓春：《社会认同：一种结构视野的分析》，上海人民出版社、格致出版社，2007，第9页。

② 〔英〕戴维·莫利、凯文·罗宾斯：《认同的空间——全球媒介、电子世界景观和文化边界》，司艳译，南京大学出版社，2001，第71页。

如果针对各类社会群体的社会认同展开系统研究，就离不开宏大理论和大型社会调查的共同支撑，需要不同学科、各个领域的大量文献做基础，需要团队协作的研究分析做前提，绝非笔者个人的能力所及。本文选择青年公务员群体作为研究对象，主要基于以下几个方面的考虑：

首先，青年公务员群体作为公务员的中坚力量，是祖国、民族和党的希望与未来，是思想政治教育的重要对象。

青年公务员大都是通过严格的公务员招考进入工作部门，具有学历层次较高，文化素养较好，积极性创造性较强等主要特点。作为各个具体部门的业务骨干，他们往往直接参与政府各项政策措施的制定和实施，是社会主义事业的建设者和接班人，对这一特定人群开展富有针对性、实效性的思想政治教育至关重要。中国共产党历届党中央始终高度重视干部队伍的培育问题，从1982年到2007年，全国省市县三级党政领导班子成员的平均年龄分别下降了8.4岁、6.8岁和5.7岁。截至2007年底，全国机关干部中45岁以下的占71.5%，35岁以下的占30%；具有大专以上文化程度的占87.5%，比1978年提高了78.2个百分点。[1] 这不仅保证了党路线方针政策的深入贯彻落实，而且为党的事业兴旺发达和国家的长治久安奠定了坚实的组织基础。在当代中国公务员队伍中，仅35岁以下的青年公务员就占到56.8%。[2] 在数量上不愧是公务员群体的中坚力量。

但是长期以来，大学生、笼统的青年群体等是思想政治教育研究与实践的重点，青年公务员的相关研究并没有引起思想政治教育理论界的足够重视，更多的是来自实际部门的声音，如团中央等。而新时期党的中心任务的发展变化，青年公务员的特殊身份地位、当前的生活状态及自身发展的阶段性特征，特别是解决当前干部队伍中存在的突出问题、深化干部人事制度改革等，都对加强青年公务员的思想政治教育提出了迫切的新要求。[3]

---

[1] 《为了党的事业兴旺发达和国家的长治久安——全国培养选拔年轻干部工作综述》，来源：新华社，中央政府门户网站 www.gov.cn，2009年06月15日。

[2] 胡献忠：《论〈公务员法〉对青年公务员现代政治人格的塑造》，《天中学刊》2008年第4期。

[3] 孙秀艳：《青年公务员：思想政治教育的重要对象》，《福州大学学报》（哲学社会科学版）2010年第2期。

其次，青年公务员群体在当代中国社会阶层结构中的特殊身份地位，决定了其社会认同的建构对其他社会阶层中的青年群体，具有一定的典型引导和示范效应。

公务员制度的建立发展是我国干部人事制度改革的一项主要成果。作为"依法履行公职、纳入国家行政编制、由国家财政负担工资福利的工作人员"①，公务员这个特殊的社会群体能够在宪法法律允许的范围内，代表国家执行社会公共管理的职能，行使国家的行政权力，体现国家的行为意志。特别是有一定领导职务的公务员，更称得上是整个社会阶层结构中的主导性阶层，是当前经济社会全面发展和深化改革开放的主要推动者和组织者。如今，公务员堪称当代中国炙手可热的职业，这份重要而特殊的职业也使得公务员群体的一言一行都备受关注，对其他社会群体造成了一定的引导和示范效应。

随着越来越多的年轻人在社会政治生活领域中崭露头角②，青年公务员无疑是当代中国的精英群体。研究青年公务员的社会认同，主要不是探讨社会公众对青年公务员（年轻干部）的态度和评价，而是立足思想政治教育的视角，分析青年公务员群体对社会的主流意识形态、党的政策制度、自身的身份地位、利益分配格局等方面的认同情况，研究由此折射反映出来的青年公务员思想政治教育的实效性，思考什么样的青年公务员才能获得当代民众的广泛认同，进而探寻实现这种应然目标的各种形塑途径和具体机制。作为本应特别认同党的思想政治教育内容的精英群体，青年公务员的社会认同状况及其形塑，因其特殊的引导和示范意义，犹如当代中国社会认同构建的典型个案，可资其他社会群体建构社会认同时比较和借鉴，也可资其他社会群体开展思想政治教育时反思和改进。

此外，青年公务员的社会认同研究承载了笔者读博之初衷——为思想

---

① 《中华人民共和国公务员法》，党建读物出版社，2005，第1页。
② 2009年1月，广州公选干部任职公布，23岁硕士当街道办副主任［来源：大洋网（广州）］；2009年1月19日，宁波一挂职干部在湖南任代理县委书记［来源：宁波网（宁波）］；2009年2月23日，重庆两位"80后"女公务员赴韩国挂职锻炼［来源：重庆晚报社（重庆）］；2009年3月25日，"80后"女大学生刘荣华全票当选唐山市王潘各庄村村支书［来源：河北青年报（河北）］；2009年6月8日，昆明市对60名副县级领导干部进行任前公示公告，其中有30名"80后"［来源：人民网（北京）］。以上材料均出自网易新闻中心。

政治教育学科的跨学科发展尽一己绵薄之力，特别是找到一个思想政治教育与社会学的有机结合点。这既是笔者的研究兴趣所在，又能学以致用，对笔者在工作岗位上有效开展党政领导干部的思想政治教育培训工作具有一定的指导意义和应用价值。

二　研究的意义

当代青年公务员的社会认同研究不仅具有一定的理论意义，而且具有一定的现实意义。

首先，社会认同研究是思想政治教育学与社会学、政治学等其他学科有机结合起来的一个切入点，有利于推动思想政治教育学科建设的新发展。

思想政治教育学是在马克思主义指导下，以党的丰富的思想政治教育实践经验为基础，综合运用多门学科知识和方法建立起来的一门应用学科。立足新世纪新阶段的新背景、新特点，推进思想政治教育学科建设的新发展，需要一如既往地吸收相关社会科学乃至自然科学的研究成果。

社会认同研究源自社会心理学，又为社会学、政治学、人类学、哲学等学科的研究所推动、所发展，把这个概念范畴和理论视角引入思想政治教育学科，其一，有利于思想政治教育研究视野的拓宽与创新。只有不断超越学科边界化的束缚，不断汲取相关学科的最新成果，才能使现代思想政治教育学与时俱进，保持生机和活力。其二，有利于思想政治教育学科体系的丰富和发展，也有利于思想政治教育方式的转变与革新。当代中国的社会认同问题可以分解细化为不同社会阶层、各类社会群体的社会认同研究。这不仅是个理论问题，同时是关系着我国思想政治教育未来发展的实践问题。对作为思想政治教育对象的不同社会群体的社会认同问题，进行系统梳理和深入分析，将为我国思想政治教育学科理论体系的丰富、教育方式的革新等作出有益尝试。其三，有利于思想政治教育学科的现代化和科学化。思想政治教育的主体间性转向是时代发展的必然要求，是推进思想政治教育现代化、科学化的必然选择。社会认同研究符合主体间性转向的发展趋势，其立足时代背景的探讨分析展示了思想政治教育学科现代化的意识与努力；其科学借鉴经验的过程、强调主体性"接受"的立意则凸显了思想政治教育学科建设的科学化方向与发展。

其次，青年公务员群体社会认同的建构和形塑有利于化解认同危机、增强社会共识，有利于维持社会秩序的和谐稳定、促进社会系统的协调运转。

当代中国正在发生广泛而深刻的变革，目前处于而且在不短的一段时间内仍将处于社会转型的特殊过程中。在经济全球化的全面延展和社会转型深入化的叠加效应下，我国的社会思想空前活跃，社会价值日趋多样化，人们思想活动的独立性、选择性、多变性、差异性等明显增强，各种利益冲突、社会矛盾复杂地纠葛在一起，这不仅使社会形成较为一致的社会共识的难度增大，而且极易带来社会失范和社会失序，相应加大社会有效整合的难度。中国社科院 2006 年和 2008 年两次调查的结果显示，我国大部分居民已经感知到社会群体的利益冲突，在面对"我国各个社会群体之间是否有较大冲突"这个问题时，回答有一点冲突、较大冲突、严重冲突的居民都在 50% 以上。①

利益主导的趋势和民众阶层位距的拉开，还加速催生了社会成员在思维方式、价值理念、信仰追求、乃至身份问题上的认同危机，表现为个人归属感的缺乏、自我意义感的丧失、个体焦虑感的累积以及社会价值观的紊乱等。因此，在主体利益多元化、社会思潮多样化的冲击下，认同分化和认同危机使得社会认同也成为我国社会转型时期面临的一个现实问题。作为"衡量个体融入主体社会程度的一个重要维度"（密尔顿·戈登），作为"人们获得其生活意义和经验的来源"（曼纽尔·卡斯特），着力研究社会认同的具体状况是怎样的、是何以可能又是如何可能的，对于在社会生活中确立"道德的方向感"（泰勒），对于维持社会秩序的和谐稳定、促进社会系统的协调有机运转等具有重要的意义和作用。

综上所述，思想政治教育作为传播马克思主义、开展马克思主义理论教育的重要途径，首先离不开对社会现实生活中热点焦点问题的分析与把握。青年公务员的社会认同中有积极的一面，也有消极的一面，对公务员队伍建设乃至坚持中国特色社会主义发展道路有正面的促进作用，也可能产生负面的阻碍作用，对其进行科学、有效的引导，不仅具有较强的理论

---

① 2009 年《社会蓝皮书》发布暨中国社会形势报告会：中国网，2008 年 12 月 15 日。

意义和学科意义，而且具有相当的现实性和针对性。

三 研究现状综述

"认同"（identity）一词出现在当代社会生活的每个角落，"社会认同"不仅是日常争论中的常用语，而且身影布满从哲学、社会学、人类学、政治学、心理学到史学、地理学等学科领域，堪称"20 世纪 90 年代知识论战的统一架构"[①]。

（一）国外研究现状

通常所说的"社会认同理论"（social identity theory）源于欧洲，与欧洲一体化的特定历史文化背景相适应，是由欧洲社会心理学领袖式学者泰费尔（Taifel，1919 – 1982）等人在 20 世纪 70 年代提出的。但实际上，"既有的讨论社会认同的社会学和心理学文献，可以回溯到本世纪初以前。……它们在社会学对认同的建构和理解上，以及对社会理论而言，依然非常重要。"[②] 国外相关研究的现状可以大致归结为：

1. "认同问题"是国际社会科学不同学科热衷探讨的重要论题

国外对"认同"的关注历史久远。哲学中早有认同的相关论述，如：洛克 1694 年出版的《人类理解论》（*Essay Concerning Human Understanding*）第二版中，就包含了"同一与歧异"（*Identity and Diversity*）一章。[③] 自 20 世纪中期以来，当代认同成了哲学研究领域中的一个重要问题。如：加拿大当代著名哲学家查尔斯·泰勒在他的名著《自我的根源：现代认同的形成》（*Source of the Self*：*The Making of the Modern Identity*，1989）里对西方文化中自我认同观念的发展进行系统梳理，对现代认同的构成作出深入思考；又如，美国学者约翰·佩里在科学哲学和逻辑学的视野中对人格认同进行前沿探索。

---

① 〔英〕Richard Jenkins：《社会认同》，王志弘、许妍飞译，巨流图书有限公司，2006，第 10 页。

② 〔英〕Richard Jenkins：《社会认同》，王志弘、许妍飞译，巨流图书有限公司，2006，第 12 页。

③ 〔英〕Richard Jenkins：《社会认同》，王志弘、许妍飞译，巨流图书有限公司，2006，第 12 页。

　　心理学中，认同被译为"identity"或"identification"，最早由弗洛伊德提出，他把认同"看作是一个心理过程，是个人向另一个人或团体的价值、规范与面貌去模仿、内化并形成自己的行为模式的过程，认同是个体与他人有情感联系的原初形式"①。简言之，认同是指个人与他人群体或被模仿人物在感情上、心理上趋同的过程。埃里克森在此基础上明确提出了"自我同一性"的概念，不仅解释和阐述了认同，把同一性或认同看作"一种熟悉自身的感觉，一种'知道个人未来目标'的感觉，一种从他信赖的人们中获得所期待的认可的内在自信"②，而且将同一性划分成"自我同一性"和"集体同一性"两种。美国著名心理学家阿伦森认为，认同是一种对社会影响的反击，作出这种反应，是由于个人希望自己成为与施加影响者一样的人。在认同过程中，由于个体满意地确定了自己与所认同的个人或团体之间的关系，因而采取了一种与他人相同的行动。③ 美国《心理学百科全书》作出界定：认同是精神分析理论中的一个核心概念，指的是主体同化、吸收其他人或事，以构建自身人格的过程。

　　政治学中，美国著名政治学家亨廷顿则在感慨"'认同'这一概念既不明确，又不能不用，它具有多重意义，难以界定，无法用通常的尺度来衡量它的同时，认为'identity'的意识是一个人或一个群体的自我认识，它是自我意识的产物"④。但政治学主要还是在宏观层面上探讨"认同"问题，即在经济全球化背景下对认同分化趋势给民族国家带来的挑战进行理论回应。如：欧洲认同问题是在 20 世纪 70 年代进入社会科学研究者的视野；从政治伦理学的角度对认同问题进行系统研究的有法兰克福学派社会理论家阿克塞尔·霍耐特等。英国学者戴维·莫利也在"差异构成了认同"的前提下指出："界定种族集团至关重要的因素便成了该集团相对其他集团而言的社会边界……而不是边界线内的文化现实"。⑤ 总之，政治学侧重于分析纵向的民族认同、族群认同与国家认同的分裂，以及民族认同

① 梁丽萍：《中国人的宗教心理》，社会科学文献出版社，2004，第 12 页。
② Erik H. Erikson, Identity and life Cycle, New York：Norton, 1959, p. 118.
③ 沈晖：《当代中国中间阶层认同研究》，中国大百科全书出版社，2008，第 47 页。
④ 〔美〕亨廷顿：《我们是谁？美国国家特征面临的挑战》，程克雄等译，新华出版社，2005，第 20～21 页。
⑤ 〔英〕戴维·莫利：《认同的空间——全球媒介、电子世界景观和文化边界》，司艳译，南京大学出版社，2001，第 61 页。

内部的分裂，目前认同问题的研究已然成为公民社会理论研究架构中不可或缺的重要部分。

此外，20世纪90年代初以来，"认同"在国际民族学、人类学界出现的频率也越来越高。

2. 社会认同理论是当今世界社会心理学的主流研究之一

Theodorson在《现代社会学字典》中认为，认同是一种同化与内化的社会心理过程，它是将他人或群体的价值、标准、期望与社会角色，内化于个人的行为和自我概念之中。[①] 社会心理学家凯尔曼给认同所下的定义是：个人因为想要同另一个人或群体建立或维系一种令人满意的关系而接受影响时发生的。即认同是指由于喜欢某人或某群体而自愿接受他人的态度，虽然这还不是但已经接近自己的态度。[②]

概而观之，自泰费尔开启社会认同研究新思维以来，该理论先后在欧洲、加拿大、澳大利亚和美国等地得到充分重视和大量研究。

首先，在社会心理学的发展进程中，社会认同理论因其有别于当时占据主流地位的美国认知社会心理学，注重的是集体而非个体层面，所以被广泛用于解释欧洲一体化进程中国家、民族、宗教、语言等的心理认同问题，对于欧共体以及欧洲各国制定政策产生了非常显著的影响。社会认同理论在政治、经济、军事、外交、文化交流、宗教、组织行为、民族等领域均具有较强的应用价值，因此成为欧洲心理学本土化的重要成果之一，也是战后欧洲社会心理学家对世界社会心理学作出的最有意义的理论贡献。

其次，20世纪90年代以后，社会认同研究在美国生根发芽、发展迅速。据统计，有关社会认同理论的西文论文和专著在70年代大约57篇/部，到80年代大约317篇/部，而到90年代大约1343篇/部，其中1998年和1999年两年就有914篇/部公开出版或发表，使该理论获得了重要地位。[③] 仅仅历经十数年的时间，美国已当之无愧地成为社会认同研究的重

---

① Theodroson, G. A., and Theodroson, A. G., A Modern Dictionary of Sociology. New York, 1969, Vol. 85. 转引自张向东《认同的概念辨析》，《湖南社会科学》2006年第3期。

② 沈晖：《当代中国中间阶层认同研究》，中国大百科全书出版社，2008，第46页。

③ 杨宜音：《"社会认同的理论与经验研究"工作坊召开研讨会》，《社会学研究》2005年第4期。

镇所在，社会认同理论也相应发展成为美国社会心理学的主流理论之一。①

3. 社会认同的理论研究日益深化，实证研究不胜枚举

近年来，国外关于社会认同的理论研究日益深化，出版和发表了一系列有较大影响的相关论著，主要如：密尔顿·M. 戈登的《在美国的同化：理论与现实》、曼纽尔·卡斯特的《认同的力量》、安东尼·吉登斯的《现代性与自我认同》、戴维·莫利和凯文·罗宾斯的《认同的空间——全球媒介、电子世界景观和文化边界》、乔森纳·弗里德曼的《文化认同与全球化过程》、安德森的《想象的共同体》、哈罗德·伊罗生的《群氓之族：群体认同与政治变迁》、阿兰·图海纳的《我们能否共同生存——既彼此平等又互有差异》等等。

与社会认同理论的强劲发展势头相适应，以之为指导的实证研究在社会科学领域更是不胜枚举。比如，集体行为是社会认同理论应用的一个重要领域，关注不同群体的社会认同问题及其影响是该理论发展的一个新趋势。该理论自其诞生之日起，国外研究普遍反映出对于种族中心主义、种族歧视等群体间冲突的多方关注，由于"社会认同在自我概念中处于中心位置，它会提醒他们——他们不是谁"②，因此社会认同在种族问题研究中得到了广泛应用。Sidanius 等人对美国加利福尼亚大学洛杉矶分校（UCLA）中有种族倾向的学生群体进行追踪研究，结果发现种族群体成员的身份提高了他们的种族认同感，从而也增加了种族之间的偏见以及对种族群体间矛盾的知觉。③

此外，国外的社会认同研究还注重集体、群体认同的发展过程。比如，研究企业组织情境中的社会认同问题。因为组织中的社会认同有利于组织成员遵守群体内的相关规则，从而获得群体内他人的尊重和喜爱，所以有助于保持组织群体内人际关系的和谐。Ashforth 和 Mael、Scott 和 Lane

---

① 赵志裕、温静、谭俭邦：《社会认同的基本心理历程——香港回归中国的研究范例》，《社会学研究》2005 年第 5 期。

② 涂薇、余嘉元、夏春：《分离中的社会认同》，《安徽农业大学学报》（社会科学版）2008 年第 3 期。

③ Sidanius J., Laar C. V., Levin S., Sinclair S. Ethnic Enclaves and the Dynamics of Social Identity on the College Campus: The Good, the Bad, and the Ugly, Journal of Personality Social Psychology, 2004, 87 (1): 96 – 110. 转引自张莹瑞、佐斌：《社会认同理论及其发展》，《心理科学进展》2006 年第 3 期第 14 卷。

的研究认为，来自组织的吸引力不仅对其雇员有相当重要的影响，而且对潜在的求职者也能产生类似作用：人们供职于知名公司企业所能获得的心理优势就在于该企业已经成为雇员社会认同的一部分。①

（二）国内研究现状

在中国，Identity 一词有"认同""身份""属性"等不同的译法。我们选取国内学界最经常使用的"认同"一词，其意义可由"认"和"同"复合而成。"认"可理解为认识、认为、认可、认定等，具有主动性；"同"可理解为同一、同样、同类、整体等，具有归属感。其实汉语中的"认同"，表达的通常是 identification 和 identity 两个词的联合意义，② 也被译成同一性、统一性或身份。学者江宜桦认为认同有"同一、等同"、"确认、归属"以及"赞同、同意"这三层意思。③《现代汉语词典》中的认同是"认为跟自己有共同之处而感到亲切"。④《辞海》对认同的解释是，"认同一译'认定'，在心理学上指认识与感情的一致性。认为经过认同，形成人的自我概念。在社会学上泛指个人与他人有共同的想法。在人们交往活动过程中为他人的感情和经验所同化，或者自己的感情和经验足以同化他人，彼此产生内心的默契。分为有意和无意两种"。⑤ 整体而言，中国大陆对于社会认同理论的研究尚处于起步阶段，具体表现在：

1. 对社会认同的研究比较分散，但已呈现出多学科共同关注的态势

国内目前对社会认同的关注和研究，主要散见于哲学、政治学、社会学和人类学等学科中。

哲学是国内较早关注认同的学科，在理论研究中越来越热衷于讨论当代认同问题，但迄今为止并没有在"当代认同"概念意义的界定上获得突破。比如，韩震眼里的认同，就个体指向而言，指相信自己是什么样的人或信任什么样的人，以及希望自己成为什么样的人；就共同体指向来说，

---

① 涂薇、余嘉元、夏春：《分离中的社会认同》，《安徽农业大学学报》（社会科学版）2008年第3期。

② 贾英健：《全球化与民族国家》，湖南人民出版社，2003，第282页。

③ 江宜桦：《自由主义、民族主义与国家认同》，台北：扬智文化事业有限公司，1998。

④ 《现代汉语词典》，商务印书馆，2000，第1067页。

⑤ 夏征农主编《辞海》缩印本，上海辞书出版社，1989，第433页。

指个体对不同社会组织和不同文化传统的归属感。① 北京师范大学王成兵博士认为②：当代认同是"现代人在现代社会中塑造成的、以人的自我为轴心展开和运转的、对自我身份的确认，它围绕着各种差异轴（譬如性别、年龄、阶级、种族和国家等）展开，其中每一个差异轴都有一个力量的向度，人们通过彼此间的力量差异而获得自我的社会差异，从而对自我身份进行识别"。但是，当代认同问题的核心是价值观认同，或更直接地说，所谓身份感本身就是一种价值认同。因此，当代认同实际上是人的一种意义感。而就实践层面而言，在经济全球化时代，反映着核心价值观的当代认同又必将具体化为民族认同和文化认同。南开大学哲学系教授、博士生导师李淑梅指出：意识形态的运行离不开日常社会意识的认同，要真正达到对意识形态具体的、准确的把握，就要揭示意识形态与人们日常意识和普遍心理的内在联系，亦即要探讨意识形态的社会认同问题。③

政治学领域有众多文献从不同视角讨论了政治认同，特别是欧洲认同的形成问题，提出了不同的解释路径。李素华认为，认同是在与他者发生关系的过程中产生的，有认识同化之义，对某一现象承认、认可，并且自愿地按其规范行事。包括以下两方面：一是认为跟自己有共同之处而感到亲切，承认、认可和赞同；二是自觉地以所认可的对象的规范要求自己，按所认可对象的规范行事。④ 还有学者基于政治科学中的新制度主义，探讨了制度因素在认同建构过程中所起的关键性作用⑤。

社会学对社会认同的研究从 20 世纪 90 年代开始。主要集中在香港，如：林瑞芳、赵志裕等人（1998，2003，2004）关于香港青少年社会身份认同、地区国家认同的研究。⑥ 方文（2005）对北京基督新教的分析研究，则被认为是内地应用社会认同观点进行研究的开端。⑦ 我国社会学学者对

---

① 韩震：《论全球化进程中的多重文化认同》，《求是学刊》2005 年第 5 期。

② 王成兵：《对当代认同概念的一种理解》，《学习与探索》2004 年第 6 期。

③ 李淑梅：《意识形态与人的社会认同》，《学习与探索》2005 年第 5 期。

④ 李素华：《政治认同的辨析》，《当代亚太》2005 年第 12 期。

⑤ 范勇鹏：《欧洲认同的形成：功利选择与制度建构》，中国社会科学院 2008 年博士学位论文。

⑥ 赵志裕、温静、谭俭邦：《社会认同的基本心理历程——香港回归中国的研究范例》，《社会学研究》2005 年第 5 期。

⑦ 方文：《群体符号边界如何形成？——以北京基督教新群体为例》，《社会学研究》2005 年第 1 期。

认同的解释主要有：认同是"一种情感、态度乃至认识的移入过程"，[①] 具体而言，就是"一个人将其他个人或群体的行为方式、态度观念、价值标准等，经由模仿、内化，而使其本人与他人或群体趋于一致的心理历程"，[②] 在这个过程中，无论是别人被自己同化，还是自己被别人同化，都可以称之为认同。也有学者从身份认同的角度切入，指出："认同，即认为自我具有从属于某个群体的身份。无论是对具有情感的个人，还是对作为文化载体的群体来说，正是这种对身份的确认（认同）将'我者'与'他者'区别开来"。[③]

人类学界自 20 世纪 90 年代以来，在各种学术期刊上发表有关族群认同研究的论文越来越多，也有相关的专著出版。如：李远龙、黄淑聘、纳日碧力格、王明珂、张茂桂、马戎、张海洋和祁进玉等研究者的论著。[④] 胡启勇认为，认同作为人类学和文化学范畴，是指与人类社会相始终的、人类特有的一种认知方式和结果。[⑤]

可见，国内社会科学界对认同与社会认同问题日益关注，尽管不同学科的视角不一，但也使社会认同问题在理论与实证研究上呈现出多学科共同关注的多元化态势，并取得了显著的成绩。

2. 实证研究方面主要集中在民族认同和社会心理学领域

在我国，民族之间的和谐共处是一个重要的政治问题。基于此，社会认同理论能够在民族认同、民族刻板印象和民族偏见关系等研究方面，提供一定的理论支持。如：王亚鹏、万明钢对藏族大学生的民族认同，文化

---

① 费穗宇、张潘仕主编《社会心理学辞典》，河北人民出版社，1988，第 45 页。
② 张春兴编：《张氏心理学大辞典》，上海辞书出版社，1992，第 122 页。
③ 杨妍：《地域主义与国家认同：民国初期省籍意识的政治文化分析》，天津人民出版社，2007，第 6 页。
④ 李远龙：《认同与互动：防城港的族群关系》，广西民族出版社，1999；黄淑聘主编《广东族群与区域文化研究》，广东高等教育出版社，1999；纳日碧力格：《现代背景下的族群建构》，云南教育出版社，2000；王明珂：《华夏边缘：历史记忆与族群认同》，社会科学文献出版社，2006；张茂桂：《族群关系与国家认同》，（台北）业强出版社，1993；马戎：《民族社会学——社会学的族群关系研究》，北京大学出版社，2004；张海洋：《中国的多元文化与中国人的认同》，民族出版社，2006；祁进玉：《群体身份与多元认同：基于三个土族社区的人类学对比研究》，社会科学文献出版社，2008。
⑤ 胡启勇：《全球化语境中的现代文化认同建构》，《贵州民族学院学报》2004 年第 4 期。

适应与心理疏离感进行的研究①；秦向荣、高晓波、佐斌对中国 11 岁至 20 岁青少年的民族认同及其发展进行的研究等②。

社会认同理论源于社会心理学，2005 年 5 月 17 日至 18 日，中国社会科学院社会学所社会心理学室主办了"社会认同的理论与经验研究"工作坊，与会学者致力于通过研究本土的社会认同现象来验证和增补社会认同理论，无疑推动了中国社会心理学事业的发展③。我国目前正处在社会转型的特殊时期，社会流动中的社会融入、弱势群体社会地位的获得、在特殊文化背景下考察群体认同对群体态度和行为的中介作用等问题，都是社会认同理论本土化研究的重要课题。国内学者们特别注重抓住社会转型过程中的热点群体，将文献资料与田野调查相结合进行研究。如：张爱淑、袁迎菊的《高校女性管理者的自我认知与社会认同》；吕卫华《农村贫困大学生的社会认同与社会建构》；张娟，金娜的《当代中国中间阶层的社会认同分析》；尹书强、马润生的《城市流动儿童的社会认同困境及对策》；孟祥斐、华学成的《被动城市化群体的转型适应与社会认同——基于江苏淮安市失地农民的实证研究》等④。

3. 思想政治教育领域也日渐关注社会认同问题

新世纪以来，思想政治教育领域也日渐关注起认同和社会认同问题的研究，如：李冰的《试论思想道德教育中的个体认同和社会认同》⑤、周婷的《人文关怀：思想政治教育社会认同的必要支撑》⑥ 等。通过中国知网

---

① 王亚鹏、万明钢：《藏族大学生的民族认同及其影响因素研究》，《民族教育研究》2003年第 4 期。

② 秦向荣、高晓波、佐斌：《青少年民族认同的发展特点及影响因素》，《社会心理科学》2009 年第 2 期。

③ 杨宜音：《"社会认同的理论与经验研究"工作坊召开研讨会》，《社会学研究》2005 年第4 期。

④ 张爱淑、袁迎菊：《高校女性管理者的自我认知与社会认同》，《中国矿业大学学报》（社会科学版）2006 年第 4 期；吕卫华：《农村贫困大学生的社会认同与社会建构》，《青年研究》2007 年第 1 期；张娟，金娜：《当代中国中间阶层的社会认同分析》，《理论观察》2007 年第 2 期；尹书强、马润生：《城市流动儿童的社会认同困境及对策》，《山东省团校学报》2008 年第 1 期；孟祥斐、华学成：《被动城市化群体的转型适应与社会认同——基于江苏淮安市失地农民的实证研究》，《学海》2008 年第 2 期。

⑤ 李冰：《试论思想道德教育中的个体认同和社会认同》，《河北省社会主义学院学报》2002年第 3 期。

⑥ 周婷：《人文关怀：思想政治教育社会认同的必要支撑》，《求实》2008 年第 10 期。

数字出版平台进行"社会认同"的搜索统计显示，按学科类别分组的搜索结果中：中国政治与国际政治（73）、社会学及统计学（68）、行政学及国家行政管理（36）以及高等教育（29）这些领域最为关注社会认同的研究（括号中分别是该学科类别里的文献数目），思想政治教育领域也有16篇文献，分别来自报纸（1）、会议（1）硕士论文（1）以及期刊。通过中国期刊网搜索，结果较为一致。①

（三）已有研究的成果与不足

毋庸置疑，国内外所作的大量研究取得不少积极成果，主要可以归纳为：

1. 社会认同研究的时代背景和价值意义得到了较为全面的探讨和阐述

国内外不少学者从经济全球化的背景出发，探讨区域认同、文化认同、政治认同和社会认同，乃至于认同和国家安全的关系问题，"认同危机"的冲击备受关注。如：国内的韩震、潘一禾、俞楠、孔德永和吴永红等②。还有学者基于我国构建社会主义和谐社会和价值认同分化的时代背景进行探讨，如：赵金山、张书站，史炳军、马朝琦和张昭国等人的研究③。

2. 社会认同的基本概念和基本理论得到进一步的深化与拓展

国内社会认同理论的研究，注重基础理论的梳理与深化。如：王沛、刘峰的《社会认同理论视野下的社会认同威胁》；张莹瑞、佐斌的《社会认同理论及其发展》；周晓虹的《认同理论：社会学与心理学的分析路径》；方文的专著《学科制度和社会认同》④ 等。上海大学的李友梅老师围

---

① 搜索的时间为 2009 年 3 月初，现在应有所增加。

② 韩震：《论全球化进程中的多重文化认同》，《求是学刊》2005 年第 5 期；潘一禾：《多元认同方式与国际社会认同》，《杭州师范大学学报》（社会科学版），2008 年第 4 期；俞楠：《"文化认同"的政治建构：当代中国公共文化服务战略研究》，华东师范大学 2008 年博士学位论文；孔德永：《当代中国社会转型时期的政治认同问题研究》，山东大学 2006 年博士学位论文；吴永红：《分化与整合：全球化时代的社会认同》，《学术论坛》2008 年第 5 期。

③ 赵金山、张书站：《构建社会主义和谐社会的社会认同机制》，《河北学刊》2006 年第 5 期；史炳军、马朝琦：《危机与回应：和谐社会的文化认同》，《社会科学家》2006 年第 5 期；张昭国：《论和谐社会的话语宣传与社会认同》，《中共济南市委党校学报》2008 年第 1 期。

④ 方文：《学科制度和社会认同》，中国人民大学出版社，2008。

绕"转型期社会认同的重塑"这个主题，发表了一系列文章，如：《重塑转型期的社会认同》、《重塑社会认同与探索社会自我调适系统》等，还以美、德、日三国为例，出版了《社会认同：一种结构视野的分析》一书（李友梅、肖瑛、黄晓春著）。该书认为：社会认同是社会成员共同拥有的信仰、价值和行动取向的集中体现，本质上是一种集体观念；与利益联系相比，注重归属感的社会认同更加具有稳定性。因此作者"希望提出一个观察和治理基础社会认同失序的新的路径"①，并试图借鉴不同民族国家构造社会认同的一些经验性启示，探索中国社会认同建设的新思路。

国外社会认同理论本身的拓展，表现为对社会认同界定的进一步概念化和测量。包括利用社会认同概念中认知、情感、评价性这三个维度，检验群体规模、群体地位等群体特性的不同影响程度（Naomi Ellemers、Paulien Kortekaas 等）；对三种社会结构变量——可渗透性、群体地位合理性、稳定性与刻板印象关系进行研究（Maykel Verkuyten 等）；对社会认同的认知、情感、评价和行为维度与工作满意度、变动意向和工作卷入程度的关系进行考察（Rolf Van Dick）；详细比较群体认同的认知表征和个体身份认同的具体内容，证明价值观、情绪和人际关系概念等在更多情况下都是属于群体认同表征的主要内容（B. Ann Bettencourt 等）。②

3. 社会认同的研究出现新转向，研究视角从结构主义走向建构主义

近 10 年来，欧美社会心理学的研究范式逐渐走向融合，凸显了社会认同理论研究的新转向。如：对社会认同的研究转向认同的社会信息加工过程方面和认同的表现方式差异方面；对社会认同动机的研究也逐渐从自我激励转移到检验人们减少不确定性的动机以及寻找群体成员的资格意义；更加关注多文化背景下的社会认同研究；侧重于对社会认同内隐过程的分析；等等。由于社会认同理论早期关注研究的领域主要落在群体偏见和冲突方面，其解释分析也侧重于消极层面，因此，当前的社会认同研究重在应用社会认同的原理，发现阐释消除群体偏见或冲突的策略，比如通过群体接触和重新分类以消除群体偏见或冲突。这个新近的研究转向有利于消除社会对公务员群体的误解和仇视情绪无疑会对维护社会稳定发展起到积

---

① 李友梅：《重塑社会认同与探索社会自我调适系统》，《探索与争鸣》2007 年第 2 期。

② 涂薇、余嘉元、夏春：《分离中的社会认同》，《安徽农业大学学报》（社会科学版）2008年第 3 期。

极作用，对我国构建社会主义和谐社会具有重要的借鉴意义。

从社会认同研究的理论视角看，结构主义突出了认同形成的社会条件和限制，主要将认同看作相对固定、"客观"的外部社会结构范畴，或者是以此作为分类基础的主观定位，是在既定社会结构影响之下"去个人化"的过程，将自我视为典型的"群体内"成员的过程。从创立伊始，经典的社会认同理论就以内、外群体的二元结构对立为核心，尽管在这一理论传统的发展过程中，认同的多元性、复杂性逐渐受到关注，后来的派生理论依然是在坚持群体结构对立的基础上，来关注与研究社会认同的。直至20世纪90年代开始，伴随着社会建构主义视角在各社会科学领域的兴盛，社会认同研究中结构观的主导地位才逐渐让位于建构观。建构主义是将认同看作在社会文化历史情境中，个体与外界互动而发展出来的多元、动态的身份定位及其过程。认同既不是社会结构的附属品，也不是个人内在意图的产物。主要代表人物如 Gumperz、Bourdieu 和 Giddens（吉登斯）等①。

特别值得一提的是，国内外学术界都注重将文献资料与田野调查相结合，关注不同群体、情境中的社会认同问题及其影响，这为该领域的深入研究，提供了极好的参考价值。但是，学界目前的研究成果也还存在一些不足之处：

1. 缺乏明确而相对统一的概念界定

由于研究视角不一，对"社会认同"要么停留在日常生活层面的理解上，缺乏学理高度；要么侧重从自身学科背景、研究情境出发，各自定义，对什么是社会认同莫衷一是，使社会认同研究在某种程度上被泛化和模糊化。②

2. 缺乏跨学科的系统分析与综合把握

社会认同是社会学、人类学、政治学、心理学、民族学、哲学等共同关注的问题，但是学科联合、科际整合的论文较少，专著就更为鲜见。不同学科研究的切入点都较为单一，直接影响到研究的深度和广度。思想政治教育领域的相关研究更为薄弱，主要集中于从主流意识形态的认同危

---

① 高一虹、李玉霞、边永卫：《从结构观到建构观：语言与认同研究综观》，《语言教学与研究》2008 年第 1 期。

② 程丽香、孙秀艳：《社会认同：新农村文化建设之基石》，《理论与改革》2009 年第 5 期。

机，探讨社会主义核心价值体系的建构与认同。①

3. 缺乏宏观和微观、理论研究与实证研究的融会贯通

目前的社会认同研究，或是宏大的理论叙述从而陷入泛泛而论，或是局限于特定群体，微观实证有余而宏观研究不足。对社会认同的变迁、支撑和建构的研究缺乏沟通宏观和微观的中介层次，理论与实证研究的相辅相成亟待推进。

4. 缺乏对社会精英阶层（包括公务员群体）的关注与研究

中国自改革开放以来，利益主导趋势凸显，民众阶层位距拉开，思想价值认同分化。国内学者如：李春玲、张娟和金娜、沈晖、郭金山和车文博、邓治文和卿定文、方文、王春光、王毅杰和倪云鸽、王彦斌等人对社会急剧转型中的特定群体展开诸多的实证研究。② 如：中等收入阶层（中间阶层）和大学生、基督徒、女性以及弱势群体（流动农民、下岗工人）等的社会认同，但是学者们较少以社会精英阶层作为社会认同的研究对象，几乎没有涉及在国家社会生活中扮演重要角色的公务员群体的社会认同问题。由于不少学者把研究对象界定在范围更为宽泛的干部群体，故国内研究文献中直接以"青年公务员"为名的不过20几篇③，更缺乏以社会

① 李笃武：《社会转型期主流意识形态认同危机与对策》（2006）；李芬香《关于培养社会主义意识形态认同的思考》（2008）；高惠珠《社会核心价值观的构建与认同》（2007）；陶倩《社会主义核心价值体系认同现状调查》（2008）；肖浩《论增强公众对社会主义核心价值体系的认同》（2008）；邱仁富《社会主义核心价值体系认同论纲》（2008）；谢松明《论价值认同与社会主义核心价值体系的建构》（2008）等。笔者也曾从思想政治教育与社会学结合的视角探讨过《论社会主义核心价值体系的社会认同和社会动员》（2008）。

② 李春玲：《社会阶层的身份认同》，《江苏社会科学》2004 年第 6 期；张娟、金娜：《当代中国中间阶层的社会认同分析》，《理论观察》2007 年第 2 期；沈晖：《当代中国中间阶层认同研究》，中国大百科全书出版社，2008；郭金山，车文博：《大学生自我同一性状态与人格特征的相关研究》，《心理发展与教育》2004 年第 1 期；邓治文，卿定文：《大学生的社会认同状况研究——以某高校为例》，《长沙理工大学学报》（社会科学版）2006 年第 2 期；方文：《群体符号边界如何形成——以北京基督新教群体为例》，《社会学研究》2005 年第 1 期；王春光：《新生代农村流动人口的社会认同与城乡融合的关系》，《社会学研究》2001 年第 3 期；王毅杰、倪云鸽：《流动农民社会认同现状探析》，《苏州大学学报》（哲学社会科学版）2005 年第 2 期；王彦斌：《转型期国有企业员工的组织认同——一项关于当前国有企业员工组织认同的特点及其原因的调查分析》，《天府新论》2005 年第 2 期；程丽香、孙秀艳：《社会认同：新农村文化建设之基石》，《理论与改革》2009 年第 5 期。

③ 截至 2009 年 9 月，通过 CNKI 中国知网检索，文献名中有"青年公务员"的仅 8 篇；通过维普资讯网检索，约有 26 篇左右。

认同理论对青年公务员群体进行系统的研究。目前，国内学界对公务员的研究主要集中于公务员制度的建构完善和公务员素质能力的建设两大方面，前者包括了公务员管理机制、制度创新、国内外具体制度机制的比较借鉴①；后者包括了公务员广义上的素质能力建设，② 也包括了具体的心理素质、心理健康、形象塑造等③。近年来，公务员职业化、职业地位、角色定位④，以及公务员的思想状况、需要特征、职业道德、人格塑造、公务员精神和价值观建设等主观精神层面的问题，也引发了学者们的关注⑤。这些研究成果是笔者的深入研究的基础。

---

① 姜海如：《中国公务员管理机制研究》，华中师范大学 2002 年博士学位论文；李和中：《中国加入 WTO 与公务员制度的创新》，《天津行政学院学报》2002 年第 2 期；施康：《我国公务员录用、管理与退出机制的关系及整合研究》，南京农业大学 2006 年博士学位论文；邓岩：《英国公务员培训制度评述及其对我国的启示》，《管理观察》2009 年 3 月；娜琳：《中日公务员考核制度比较研究》，中央民族大学 2007 年博士学位论文；等等。

② 祁光华：《美国高级公务员的能力架构及对我国公务员能力建设的启示》，《探索》2005 年第 3 期；时美英、朱晓峰：《我国公务员素质现状调查分析及对策——以南京市公务员素质现状调查为例》，《前沿》2006 年第 9 期；李明斐：《公务员胜任力模型的构建与检验研究》，大连理工大学 2006 年博士学位论文；李和中、裘铮：《公务员能力素质建设的制度选择——以武汉市公务员能力素质建设为例》，《武汉大学学报》（哲学社会科学版）2007 年第 2 期；李静：《公务员能力理论与应用研究》，北京交通大学 2007 年博士学位论文；李和中、钱道赓：《中国公务员素质建设研究》，中国社会科学出版社，2008；等等。

③ 参见何颖《试论公务员形象的树立》，《中国行政管理》2001 年第 12 期；郑洪利、于霞：《青岛市中青年领导干部心理健康状况调查研究》，《健康心理学杂志》2002 年第 5 期；霍团英：《中青年处级干部心理健康及人格特征调查分析》，《中国健康心理学杂志》2004 年第 4 期；黄训美：《公务员心理健康问题及对策》，《发展研究》2005 年年第 1 期；卫琳、焦妍、赵定涛、梁樑：《我国不同级别公务员心理契约的差异性分析》，《公共管理学报》2007 年第 4 期；卫琳：《我国公务员心理契约问题研究》，中国科学技术大学 2007 年博士学位论文；张启航：《青年公务员的压力管理》，《山东省团校学报》2007 年第 5 期；毛秀娟：《公务员心理状况及其调适分析》，《中共浙江省委党校学报》2008 年第 5 期；黄训美：《公务员心理压力调查》，《领导文萃》2008 年第 4 期；王洁：《试论国家公务员形象的塑造》，《中共伊犁州委党校学报》2009 年第 2 期；等等。

④ 景亭：《中国公务员职业化问题研究》，南京师范大学 2007 年博士学位论文；沈传亮、王伟：《公务员群体的职业地位分析》，《国家行政学院学报》2006 年第 1 期；谢桂花：《论我国公务员的角色定位》，《甘肃行政学院学报》2005 年第 1 期；等等。

⑤ 谭建光、黄宇青：《青年公务员思想状况调查》，《中国人才》2007 年第 4 期；阳东辰、李苑凌：《青年公务员需要特征及激励对策研究》，《重庆大学学报》（社会科学版）2007 年第 1 期；万师：《谈公务员精神的文化传统底蕴》，《江东论坛》2006 年第 4 期；胡献忠：《论〈公务员法〉对青年公务员现代政治人格的塑造》，《天中学刊》2008 年第 4 期；严世雄：《当代中国公务员的价值观及其建设研究》，武汉大学 2005 年博士学位论文；等等。

四　研究思路方法与创新

(一) 研究思路

本研究围绕当前中国青年公务员的社会认同这一主题,沿着理论支撑和现实依据相结合的逻辑路线,首先在综述国内外研究现状的基础上,界定本文社会认同的概念内涵,搭建相应的分析框架,寻求不同学科对社会认同问题的理论发展与相关分析,为整个研究奠定较为坚实的理论基础。其次在纵向上回溯其发展变迁的历史进程,探析青年公务员社会认同建构的社会历史轨迹和当代制度背景,刻画建国后到 20 世纪 90 年代初作为公务员前身的干部社会认同的具体表现;运用文献资料法、问卷调查法、深度访谈法等搜集的生动素材,系统描述 20 世纪 90 年代初至今青年公务员社会认同的基本状况,抽象概括其主要特征;接着在横向上剖析影响当前青年公务员社会认同的生态环境系统,包括经济、政治、文化和社会四大子系统,说明其现状与特征的使然。最后在实然与应然的差距中,着力寻求重构社会认同的对策思路,提出当前青年公务员社会认同形塑的原则与路径,回到青年公务员破解社会认同障碍、增强积极的社会认同,为更好地投身到社会主义现代化建设事业、共建中华民族共有的精神家园奉献力量这一逻辑归宿上。

(二) 研究方法

本研究坚持辩证唯物主义和历史唯物主义方法论的科学指导,注重理论与实践的统一,采用经验研究与实证研究、定性研究与定量研究相结合的方法,力求跳出“小思政”的视野、在“大思政”的格局下,全面汲取社会学、心理学、政治学、哲学、党史党建乃至于经济学等交叉学科的一些基本理论和前沿成果,对青年公务员的社会认同展开系统、翔实的研究。

具体的研究方法包括:

文献分析法。查阅相关文献资料是社会科学研究不可或缺的基本手段。文献分析法对于全面梳理选题的历史脉络,对于系统掌握青年公务员的社会认同状况，深入开展研究内容的多层次比较借鉴等，都有十分重要的价值和意义。

比较研究法。比较研究法是社会科学研究常用的方法之一。有比较才有区别，有比较才有深度。青年公务员社会认同的现状分析、目标设定等，都离不开历时态和共时态的纵横比较。拥有历史的底蕴、开放的胸襟、兼容的态度，才能拥有客观的分析、审慎的对比、科学的选择。

问卷调查法。理论联系实际是社会科学研究必须遵循的基本原则，调查方法则是坚持这一原则的具体体现和操作路径，在人文社会科学研究的各个领域中广泛使用。问卷调查法作为研究者经常采用的调查研究方法之一，侧重搜集客观的数据与论据，是定量分析的基础。

深度访谈法。这是调查法中用以弥补问卷调查效度和信度的一种定性研究方法，能获取问卷调查法所无法获取的敏感信息，特别是调查对象属于特殊的、敏感的社会群体。深度访谈法对于透彻了解青年公务员社会认同的真实状况并进行科学合理的抽象概括，对于摸清青年公务员社会认同的主要特征和发展规律等具有重要作用。

（三）创新之处

本研究的创新之处主要在于把社会认同引入思想政治教育领域。从思想政治教育日常的重点研究对象转向青年公务员这一思想政治教育界较少关注研究的群体；将青年公务员社会认同情况置于经济全球化和社会转型的时代背景下，从思想政治教育学、社会学、政治学、哲学、党史党建等多学科交叉的角度，从规范研究与实证研究相辅相成的论证中提出社会认同概念和系统分析框架；在实证调查的基础上全方位描述青年公务员社会认同的基本状况，为日后相关研究的深入开展提供了新资料。

本研究也具有一定的理论创新，表现为在描述性研究的基础上，进一步概括得出青年公务员的社会认同具有复杂多样性、类型分化性、结构二重性和动态过程性等主要特征；在回顾总结本研究主要观点的基础上，指出青年公务员的社会认同不仅是一种意识范畴，而且是一种实践范畴。在价值理念多元化和意识形态多样化的今天，亟须引导青年公务员建构起符合国家性质、时代发展和职业特殊要求的，更为积极的社会认同，以增进政治合法性。

本研究始终坚持科际整合，不断超越学科边界化的束缚，汲取相关学科的最新成果，从价值引导方向、夯实发展基础、具体机制运作和制度建设保障等方面提出青年公务员社会认同的形塑路径，也有一定的创新性和研究价值，有利于现代思想政治教育这门在多学科结合部、交界处产生的新兴学科，不断与时俱进、保持生机和活力。

五 概念界定与分析框架

（一）概念界定

1. 青年公务员

《中华人民共和国公务员法》明确界定了公务员的范围，即同时符合依法履行公职、纳入国家行政编制、由国家财政负担工资福利这三个标准的工作人员。法律同时规定，年满18周岁、具有中华人民共和国国籍是成为公务员的年龄和国籍要求，即外籍人士无缘公务员职位；曾因犯罪受过刑事处罚、曾被开除公职和有法律规定不得录用为公务员的其他情形，不得录用为公务员；达到国家规定的退休年龄或者完全丧失工作能力的公务员，应当退休；法律、法规授权的具有公共事务管理职能的事业单位中除工勤人员以外的工作人员，经批准参照本法进行管理，即通常所说的"参公人员"。

由于年龄范围的模糊性和变动性，青年一词的含义随着政治经济和社会文化环境的不同，其界定在全世界不同社会中有所不同、不断变化。联合国《到2000年及其后世界青年行动纲领》中把15～24岁的人视为统计意义上的青年[1]；世界卫生组织把14～44岁的人视为青年；我国国家统计局把15～34岁的人视为青年；青年联合会则把18～40岁的人视为青年[2]。参照这些界定，考虑到生活质量提高、人均寿命延长和人口老龄化等因素，本研究选择40岁作为年龄上的统计分界点。即本研究中的青年公务员，主要是指年龄在40岁以下（含40岁）的公务员（包括纳入行政编制的"参公人员"，排除事业编制的工作人员）。

---

[1] 陆玉林：《全球化时代青年研究的发展趋势》，《青年研究》2009年第3期。

[2] 李海红：《青年群体网购状况的调查》2011年第22期。

2. 社会认同

认同概念几乎成为一个通用的万能标签，经由不同学科的研究者贴附于不同的研究主题之上，但是彼此之间却往往缺乏沟通和积累。社会认同（social identity）与认同的关系密切而且复杂，简金斯甚至认为："所有的人类认同，在某种意义上（通常是在比较强，而非比较弱的意义上）都是社会认同。"① 目前，国内外学术界对社会认同的使用更是五花八门，角度各异。

（1）社会认同理论的发展过程

自古以来，人们始终不乏对认同问题的论述和探究。"认识你自己"的命题与人类的发展进程可以说是形影不离，乃至于"可能撼动我们生活的根基"②。尽管在 20 世纪末，有关认同的论述数量才确实达到新的规模，但是主张认同是后现代性或晚期现代性的诊断结果却难以令人苟同。简金斯指出："既有的讨论社会认同的社会学和心理学文献，可以回溯到本世纪初以前"，而且"在这背后，还有历史更久远的，有关认同的哲学论述"。首先洞开认同心理哲学意涵的是笛卡儿提出的"我思故我在"和由此推演而出的身心二元论。洛克和休谟在各自的经典著作《人类理解研究》和《人性论》中，也开始论证和质疑"自我的完整性"（the unity of the self）或同一性。③ 毋庸置疑，经典哲学家们对个人同一性的种种思辨，在人类思想史中极具理智解放的价值，而且同时构成了社会认同事件被讨论的思想史条件。④

哲学上的同一性思想，逐渐地被灌注到社会科学的研究中。心理学意义上的"认同"一词，一般认为，最早是由精神分析学派大师西格蒙德·弗洛伊德提出的，尽管他就只那么提到过一次——用来谈他自己的

① 〔英〕Richard Jenkins：《社会认同》，王志弘、许妍飞译，巨流图书有限公司，2006，第 6 页。

② 〔英〕Richard Jenkins：《社会认同》，王志弘、许妍飞译，巨流图书有限公司，2006，第 2 页。

③ 方文：《群体资格：社会认同事件的新路径》，《中国农业大学学报》（社会科学版）2008 年第 1 期；方文：《学科制度和社会认同》，中国人民大学出版社，2008，第 145 页。

④ 方文：《群体资格：社会认同事件的新路径》，《中国农业大学学报》（社会科学版）2008 年第 1 期；方文：《学科制度和社会认同》，中国人民大学出版社，2008，第 146 页。

犹太认同。[①] 美国心理学家艾里克森（E. H. Erikson）则认为在"提到'认同'一词，他可是拥有国际性的版权的"[②]，他把丰富而深刻的内容灌注到哲学上形式化的个人同一性概念之中，因此在使认同从哲学走向社会科学中起着桥梁一样的作用，具有本质性的贡献。

1950 年，自我同一性和"同一性危机"（identity crisis）等概念由于艾里克森的著作《童年和社会》（*Childhood and Society*）所激起的广泛影响而广为人知（Gleason，1983）。自此，"identity"成为英语社会科学中的流行词汇。在艾里克森看来，个体在生命周期中要经历人格发展的八个阶段，其核心就是源自于内在发展的个体人格与个体所置身其中的社会语境互动过程的自我同一性。（艾里克森，2000）这样，社会语境成为自然镶嵌在个体的自我和人格中为之建构自我同一性的基本资源。通过自我同一性，宏大的社会结构、社会制度和社会历史语境等与现实的个体及其活生生的社会行动发生了密切关联。因此，艾里克森的智慧，洞开了当代社会科学家关注多元认同研究的空间。学者们就有可能站在不同学科的立场上，从自身学科的理智脉络出发，纷纷致力于揭示独特而具体的社会力量是如何在行动者身上进行雕刻，从而型塑出与之相应的行动者的独特品质，也就是行动者特定的群体成员资格。[③]

时至今日，"identity"或"identities"在当代社会科学文献中早已超越了哲学同一性和艾里克森自我同一性的原初意涵，"认同"被认为是最合适的中文翻译，是当代社会科学探究的核心之一。目前，讨论认同形成与变迁的理论，引借了人类学、经济学、社会学及心理学等研究途径的部分观点，主要包括"原生论"（primordialism，或称根基论、本质论）、"境况

---

① E. H. 埃里克森曾经在其文章中指出，弗洛伊德在 1926 年维电纳给布奈·布里斯协会所作的一次讲演中唯一的一次以并非偶然的方式使用"identity"这个词。事实上，他"是以一种最核心的族群意识"来使用的。参阅 Erikson, Identity, Youth and Crisis, p. 22；〔美〕E. H. 埃里克森：《同一性：青少年与危机》，孙名之译；〔美〕哈罗德·伊罗生：《群氓之族：群体认同与政治变迁》，邓伯宸译，广西师范大学出版社，2008，第 51~52 页。

② 〔美〕哈罗德·伊罗生：《群氓之族：群体认同与政治变迁》，邓伯宸译，广西师范大学出版社，2008，第 47 页。

③ 方文：《群体资格：社会认同事件的新路径》，《中国农业大学学报》（社会科学版）2008 年第 1 期；方文：《学科制度和社会认同》，中国人民大学出版社，2008，第 147~148 页。

论"（circumstantialism，或称情境论、工具论）与"建构论"（constructivism，或称想象论）三种。①

社会认同理论（social identity theory）则奠基于泰费尔（H. Tajfel）20世纪60年代末期在英国布里斯托大学的开创性贡献。20世纪70年代初，基于欧洲独特的社会、政治、文化和社会心理学理论传统的背景与战后欧洲重建过程的经历，欧陆社会心理学逐渐发展出与北美个体主义社会心理学完全不同的研究取向，它使得社会心理学拥有了"社会"和"心理"的全新面目：把"社会的"置于群体关系的背景之下，认为认同是在群体关系中产生的，个体对群体的认同因此被放在核心的位置，从而更深刻地揭示了社会心理的实质。② 概而言之，"社会认同理论"作为欧陆社会心理学的核心所在，称得上是欧洲社会心理学对世界社会心理学最珍贵的馈赠之一。③

社会认同理论从研究偏见和刻板印象开始，强调社会比较（social comparison）和社会类化（social categorization）过程，以"心理群体的形成"（psychological group formation）作为关键④，试图解释个体所获得的对自己所在群体成员身份的认识，是如何影响他的社会知觉、社会态度和社会行为的⑤，其最初的研究成果主要集中在概念的界定与内涵分析、理论研究假设的提出和主要内容、基本观点的阐述上，后面逐渐扩展到几乎社会心理学的大部分领域，直至形成比较系统和完整的体系。纵观社会认同理论的发展过程，可以大致分成三个阶段：20世纪70年代欧洲社会心理学家泰费尔的开创阶段；80年代中晚期的第二代理论——Turner的自我类化理论；90年代中期，社会认同理论进一步丰富和系统化，形成由若干小型理论组成的第三代理论，如"最优特质理论"（Brewer，1991）、"群体动机理论"或称为"主观不确定降低理论"（Hogg，

① 石之瑜、姚源明：《社会科学研究认同的几个途径》，《东亚研究》2004年第1期第35卷。
② 张莹瑞、佐斌：《社会认同理论及其发展》，《心理科学进展》2006年第3期第14卷。
③ 方文：《欧洲社会心理学的成长历程》，《心理学报》2002年第6期。
④ 杨宜音：《"社会认同的理论与经验研究"工作坊召开研讨会》，《社会学研究》2005年第4期。
⑤ 韩静：《社会认同理论研究综述》，《山西煤炭管理干部学院学报》2009年第1期。

1993，2000）等。①

台湾学者常常把社会认同理论译为"社会认定理论"（简称 SIT），认为其核心理念包涵：①个体有达成自尊（self-esteem）的动机；②个体的自尊部分植基于社会认定；③正向社会认定的需求会导致内团体（inter-group）的正向评价。②

（2）阐释各异的社会认同定义

从国外来看，英文版的社会科学百科全书对社会认同的定义是指一种社会身份，是在与他者（the other）相联系的过程中形成的自我定义。③ 美国的《社会心理学》教科书，把社会认同作为自我概念的组成部分，认为它源于个体的社会群体成员身份，以及与此身份相关的价值观和情感。④ 在简金斯看来，认同和社会认同是可以"交替使用"的概念，社会认同最低限度是"个人和集体在社会关系中，与其他人和集体区分开来的各种方式"，是我们对于自己是谁和其他人是谁的理解，以及其他人对于他们自身和他人（包括我们）的理解。⑤ 戈登（Gordon）把社会认同作为衡量个体融入主体社会程度的一个重要维度。⑥ 学者 Breakwell，G. M. 借由观察青少年团体的行径，归纳出社会认同之特质。当个体属于某一特定团体时，会从该团体衍生出某种程度的认同感，此一认同感即为社会认同，同时个体也会借由比较外团体（out-groups）与内团体（in-groups）来提高这种认同感。⑦

社会心理学中，社会认同理论的奠基者泰费尔（Tajfel）和他的学生特纳（Turner）明确区分了个体认同（personal identity）和社会认同。泰费

① 杨宜音：《"社会认同的理论与经验研究"工作坊召开研讨会》，《社会学研究》2005 年第 4 期。

② 李文智：（《2000 年以后国内外组织认同研究评析》，台湾嘉义大学国民教育研究所博士班研究生），《学校行政》（双月刊）2006 年第 9 期。

③ 转引自王昱《论当代欧洲一体化进程中的文化认同问题》，《国际观察》2000 年第 6 期。

④ 〔美〕S. E. Taylir, L. A. Peplau, D. O. Sears：《社会心理学》（第十版），谢晓非等译，北京大学出版社，2004，第 106 页。

⑤ 〔英〕Richard Jenkins：《社会认同》，王志弘、许妍飞译，巨流图书有限公司，2006，第 6～7 页。

⑥ 密尔顿·M. 戈登：《在美国的同化：理论与现实》，载马戎编《西方民族社会学的理论与方法》，天津人民出版社，1997。

⑦ 转引自刘明隆《台湾公民教育的再思：以认同能力为主轴的公民教育》，台湾大学 2007 年硕士学位论文。

尔认为，社会认同"是个人拥有关于其所从属的群体，以及这个群体身份所伴随而来在情感上（emotion）与价值观上（value）的重要性（signifi-cance）知识（knowledge）"。[①] 因此将社会认同定义为："个体认识到他（或她）属于特定的社会群体，同时也认识到作为群体成员带给他的情感和价值意义。"[②] 简单地说，社会认同是指社会的认同作用，或是由一个社会类别全体成员得出的自我描述。[③] 随着社会认同理论先后在欧洲、加拿大、澳大利亚、美国等地得到充分重视和大量研究，并逐步成为世界社会心理学界的主流理论之一，这种区分成为欧洲学界划分认同的一种基本方式。个人认同主要是指个体对自己一定独特性的意识，也就是使个体在时空上确立自己是同一个人而不是其他人[④]；是"个人对自己在社会阶层结构中所占据的位置的感知"。[⑤] 而社会认同则是个体对自己处于一定社会群体、社会范畴（social category）的意识，也就是说，社会认同是个体意识到进而强化自己在一定社会范畴上与其他一部分人同一或类似，而与另一部分人存在差异。[⑥]

在社会学视野中，学者们多数强调社会认同"是一个社会的成员共同拥有的信仰、价值和行动取向的集中体现，本质上是一种集体观念，它是团体增强内聚力的价值基础"。[⑦] Cheek（1989）认为社会认同反映个人在

---

① Tajfel, H. 1970, Experiments in Ingroup Discrimination. Scientific American 5（223），（ed.），1982, Social Identity and Intergroup Relations. Cambridge：Cambridge University Press.

② Tajfel, H. Differentiation Between Social Groups：Studies in the Social Psychology of intergroup Relations. chapters1～3. London：Academic Press, 1978.

③ Tajfel, H., Turner, J. C. The social identity theory of intergroup behavior. In：Worchel S, Austin W（eds），Psychology of Intergroup Relations. Chicago：Nelson Hall, 1986, 7～24.

④ 邓治文、卿定文：《大学生的社会认同状况研究——以某高校为例》，《长沙理工大学学报》（社会科学版），2006年第2期。

⑤ Jackman, MR, & Jackman, RW, "An interpretation of the relation between objective subjective social status", American Sociological Review, Vol. 38, 5（October, 1973），p. 569－582.

⑥ J. C. Turner, M. A. Hogg, P. J. Oakes, S. D. Reicher & M. S. Wetherell, Rediscovering the social group：A self－categorization theory. Oxford：Blackwell. 1987, pp. 42－67.

⑦ H. Tajfel, J. C. Turner. The Social Identity Theory of Intergroup Behavior. S. Worchel, W. G. Austin. The Social Psychology of Intergroup Relations. Monterey, CA：Books－Cole, 1986；安东尼·吉登斯：《现代性与自我认同》，赵旭东、方文、王铭铭译，生活·读书·新知三联书店，1998；丹尼尔·贝尔：《资本主义文化矛盾》，赵一凡译，生活·读书·新知三联书店，1989，转引自李友梅《重塑社会认同与探索社会自我调适系统》，《探索与争鸣》2007年第2期。

社会中的角色与关系。① Deschamps，J. 和 Devos，T. （1998）则将社会认同界定为个体被标明或被期待拥有的某些社会特征，而这些特征会突显出此个体是属于某个团体或是某个域的。②

从国内来看，认同与社会认同的混合使用亦不鲜见，如李友梅等人在《社会认同：一种结构视野的分析》中，就认为多种形态的认同仅是其前面的定语不同，任何认同，包括自我认同，本质上属于社会认同，都是以特定社会中的人或者社会群体为参照而展开的。③ 因此，社会认同主要是"表达社会成员对身份、主要制度安排、社会转型过程的认知和评判"，或者说"表达某种社会情绪和价值观念"，也因此转型时期重塑社会认同的过程，实际上就是"社会自我调适系统的生成过程"④ 有学者从个人与社会的关系，把人们的认同看作是由社会认同和自我认同所构成的连续统。⑤自我认同融合了个体的各种社会认同成分（如性别、年龄、民族和阶级，等等），是各种社会认同要素在个体身上的结合。或者说，社会认同不仅不排斥自我认同的存在，而且它恰恰存在于自我认同之中。⑥ 祁进玉则从主体的角度把认同分为个体认同和集体认同两种，认为有关认同的研究一般是在两种水平即个体认同和群体认同上展开的。群体认同是有关认同在群体水平上的一种研究取向。群体以其稳定的结构整体，影响、制约着群体成员的心理活动水平、行为方式以及形成稳定的个性心理特征，因而在个体与群体的互动中就会相应地产生归属感和认同意识。⑦ 台湾学者在综述国外理论界研究的基础上，指出社会认同是以"公我"（public self）

① 转自陈坤虎、雷庚玲、吴英璋《不同阶段青少年之自我认同研究内容及危机探索之发展差异》，《中华心理学刊》2005 年第 3 期，第 249～268 页。

② Deschamps，Jean‐Claude & Devos，Thierry （1998）， "Regarding the Relationship Between Social Identity and Personal Identity"，In Society identity edited by Stephen Worchel etc.，SAGE Publications.

③ 李友梅、肖瑛、黄晓春：《社会认同：一种结构视野的分析》，上海人民出版社、格致出版社，2007，第 6～7 页；还有研究者在社会认同理论的概述中就直接使用认同，如王毅杰的博士论文《流动农民社会支持网与社会认同》。

④ 李友梅：《重塑社会认同与探索社会自我调适系统》，《探索与争鸣》2007 年第 2 期。

⑤ 刘爱玉、周晖：《制度变革过程中工人阶级的内部分化与认同差异》，转载自中国农村研究网，文章来源：http：//www.ccrs.Corg.cn/big/zdbggczgrj.htm.

⑥ 沈晖：《当代中国中间阶层认同研究》，中国大百科全书出版社，2008，第 52～53 页。

⑦ 祁进玉：《群体身份与多元认同：基于三个土族社区的人类学对比研究》，社会科学文献出版社，2008，第 4、6 页。

的自我属性为基础，乃个体与环境互动所形塑的认同，它与公众的自我意识及个人的社会角色有关，其面向包含如个人的名誉、受欢迎度、印象等。①

国内也有不少学者对社会认同提出自己的界定。如张春兴把认同看成一种社会学习的历程，把人格发展的过程当做从社会认同转变为自我统合的过程，认为社会认同是指个人的行为思想与社会规范或社会期待趋于一致。② 庞跃辉认为，社会认同意识就是一种被社会公众接受或赞同的社会意识。③ 朱飞认为，在当今中国，社会认同的集中表征是民族—国家认同，主要包括"中国人"认同与社会主义价值体系的认同。④ 杨国荣认为，社会认同包括广义的文化认同、民族认同、国家认同、团体或组织认同，以及个体自身的角色认同等等。⑤ 王春光认为所谓的社会认同，包括对自我特性的一致性认可，对周围社会的信任和归属，对有关权威和权力的遵从，等等。⑥ 王成兵认为，人的社会（集体、群体）认同是人在劳动中形成的，在特定的社区中对该社区的特定的价值、文化和信念的共同或者本质上接近的态度。社会认同的直接对象是人的行为的普遍和客观的社会意义。⑦ 还有学者简明扼要地把社会认同概括成社会各界的比较明确的一种共识。⑧

综上所述，不论是认同还是社会认同，既是使用频率颇高的概念，又是阐释角度各异的概念。这一方面可见其内涵之丰富，另一方面则往往置社会认同的研究于被泛化和模糊化的层面。既然"各式人等也都有理由在日常生活中思索社会认同"⑨，关于什么是社会认同的各样分歧也就无可非议。

---

① 陈坤虎、雷庚玲、吴英璋：《不同阶段青少年之自我认同研究内容及危机探索之发展差异》，《中华心理学刊》2005 年第 3 期，第 249~268 页。
② 张春兴：《青年的认同与过失》，台湾东华书局、世界图书出版社，1993，第 26~29 页。
③ 庞跃辉：《诚信观与社会认同意识》，《江海学刊》2003 年第 3 期。
④ 朱飞：《当代中国社会认同的建构、消解与再建构》，《新闻爱好者》2009·1（下半月）。
⑤ 杨国荣：《道德与社会整合》，《天津社会科学》2001 年第 5 期。
⑥ 王春光：《新生代农村流动人口的社会认同与城乡融合关系》，《社会学研究》2001 年第 3 期。
⑦ 王成兵：《对当代认同概念的一种理解》，《学习与探索》2004 年第 6 期。
⑧ 李培林、陈光金、张翼、李炜：《中国社会和谐稳定报告》，社会科学文献出版社，2008。
⑨ 〔英〕Richard Jenkins：《社会认同》，王志弘、许妍飞译，巨流图书有限公司，2006，第 7 页。

（4）本研究中社会认同的界定

缘于其概念内涵的各有所指，笔者首先需要明确界定本文中着力探讨的社会认同概念，才能构建相对合理的解释分析框架。正如方文教授指出：认同不应仅仅成为研究中的标签，而且应成为具有深刻内涵的解释构念。由于"所有形式的认同，都不是行动者对外在于自身社会力量的认同过程，而是行动者对因为社会力量雕刻而获得相对应的群体资格的认同建构或解构/重构过程"，因此，以群体资格为中心的解释路径就是认同研究背后普遍的逻辑和机制，行动者及其多元群体资格理应占据社会认同研究的中心。① 这为笔者界定社会认同的基本内涵指明了方向与路径。因此，本文中的社会认同可简要界定为：基于群体相互交往实践过程中的社会主体，对外在环境和群体状况之间的综合互动形成认同感与归属感的动态过程。具体分析其内涵，至少可以从以下四个层面进行理解：

①社会认同是对群体身份资格的认同感与归属感

社会认同中的个体首先是处于群体中的个体。社会认同这种表达方式，至少"论及了个人和集体在社会关系中，与其他个人和集体区分开来的各种方式。这乃是个人之间、集体之间，以及个人和集体之间，类同与差异关系的系统性建立和表意"②，因此，社会认同理论的研究者经常阐明：社会认同理论能够为内群体偏好和外群体歧视提供一种独特的解释和说明视角。所以，社会认同从根本上看就是一种群体认同，强调的是对群体身份资格的认同感与归属感。

所谓群体，一般而言，意指由两个或更多的个体所组成的集合体。反之，"两个或更多的个体"并不势必构成群体。个体要组成群体、成为群体中的成员，首先要具备共同的群体目标、共同的群体命运、由地位和角色关系构成的社会结构，以及面对面的互动等条件。但这些都只是群体界定的充分条件，而非核心特质。群体之所以存在，更关键的是群体成员不仅把自身理解为群体中的一分子，即把自身认知为同一社会范畴的成员，而且共享这种共同界定中的一些情感卷入，即获得了某种认同感和归属

---

① 方文：《群体资格：社会认同事件的新路径》，《中国农业大学学报》（社会科学版），2008年第1期。

② 〔英〕Richard Jenkins：《社会认同》，王志弘、许妍飞译，巨流图书有限公司，2006，第6页。

感；与此同时，有关该群体和群体成员身份的评价，即这种身份归属能够获得一定程度的、基本的社会共识，亦即至少有一个他人表示认可。[①] 可见，群体认同（社会认同）产生于群体之中，又是群体之所以成为群体的必要条件，是界定群体的核心特质。

②社会认同是自我认同与群体认同的辩证统一

社会认同作为某个集体的共同认同，并不排斥自我认同的存在，而且恰恰是自我认同与群体认同的辩证统一体。一方面，任何自我认同都是在社会认同条件下的认同，一旦"脱离了他人的社会世界，就失去了意义"[②]，离开了社会认同的自我认同是不存在的。实际上，自我认同融合了个体的各种社会认同成分（如性别、年龄、民族和阶级等），是各种社会认同要素在个体身上的结合。[③] 另一方面，社会认同就存在于某一群具有自我认同的个体当中，是人的社会性的具体体现，"是人类身为社会存在（social being）的特征或性质"，"实际上，没有社会认同，就没有社会"。[④]"在社会认同里，集体和个人占有同一空间"，个人独有与集体共享的东西，或者说自我认同与群体认同，从根本上说，都是社会性的，"社会认同的理论构筑，必须以同等份量包含两方"[⑤]。社会认同是群体的，又是个人的，而且是二者的具体统一。

社会认同既然是关于群体身份资格的理解，就必然是有边界的。因为一个群体内的相似性总是相对于它与其他群体间的差别性而存在。只有通过界定这种差别性，相似性才能被识别。因此，"我们"对自己的认同进行定义的同时也就是对一系列"他们"进行定义的过程[⑥]，而他们对我们的外在定义又是我们对自己的内在定义的坚定不移的一部分，反之亦然。社会认同的内在边界就是群体成员主观认同或认定的边界，这种群体成员在主观上所具有的群体归属感，被简金斯称为社会认同的内在方面，亦即

---

① 方文：《学科制度和社会认同》，中国人民大学出版社，2008，第76页。
② 〔英〕Richard Jenkins：《社会认同》，王志弘、许妍飞译，巨流图书有限公司，2006，第29页。
③ Fornäs，Johan，Cultural Identity & Late Modernity（London：Sage，1995），p. 233.
④ 〔英〕Richard Jenkins：《社会认同》，王志弘、许妍飞译，巨流图书有限公司，2006，第5、8页。
⑤ 〔英〕Richard Jenkins：《社会认同》，王志弘、许妍飞译，巨流图书有限公司，2006，第36、28页。
⑥ 张向东：《认同的概念辨析》，《湖南社会科学》2006年第3期。

群体认同；而它的外在边界则是社会赋予某个群体的边界，即社会对某一成员的群体归类和划分的边界，被简金斯称为社会认同的外在方面，亦即社会分类。群体认同和社会分类这两种过程"可以相互反馈"，是"内外辩证"的"一体两面"① 的关系。社会认同正是这两个过程互动的产物。社会认同的两种边界可能在这种互动中达成一致，即群体成员主观认定的边界和社会对群体或边界的认同是相同的；也可能在这种互动中未能达成一致，存在冲突和差异（Jenkins, 1996），即群体成员的主观认定和社会对群体成员的认定是不同的。

③社会认同是历史的、多元的建构过程

首先，社会认同是一个建构过程。从社会学的视角来看，很容易同意一个事实，即所有的认同都是建构起来的。从简金斯到曼纽尔·卡斯特，从吉登斯到哈贝马斯无不持认同的建构观——认同并非原本"就在那里"，而总是必须被建构②：

> 群体认同的特质便是跨越群体边界，而在与他人互动的过程中建构。边界是可以渗透的，即使有人员穿越，还是可以维持，而认同正是在边界上或跨越边界的交流中建构的。正是在这些交流里，群体认同化和他人所为的类别化，达到了均衡。（Jenkins, 1996: 24）

其次，社会认同是一个历史的建构过程。社会认同的建构过程、建构主体、建构素材乃至建构结果都不能一般性地、抽象地来谈论，而都必须置于历史的社会情境之中。"超出其历史语境，就没有什么认同能够是本质性的，也没有什么认同具有进步的或落后的价值。"③ 历史又是时间和空间的统一。要辨认出某物，就必须在时间和空间中予以定位。就社会认同而言，时间和空间都是其建构的重要资源：

---

① 〔英〕Richard Jenkins：《社会认同》，王志弘、许妍飞译，巨流图书有限公司，2006，第33、43 页。

② 〔英〕Richard Jenkins：《社会认同》，王志弘、许妍飞译，巨流图书有限公司，2006，第5页。

③ 〔美〕曼纽尔·卡斯特：《认同的力量》，曹荣湘译，社会科学文献出版社，2006，第7页。

哲学家向来也了解，时间与空间在我们的自我和他人经验里难分难舍（Campbell，1994）。空间在时间以外便没有意义。时间对认同化过程很重要，因为认同的宣称或归属，即使只是在逻辑层次上，都会引致连续性（continuity）。社会连续性导致了安置有意义的过往的必要性……过往是个重要资源，可以从中汲取对此时此地的诠释，以及对未来的预测。对个人而言，"过往"是记忆；就集体而论，那是历史。（Jenkins，1996：27－28）

最后，对于特定的个人和群体而言，社会认同又是多元的。"个人既独特又多变，但自我是彻底的社会建构：这显现于原初与后续的社会化过程，也见于个人在其一生中，定义及重新定义自身和他人的持续社会互动过程。"① 方文认为，在多元社会力量的型塑下，行动者相应具有多元品质和特征，因此行动者的认同必然是多元的；面对多元社会力量的雕刻，个体作为能动行动者被赋予或力图获得多元的群体成员资格，并建构或解构/重构多元的社会认同，以缔造动态而同一的完整生命。②

④社会认同是由多种认同有机构成的复杂系统

学者们本着自己对社会认同的界定，勾勒出组成社会认同的不同指标，前者的众说纷纭导致后者的五花八门。比如，张春兴认为，社会认同具体包括价值认同、工作或职业认同和角色认同③；包福存和张海军认为，建筑业青年农民工的社会认同是乡土世界的乡土性与城市世界的现代性两种文化碰撞、融合的过程，于是参考王春光社会认同的七个方面，将建筑业青年农民工的社会认同分为身份认同、城市认同、组织认同、乡土认同和未来归属认同五个方面④；董明伟认为，社会认同是社会记忆与社会时空相互作用的产物，对于城市农民工自我社会认同的考察就从地域意义上的城市认同、社会交往意义上的群体认同和制度意义上的身份认同这三个

---

① 〔英〕Richard Jenkins：《社会认同》，王志弘、许妍飞译，巨流图书有限公司，2006，第29页。
② 方文：《群体资格：社会认同事件的新路径》，《中国农业大学学报》（社会科学版）2008年第1期。
③ 张春兴：《青年的认同与过失》，台湾东华书局、世界图书出版社，1993，第26～29页。
④ 包福存、张海军：《建筑业青年农民工的社会认同》，《沈阳大学学报》2007年第1期。

层面展开①。可见，不管是何种界定，都充分肯定社会认同在横向上并不单一，而是由多种认同构成。

笔者依据自己对社会认同的概念界定和内涵分析，认为：从纵向上看，社会认同是一个历史的、多元的建构过程；从横向上看，社会认同则是由多种认同有机构成的、复杂的具体系统。因此，社会认同的具体构成首先应能体现这种纵向与横向、动态与静态的辩证统一。其次，社会认同的具体构成还应能体现无形与有形的辩证统一。因为社会认同既可以是无形的、抽象的价值观念、意识形态认同，甚至是社会认同背后驱使主体产生认同的"无形的手"，即社会认同产生的动力来源；又可以是有形的、具体的身份地位、职业角色认同，甚至是社会认同主观意识的实践和外化，即具体到对政策制度、行为过程的判断与归属。最后，社会认同的具体构成还应能体现主观意识与客观行为、群体中个体独特性和群体共同性的辩证统一。因为社会认同在本质上是属于思想意识的范畴，但思想往往决定着人们日常的行为表现，所以透过个体日常行为实践活动可以较为客观地反映其真正的社会认同。

综上所述，笔者认为，青年公务员群体的社会认同主要是由价值观念认同、政策制度认同、身份地位认同（包括职业角色认同）、利益分配认同、行为过程认同五个方面有机构成的系统。这五种认同的具体内容交织谱写了青年公务员社会认同的情势形态，它们的变化发展共同建构了青年公务员社会认同的基本过程。

（二）分析框架

"任何关于认同的理论化，必须发生在理论解释的框架中。"② 本研究的顺利展开还有赖于在前述界定的社会认同概念上建构起自身的理论分析框架。

1. 搭建分析框架的基本理论视角

社会理论里最恒久的主题，便是企图"搭接"个人和社会、行动与结

---

① 董明伟：《城市农民工的自我社会认同分析》，《云南财贸学院学报》（社会科学版）2008年第2期。

② 〔美〕彼得·伯格、托马斯·卢克曼：《现实的社会构建》，汪涌译，北京大学出版社，2009，第143页。

构之间的"分析沟隙"。从马克思、韦伯、帕森斯、伯格与卢克曼，以迄吉登斯，都在问同样的问题，虽然使用的字眼和语调不同。[1] 本研究的分析框架是在马克思主义社会结构观的指导下，吸收了社会学理论体系中的两种基本分析视角[2]：一是结构——制度的分析视角；二是行动——实践的分析视角。这里的结构——制度并非一个统一的实体，而是可以分开的两个过程，依照分析侧重于结构还是制度，在理论上所形成的分别是结构功能学派和新制度主义学派；这里的行动——实践也不是一个统一的实体，依照分析是侧重于行动还是观念，在理论上形成的是行动者理论传统和社会意识理论传统。这两种基本视角形成了两种基本的社会学理论，即社会结构决定论和社会建构论。它们又可以演化出四种具有操作意义的具体分析视角，即社会结构视角、社会制度视角、社会行动视角和社会意识视角。

具体而言，社会结构是各种社会要素之间相互关联的具体方式。马克思第一次从历史唯物主义角度明确表述了社会结构理论，它与社会形态更替理论一起构成了历史唯物主义基本观念的两个主要方面。[3] 马克思主义认为，"每一历史时代主要的经济生产方式和交换方式以及必然由此产生的社会结构，是该时代政治的和精神的历史所赖以确立的基础，并且只有从这一基础出发，这一历史才能得到说明"。[4] 即经济结构与社会结构是全部社会生活的现实基础，而且前者具有根本的制约作用，"人们在自己生活的社会生产中发生一定的、必然的、不以他们的意志为转移的关系，即同他们的物质生产力的一定发展阶段相适合的生产关系。这些生产关系的总和构成社会的经济结构，即有法律的和政治的上层建筑树立其上并有一定的社会意识形式与之相适应的现实基础。物质生活的生产方式制约着整个社会生活、政治生活和精神生活的过程"。[5] 以帕森斯（Parsons, Tal-

---

① 〔英〕Richard Jenkins：《社会认同》，王志弘、许妍飞译，巨流图书有限公司，2006，第36页。

② 李培林、陈光金、张翼、李炜：《中国社会和谐稳定报告》，社会科学文献出版社，2008，第41~42页。

③ 姚颖：《〈德意志意识形态〉：马克思主义社会结构理论的生成地》，《党政干部学刊》2010年第10期。

④ 《马克思恩格斯选集》第1卷，人民出版社，1995，第257页。

⑤ 《马克思恩格斯选集》第2卷，人民出版社，1995，第32页。

cott）为代表的结构—功能主义理论认为，所谓社会结构就是具有不同基本功能的、多层面的次系统所形成的一种"总体社会系统"，不同层面的次系统即结构内的各部分都对整体发挥不同的作用，同时又通过不断的分化与整合，维持整体的动态的均衡秩序。① 阿尔蒙德深受帕森斯影响而提出以结构—功能主义为特征的比较政治学理论，他认为体系本身就是一个系统，指出："在一个体系中，当某个组成部分的性质发生变化时，其他所有的组成部分以及这个体系都会受到影响"。② 而"从社会建构的视角来看，现实、知识、思想、事实、文本、自我等等，都是由社群生产和维持的语言性存在，广而言之是符号性存在，它们定义或'构成'着生产它们的社群"③。即建构观强调的是事物在社会文化历史情境中的动态发展过程。

20 世纪 70 年代和 80 年代，西方社会科学领域在反思经济学中的新古典经济理论和政治学中的行为主义理论的基础上，重新发现了制度分析对解释社会现实的重要作用，形成了新制度主义分析范式。20 世纪 90 年代以后，该范式成为遍及经济学、政治学、社会学乃至整个社会学科的分析路径。尽管不同学科有着制度学派的不同版本，但是新制度主义学派都以对片面强调正式制度作用的修正、对制度概念更全面的理解、对非正式制度的强调而区别于各学科的传统理论。道格拉斯·诺斯对制度的理解、划分及其最早提出的非正式制度的概念，是新制度主义分析范式的共通之处。道格拉斯·诺斯认为，"制度是一个社会的游戏规则，或更正式地说是人类设计的、构建人们相互行为的约束条件。它们由正式规则（成文法、普通法、规章）、非正式规则（习俗、行为准则和自我约束的行为规范），以及两者执行的特征组成"④。他在《制度、制度变迁和经济绩效》中专门开辟一章对非正式制度进行研究，认为体现于社会习俗、意识形态、文化传统和行为规则中的非正式制度比正式制度

---

① 〔美〕西摩·马丁·李普塞特：《一致与冲突》，张华清等译，上海人民出版社，1995，第141 页。
② 〔美〕加里布埃尔·A. 阿尔蒙德、小宾厄姆·鲍威尔：《比较政治学：体系、过程、政治》，上海译文出版社，1987，第6 页。
③ 转引自高一虹、李玉霞、边永卫：《从结构观到建构观：语言与认同研究综观》，《语言教学与研究》2008 年第 1 期。
④ 诺斯：《制度、制度变迁与经济绩效》，刘守英译，上海三联书店，1994，第4 页。

更难改变，是未来和过去的连接、是理解历史变迁路径的关键。现有的研究一般认为：正式制度是人们有意识建立起来的、以正式方式加以确定和保障实施的各种制度安排（如各种成文法律、法规、政策、规章和契约等）及其基本结构；非正式制度是人们在长期的社会生活中逐步形成的、对人们行为产生非正式约束的规则或网络，如日常惯例、传统习俗、伦理道德、价值观念、意识形态、态度信仰、文化限制等，其中往往包含了一定的社会价值取向和行为评价准则，会对人们的行为产生普遍影响和约束。

社会学中的新制度学派被认为是"保持了对社会学的核心问题——制度结构的关注"[1]。它不仅强调正式制度和非正式制度对经济发展、社会进步以及行动者偏好、目标和所选择手段的影响，而且与传统社会学强调制度赋予角色以行为规范的"单向度"关系不同，认为制度和行动是一种双向度的互动关系，一方面，制度为行动规定了行动者实现目标的方式或手段，另一方面，行动者是有能动性的，在一定情况下会对制度所提供的方式和手段进行修正，因而在某种程度上，行动者又对制度进行了建构[2]。尽管制度对行动的制约作用和行动对制度的建构作用并不均衡，但是社会学建构主义对社会学制度主义的影响可见一斑。

2. 分析框架的内在逻辑

方文指出，社会认同是"被嵌入符号/象征性意义共同体及其合法化理论中，并随后者的特点而变化多样"的，要使社会认同的相关研究做到在"现代科学的可接受性上没有偏见"[3]，就必须从隐藏在现实背后的逻辑中去加以理解。因此，建立研究青年公务员社会认同的分析框架，还必须理清贯穿于社会认同内部不同层面认同之间的内在逻辑，以求准确描述社会认同的多元性、复杂性，及其内部不同认同间的交融性、相斥性。青年公务员社会认同五个层面划分的内在逻辑是：

---

① Victor Nee, 2001: "Sources of the New Institutionalism", The New Institutionalism in Sociology, Mary C. Brinton and Victor Nee（ed）., Stanford University Press.

② 彼得·豪尔、罗斯玛丽·泰勒：《政治科学与三个新制度主义》，载《全球化与新制度主义》，社会科学出版社，2004，第206页。

③〔美〕彼得·伯格、托马斯·卢克曼：《现实的社会构建》，汪涌译，北京大学出版社，2009，第143~144页。

　　首先，从社会认同是静态和动态辩证统一的过程出发，把青年公务员的社会认同区分为静态层面的价值观念认同、身份地位认同、利益分配认同、政策制度认同和动态层面的行为过程认同。这五个层面的具体认同共同构成了社会认同的大系统，它们从不同的角度阐释社会认同，并在社会认同的形塑中发挥着不同的功能和作用：对意识形态、价值观念、理想信仰等的判断和归属，即价值观念认同是最抽象的认同，是社会认同的价值基础，因此居于系统的核心地位；身份地位认同是对自身及其所属群体的身份和社会角色的判断与归属，也是群体自我认同的体现和刻画；利益分配认同是社会认同最根本的动力来源；政策制度认同是对正式制度、规章、政策的认同，在一定意义上是价值观念认同的实践和外化；行为过程认同是静态层面的四种认同在现实生活中的动态反映和折射，往往表现为具体的行动并通过模仿的形式进行传递。可见，这五种认同之间既分别、表达社会认同不同的层面，又相互联系、相互影响和相互制约，塑造了特定社会历史情境、特定群体中的个体如何与外界互动而发展出多元、动态的社会认同过程。在这里，社会结构决定论（简称为结构观）和社会建构论（简称为建构观）取长补短，共同发挥作用。

　　其次，依据上述新制度主义分析范式对制度的解释，可以把静态层面的四种认同按认同对象属于正式制度还是非正式制度进行划分：价值观念认同和身份地位认同，因为价值观念和身份地位都是人们在长期交往中自发形成的、为人们广泛接受的社会事实；利益分配认同和政策制度认同则归属于，因为利益分配的规则和政策制度一样都是人们有意识地设计和供给的一系列规则，具有强制力。

　　最后，五个层面的认同分别从不同的理论视角进行考察，主要用社会意识视角分析价值观念认同；用社会制度视角分析利益分配认同和政策制度认同；用社会结构视角分析身份地位认同；用社会行动视角分析行为过程认同。而这五个层面认同的区别划分与内在逻辑本身就是运用社会结构理论的结果。

　　总之，以上述四种基本理论视角作为青年公务员社会认同研究的四个维度，以贯穿于社会认同内部不同层面认同之间的内在逻辑关系为线索，就构成了本研究的基本分析框架（如图1所示）。

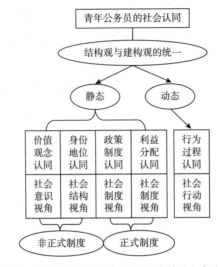

图 1　青年公务员社会认同研究的分析框架

第一章

不同学科对社会认同的
理论分析

查尔斯·泰勒在他的著作中，力图厘清西方现代认同凸显的根源（Taylor，1989）。其出发点在于把认同视为道德概念，认定它与"什么是善的生活"（what is good to be）有关，而与"什么是对的行为"（what is right to do）无关；或者说，认同实质上就是道德认同（moral identity）。[①] 学界对于泰勒敏锐的问题意识自是无可非议，该论题意义之重大也毋庸置疑，但其冗长的论说却易于招致诟病，麦金泰尔甚至讥讽泰勒的书应该更厚些，因为所有基本问题都还没有讲清楚。[②] 如此复杂的话题，要理出较为清晰的思路，不得不借助理论的力量。因为"理论决定着我们所能观察的问题"（爱因斯坦）[③]。美国著名社会学家与未来学家丹尼尔·贝尔在其备受瞩目的《后工业社会的来临》一书中认为，理论知识处于后工业社会的中心地位，是社会革新与制定政策的源泉，"一个领域的发展日益有赖于理论工作的优先发展……理论知识正日益发展成一个社会的战略源泉"[④]。建设有中国特色的社会主义现代思想政治教育学，既要坚持以马克思主义基本理论为理论基础，又要借鉴并汲取相关学科的知识和方法。因此，本章着重搜集不同学科对社会认同的理论分析与拓展研究，以挖掘、提供坚实的理论支持。

---

① 方文：《学科制度和社会认同》，中国人民大学出版社，2008，第149页。

② MacIntyre A. Critical Remarks on the Sources of the Self . Philosophy and Phenomenological Research , 1994, 54 (1) : 187 - 190.

③ 沃纳·海森伯格：《物理学及其他：接触与对话》（纽约，1971年），第63页。

④ 〔美〕丹尼尔·贝尔：《后工业社会的来临》，商务印书馆，1984，第28页。

第一节 马克思主义哲学与社会认同

社会认同在本质上是主观的、属于意识形态领域的范畴。德国当代著名哲学家哈贝马斯坦承,认同关系着人们的心性。[①] 在加拿大著名哲学家查尔斯·泰勒的思想体系中,现代的认同概念包含着西方文化中"整个系列的关于什么是人类的主体性的理解:这就是内在感、自由、个性和被嵌入本性的存在,在现代西方,它们就是在家的感觉"。"这种认同的理想和禁令"推动或形成"我们的哲学思想、我们的认识论和我们的语言哲学",因此这幅认同肖像"注定要用做现代性新理解的出发点"。[②] 在泰勒新近发表的论文中,他又明确指出:"按照人的本性而生活的这种观念带来两个版本的现代认同观。第一个版本强调人的自主性、本性的实现及其效率,强调理性的控制;而第二个版本则肯定日常生活尤其是私人生活的意义。它们已深入到资本主义社会的建制与实践中,在其支配下,资本主义社会日益发展成为消费社会。但是,消费主义的实践不仅永远无法满足人们的欲望,反而危害了塑造现代认同的伦理观念,造成资本主义社会自身的合法性危机。"他再次重申:"我认为大约在 17 世纪产生了有关人类、自由、人类本性的一系列概念,它们后来被整合进了正在发展的商业及后来的工业资本主义社会。这一系列概念我想统而称之为'现代认同'。我还想特别指出这个发展过程的两个阶段,它们至今仍然发挥着强烈的影响。"[③] 姑且不说浩大的哲学海洋,在马克思主义哲学中,也有不少相关的理论阐释可以为社会认同研究提供方向指导和理论支撑。

一 唯物史观中思想行为形成的规律性与社会认同

唯物史观的基本原理告诉我们:经济基础决定政治上层建筑,政治上

---

① 〔德〕尤尔根·哈贝马斯:《后民族结构》,曹卫东译,上海人民出版社,2002,第 153 页
② 〔加〕查尔斯·泰勒:《自我的根源:现代认同的形成》,韩震等译,译林出版社,2001,序言第 1 页。
③ 〔加〕查尔斯·泰勒:《增长、合法性与现代认同》,张容南译,《马克思主义与现实》2008 年第 2 期。

层建筑反作用于经济基础。"直接的物质的生活资料的生产，从而一个民族或一个时代的一定的经济发展阶段，便构成基础，人们的国家设施、法的观点、艺术以至宗教观念，就是从这个基础上发展起来的，因而，也必须由这个基础来解释，而不是像过去那样做得相反。"① 通俗地说，社会物质生活决定精神生活，社会精神生活反作用于物质生活。

根据唯物史观的基本原理，人的思想行为的形成具有一定的规律性，其与社会认同的关系可以简要地概括成：

首先，任何一种思想意识，包括社会认同，都是在一定的物质条件下形成的。人们思想意识、行为动机的形成，不是先天的、不是内心自动生成的，也不是上帝赋予的，而是"外部世界对人的影响表现在人的头脑中，反映在人的头脑中，成为感觉、思想、动机、意志"。② 因此，思想意识的反映活动"总是在客观上被历史状况所限制，在主观上被得出该思想映象的人的肉体状况和精神状况所限制"。③ 社会认同一样不可能脱离其背后的物质动因，这是唯物史观的基本原理所在，也是唯物论与唯心论的分水岭。

其次，思想意识具有能动性，社会认同也是对特定客观世界的能动反映。社会意识对于社会存在来说，是从属的、被决定的东西；但是作为人类社会的精神活动，社会意识并不完全是被动的，它一旦形成之后，就具有了自己特殊的内容和形式，即具有了与社会存在不同的、相对独立的重要意义和能动作用。这种能动性不仅表现在每个人对外部世界影响的反映不完全一样，而且反映在人们"行动的一切动力，都一定要通过他的头脑，一定要转变为他的意志的动机，才能使他行动起来"。④ 恩格斯指出："在社会历史领域内进行活动的，是具有意识的、经过思虑或凭激情行动的、追求某种目的的人；任何事情的发生都不是没有自觉的意图，没有预期的目的的。"⑤ 社会认同作为一种能够被社会群体成员普遍接受和赞同的社会意识，其生成和本质与其他社会意识一样，是对特定社会存在的能动

① 《马克思恩格斯选集》第3卷，人民出版社，1995，第776页。
② 《马克思恩格斯选集》第4卷，人民出版社，1995，第232页。
③ 《马克思恩格斯全集》第20卷，人民出版社，1971，第40页。
④ 《马克思恩格斯选集》第4卷，人民出版社，1995，第251页。
⑤ 《马克思恩格斯选集》第4卷，人民出版社，1995，第247页。

反映和把握。

最后，共同的阶级意识，即阶级认同是政治行动一致性的必要条件。根据唯物史观的基本原理，阶级意识具有能动性，它可以反作用于经济基础；政治制度与意识形态的因素在一定条件下甚至可以发挥决定性的作用。但是在关于马克思阶级学说的研究中，"阶级意识"的研究一直是一个比较薄弱的环节，需要引起我们足够的重视。马克思的阶级意识概念主要包括两个方面的含义：一方面，阶级意识指的是一个阶级作为一个集体对自己的阶级地位和利益的觉悟；另一方面，阶级意识指的是一个阶级的成员所具有的相似的情感、幻想、思想方法等。[1] 马克思认为，"自在阶级"只有通过一个历史的、认知的和实践的觉悟化过程，才能产生阶级意识，才有可能通过一致的集体行动争取共同的阶级利益。反之，如果没有共同的阶级意识，某个阶级就不会采取一致的政治行动。[2] 根据英国人汤姆·博托莫尔汇编，由81位学者集体撰写的《马克思主义思想辞典》中的记载：在马克思的作品中始终贯穿着这样的主题，即工人阶级必须摆脱它的集团利益，同时必须强调文化和思想意识所具有的政治作用。其实，阶级本身的形成就绝非简单，社会个体的阶级主观认同感在阶级形成中往往占据很大成分。认同通过个人与社会的互动，将情感、态度、认识等不断进行"内化"，从而加强了社会群体的归属感与凝聚力，最终促进了阶级的形成。汤普森在其著名的《英国工人阶级的形成》一书中说："我使用'形成'，因为这是一个在动态过程中进行的研究，其中既有主观的因素，又有客观的条件。工人阶级并不像太阳那样在预定的时间升起，它出现在它自身的形成中。"[3] 不仅如此，在现实生活中，决定人们阶级阶层意识、价值取向、社会态度和行为选择的因素是非常复杂的，传统的"阶级决定论"（即认为阶级归属决定价值取向、社会态度和行为选择的分析方法）会出现失灵的情况，甚至丧失对现实生活的解释力。在具体的社会背景发生变化和更替的情况下，决定群体社会态度、社会认同和社会行动的

---

[1] 刘欣：《转型期中国城市居民的阶层意识》，李培林、李强、孙立平等《中国社会分层》，社会科学文献出版社，2004，第209页。

[2] 李培林、陈光金、张翼、李炜：《中国社会和谐稳定报告》，社会科学文献出版社，2008，第46页。

[3] 〔英〕E. P. 汤普森：《英国工人阶级的形成》（上下），钱乘旦等译，译林出版社，2001，第3页。

轴心变量也会发生变化。实际上，客观"阶级归属"与主观"阶级认同"的不一致，在很多情况下是现代社会的一种常态。①

　　尽管西方马克思主义意识形态批判理论无法完成意识形态批判工作，但却不同程度地发展了马克思主义意识形态理论。比如，卢卡奇从社会动力的角度看待意识，致力于深度阐释"阶级意识"；阿尔都塞的"意识形态国家机器论"，揭示了意识形态的黏合剂与润滑剂功能；特别是西方马克思主义的代表人物葛兰西，他关注的是意识形态如何与个人的日常心理相联系以获得人们普遍接受的问题，即从日常生活"常识"到个人心理结构与社会情感结构中寻找意识形态的本质。葛兰西认为意识形态既是思想体系又离不开人们的经验体验，因而知识分子要在"制定一种高于'常识'、在科学方面融贯一致的思想方式的过程中，永远不忘记同'普通人'相接触，并且确实在这种接触中发现它所研究和解决的问题的源泉"②。葛兰西阐明了意识形态与日常意识的互动关系，指出无产阶级必须占有思想文化上的领导权，必须使自己的意识变为被大众一致赞同的意识。只有这样，无产阶级革命的条件才能成熟起来。③ 葛兰西的研究对后来的西方马克思主义者产生了深远的影响，对社会认同研究亦有极大的启发作用。

二　马克思主义人学思想对认同研究的理论支撑

　　认同问题是现实生活中的人们都会遇见并最终要加以解决的问题，是从人的眼光来看待人与自然、人与社会以及人与自身这三者之间的关系，是自然、社会和人自己对自己的影像在人的认知中的反映。因此，从根本上看，认同问题是人的种种属性的集中体现，是一个与人的生存状态密切相关的哲学问题。④ 马克思和恩格斯汲取了人类历史上的优秀成果，在辩证唯物主义和历史唯物主义的基础上，把人放到特定的历史和社会条件下进行考察，深入研究并科学地阐述了人的本质、人的自我实现等人学思

① 李培林、陈光金、张翼、李炜：《中国社会和谐稳定报告》，社会科学文献出版社，2008，第 46～47 页。
② 葛兰西：《狱中札记》，中国社会科学出版社，2000，第 240～241 页。
③ 李淑梅：《意识形态与人的社会认同》，《学习与探索》2005 年第 5 期。
④ 王成兵：《对当代认同概念的一种理解》，《学习与探索》2004 年第 6 期。

想，为我们研究认同问题提供了牢固的理论支撑。

首先，"现实的人"是人类社会一切活动的主体，是社会科学研究的出发点。任何历史观的前提都必须是人，但是"从前的一切唯物主义（包括费尔巴哈的唯物主义）的主要缺点是：对对象、现实、感性，只是从客体的或者直观的形式去理解，而不是把它们当作感性的人的活动，当作实践去理解，不是从主体方面理解"。① 与此相区别，马克思、恩格斯是把"现实的个人，是他们的活动和他们的物质生活条件，包括他们已有的和由他们自己的活动创造出来的物质生活条件"② 作为唯物史观的历史前提，并反复强调"我们的出发点是从事实际活动的人"③，即总是受到历史条件制约的、只能是历史存在的人。

那么如何处理个人与社会的关系呢？许多思想家"或者强调社会结构作为整体对个人及其行为的决定性制约作用，而把个人淹没在社会结构之中，或者相反，认为个人才是社会的唯一的构成因素，他们的行为、理性、动机和信仰等，是解释社会过程及其变迁的真正因子"。④ 马克思、恩格斯则从唯物史观出发，强调要从"现实的、有生命的个人本身出发"去观察社会政治生活，指出"这种观察方法不是没有前提的。它从现实的前提出发，它一刻也不离开这种前提。它的前提是人，但不是处在某种虚幻的离群索居和固定不变状态中的人，而是处在现实的、可以通过经验观察到的、在一定条件下进行的发展过程中的人"。⑤ 也就是说，在马克思、恩格斯看来，不管人们自己是否意识到，"人们的社会历史始终只是他们的个体发展的历史"⑥，因此，现实的人是社会科学研究的出发点，是思想政治教育中不可或缺的主体。

其次，关于人的本质的科学界定与系统阐释。在人类思想史上，马克思第一次对人的本质作出科学界定。马克思关于人的本质的思想主要有三个命题：一是"劳动或实践是人的本质"；二是"人的本质是一切社会关

---

① 《马克思恩格斯选集》第 1 卷．人民出版社，1995，第 54 页。
② 《马克思恩格斯选集》第 1 卷，人民出版社，1995，第 67 页。
③ 《马克思恩格斯选集》第 1 卷，人民出版社，1995，第 73 页。
④ 黄平：《安东尼·吉登斯：结构化与现代性》，《国外社会学》1995 年第 1 期。
⑤ 《马克思恩格斯选集》第 1 卷，人民出版社，1995，第 73 页。
⑥ 《马克思恩格斯选集》第 4 卷，人民出版社，1995，第 532 页。

系的总和";三是"人的需要即人的本质"。① 把人的现实本质理解为一切社会关系的总和,无疑是马克思在社会历史观和方法论方面独特的理论贡献。② 现实生活中的人不是孤立的、抽象的存在,无论在任何社会形态中,每个人都必定与他人、与社会结成各种各样的关系,因而具有丰富的社会属性。盘根错节、复杂多样的社会关系和社会活动塑造、构成了人生的不同内容,决定了"人的本质不是单个人所固有的抽象物,在其现实性上,它是一切社会关系的总和"。③

① "社会不是由个人构成,而是表示这些个人彼此发生的那些联系和关系的总和。"④ 这里的"社会不是由个人构成",强调社会不是单个个人的机械相加,不是反映某种独立存在的实体范畴,也不是反映某一独立存在物状况的样式范畴,正如马克思一再强调的:"首先应当避免重新把'社会'当作抽象的东西同个人对立起来"⑤。应该看到:"社会——不管其形式如何——是什么呢?是人们交互活动的产物"⑥,也就是说,社会是由人所构成的社会关系的总和,但这里的"总和",并非诸多社会关系的简单叠加,而是这些社会关系的有机统一。因此,要用系统、全面的眼光,才能从总体上、从各种社会关系的有机联系中把握人的本质。

② 各种各样的社会关系不是平行的、并列的,对决定人的本质的作用也不同,其中物质关系,特别是生产关系是最基本的社会关系,它决定着人们的思想关系和其他关系。马克思主义认为,"劳动这种生命活动、这种生产生活本身对人来说不过是满足他的需要即维持肉体生存的需要的手段。而生产生活本来就是类生活。这是产生生命的生活。一个种的全部特性、种的类特性就在于生命活动的性质,而人的类特性恰恰就是自由的有意识的活动"。⑦ 总之,自由的有意识的活动就是人的劳动或实践,这不仅是人和动物最本质的区别,而且是产生和决定人其他所有特性的根据所在。

---

① 余永跃、陈曙光:《马克思"人的本质"思想解读》,人民网,2006年6月26日。
② 韩庆祥:《马克思主义人学思想研究》,河南人民出版社,1996,第324页。
③ 《马克思恩格斯选集》第1卷,人民出版社,1995,第56页。
④ 《马克思恩格斯全集》第46卷(上),人民出版社,1979,第220页。
⑤ 《马克思恩格斯全集》第42卷,人民出版社,1979,第122页。
⑥ 《马克思恩格斯选集》第4卷,人民出版社,1995,第532页。
⑦ 《马克思恩格斯选集》第1卷,人民出版社,1995,第46页。

③社会关系是个不断发展变化的历史范畴，由社会关系所决定的人的本质也会随时代的发展而历史地发展和变化。马克思主义明确指出，"各个人借以进行生产的社会关系，即社会生产关系，是随着物质生产资料、生产力的变化和发展而发展和改变的。生产关系总合起来就构成为所谓社会关系，构成为所谓社会，并且是构成为一个处于一定历史发展阶段上的社会，具有独特的特征的社会"。① 毫无疑问，人的本质会"在每个时代历史地发生变化的"。

④人在本质上是一种社会动物，归属的需要、认同的需要都是人的基本需要。"在任何情况下，个人总是从自己出发的，但是由于他们彼此不需要发生任何联系这个意义上来说，他们不是唯一的，由于他们的需要即他们的本性，以及他们求得满足的方式把他们联系起来（两性关系、交换、分工），所以他们必然要发生相互关系"。② 因此，人的需要既是指区别于其他生物的需要，也是指使人成之为人、构成人的本质、表现为人本性的种种需要。由于"在社会主义的前提下，人的需要的丰富性，从而某种新的生产方式和某种新的生产对象具有何等的意义：人的本质力量的新的证明和人的本质的新的充实"。③ 这样，马克思主义创始人不仅赋予人类的需要以丰富性、复杂性、前提性等特点，而且赋予它以普遍性、永恒性和能动性。离开了人的需要，人的一切实践活动和一切社会关系都将不复存在。因此，在一定意义上说，人的需要即人的本性的不断改变和发展是雕刻社会认同的一把"无形的刀"。

⑤从不同角度阐释人的本质并不矛盾。马克思从历史唯物主义的角度，将人的本质看作"社会关系的总和"；从人的日常生活行为方式的角度，则强调"人的需要即人的本质"，二者虽不是同一意义上的范畴，却有着不可割舍的内在联系。假如以社会历史观和方法论来取代人的日常生活方式与行为规则，就必然得出马克思不重视个人自我实现的简单结论；反之，又可能将人本主义心理学等同于马克思的心理学思想，同样难以得

---

① 《马克思恩格斯全集》第6卷，人民出版社，1961，第487页。
② 《马克思恩格斯全集》第3卷，人民出版社，1979，第513页。
③ 《马克思恩格斯全集》第42卷，人民出版社，1979，第132页。

出正确结论。① 人的需要内在地规定了人类的活动，生活在社会中的人具有归属的需要，必须通过自己的活动为自己在社会中找到坐标、为自己定位，即需要归属于某个阶层、政党、职业和社区等群体。群体是早期人类的生存形态，群体结构也是按照个体需要的实现要求而逐渐形成并且变化着的，所以一定的群体结构具有实现个体需要的功能。② 形成群体认同（社会认同）既是人的内在需要，也是实现人的需要的基本途径。

最后，关于人的需要和自我实现问题的探讨。需要是人的本能，满足人的需要在一定意义上是人生存和发展的前提条件。人们总是"积极地活动，通过活动来取得一定的外界物，从而满足自己的需要"③，但是"已经得到满足的第一个需要本身、满足需要的活动和已经获得的为满足需要而用的工具又引起新的需要"④，接着，新的需要又进而引起新的活动，如此周而复始，人类社会就不断得以发展和进步，因此，马克思说："历史不过是追求着自己目的的人的活动而已"⑤。

马克思认为，人类丰富多样的需要在类型上可以划分成"社会创造的需要和自然的需要"两大层次，这样既不会忽视人的低级需要对社会发展的影响和作用；又可以在社会关系中对人的自然需要展开系统的考察，也就是在社会历史范畴中考察人的自我实现活动，使之具有坚实的理性基础。⑥ 可见，马克思主义反对脱离社会和现实的自私自利的自我实现，认为"只有在集体中，个人才能获得全面发展其才能的手段"⑦，换言之，个人的发展与实现只有在集体中才能获得。马克思、恩格斯认为："一个人的发展取决于和他直接或间接进行交往的其他一切人的发展；彼此发生关系的个人在世世代代是相互联系的，后代的肉体的存在是由他们的前代决定的，后代继承着前代积累起来的生产力和交往形式，这就决定了他们这一代的相互关系。总之，我们可以看到，发展不断地进行着，单个人的历

---

① 罗和平：《马克思的自我实现观点与人本主义心理学的自我实现》（2006 - 09 - 05 16：38：01），http：//blog. sina. com. cn/luoheping。

② 方旭光：《政治认同的基础理论研究》，复旦大学2006年博士学位论文，第17页。

③ 《马克思恩格斯全集》第19卷，人民出版社，1963，第405页。

④ 《马克思恩格斯选集》第1卷，人民出版社，1995，第79页。

⑤ 《马克思恩格斯全集》，第2卷，人民出版社，1957，第118~119页。

⑥ 罗和平：《马克思的自我实现观点与人本主义心理学的自我实现》（2006 - 09 - 05 16：38：01），http：//blog. sina. com. cn/luoheping。

⑦ 《马克思恩格斯全集》，第3卷，人民出版社，1965，第84页。

史决不能脱离他以前的或同时代的个人的历史，而是由这种历史决定的。"① 这里显然没有否定个人自由发展的意思，而是指明了个人要怎样才能获得自由而全面的发展，强调一定集体（社会）的共同努力是个人实现自由全面发展的基础和前提。当然，"个人的全面性不是想象的或设想的全面性，而是他的现实关系和观念关系的全面性。……要达到这点，首先必须使生产力的充分发展成为生产条件，使一定的生产条件不表现为生产力发展的界限。"② 即个体的自我实现往往与决定其发展的外部社会条件，也就是与历史发展进程相一致。马克思关于个人自我实现与社会集体实现之间的辩证统一思想，在列宁晚年时期得到了进一步发展。列宁认为，社会主义必须确立"从个人利益上的关心的原则"，正是"由于不善于实行这个原则，我们每一步都吃到苦头"。③ 这是我们研究当代青年公务员社会认同问题时不可忽视的一个基本原则。

第二节　政治学与社会认同

政治学中关于认同的研究，主要关注成员对共同体的归属感，即政治认同问题和政治合法性问题等，它们与社会认同研究具有内在的紧密联系。

一　政治认同是社会认同的组成部分

所谓"名者，知也"，美国著名社会学家丹尼尔·贝尔指出，"在当代科学的哲学领域内，名不仅仅指名字，而且指概念或者图谱。一个概念性图式从一个复杂的现实中选择特殊的属性，并按照共同的成规把它们分类，以辨别其同异"。④ 社会认同作为概念体系，从不同角度进行划分可以产生不同的概念范畴。比如，依社会认同的主体不同，可以分为个体认同

① 《马克思恩格斯全集》第 3 卷，人民出版社，1979，第 515 页。
② 《马克思恩格斯全集》第 46 卷（下），人民出版社，1979，第 36 页。
③ 《列宁选集》第 33 卷，人民出版社，1979，第 51 页。
④ 〔美〕丹尼尔·贝尔：《后工业社会的来临》，商务印书馆，1984，第 14 页。

和集体认同两种（有学者亦称之为自我认同和群体认同）；依社会认同的层次不同，可以分为身份认同、政党认同、民族认同（族群认同）、国家认同、国际认同等；依社会认同的具体内容不同，则可以分为政治认同、文化认同、社会认同（狭义）、意识形态认同等。这些概念之间确有不同，但往往没有清晰可辨的独立性和排他性，相反还相互交叉，共同构成一个庞杂的概念体系。

一般认为，政治认同的概念是美国政治学家威尔特·A. 罗森堡姆首先提出的。罗森堡姆在著名的《政治文化》一书中指出："政治认同，是指一个人感觉他属于什么政治单位（国家、民族、城镇、区域），地理区域和团体，在某些重要的主观意识上，此是他自己的社会认同的一部分，特别地，这些认同包括那些他感觉要强烈效忠、尽义务或责任的单位和团体。"[①] 罗森堡姆的界定强调更多的是一种有形的团体归属感，而国内学者马振清先生的表述则更强调政治认同无形的心理归属感，他认为："政治认同，是指人们在社会政治生活当中产生的一种情感和意识上的归属感，它与人们的心理活动有着密切的联系。"[②] 有学者认为，政治认同就是社会成员对政治系统及其运作的同向性的情感、态度和行为。[③] 亦即政治认同属于一定认同主体进行政治实践活动的范畴，它既是主体对一定的政治对象进行认知、趋同的过程，也是对自身政治元素确认、实现的过程，还是对一定政治体系提供政治行为支持的过程。[④]

那么政治认同的对象是什么呢？学术界也因各自的表述不同而将其分成不同的研究层次。有学者在政治认同这个具有有机结构和专门功能的系统体系中，从认同主体对认同客体的不同指向上，指出政治认同的内容包括：对政治价值的认同、对政治实体的认同、对结构要素的认同、对政治工具的认同和对政治效能的认同。[⑤]《中国大百科全书·政治学卷》的归纳比较全面，指出在多种多样的政治认同对象中，国家、阶级、政党、政策、政治制度和政治理想等是最为重要的。其中对国家的认同又是最基本

---

① 罗森堡姆：《政治文化》，桂冠图书有限公司出版，1984，第69页。
② 马振清：《中国公民政治社会化问题研究》，黑龙江人民出版社，2001，第110页。
③ 方旭光：《政治认同：思想政治教育的目标取向》，《思想·理论·教育》2006年第1期。
④ 方旭光：《政治认同的基础理论研究》，2006年复旦大学博士学位论文，第18页。
⑤ 方旭光：《政治认同的基础理论研究》，2006年复旦大学博士学位论文，第55页。

的政治认同，因为几乎所有的人都会把自己看作某一国家的公民，并相应地把自己的行为约束在本国法律的限制之内。对国家的认同并非抽象单一，也往往具有不同层次，包括较低层次上对共同种族、共同地域的认同，情感层次上的爱国心、民族自豪感的认同，高层次上对国家法律制度、政策方针的理解与认同。而对阶级的认同则是阶级社会中不可避免的一种社会现象，既由人们的社会地位、阶级地位所决定，也与每个人的社会生活、社会经历有关，但对大部分人来讲，阶级的认同多停留在情感层次上。相比较而言，对政党的认同多属于较高层次的认同，因为政党作为捍卫阶级利益而自觉奋斗的团体，一般具有明确的奋斗目标和行动纲领。①

　　研究政治认同的目的在于充分发挥政治认同的功能和意义——维护政治稳定、促进政治发展。早在古希腊时期，亚里士多德在《政治学》一书中就指出："一种政体如果要达到长治久安的目的，必须使全邦各部分（各阶级）的人们都能参加而且怀抱着让它存在和延续的意愿"②，这种意愿实际上就是人们对某一政体的认同，其认同程度对任何一个政权的生存都尤为重要。因此，亚里士多德主张："我们必须建立一条适用于一切政体的公理，一邦之内，愿意维持其政体的部分必须强于反对这一政体的部分。"③ 这与中国古代思想家孟子提出的"得民心者得天下，失民心者失天下"的政治思想异曲同工，也是我们当前重塑社会认同、构建和谐社会的内在诉求。

二　提升源自社会认可的政治合法性是社会认同的最终归宿

　　"合法性"（legitimacy）作为政治学中的一个专门概念，与我们日常生活中所使用或理解的合法性有所不同。《布莱克维尔政治学百科全书》认为合法性是："一种特性，这种特性不是来自正式的法律或法令，而是来自于有关规范所判定的、'下属'据以（或多或少）给予积极支持的社会认可（或认可的可能性）和'适当性'"，并指出："任何一种人类社会的复杂形态都面临一个合法性的问题，即该秩序是否和为什么应该获得其成

---

① 《中国大百科全书·政治学卷》，中国大百科全书出版社，1992 年版，第 501 页。
② 亚里士多德：《政治学》，商务印书馆 1996，第 118 页。
③ 亚里士多德：《政治学》，商务印书馆 1996，第 210 页。

员的忠诚的问题"。① 可见，政治学中的合法性表达的主要不是是否合乎法律法规的问题，而是强调社会成员对现存政治统治、政治秩序的信任、支持和认同的心理状态。美国政治学家李普塞特认为，"合法性是指政治系统使人们产生和坚持现存政治制度是社会的最适宜制度之信仰的能力"②，而在著名政治学家阿尔蒙德眼中，"如果某一社会中的公民都遵守当权者制定和实施的法规，而且还不仅仅是因为若不遵守就会受到惩处，而是因为他们确信遵守是应该的，那么，这个政治权威就是合法的"。③ 因此，所谓政治合法性，一般是指政治领导人通过合法的手段和程序执政，人们确认其权威者的地位、服从其命令，因而整个政治统治体系具有合法的地位。简单地说，也就是民众对既定政治体系正当性的认可。

从合法性的界定中可以发现，广泛的政治认同是政治统治体系获得合法性的前提条件，而合法性也是政治认同的最终归宿和理论升华。政治认同与政治合法性在政治学研究中常被混为一谈。究其关系，政治认同更侧重感性的心理状态，而合法性更侧重理性的规定性；政治认同有选择的意味、尚不明确，而合法性是明确的、上升到理性层面、理论化了的认同；政治认同未必都能达到合法的程度，而合法的却肯定是被认同的。④

来自民众自愿认同的合法性信仰，对既定的政治体系而言是一种巨大的支持力量。无论在任何时代，"当谈到一个政治系统的持续时，不可能缄口不提系统成员不断一起工作以解决他们的政治问题时的起码意愿或能力。要不然，就没有希望让人们服从价值的权威性分配"。⑤ 也就是说，任何政治统治的维系、政治系统稳定有序地运作，除暴力强制外，都包含着最低限度的自愿服从的成分，都必须使国民就重大政治问题在倾向或态度上取得最起码的一致。可以肯定，"一个合法性信仰对于维持支持来说是必不可少的，至少对于那些历史非常悠久的政治系统来说是必不可少

---

① 〔英〕戴维·米勒、韦农·波格丹诺编：《布莱克维尔政治学百科全书》，邓正来译，中国政法大学出版社，2002，第439页。
② 〔美〕西摩·马丁·李普塞特：《政治人：政治的社会基础》，上海人民出版社，1997，第55页。
③ 阿尔蒙德：《比较政治学》，上海译文出版社，1987，第35～36页。
④ 丁忠甫：《论政治认同与合法性的关系》，《湖南第一师范学报》2005年2期。
⑤ 伊斯顿：《政治生活的系统分析》，三联书店，1992，第186页。

的"。① 我国著名政治学学者王邦佐先生认为，意识形态认同是维护执政党统治的合法性、巩固其执政地位的最持久的因素。意识形态作为社会思想的上层建筑，是一定社会或一定社会阶级、集团基于自身根本利益对现存社会关系自觉反映而形成的理论体系。② 从现代社会学、政治学的角度看，意识形态是伴有某种政治倾向和政治选择的思想体系③，而作为一种统治工具，意识形态是代表统治阶级根本利益的情感、表象和观念的总和。④因此，意识形态认同和政治认同之间有着千丝万缕的联系。任何一个统治阶级，都会设法以本阶级推崇的政治价值为中心，通过灌输训制、宣传鼓动、许诺诱导以及理性说服等方式，将本阶级的政治思想观念提升为主导的意识形态，使之得到社会成员较为广泛的忠诚、信赖、赞许或默认，从而对全社会进行文化整合与行为定向。⑤

新时期中国共产党社会整合的目标也不仅仅是引领全国各族人民实现党的历史使命，而且还要能够增强中国共产党在政治上的合法性、稳固其执政领导地位。⑥ 因此，获得广大民众的认可、支持和拥护，提升执政合法性，是巩固执政之基的必然要求，也是建构当代中国社会认同的最终归宿。

第三节　社会学与社会认同

近些年来，社会科学家们对认同概念长久以来的兴趣已经得以剧烈增长。⑦ 认同或社会认同成为现代社会学与社会心理学中最为流行的术语之一，其相关议题一直是社会学家和心理学家关注的中心。

---

① 伊斯顿：《政治生活的系统分析》，三联书店，1992，第311页。
② 宋惠昌：《当代社会意识形态》，中共中央党校出版社，1993，第9～10页。
③ 秦启文：《现代社会学》，重庆出版社，2001，第292页。
④ 俞吾金：《意识形态论》，上海人民出版社，1993。
⑤ 齐忠恒：《现代社会认同建构的基础》，《南京工业职业技术学院学报》2006年第1期。
⑥ 崔晓晖：《意识形态认同：新时期中国共产党社会整合的思想基础》，吉林大学2008年博士学位论文。
⑦ 译自 "Social scientists have also intensified their longstanding interest in the concept of identity in recent years."，引自 Leonie Huddy，From Social to Political Identity：A Critical Examination of Social Identity Theory，Political Psychology，Vol. 22，No. 1（Mar.，2001），pp. 127－156。

西方社会学界对认同的解释总体侧重于阐述身份、地位、利益和归属等社会现象一致性的某种共识。

有学者从同一与差异的动态统一中进行阐释，如简金斯（Richard Jenkins）认为，认同主要是在人或事物之间确立了"类同"（similarity）和"差异"（difference）这两种可能的比较关系。因为恰恰是一个人的前后同一特性或一个群体成员之间的相似性，实际构成了他（他们）与其他人或其他群体的差别。① 换句话说，"同一"与"差别"是内在于"认同"的两个不同面向，这是认同的动态原理，也是社会生活的核心。② 因此，认同可以说是对"某一事物与其他事物相区别的认可，其中包括其自身统一性中所具有的所有内部变化和多样性。这一事物被视为保持相同或具有同一性"。③

有学者把认同上升到概念的工具层面，如 Woodward 等人在《认同与差异》（Identity and Difference）一书中，指出认同可以用来了解人们如何意识到社会、文化、经济与政治上的变迁。④ "所谓认同，不仅可以从适用于此处全部讨论的那种严格和相当正式的意义上加以理解，而且也可以在更加广泛的意义上把它看作是部分政治、部分文化和心理的'现象'。"⑤

有学者谈及认同的来源与建构，在当代世界中，认同有众多的来源，现代社会结构、社会关系的复杂性决定了人们身份角色的多重性，也决定了人们在特定场景中归属于不同的群体。"我们之中的每一个人都可能经历过某些内心挣扎，而存在于相互冲突的认同之间的这些挣扎，则是以我们在世界上不同的位置……所导致"。⑥ 虽然"对特定的个人和群体而言，

---

① Richard Jenkins：《社会认同》，王志弘、许妍飞译，巨流图书有限公司，2006；London：Routledge Publishing Group，1996，第 3～4 页。

② Richard Jenkins：《社会认同》，王志弘、许妍飞译，巨流图书有限公司，2006，第 5～6 页。

③ James M. Baldwin, Dictionary of Philosophy and Psychology, Vol. l, New York：The Macmillan Company , 1998, p. 504.

④ Kathryn Woodward 等编《认同与差异》，林文琪译，韦伯文化国际出版有限公司，2006，第 2 页。

⑤ 复旦大学：《近代中国的国家形象与国家认同》，上海古籍出版社，2003，第 120 页。

⑥ Kathryn Woodward 等编《认同与差异》，林文琪译，韦伯文化国际出版有限公司，2006，第 2 页。

认同可能有多种"①，但是"一般说来，认同与人们对他们是谁以及什么对他们有意义的理解有关。这些理解的形成与先于其他意义来源的某些属性有关。认同的一些主要来源包括性别、性别倾向、国籍或民族以及社会阶级"。② 在认同的建构上，曼纽尔·卡斯特认为，一种认同只有在社会行动者将之内化，且将他们的意义围绕着这内化过程建构时，它才会成为认同。③ 学者 Doise，W. 指出：认同这种自我特质是在与他人的差异中被区别出来，是在寻找我者并辨别他者的过程中建立起来的，且此一自我特质确认的过程，也可说是在社会中符号关系的产物。④

还有不少学者从社会心理学的视角进行研究，指出认同是"社会化过程中个体对他人的整个人格发生全面性、持久性的模仿学习"；⑤ 认同也被看成是一种自居（把自己看成是所期望的对象，并表现出与对象类似的态度和行为）⑥ 的心理机制，是"把自己亲近的人或尊重的人作为行为榜样进行模仿或内投自身的过程"。⑦ 沙莲香把认同看作心理学中用来解释人格统合机制的概念，即"认同是维系人格与社会及文化之间互动的内在力量，从而是维系人格统一性和一贯性的内在力量"，因此，认同这个概念又可以用来表示"主体性、归属感"。"自我认同感（ego identification）是认同化的过程，也就是对自己周围及社会生活中他人的价值观、生活方式等等同化为自己的特征，因此可见，自我认同感又是基于喜欢、偏好、尊敬、期望等等的主体选择过程，正是从主体选择这个意义上说，自我认同感体现心理品质。"⑧ 方文界定的认同是"行动者对自身独特品质或特征积极的认知评价、情感体验和行动承诺"，并且认为所有的这些独特品质或特征，都可以理解为独特的群体资格。⑨

---

① 〔美〕曼纽尔·卡斯特：《认同的力量》，曹荣湘译，社会科学文献出版社，2006，第5页。
② 安东尼·吉登斯：《社会学》，北京大学出版社，2003，第38页。
③ 〔美〕曼纽尔·卡斯特：《认同的力量》，夏铸九、王志宏等译，社会科学文献出版社，2003，第3页。
④ Doise，William（1998），"Social Representations in Personal Identity"，in Social Identity，edited by Stephen Worchel etc.，London：Sage，pp. 13 – 23.
⑤ 朱智贤主编《心理学大词典》，北京师范大学出版社，1989，第990页。
⑥ 荆其诚主编《简明心理百科全书》，湖南教育出版社，1991，第397页。
⑦ 顾明远主编《教育大词典》，上海教育出版社，1990，第390页。
⑧ 沙莲香主编《社会心理学》，中国人民大学出版社，2002，第4页。
⑨ 方文：《学科制度和社会认同》，中国人民大学出版社，2008，第148页。

　　由于社会学家思索和探讨的主要是个人认同与社会结构限制之间的矛盾，而社会心理学家则主要聚焦于个人认同多面向的、依客观情况而定的特性。① 因此，他们所形成的认同理论中分别以美国建立在微观社会学及符号互动论基础上的认同理论（identity theory）和欧洲源于社会心理学的社会认同理论（social identity theory）最为著名。显然，这两种理论的研究重点不同、学科取向也大相径庭，但是"这两种理论都强调作为社会建构的自我的社会属性，并且都回避将自我视为独立于或前在于社会的观点"，而且这两种理论都认为"自我分化成了属于特定实践活动（如规范或角色）的多重认同，并且它们使用相似的术语和相似的语言（如认同、认同凸显、承诺等），尽管这些术语或语言常常具有不同的含义"。② 历史进入 21 世纪，这两种理论相互整合的可能性也不断被挖掘和加强，③ 它们以及相关的社会学研究能够为本文提供强有力的理论支持。

一　社会化过程中的社会角色及角色认同

　　在社会学的视域中，组成社会的个人绝非纯粹的生物个体，而是经过社会化的社会人，即"组成社会并在社会中活动的是认同一定文化、遵从一定社会规范的社会行动者"。④ 教导生活技能、学习社会行为规范、传递社会文化、培养社会角色、完善自我观念等都是社会化的基本内容。个体

① 译自"Sociologists have pondered and explored the tension between individual identity and the constraints of social structure." 和 "Social psychologists have focused on the multifaceted and situationally contingent nature of individual identity." 引自 Leonie Huddy, From Social to Political Identity: A Critical Examination of Social Identity Theory, Political Psychology, Vol. 22, No. 1 (Mar., 2001), pp. 127 – 156。

② Michael A. Hogg, Deborah J. Terry, Katherine M. White, "A Tale of Two Theories: A Critical Comparison of Identity Theory with Social Identity Theory", Social Psychology Quarterly, Vol. 58, No. 4, 1995, pp. 255 – 269。

③ 比如，在 2003 年美国《社会心理学学刊》第 2 期上，就有五篇文章分别从不同的角度探讨了整合两种认同理论的可能性；以至这一专题的主持人霍格和雷杰威都认为，通过认同研究不但能够开辟新的研究领域，甚至能够加强两种社会心理学本身的整合。详见 Michael A. Hogg, Cecilia L. Ridgeway, "Social Identity: Sociological and Social Psychological Perspective", Social Psychology Quarterly, 2003. Vol. 66, No. 2, pp. 97 – 100. 转引自周晓虹《认同理论：社会学与心理学的分析路径》,《社会科学》2008 年第 4 期。

④ 王思斌：《社会学教程》（第二版），北京大学出版社，2003，第 46 页。

的社会化实际上是超越自然的规定性，使个体成为社会学意义上的存在。这一过程同时包括两个方面：对社会而言，是社会对个体的接纳、对个体成员资格的确认；对个体而言，则是个体逐渐形成对社会的认同，并把自己视为社会共同体中的一员。因此，社会化的过程常常包涵普遍规范与个体意识之间的相互作用。"在完全社会化的人身上，在认同与它的生物基础之间也存在持续不断的辩证关系。"① 可见，社会认同是个体社会化过程中的一个重要内容，也是个体与社会互动的辩证统一过程。② 不同的社会认同既是划分不同群体的一个内在标准，又是不同群体相互区分的一个重要表征，往往融合了群体的共性要求和个体的个性特征。因此，曼纽尔·卡斯特认为："认同必须区别于传统上社会学家所说的角色（roles）和角色设定（role–sets）。"因为角色"是通过社会制度和组织所构建的规则来界定的"，它对人们行为的影响程度取决于个人与这些制度和组织之间的协商和安排；而认同作为"人们意义（meaning）与经验的来源"，内在包涵着自身个体化（individuation）过程的建构。③

社会角色在美国芝加哥学派中得以系统运用，成为社会学的一个基本概念。一般而言，社会角色是由一定的社会地位所决定的、符合一定的社会期望的行为模式。它是人们多种社会属性或社会关系的反映，是构成社会群体或社会组织的基础。④ 社会心理学家蒂博特和凯利指出，角色不仅是存在于社会中的对个体行为的期望系统，而且是占有一定地位的个体对自身的期望系统及其外显的可观察的行为。⑤ 有学者指出，角色以其舞台原意进入社会科学领域，其概念本身并无太多变化，指的就是一个人在一定的社会背景下所表现出的行为特征。⑥ 由于人们在社会生活中扮演着不

① 〔美〕彼得·伯格、托马斯·卢克曼：《现实的社会构建》，汪涌译，北京大学出版社，2009，第150页。

② 尹书强、马润生：《城市流动儿童的社会认同困境及对策》，《山东省团校学报》2008年第1期。

③ 〔美〕曼纽尔·卡斯特：《认同的力量》，曹荣湘译，社会科学文献出版社，2006，第5页。

④ 吴增基、吴鹏森、苏振芳主编《现代社会学》，上海人民出版社，1997，第122页。

⑤ John W. Thibaut, Harold H. Kelley, The Social Psychology of Groups, New York: John Wiley and Sons, 1959.

⑥ M. E. Shaw, P. R. Costanzo, Theories of Social Psychology, 2nded., NewYork: McGraw2Hill Book Company, 1982, p. 296.

同的角色，不仅决定了角色认同的多维性，而且决定了自我概念的差异性。还有学者把角色认同看作基于个体在社会生活中所具有的不同角色位置而产生的迥然不同的自我成分。① 总之，在认同理论的视域里，角色认同是各种自我知觉、自我参照认知或自我界定，人们因而能够将其作为他们所占据的结构性角色位置的结果加以运用。②

角色认同也是一个社会化的过程。它之所以能够为自我提供意义，不仅是因其提供了具体的角色规定，而且是因其能够有效区分那些相互关联的互补或对立角色。③ 由于角色认同是社会通过一定的机构将角色规范加于角色承担者，角色承担者加以理解并做出选择的过程，因此，角色认同本身就暗含了行动，特定社会范畴成员的角色认同常常经历一个标定或自我界定的过程。在这一过程中，作为参照的是他人的期望，因此，如果来自他人的反馈与个体的自我认同相一致，则个体的自我评价也是积极的；如若反之，则个体就会产生精神上的压力与痛苦。

二 社会认同是连接社会结构和个人行动的关键

认同理论的研究者们主张"社会是充分分化，但依然有组织的整体"④，承认社会是各种角色认同和自我的基础，同时强调"自我也是社会行为的积极创造者"⑤。正如简金斯所强调的，社会认同绝对不是单向的，个体宣称自己有某种认同并不足够，这种认同还必须得到那些和我们打交道的人认可（或拒绝）。⑥ 作为双向的社会互动过程的结果，一方面，社会认同是个体在复杂的社会互动过程中通过自我观照和规范的学习而形成；

---

① Sheldon Stryker, Symbolic Interactionism, A Social Structural Version, Palo Alto: Benjamin/ Cummings, 1980.

② 周晓虹：《认同理论：社会学与心理学的分析路径》，《社会科学》2008 年第 4 期。

③ Alfred R. Lindesmith, AnselmL. Strauss, Social Psychology, New York: Holt, Rinehart and Winston, 1956.

④ Sheldon Stryker, Richard T. Serpe, "Commitment, Identity Salience, and Role Behavior", in W. Ickes, E. S. Knowles (eds.), Personality, Roles, and Social Behavior, New York: Springer - Verlag, 1982, p. 206.

⑤ Sheldon Stryker, Symbolic Inter - actionism, A Social Structural Version, Palo Alto: Benjamin/ Cummings, 1980, p. 385.

⑥ 〔英〕Richard Jenkins：《社会认同》，王志弘、许妍飞译，巨流图书有限公司，2006，第31 页。

另一方面，只有通过社会互动，人们才能对自己以及与他人的关系有一种明确的定位，进而产生对自己的地位、形象、角色以及与他人关系的判定即认同。① 正是在这个意义上，可以把社会认同看作是"个体与社会之间的纽带"② 因此，对人们行为的预测离不开对自我和社会结构之间的关系加以分析③。

1. 自我是源于社会互动的多维结构

人的社会化是在社会互动中完成的。社会互动也称社会相互作用或社会交往，是人们对他人采取社会行动和对方做出反应性社会行动的过程，是作为行动系统的社会的基础，是最基本的社会过程。④ 认知心理学家皮亚杰认为"社会化就是一个结构化的过程，个体对社会化所作出的贡献，正如他从社会化所得到的同样多。从那便产生了运算与协同运算的相互依赖与同型性"。⑤ 社会互动对于促进人们对自我的认识具有重要作用。吉登斯指出，自我认同概念的提出与符号交往论者的理论有很大的关系。正是通过个人与外部世界不断的沟通才创造和改变了他或她的自我感觉。自我与社会之间的交往过程有助于把个体的私人世界与公共世界联系起来。⑥

认同理论的核心观点是：自我是社会的一种反映，理应被视为一种多维的和组织化的结构。⑦ 学者邓志松认为，同一公民认同里可能同时包含国籍、种族、性别、政党、宗教、地域、族群等因素，这些认同之间有些是相互排斥的，有些则是和平共存的。当某种认同拥有绝对强势时，就会造成排他性

---

① 周晓虹主编《中国中产阶层调查》，社会科学文献出版社，2005，第33页。

② Woodward, Kath, Questioning Identity: Gender, Class. Nation (NewWork: Routledge, 2000), p. 8.

③ Michael A. Hogg, Deborah J. Terry, Katherine M. White, "A Tale of Two Theories: A Critical Comparison of Identity Theory with Social Identity Theory", Social Psychology Quarterly, Vol. 58, No. 4, 1995, pp. 255–269.

④ 王思斌：《社会学教程》（第二版），北京大学出版社，2003，第69页。

⑤ 〔美〕皮亚杰：《儿童心理学》，吴福元译，商务印书馆，1980。

⑥ 安东尼·吉登斯：《社会学》，北京大学出版社，2003，第38~39页。

⑦ Michael A. Hogg, Deborah J. Terry, Katherine M. White, "A Tale of Two Theories: A Critical Comparison of Identity Theory with Social Identity Theory", Social Psychology Quarterly, 1995, Vol. 58, No. 4, pp. 255–269.

特别明显的认同。① 认同突显（identities salience）和承诺（commitment）是学者们经常用来进行解释的特定概念。"具有相同的角色认同的人，因为认同突显上的差异，在一个既定的环境中行为方式就可能迥然相异"，② 因此，认同突显表明位置较高的认同和行为在复杂的自我认同层级体系中，具有更为紧密的联系。但是某种特定认同的突显程度却是由个体对某一角色的承诺程度来决定的，所以承诺实际上指出了一个人的重要的意义他人（significant others），究竟在何种程度上认为此人应该占据这个特定的角色位置。③ 有学者把承诺分为两类：互动承诺是承诺广度的标志，反映的是与特定认同相联系的角色数量；情感承诺是承诺强度的标志，主要涉及与认同相联系的那些关系的重要性。④ 假如个体对某种认同的承诺越强，无论是源自互动承诺还是情感承诺，那么认同突显的水平也就越高。查尔斯·泰勒则认为："自我的认同是由承诺和自我确认所规定的，这些承诺和自我确认提供了一种框架和视界，在这种框架和视界之中自我能够在各种情景中尝试决定什么是善的，或有价值的，或应当做的，或者我支持或反对的。换言之，它是这样一种视界，在其中，自我能够采取一种立场。"⑤

2. 社会通过影响自我来影响人们的社会行为

在社会心理学中，"自我是大多数复杂的相互作用过程的起点，我们对社会行为的理解要从自我开始"⑥。但是自我与社会之间不是割裂的，而是存在着辩证统一的关系，"一方面人生活在社会现实之中，另一方面他又总是积极主动地构建着社会现实。人在现实中如何行动、采取怎样的方式，是以其对自我行动的理解，以及对自我行动赋予怎样的意义为前提的"，⑦ 所以"自我认同作为人格的动力，是个可以通过社会而映照心理、

---

① 刘明隆：《台湾公民教育的再思：以认同能力为主轴的公民教育》，台湾大学国家发展研究所硕士论文，2007年1月。

② Michael A. Hogg, Deborah J. Terry, Katherine M. White, "A Tale of Two Theories：A Critical Comparison of Identity Theory with Social Identity Theory", Social Psychology Quarterly, 1995, Vol. 58, No. 4, pp. 255 – 269.

③ 周晓虹：《认同理论：社会学与心理学的分析路径》，《社会科学》2008年第4期。

④ Sheldon Stryker, Symbolic Inter – actionism, A Social Structural Version, Palo Alto：Benjamin/Cummings, 1980.

⑤ 〔美〕查尔斯·泰勒：《自我的根源：现代认同的形成》，韩震译，译林出版社，2001，第37页。

⑥ 杜加克斯等《八十年代社会心理学》，三联书店，1988，第65页。

⑦ 周晓虹：《社会学理论的基本范式及整合的可能性》，《社会学研究》，2002年第5期。

通过心理而映照社会的心理过程"。① 换句话说，社会的认同与自我观念的形成事实上是同一过程的两个方面，是个体与社会辩证互动的重要体现。也正因为认识到"个人是生活在社会之中的，故而，对于个人是什么的问题，单纯地追问个人本身得不到令人满意的回答，必须从社会的视阈也就是从关系和整体的角度出发，去探究个人本身"。② 所以，认同理论和社会认同理论都非常注重社会和自我之间密切的交互联系，都认为行为是被组织到有意义的、经过特定的自我界定分类的单位之中去。③ 但是，认同理论侧重角色扮演、角色认同对行为的影响，而社会认同理论则关注群体规范、刻板印象、原型对行为的影响，力求建立一种能够将个体的心理历程和更为广阔的社会力量结合在一起的理论。④ 有证据表明，在社会心理学的基石领域（the cornerstone of social psychology）即态度研究领域，个体和群体内在的信念、态度和价值观，对个体和群体的行为产生显著的影响。⑤ 例如，泰费尔的实验和研究就证实了主观的认同会产生客观的行为后果，主观认同的差异也是造成不同群体间冲突的因素之一。

围绕"自我"形成的相关概念和理论可以解释社会是如何通过它来影响人们的社会行为的。"自我"（self）作为明确的概念是由美国心理学家威廉·詹姆斯首先提出的，是指人类将自己视为客体来看待的一种能力，它在塑造人对世界的反应方式过程中起着相当重要的作用。詹姆斯还提出了三种不同的自我类型：一是"生物自我"，包括人们视为对其存在和自我确认有决定意义的肉体部分；二是"社会自我"，指个体在与别人交往过程之中产生的自我感觉；三是"精神自我"，包括赋予个体以典型特征的总的认知方式和能力。⑥ 所有的符号互动论者都把自我的概念作为理论建构的重要组成

---

① 沙莲香主编《社会心理学》，中国人民大学出版社，2002，序言。
② 张庆熊：《自我、主体际性与文化交流》，上海人民出版社，1999，第61页。
③ 周晓虹：《认同理论：社会学与心理学的分析路径》，《社会科学》2008年第4期。
④ 方文：《社会心理学的演化：一种学科制度视角》，《中国社会科学》2001年第6期；方文：《作为'他者'的欧洲社会心理学：理智复兴及其启迪》，载张一兵、周晓虹、周宪主编《社会理论论丛》2004年第2期，南京大学出版社；Willem Doise，Levels of Explanation in Social Psychology，Cambridge，UK：Cambridge University Press，1986。
⑤ 方文：《学科制度和社会认同》，中国人民大学出版社，2008年5月第1版，第92~93页。
⑥ 乔纳森·H. 特纳：《社会学理论的结构》，吴曲辉等译，浙江人民出版社，1987，第370页。

部分。社会学家库利也认为自我是一个人对自己的看法，即意识到自己是一个什么样的人。符号互动论的创始人乔治·米德认为，源于社会互动的"自我"是由作为主体的自我"I"和作为客体的自我"me"构成，"I"是行动的自我，赋予人格以动力性和独特性；"me"是社会的自我，依赖于角色的扮演，反映社会的经验，是通过在社会互动中概括他人对自己的态度而形成的。密切相关的"I"和"me"，"他们共同构成一个出现在社会经验中的人。自我实质上是凭借这两个可以区分的方面进行的一个社会过程"。① 因此，自我包含着社会成分（sociological component）和个人成分（personal component），认同也相应可以区别为自我认同和社会认同两个面向。② 自我的形成包括玩耍、游戏和"概化他人"（generalized others）三个阶段。"概化他人"是能够"给予个人以自我的统一性的有组织的社区或社会群体"③，到这个阶段，人们可以扮演社会上经过"概化的"不同角色类型。总之，正如简金斯在《社会认同》一书中论述的，人的社会认同是内在因素与外在因素相互冲撞或交融所形塑的，内在因素可说是"个体认为自己是什么"的自我意识，而外在因素则是"他人怎么想这个体，以及他人如何对待此个体"的一种交互作用的现象。霍尔（Stuart Hall, 1932 - ）也指出，身份认定在某种程度上是一种社会的产物，透过一部分与他人的互动和一部分的自我定义而形成。④

3. 自我与社会的互动使认同具有反身性⑤的特征

在社会学中，反身性是一种把个体自己视为客体的能力，米德甚至认定

---

① George H. Mead, Mind, Self, and Society, Chicago : University of Chicago Press, 1934.

② 刘明隆:《台湾公民教育的再思：以认同能力为主轴的公民教育》，台湾大学硕士论文，2007 年 1 月。

③ George H. Mead, Mind, Self, and Society, Chicago : University of Chicago Press, 1934, p. 154.

④ 吕碧琴（台湾大学）:《从自我身份认定到专业主体建构：大学女性体育教师之生涯发展经验研究》，《运动教练科学》2008 年第 10 期。

⑤ 反身性是哲学、社会学的一个重要范畴，已经引起国内外学界的热烈讨论，吉登斯（A. Giddens）、布迪厄（P. Bourdieu）、顾尔德纳（A. Gouldner）、拉图尔（B. Latour）、布鲁尔（D. Bloor）和索罗斯（G. Soros）等人对此都有论述。参见黄华新、唐礼勇《社会科学知识的"反身性"——兼与自然科学知识反身性的比较》，《浙江大学学报》（人文社会科学版）2005 年 3 月。

它是统一心灵、自我和社会的原则①：透过反身性，个体可以采取他人的态度来对待自己，可以有意识的调整自己来适应社会过程，甚至来修正社会过程在任何特定社会行动里的结果，因此，米德把反身性看作社会过程里心灵发展的基本条件。②

我国著名社会学家费孝通先生认为："人类学也好，社会学也好，从一开始，就是要认识文化，认识社会。这个认识过程的起点，是在认识自己"③。而人们的自我意识或自我认同，是通过"我看人看我"的方式形成的。④ 这实际上和美国早期著名社会学家查尔斯·霍顿·库利提出的"镜中自我"（Looking glass self）的概念⑤有异曲同工之妙。前者认为，根据角色认同做出的反应是一个人发展自我意义感和自我界定感的基础。换句话说，每个人的自我认同是在别人如何定义我们、我们又如何定义自己的社会互动中形成、发展的。后者也认为一个人的自我意识是在与他人交往的社会互动中形成，人们通过他人对自己行为的态度和反应来反观自己、认识自己，即以他人为镜，在想象别人对自己的评价中形成自我的观念。在此基础上，自我人格的出现与发展经历三个阶段：第一，我们觉察自己在他人面前的行为方式；第二，我们领悟别人对我们行为的判断；第三，基于对他人反应的理解，我们评价自我。⑥ 因此，每个他人都像自我的一面镜子，而每种社会关系也都反映着自我，也正是这些反映构成了自我的身份。可见，库利的"镜中自我"已经触及到自我认同概念的核心。⑦ 正是通过社会互动，认同才实际地获得自我意义，才具有反身性的特征。⑧ 社会学家吉登斯就认为，自我认同并非个体所拥有的明确特征，也不是个体特质的组合，而是"个人依据个人经历所形成的，作为反思性理解的自

① 〔英〕Richard Jenkins：《社会认同》，王志弘、许妍飞译，巨流图书有限公司，2006。London：Routledge Publishing Group，1996，第 53～54 页。
② Mead, G. H. (1934) Mind, Self and Society from the Standpoint of a Social Behaviorist, ed. C. W. Morris, Chicago：University of Chicago Press. p. 134.
③ 费孝通：《从反思到文化自觉和交流》，社会学视野网，2007 年 4 月 7 日。
④ 费孝通：《我看人看我》，《读书》1993 年第 3 期。
⑤ 库利：《人类本性与社会秩序》，华夏出版社，1989，第 118 页。
⑥ 戴维·波普诺：《社会学》（第十版），李强等译，中国人民大学出版社，1999。
⑦ 周晓虹：《认同理论：社会学与心理学的分析路径》，《社会科学》2008 年第 4 期。
⑧ Peter J. Burke, Donald C. Reitzes, "The Link between Identity and Role Performance", Social Psychology Quarterly, 1981, 44：83－92.

我"，而且"是这种作为行动者的反思解释的连续性"，也就是说：一个拥有合理稳定自我认同的个人，会感受到能反思性掌握的其个人经历之连续性，并且能在某种意义上与他人沟通。① 在吉登斯看来，个体具有指出自我与他人之间异同与关联的一种自我反思性能力。有学者指出，吉登斯不是从本质上来解释自我认同，而较倾向从现象上来判断何谓正常的自我认同和非正常的自我认同。② 到了哈贝马斯那里，自我认同就不再是主体内在的一种反思过程，而是个体社会化过程中寻求的一种自我确证，孤独主体的自我反思关系通过"交互主体"模式的转化已变成主体间的彼此承认和相互认同的关系。③

此外，国内社会学界在社会认同的相关研究中，对阶层认同，特别是中产阶层的认同研究日益增多。中国社会科学院社会学所在实施的一系列研究中，都对客观阶层的阶层意识和政治属性进行过讨论。比如，在《社会冲突与阶级意识》一书中④，当把认同阶级和客观阶级都纳入分析模型时，他们发现：认同阶级对各个因变量的解释力比较明显，而客观阶级对各个因变量的解释则不是很明显。正如李普塞特在其《政治人：政治的社会基础》一书中，引用斯威齐的话所说的："你需要进行阶级分析才能认识我国的资本家阶级，这是全世界有史以来最强大的阶级，但也是一个没有思想、没有自我认识的阶级。"结合中国近期有关阶级意识的研究，他们认为绝大多数严肃的研究，都没有找到客观阶级的力量——即客观阶级在研究中缺少统计解释力，这与客观阶级缺少阶级意识紧密相关。⑤

---

① 〔英〕安东尼·吉登斯（Anthony Giddens）：《现代性与自我认同：现代晚期的自我与社会》，赵旭东、方文译，三联书店，1998，第49页。
② 刘明隆：《台湾公民教育的再思：以认同能力为主轴的公民教育》，台湾大学国家发展研究所硕士论文，2007年1月。
③ 李琦：《公民社会理论视角下的认同问题探究——从黑格尔到哈贝马斯》，《思想战线》2008年第2期。
④ 李培林、张翼、赵延东、梁栋：《社会冲突与阶级意识：当代中国社会矛盾问题研究》，社会科学文献出版社，2005。
⑤ 李培林、陈光金、张翼、李炜：《中国社会和谐稳定报告》，社会科学文献出版社，2008，第244页。

第四节　思想政治教育学与社会认同

思想政治教育与社会认同是既有联系又有区别的两个范畴，它们的有机联系具体表现在思想政治教育过程的各个环节、各个要素上。比如，思想政治教育是教育主客体之间的辩证互动过程。从教育主体（教育者及教育管理机构）的角度看，形塑青年公务员的社会认同就是使之符合中国特色社会主义现代化建设对政府行政人员的思想政治要求和规范；从教育客体（受教育者）的角度看，青年公务员社会认同的有效达成是思想政治教育有效性的重要衡量尺度。笔者认为，思想政治教育与社会认同之间事实上的这种辩证互动关系，可以大致归纳为：从思想政治教育来看，它作为个体社会化的主要手段，是个体在社会化过程中达成社会认同的重要渠道，更是主流意识形态寻求社会认同的根本途径；从社会认同来看，它是实现思想政治教育目标的本质要求，是融入贯穿于思想政治教育过程中的一个关键环节。

一　我国思想政治教育的领域研究社会认同的必要性

思想政治教育领域研究社会认同问题主要是基于以下几个方面的要求：

1. 我国思想政治教育的优良传统与重要地位的内在要求

思想政治工作是中国共产党领导中国革命、建设社会主义现代化国家、发展有中国特色社会主义伟大事业取得胜利的根本保证和重要条件之一。重视思想政治教育的地位、发挥思想政治教育的作用，是中国共产党一以贯之的优良传统和政治优势。早在党的七大报告中，毛泽东就明确指出："掌握思想教育，是团结全党进行伟大政治斗争的中心环节。如果这个任务不解决，党的一切政治任务是不能完成的。"[①] 从一定意义上说，中国共产党正是通过满足农民阶级的土地要求，以大量的思想政治教育工作

[①] 《毛泽东选集》第3卷，人民出版社，1991，第1094页。

赢得了广大农民群众的认同和支持，最终取得了革命的胜利①。2000年6月，党中央召开思想政治工作会议，这是新中国成立以来第一次如此高级别的思想政治工作会议。江泽民在会上发表的重要讲话指出："党的思想政治工作是经济工作和其他一切工作的生命线，是团结全党和全国各族人民实现党和国家各项任务的中心环节，是我们党和社会主义国家的重要政治优势。"② 因此，"不重视、不会做思想政治工作，不可能成为成熟的领导干部"。③

特别是在当代中国发展呈现出一系列新的阶段性特征之际，我们不得不面对不同的利益群体、不同的社会阶层，乃至于具有不同利益诉求的个人而引发的各种错综复杂的利益关系等新问题；我们不得不面对中国的快速发展以及同时经历的工业化、城镇化、市场化、全球化，使不同的地域人群、不同的社会阶层和不同年龄段的人口，在一些社会的重要价值认同方面都出现了较大差异④的新态势。在这样的社会历史背景下，如何进行社会关系、社会制度、社会价值三个层面的重新整合，以促进社会和谐和社会团结，成为社会科学研究和实践的重大课题；其中，如何加强和改进思想政治工作，发扬中华民族的优良道德传统，塑造中国特色社会主义的核心价值体系，则成为当代思想政治教育一项迫在眉睫的重要任务。正如台湾学者邓志松所指出的，在开放多元的社会中，价值、认同的冲突是难以避免的现象，与其谴责或遗憾，不如正视它，视其为常态，进而思考如何正确因应。⑤ 思想政治教育在培养公民价值选择、建立互动规范上责无旁贷，社会价值越分化不一，思想政治教育的重要性就越突出。只有充分发扬开展思想政治工作的优良传统，充分发挥思想政治教育的作用，才能不断巩固党的执政地位，提升党的执政能力和执政水平。而作为党的领导干部，其自身的思想政治教育情况可谓重中之重。青年公务员是领导干部源源不断的后备力量，能不能增强青年公务员思想政治教育的

① 李德芳：《思想政治教育与近现代社会变革》，中国社会科学出版社，2007，前言。

② 见《人民日报》2000年6月29日。

③ 见《光明日报》2000年6月29日。

④ 李培林、陈光金、张翼、李炜：《中国社会和谐稳定报告》，社会科学文献出版社，2008，第355页。

⑤ 邓志松：《公民教育与认同政治：以国家认同教育为例》，《通识教育季刊》（台湾），2005年第1期。

针对性和实效性、提升时代感和认同感，直接关系到我们能不能更好地为改革开放和社会主义现代化建设提供充足的精神动力和有力的思想保证。

2. 思想品德自身形成发展规律的客观要求

思想政治教育的对象是人。正因为有关人的研究纷繁复杂，目前学术界在思想政治教育的研究范围上分歧很大：有的主张只研究人的本质和人的思想品德；有的认为应重点研究人的心理；有的认为应重点研究人的思想意识；有的认为应重点研究人格和人的行为；有的则认为应重点研究人的"接受"规律等。但不论意见如何不同，对这些问题的科学认识都是研究思想政治教育学科的理论基础。思想政治教育是教育者与受教育者互动统一的过程，因此，思想政治教育学的研究对象实际上包含了辩证统一的两个方面：一是从教育者的角度来说，是研究思想政治教育的规律；二是从受教育者的角度而言，是研究其思想品德形成发展的规律。

由于思想政治教育领域的特殊矛盾就是一定社会发展对人们的思想政治品德要求同人们实际的思想政治品德水准之间的矛盾[1]，所以思想政治教育全部工作的直接目的和专门任务，就是使人们的思想政治品德克服这种实然与应然之间的矛盾，实现从"现有"向"应有"的转变。思想政治教育是个永无止境的动态过程，其内在的特殊矛盾会不断产生、不断发展，并存在、贯穿于思想政治教育的整个活动过程，表现在思想政治教育的各个方面，因此必须加强对这一特殊矛盾及其运动规律的研究。可以说，研究人们思想品德形成发展的规律是研究思想政治教育规律的前提、出发点和题中应有之义。[2] 思想政治教育如果不研究、不遵循人们思想品德形成发展的规律，就不可能做到从受教育者的实际出发，就不可能因人因时因地制宜，使受教育者的思想品德顺利实现从"现有"水准向"应有"水准的提高和转变。社会认同能够比较全面、比较动态、比较科学地揭示人的思想行为产生、变化和发展的客观规律，使之更为深刻、更为

---

① 张耀灿、郑永廷、刘书林、吴潜涛等《现代思想政治教育学》，人民出版社，2001，第20页。

② 张耀灿、郑永廷、刘书林、吴潜涛等《现代思想政治教育学》，人民出版社，2001，第30页。

完善。

　　思想与行为作为思想政治教育学中最重要的范畴之一，思想支配行为，行为表现并检验思想。人的思想品德形成发展的规律是怎样的呢？理论上的探讨有个逐渐深入的过程。首先，根据马克思主义社会存在决定社会意识的基本原理，社会存在对人的思想品德形成发展起决定作用。其次，社会意识具有主观能动性，思想品德的形成发展又不仅仅是客观因素作用的结果，而是"由社会环境对人的思想政治品德的决定作用和人对社会环境的主观能动作用所构成的双向互动过程"。① 最后，思想品德的形成发展是主客体相互作用的结果。张耀灿先生认为，"人的思想品德是在客观外在条件的影响与主观内部因素相互作用的积极活动中，主体接受外界的各种刺激影响，通过主体自身的作用，逐渐形成和发展的"。② 在思想政治教育中，教育者总是先把社会发展对人们的要求传导给受教育者，使之变为受教育者的认识、情感、意志，即达到"认同"、实现"内化"。与此同时，教育者又要引导受教育者将"认同"和"内化"了的思想意识付诸行为实践，用以改造世界从而实现"外化"；只有经过反复的"内化"和"外化"，当良好的品德行为成为受教育者的行为习惯时，才能说他形成了良好的思想品德。③ 可见，在思想品德中，思想是内在实质，行为是外在表现，尽管"认同的程度随着内化的状况而有所不同"，④ 却是知行合一的关键所在。虽然道德规范对社会行为具有普遍的制约作用，但是在个体尚未接受规范时，它始终是一种外在的律令，与个体的具体行为之间往往存在着一定距离。要让社会发展对人们的要求、规范转化为个体的具体行为，既离不开个体对规范的理解，也离不开个体主观意志的选择和情感的认同。总之，在思想品德形成发展的一系列环节中，理性、意志以及情感认同作为统一的道德结构的不同方面，都在影响着要求规范的接受过程与接受程度。美国教育学家杜威曾说过："所需要的信仰，不能硬灌进去；

---

① 邱伟光等主编《思想政治教育学原理》，高等教育出版社，1999，第 94 ~ 98 页。
② 张耀灿、郑永廷、刘书林、吴潜涛等《现代思想政治教育学》，人民出版社，2001，第 290 页。
③ 张耀灿、郑永廷、刘书林、吴潜涛等《现代思想政治教育学》，人民出版社，2001，第 37 页。
④ 〔美〕彼得·伯格、托马斯·卢克曼：《现实的社会构建》，汪涌译，北京大学出版社，2009，第 147 页。

所需要的态度，不能粘贴上去。"① 一切外在因素只有纳入到自我世界中，为自我所认同，才能真正促进自我的发展。因此，研究衔接思想和行为的关键点之一——认同问题是思想品德形成和发展规律的客观要求。

3. 思想政治教育研究现状的必然要求

早在战争年代，1938 年毛泽东就指出过：我们对"政治工作的研究有第一等的成绩，……但缺点在于综合性和系统性的不足"②。如果说当时思想政治教育的总结提炼及其向理论形态升华不够，与中国处在抗日战争的特殊历史背景有关，那么时至今日，这一研究人的思想、行为习惯、品德等的堪称最难的学问，其理论建设的综合性、系统性如何呢？答案是不言而喻的，假如以严格的学科建设标准来衡量，思想政治教育学科基本理论建设的方方面面都尚且存在着较大差距：不仅落后于学科的实践基础（社会主义市场经济建设实践）、与学科的理论基础有一定程度的脱节，而且与学科理论研究的规范性要求也相去甚远，因此迫切需要实现学科基本理论的再系统化。③

从社会发展和人的全面发展的需要来看，当前思想政治教育研究在理论和实践上均有不少明显的不足之处，无法很好回应时代发展的要求。

据研究，在传统观念的影响和制约下，思想政治教育学原有体系中就存在着研究宏观方面多、研究微观方面少，研究教育传导多、研究接受机理少的缺陷。在现有的思想政治教育学论著和教材中，对人的思想品德形成发展规律的研究一般仅占全书的 1/6 或 1/5，内容偏少、分量太轻；④ 研究中的概念范畴各说一套、理论阐述缺乏论据、理论的内在逻辑性不足甚至混乱等问题，已经引起同行学者们的高度重视。特别是对大量引用的相关学科知识缺乏严格整合，存在着消化不良、理解有误、运用不当、含糊不清等现象，亟待思想政治教育工作者以学科的前沿理论即当代马克思主义中国化理论为指导，并与相关学科理论保持对话与沟通、不断吸取其他学科理论的最新研究成果，不断提升自身的学术品位、完善思想政治教育

---

① 杜威：《民主主义与教育》，人民教育出版社，1990，第 42 页。
② 《毛泽东选集》第 2 卷，人民出版社，1991，第 554 页。
③ 陈秉公：《论思想政治教育学科基本理论的再系统化》，《思想理论教育导刊》2006 年第 8 期。
④ 张耀灿、郑永廷、刘书林、吴潜涛等《现代思想政治教育学》，人民出版社，2001，第 31 页。

的学科形态。① 等到"条件成熟时，我们完全可以建立一门分支学科来专门研究人的思想品德形成发展规律，这也是基础理论研究发展的需要，符合学科既深度分化又高度综合的发展趋势"。② 个体思想品德形成发展的过程，从一定意义上说，就是一种社会心理活动过程。因此，思想政治教育研究可以借鉴和应用社会心理学的理论和方法，引入其核心概念和前沿理论，即社会认同理论的相关研究，在立足思想政治教育，坚持社会存在决定社会意识基本原则的基础上，吸收传统思想政治教育重视人类历史经验积累的优点，克服传统思想政治教育理论片面强调外部灌输等缺点，更好地把握思想品德形成发展的关键点，增强思想政治教育的针对性和实效性。

二　思想政治教育是达成社会认同的主要手段和基本途径

党的思想政治教育主要具有两方面功能："一方面指向其成员，通过严格的章程和仪式，以及常设的政治教育机构和经常性的政治信息沟通活动，使其成员在参与政党活动中培养和形成一定的政治能力，认同并支持其主张，另一方面指向全体社会成员，执政党借助发达的现代大众传媒，通过强大的舆论宣传和各种政治活动，向全体社会成员宣传自己的政治主张和传达各种政治信念，以获得广泛的认同和支持"。③ 这一归纳阐明了思想政治教育的对象既包括党组织的特定成员（党员），也包括全体社会成员。因此，换一个角度来看，思想政治教育既是社会成员社会化并在社会化过程中达成社会认同的重要渠道，也是社会主流意识形态寻求社会认同的一个基本途径。

1. 思想政治教育是个体社会化并达成社会认同的主要手段

社会化是人一生中不断进行的一个过程。社会化的最终成果，就是为社会培养出符合社会要求的社会成员，使其在社会生活中担当一定的社会

---

① 陈秉公：《论思想政治教育学科基本理论的再系统化》，《思想理论教育导刊》2006 年第 8 期。

② 张耀灿、郑永廷、刘书林、吴潜涛等《现代思想政治教育学》，人民出版社，2001，第 30 页。

③ 王邦佐等《中国政党制度的社会生态分析》，上海人民出版社，2000，第 237 页。

角色，这个角色要按社会结构中为他规定的规范办事。① 可见，人的社会化包括培养和建构良好的思想政治品德。达成社会认同是个体社会化过程的重要内容，也是个体社会化的目标所在。社会化的过程实际上也是社会对其成员施加影响的教育过程。② 在这个过程中，来自家庭、学校和社会三个方面的影响最为主要。思想政治教育正是指一定的阶级、政党、社会群体用一定的思想观念、政治观点、道德规范，对其成员施加有目的、有计划、有组织的影响，使他们形成符合一定社会、一定阶级所需要的思想品德的社会实践活动。③ 这项实践活动，以人为作用对象，目的在于帮助人们形成符合社会要求的思想政治品德，主要帮助人们解决"做什么"、"怎样做"的问题。④ 事实上，思想政治教育不仅仅是政工干部的职责，而且是人的存在和发展的重要方式。⑤ 这个人类本身业已形成的、特有的生存发展方式，⑥ 无疑"是人们认识和发展自己的一种重要方式，是人的需要和生命活动的一种特殊表现形式"。⑦ 因此，思想政治教育当之无愧是个体社会化的主要手段之一。

实际上，人的道德生活就是"身份认同"与"社会认同"不断斗争消长的过程。⑧ 正如鲍曼所说："个体没有现成的认同（identity），认同需要个体自身去建构并为之负责；换言之，个体并非'拥有一种认同'，而是面临一项长期、艰辛、永无休止的同一化（identification）的任务"。⑨ 因此，认同既是结果，更是过程。在社会认同的建构过程中，即在个体与他者的比较、鉴别、分类从而形成特定联系的行为和过程中，思想政治教育所起的导向与促进作用是不容忽视的。特别是在构建社会主义和谐社会的过程中，"在每一个地方，我们都遭遇到认同的话语。而且，人们所讨论

---

① 吴增基、吴鹏森、苏振芳主编《现代社会学》，上海人民出版社，1997，第113页。
② 吴增基、吴鹏森、苏振芳主编《现代社会学》，上海人民出版社，1997，第119页。
③ 张耀灿、郑永廷、刘书林、吴潜涛等《现代思想政治教育学》，人民出版社，2001，第6页。
④ 教育部社会科学研究与思想政治工作司组编：《思想政治教育学原理》，高等教育出版社，2002，第5页。
⑤ 张耀灿等《思想政治教育学前沿》，人民出版社，2006，第13页。
⑥ 项久雨：《思想政治教育价值与人的价值》，《教学与研究》2002年第12期。
⑦ 张耀灿等《现代思想政治教育学科论》，湖北人民出版社，2003，第360页。
⑧ 邓志松：《公民教育与认同政治：以国家认同教育为例》，《通识教育季刊》（台湾），2005年第1期。
⑨ 〔英〕鲍曼：《寻找政治》，上海人民出版社，2006，第128页。

的不仅仅是认同问题，还涉及变化的问题：新的认同的涌现，旧的认同的复活，现存的认同的变迁"。① 个人归属感的匮乏、自我意义感的丧失、个体焦虑感的增强以及社会价值观的紊乱等催生了当前价值范式解体与重构的德育生态，人们急需价值观教育提供正确的"参照系"，以超越自我本身及自我与社会间价值冲突的困境。②

思想政治教育作为个体社会化并达成社会认同的主要手段，还与思想政治教育社会化规律的要求密切相关。思想政治教育社会化强调的是思想政治教育既要适应社会发展的要求，又要在主体的共同参与下推动社会的改造和发展，力求与社会发展趋势尽量保持一致。经济全球化和社会信息化的新形势，更加紧迫地要求思想政治教育社会化。思想政治教育只有与社会发展趋势保持一致，并以社会发展进步要求为根本导向，不断地自觉调整思想政治教育的目标与行动，以此引导共同参与思想政治教育活动的诸主体逐步适应社会要求，才能加速其自身的社会化进程。③

社会作为一个集合体，是确立在人们遵从相应行为规范、价值准则的基础之上，即确立在构建相应秩序的基础之上。换言之，人们基于基本的共同性行为规范、价值准则而构建起来的秩序性，是人类社会生存与发展的基本条件。而秩序性的确立离不开广泛的社会认同的形成，它们又都必须通过各种社会控制手段才能得以实现。思想政治教育借助教育的基本形式，将社会所确定、需要、要求的价值观念、行为规范内化于教育对象的图式之中，转化为教育对象内在的自我控制力量，从而促成教育对象对特定行为规范、价值准则的自觉遵从，在有效满足社会认同需要的同时，促成相应社会秩序性的达成。④ 可见，思想政治教育以其独有的特点成为诸多社会控制手段中最富有成效的社会控制方式之一，是个体达成社会认同的主要手段和重要渠道。

2. 思想政治教育是主流意识形态寻求社会认同的基本途径

马克思、恩格斯指出："统治阶级的思想在每一时代都是占统治地位

---

① Richards Jenkins, "Social Identity", London: Routledge, 1996, p. 17.
② 李辉、练庆伟：《价值认同：当代大学生思想政治教育的重要取向》，《学校党建与思想教育》2008 年第 1 期。
③ 张耀灿等《思想政治教育学前沿》，人民出版社，2006，第 13 页。
④ 沈壮海：《思想政治教育有效性研究》，武汉大学出版社，2001，第 152 页。

的思想。……占统治地位的思想不过是占统治地位的物质关系在观念上的表现。"① 主流意识形态不同于一般的社会心理，体现的是核心价值观，是一个社会人们普遍认同和崇尚的精神坐标。体现统治阶级意志的意识形态将引导人们的认知，规范人们的信仰和价值，决定人们的行动取向。② 社会意识的阶级本质决定了阶级社会的一切国家和一切历史发展阶段，占统治地位的阶级都十分重视思想政治教育工作。不论思想政治教育在不同国家、不同社会中的称谓如何，它都成为不以人们的意志为转移的、客观存在的社会现象。奴隶社会、封建社会，还有资本主义社会，其统治阶级都把思想政治教育、意识形态工作放在十分重要的位置上：一方面靠它来培养自己的接班人或代理人；另一方面，把它作为对人民群众实行思想政治控制的工具和重要条件。③ 归根结底，也就是为该社会的主流意识形态寻求普遍的社会认同。

无产阶级的思想政治教育是伴随着工人阶级作为一支独立的政治力量登上历史舞台和马克思主义的诞生而逐步形成、发展和丰富的。《共产党宣言》的发表是马克思主义诞生的标志。马克思主义的基本原理及其立场、观点、方法等，从根本上确立了社会主义社会思想政治教育的指导思想和理论基础。列宁在正确阐述政治与经济关系的基础上，指出"整个宣传工作应该建立在经济建设的政治经验之上"、"需要在实践中说明应该如何建设社会主义"④；"整个共产主义宣传归根结底要落实到实际指导国家建设"。⑤ 斯大林也专门论述过用马列主义教育党员和党员干部的问题，并称之为对无产阶级事业"有最严重意义"的事情。⑥ 中国共产党在领导中国革命和建设的过程中，建立了有中国特色的思想政治教育体系，形成了思想政治工作的一系列优良传统——主要包括：坚持用马列主义、毛泽东思想和邓小平理论武装人们头脑的传统；紧紧围绕党的中心任务的传统；

① 《马克思恩格斯选集》第1卷，人民出版社，1995，第98页。
② 周小李、肖铁肩：《意识形态及其对社会认同的影响》，《求索》2008年12期。
③ 张耀灿、郑永廷、刘书林、吴潜涛等《现代思想政治教育学》，人民出版社，2001，第10页。
④ 《列宁选集》第4卷，人民出版社，1995，第308页。
⑤ 《列宁选集》第4卷，人民出版社，1995，第309页。
⑥ 张耀灿、郑永廷、刘书林、吴潜涛等《现代思想政治教育学》，人民出版社，2001，第12页。

实事求是的传统；群众路线的传统；平等待人的民主传统；干部以身作则的传统；全党做思想政治工作的传统；等等。①

马克思主义经典作家深信："哲学家们只是用不同的方式解释世界，而问题在于改变世界。"② 广大人民群众只有首先接纳了引领他们认识和解释世界的思想观念，才能进而把思想观念转变为改变世界的、现实的物质力量。可是"各国的历史都证明：工人阶级单靠自己本身的力量，只能形成工联主义的意识"，③ 所以列宁非常重视意识形态的教育工作，不断地强调他的"灌输理论"，认为要把社会主义的意识"从外面灌输给工人，即只能从经济斗争外面，从工厂同厂主的关系范围外面灌输给工人"④，才能以社会主义革命理论启发工人阶级的社会主义觉悟，让自发的工人阶级运动变成自觉的工人运动。缺乏有效的灌输，就不能形成社会主义思想理论体系。但即使拥有了强大的社会主义思想体系，也不能抛弃思想政治教育的灌输原则，因为"对社会主义思想体系的任何轻视和任何脱离，都意味着资产阶级思想体系的加强"。⑤ 所以，从革命战争年代到社会主义建设和改革开放的和平历史时期，从经济飞速发展到以科学发展观为指导构建社会主义和谐社会的新阶段，中国共产党始终牢牢地掌握和运用思想政治教育这一有效手段，把思想政治教育工作作为寻求社会主义意识形态获得社会认同的基本方式之一。

在改革开放的历史过程中，中国共产党形成了中国特色社会主义理论体系，不仅是我们党的思想理论基础，是全国各族人民团结奋斗的共同思想基础，也是当代思想政治教育的核心内容。在当代世界，资本主义和社会主义这两种思想体系、意识形态的博弈中，思想政治教育特别要坚持向人们灌输社会主义思想体系，引导人们认清社会历史发展的总趋势，树立社会主义意识，坚持社会主义方向，牢固确立建设有中国特色的社会主义

① 《中共中央关于加强和改进企业思想政治工作的通知》（1988 年 9 月 30 日），见《中国思想政治工作全书（上卷）》，中国人民大学出版社，1990，第 408 页。
② 《马克思恩格斯选集》第 1 卷，人民出版社，1995，第 61 页。
③ 《列宁全集》第 6 卷，人民出版社，1986，第 29 页。
④ 《列宁全集》第 6 卷，人民出版社，1986，第 76 页。
⑤ 《列宁全集》第 6 卷，人民出版社，1986，第 38 页。

共同理想和实现共产主义的坚定信念。① 社会主义思想体系只有彻底占领社会主义意识形态的主阵地，无产阶级的历史任务才有可能真正实现，因此，中国共产党丝毫不能放松思想政治教育这一主流意识形态获得社会认同的基本途径。

三　社会认同是思想政治教育的本质要求和中间环节

如果说意识形态的运行离不开社会认同，那么思想政治教育的目标亦是为了实现社会认同。由于现代个体的主体性空前觉醒、民主意识日益增强，因此，现代思想政治教育必须始终坚持以人为本，主动建构主体性思想政治教育模式以适应形势发展的要求。社会认同作为主体性的充分体现，与思想政治教育的有机联系表现在方方面面，有学者甚至把"认同"看作是属于思想政治教育学的具体层次的实体范畴，是可以用来分析和解决具体问题并直接反映思想政治教育许多具体现象的客观内容、实在基础和各个环节的范畴。② 可见，社会认同可以为我们探究思想政治教育学科的稳步发展和人的思想道德素质的全面发展，提供新的分析视角、拓展新的研究领域。

1. 社会认同是实现思想政治教育目标的本质要求

思想政治教育目标是一定时期内实施思想政治教育活动所要达到的预期结果。③ 目前，学者们对思想政治教育的目标有多种理解和概括：有的认为思想政治教育的目标就是进行思想品德教育；有的认为思想政治教育的目标就是进行政治教育；有的则认为是为了塑造人格、提高人的素质，引导人们产生积极正确的行为，培养健康的心理，等等。不论是从哪一个角度出发，把握思想政治教育的目标，都必须抓住它的两个重要特征：

第一，它不是单一的，而是一个集合的、具有内在结构的目标系统。其中，居于核心和主导地位政治目标，即通过思想政治教育，明确社会发

---

① 张耀灿、郑永廷、刘书林、吴潜涛等《现代思想政治教育学》，人民出版社，2001，第43页。

② 周婷：《人文关怀：思想政治教育社会认同的必要支撑》，《求实》2008年第10期。

③ 张耀灿、郑永廷、刘书林、吴潜涛等《现代思想政治教育学》，人民出版社，2001，第166页。

展的政治方向，形成全社会的政治共识和统一的政治行为，协调不同阶级、阶层和集团的政治关系，增强政治合力，创造安定团结的政治局面，维护社会制度和政治稳定，巩固国家政权，促进国家政治生活的发展与进步，促进社会政治任务的完成和共同政治目标的实现。① 因此，可以说，思想政治教育在某种意义上就是工具，不同的国家（政体）为了自我维系的需要，有相应的、不同的思想政治教育，但是不同国家的目的基本一致，"最终在于影响或改变受众的思想，实现受众对一定社会、国家、阶级基本要求的认同，从而达到维护社会秩序的目的"，② 即保证国家或社会的存续。

第二，它是由思想政治教育者制定的，体现的是教育者的主观愿望和要求，其实质却反映了教育对象和社会发展的客观需要。也就是说，思想政治教育目标的形式是主观的，内容却是客观的，确立思想政治教育目标的客观依据就是能否适应与满足教育对象和社会发展的双重需要。思想政治教育学作为专门研究思想政治教育的学科，不只是研究学校的思想政治教育，而且要研究全体社会成员的思想政治教育。③ 思想政治教育系统与社会大系统的关系决定了思想政治教育不仅要促进教育对象思想道德素质的提高，而且要促进人的全面发展和社会的全面进步。因此，从人的活动视角研究思想政治教育现象，逐渐成为思想政治教育学界着力探讨的一个重要研究课题。④ 思想政治教育的研究范式也出现了从传统"社会需要论"的研究范式向以"现实的个人"为出发点的研究范式转向。⑤ 这在台湾地区的学术研究中也比较多见，比如，台湾学者偏重于研究探讨民主制度之下的公民教育（思想政治教育），注重的是公民认同问题及其认同能力的建构，教学目的在于基本的制度认同及相关实践能力的培育。⑥

---

① 张耀灿、郑永廷、刘书林、吴潜涛等《现代思想政治教育学》，人民出版社，2001，第173 页。
② 李合亮：《思想政治教育探本：关于其源起及本质的研究》，人民出版社，2007，第 150页。
③ 张耀灿、郑永廷、刘书林、吴潜涛等《现代思想政治教育学》，人民出版社，2001，第 47页。
④ 张耀灿等《思想政治教育学前沿》，人民出版社，2006，第 299 页。
⑤ 张耀灿等《思想政治教育学前沿》，人民出版社，2006，第 300～307 页。
⑥ 刘明隆：《台湾公民教育的再思：以认同能力为主轴的公民教育》，台湾大学硕士论文，2007 年 1 月。

总之，教育要求与教育对象自身需要的紧密结合，是现代思想政治教育努力追求的方向，因此，思想政治教育在保证其社会适应性的同时，要更加重视教育对象的个体适应性，更多研究和关注教育对象自身成长的内在需要。社会认同不仅是实现思想政治教育目标的本质要求，甚至在某种程度上说，达成社会认同就是思想政治教育的目标所在。

首先，任何理论都有一个借助意识形态的中介来融入、被接受的过程。马克思、恩格斯指出："同一个对象在不同的个人身上会获得不同的反映，并使自己的各个不同方面变成同样多不同的精神性质"。① 可见，思想政治教育效果不佳，面对政治认同缺失问题显得力不从心，主要不是我们宣传得不够、灌输得不够，而是没有解决好接受与转化的问题。② 在正常的思想政治教育条件下，教育内容被转化到接受主体思想品德结构中的程度，主要取决于思想政治教育的接受机制，特别是取决于主体接受活动的动力系统。③ 在思想政治教育活动中，教育对象正是以自己的内在认知图式为基本依据，决定着自己选择思想政治教育内容的具体取向，决定着自己是同化、顺化还是拒斥思想政治教育内容。④ 也正是在这个意义上说，思想政治教育的本质在于唤起教育对象的主体性、促进教育对象的自我教育。⑤ 缺少"接受"和自我教育的思想政治教育，既不是完整的思想政治教育过程，又难以取得思想政治教育的实效、达到思想政治教育的目的，显然不是真正的思想政治教育。因此，个体对教育内容的肯定和接受，也就是个体对教育内容的认同程度是思想政治教育获得有效性的前提条件，是实现思想政治教育目标的本质要求。

其次，社会认同作为自我概念的组成部分，源于个体的社会群体成员身份，以及与此身份相关的价值观和情感，⑥ 通常被认为是社会成员共同

---

① 《马克思恩格斯全集》第 1 卷，人民出版社，1956，第 8 页。
② 王增收、张飞：《公民政治行为能力：思想政治教育与政治认同的连接点》，《湖北社会科学》2007 年第 3 期。
③ 张耀灿等《思想政治教育学前沿》，人民出版社，2006，第 17 页。
④ 沈壮海：《思想政治教育有效性研究》，武汉大学出版社，2001，第 145～146 页。
⑤ 张耀灿等《思想政治教育学前沿》，人民出版社，2006，第 7 页。
⑥ 〔美〕S. E. Taylir, L. A. Peplau, D. O. Sears：《社会心理学》（第十版），谢晓非等译，北京大学出版社，2004，第 106 页。

拥有的信仰、价值和行动取向的集中体现。① 由于社会认同比一般的思想意识更具稳定性，而且是社会行为更深层的动因，因此，笔者以为可以把塑造某一群体应有的社会认同作为思想政治教育的主要目标。把形塑青年公务员的社会认同作为其思想政治教育的目标，这里至少包括两个层面的涵义：② 一是引导青年公务员对自己的身份、地位、角色、职能等有明确的认识和理解。作为行政组织中的一员，遵守行政伦理、认同组织规则是前提要求，但仅止于此还远远不够，还必须把自己转变为合理行为的道德主体，认识到自己有责任将应有的行政伦理、组织规则等付诸行动。因为行为往往折射着主体的社会认同程度，是衡量主体社会认同的最终尺度。二是规约并促使这个特殊群体获得社会广大民众认同的形象、举止和行为。任何人的生活信念与价值观都离不开社会的滋养，都"深深地与社会基础精神内在地保持着一致性的关系"，会"从心底里期待着社会的认同、肯定和支持"。③ 不难发现，社会对青年公务员的形象、行为价值的认同，会在无形中极大形塑着、强化着青年公务员的社会认同感。积极"营造一个相信行政人、尊重行政人的社会文化氛围"，④ 有利于青年公务员形成"我们通常所做的是值得做的"这样一种内在信念。

2. 社会认同是实现思想政治教育社会化的中间环节

思想政治教育的政治性和阶级性并不能掩盖它的一般社会价值。社会认同与思想政治教育社会化有着密切联系。由外及内和由内及外的思想政治教育社会化的两条路线，生动体现了人的思想源于社会又反作用于社会的辩证法。通过这两条路线的双向互动作用，人的全面发展与社会全面进步才能达到辩证统一。⑤ 无论这两条路线中的哪一条，都十分强调参与思想政治教育活动的诸主体在社会化过程中必须充分发挥自身的主体性作用。社会认同是主体性作用得以发挥的关键前提，是完成社会化、优化思想政治教育过程和提升实效必不可少的中间环节。

---

① 孙秀艳：《社会认同：协调社会利益的新视角》，《中共福建省委党校学报》2007 年第 6 期。

② 孙秀艳：《青年公务员：思想政治教育的重要对象》，《福州大学学报》（哲学社会科学版）2010 年第 2 期。

③ 李春成：《行政人的德性与实践》，上海复旦大学出版社，2003，第 340 页。

④ 李春成：《行政人的德性与实践》，上海复旦大学出版社，2003，第 340 页。

⑤ 张耀灿等《思想政治教育学前沿》，人民出版社，2006，第 14 页。

第一，社会认同以"工具"的形式参与到思想政治教育的过程中，使受教育者形成对教育内容稳定的肯定评价和反应，从而正确认知和判断教育内容，指导人们形成正确行为。思想政治教育主要是做人的思想工作，主流价值观念不可能简单地传播给受众，特别是随着引发思想观念变化的影响因素不断增加，随着信息来源与信息传播途径的多元发展，所谓的主流已不完全决定于传播者，实际上在更多情况下是取决于"受众"的选择。① 可见，思想政治教育要把本阶级、本社会对人们的思想政治品德要求变成人们实际的思想品德，必须主要依靠受教育者内在的思想矛盾运动，只有他们主动地将教育者输出的教育信息内化为信念、外化为行动时②才能实现。

第二，社会认同是思想政治教育过程的关键环节。思想政治教育过程是以形成受教育者一定的思想品德为目标，教育者与受教育者共同参与双向交往互动的教育实践活动过程。③ 现代思想政治教育过程的本质在于思想道德主体的造就、生成，在于使受教育者的思想道德主体性在思想政治教育过程中主体性地得到发展、提升。④ 作为一种复杂、特殊的精神生产过程，个体思想品德是在社会要求与自身主体性之间的矛盾运动中渐进地、迂回曲折地形成和发展着的。社会认同之所以成为其中的关键环节，显然是因为思想品德的"发展与培养不能给予人或传播给人。谁要享有发展与培养，必须用自己内部的活动和努力来获得"。⑤

从社会心理学的角度看，思想政治教育就是一个态度的转变过程，即在特定的社会情境中，教育者有意识地向受教育者传递经过考虑设计的教育信息，借以影响和改变受教育者的态度或行为的过程。受教育者对教育信息的认同及在态度或行为方面的改变过程，就是思想政治教育的接受过程。受教育者对教育信息的认同及态度或行为改变的程度越大，思想政治

① 任勇：《中国社会认同的现代化转型：政治与文化的向度》，《辽宁大学学报》（哲学社会科学版）2009 年第 5 期。
② 张耀灿、郑永廷、刘书林、吴潜涛等《现代思想政治教育学》，人民出版社，2001，第 199～200 页。
③ 张耀灿等《思想政治教育学前沿》，人民出版社，2006，第 210 页。
④ 张耀灿等《思想政治教育学前沿》，人民出版社，2006，第 215 页。
⑤ 〔德〕第斯多惠：《德国教师培养指南》，人民教育出版社，1990，第 78 页。

教育的接受性就越高、效果就越好。① 在思想政治教育的接受过程中，受教育者对教育信息不是消极被动、全盘接受，而是主动的、有目的地予以判断和筛选。其原有的态度倾向、知识结构、人格特征等均会影响到思想政治教育接受的效果。② 特别是青年公务员，他们在接受思想政治教育的信息前已经具备了一定的社会阅历和思想文化基础，形成一定的认知结构和态度体系。原有的立场、观点、态度会构成他们对现行思想政治教育进行评价、筛选的参照系。

第三，社会认同与思想政治教育主体间多向互动有着内在的一致性。思想政治教育主体间多向互动，是指思想政治教育成效如何，主要取决于主体参与思想政治教育活动的广度和各个主体之间多向交往互动的深度。③由此可见，思想政治教育包涵但又不仅仅是知识的传授和观念的灌输，而且是共同参与的主体间多向互动的一种自我构建活动。在这个活动过程中，思想政治教育的教育者和受教育者都是教育过程的主体，二者是辩证统一的关系，他们以社会思想道德文化作为共同的活动客体，结成的是"主体—客体—主体"的主体间关系。这样，不论是教育者还是受教育者都能最大限度地发挥自己的主动性。思想品德的建构是在人的交往活动中内化社会的思想道德要求而实现的，思想政治教育也就可以理解为：主体在与社会主导思想道德文化的相互作用过程中，不断建构其精神世界和价值生活，并通过个体的活动将外在的思想道德文化、将社会的精神财富转化为自身的思想道德素质并创造新的思想道德文化。④ 思想政治教育的价值正是从教育者和受教育者的双边互动中产生，这个过程最终推进了人与社会双向建构和共同发展的实现。

由主客二分的主体性思想政治教育向主体间性思想政治教育转向，是现代哲学在思想政治教育中的具体运用，是解决当前思想政治教育中存在的诸多问题和局限性的客观要求。⑤ 因此，加强思想政治教育的针对性，要做到有的放矢，促使受教育者从被动向主动、从客体向主体转化是完成

---

① 李德芳：《思想政治教育与近现代社会变革》，中国社会科学出版社，2007，第62页。
② 李德芳：《思想政治教育与近现代社会变革》，中国社会科学出版社，2007，第65~66页。
③ 张耀灿等《思想政治教育学前沿》，人民出版社，2006，第14页。
④ 张耀灿等《思想政治教育学前沿》，人民出版社，2006，第312页。
⑤ 张耀灿等《思想政治教育学前沿》，人民出版社，2006，第342页。

思想政治教育过程、达到思想政治教育目的的关键。教育者既要善于向受教育者学习，做到"教学相长"，又要善于引导受教育者充分发挥主观能动性，把"他教"与"自教"结合起来，才能实现思想政治教育的根本任务。①

主体间性的提出与发展有个过程。在现象学大师胡塞尔看来，主体性意味着自我，主体间性则意味着自我共同体（我们），他首先提出以交互主体、主体间性来取代个人主体性。海德格尔认为，主体间性是主体与主体之间的共在，是我与他人之间生存上的联系，是我与他人对同一客观对象的认同。哈贝马斯认为，主体间性是人与人在语言交往中形成的精神沟通、道德同情、主体的相互"理解"与"共识"（即达成一致的认同）。②这些理论不仅丰富和发展了主体间性，而且点出了认同与主体间性的一致所在。总之，哈贝马斯以黑格尔为逻辑起点，反思并重构其承认思想，最终建构起以交往和对话为核心的现代认同理论，从而实现了认同问题研究的主体间性范式转变。③在哈贝马斯那里，认同关系意味着交互主体性，这种主体间的相互承认，不但是个体之间的一种主要社会关系，而且也是现代认同建立的关键之处和难题所在。所以哈贝马斯说，"在自我同一性中表现出来的这样一种自相矛盾关系，即自我作为人，同所有其他的人相同，但作为个体，又同所有其他的个体全然不同"。④在哈贝马斯的现代认同理论中，人与人之间在交往过程中的关系，并不像目的——工具行为那样互为客体，而是互为主体；他人在自我眼中也不是互相竞争的对手，而是相互依赖的平等伙伴。可见，"交互主体"模式能够有力克服传统思维中的主客方式，有利于人与人之间新型交往关系的建立。以交往和对话为核心的认同理论，正是追求通过主体间的互动来达成承认和共识，强调的是行动者之间的合作和关系的协调。⑤

---

① 张耀灿、郑永廷、刘书林、吴潜涛等《现代思想政治教育学》，人民出版社，2001，第36~37页。

② 张耀灿等《思想政治教育学前沿》，人民出版社，2006，第352页。

③ 李琦：《公民社会理论视角下的认同问题探究——从黑格尔到哈贝马斯》，《思想战线》2008年第2期。

④ 〔德〕哈贝马斯：《重建历史唯物主义》，郭官义译，社会科学文献出版社，2000，第89页。

⑤ 李琦：《公民社会理论视角下的认同问题探究——从黑格尔到哈贝马斯》，《思想战线》2008年第2期。

　　综上所述，社会认同作为一个多种因素共同作用的自觉的过程，是思想政治教育的目标所在，也是实现思想政治教育目标的关键环节；是增强思想政治教育有效性的必要条件，也是衡量思想政治教育有效性的现实尺度；是传统思想政治教育仅强调灌输方式得以转变的迫切需要，也是其切实转变的可行途径。

第二章

青年公务员社会认同的
历史发展

作为一种观念，过去的历史在社会认同建构中有着根深蒂固的作用，与当前的社会认同是密不可分的整体。根据《牛津英语字典》（*Oxford English Dictionary*），"认同"（identity）可以追溯到拉丁字源"idem"，其包含的两种基本意义之一，便是具有"横越时间之一致性或连续性的独特状态。[①] 社会认同往往是根据社会条件和历史情境、根据个体自身或集体的以往经历来选择参照，建构不同的认同形式。正如阿尔弗雷德·格罗塞在《身份认同的困境》中所说的："无论是主动追求还是被迫塑造，有限制的身份认同几乎总是建立在一种对'集体记忆'的呼唤之上……过去之历史，无论是否被承认，都在目前诸多身份认同中占据着重要地位。"[②] 曾活跃于中国的美国学者哈罗德·伊罗生在他的《群氓之旅：群体认同与政治变迁》这部大作中，特意援引以下这段论述来证明历史对于个人认同和群体认同的重要意义：

> "关心个人认同的社会学家与人类学家，通常把历史事件视为舞台背景，忽视它们在有关个人研究上的重要性……一个人根植在尘世这块基石上，绝不是凭一己之力所能做到的，除了自我塑造，还有一些东西是与他的自我塑造密切相关的——例如过去对他产生影响，他

[①] Richard Jenkins：《社会认同》，王志弘、许妍飞译，巨流图书有限公司，2006，第5页。

[②] 〔法〕阿尔弗雷德·格罗塞：《身份认同的困境》，王鲲译，社会科学文献出版社，2010，第3~5页。

对过去的认知……个人认同与群体认同密不可分，而群体认同是根植
在历史中的。"①

可见，青年公务员是公务员队伍的一个重要组成部分。在同时态上，
不同年龄层次的公务员形成的社会认同也会有所区别；但在历时态上，每
个人都曾经年轻过，现在的中老年公务员也曾是意气风发的青年公务员，
因此，只有首先在纵向上描述和刻画不同历史发展阶段中公务员群体社会
认同的整体变迁状况，才能为探寻青年公务员社会认同的变迁轨迹、揭示
当前青年公务员社会认同中存在问题的深刻根源，提供丰满厚重的历史
语境。

第一节　青年公务员社会认同的历史渊源

马克思把历史过程作为人类所创造的实际进程来研究，指出："人们
自己创造自己的历史，但是他们并不是随心所欲地创造，并不是在他们自
己选定的条件下创造，而是在直接碰到的、既定的、从过去继承下来的条
件下创造。"② 恩格斯也说："我们自己创造着我们的历史，但是第一，我
们是在十分确定的前提和条件下进行创造的。其中经济的前提和条件归根
到底是决定性的。但是政治等等的前提和条件，甚至那些存在于人们头脑
中的传统，也起着一定的作用，虽然不是决定性的作用……"③ 列宁说，
研究任何一个社会问题，最可靠和最科学的方法，就是"必须从历史上把
它的全部过程加以考察"。麦金太尔认为，所有道德或政治原则及其观念
都有其历史传统，任何重要的观念和范畴从本质上而言都是历史性的，都

---

① Anselmm Strauss, Mirrors and Masks: The Search for Identity, Glencoe, Ill., 1959, p. 164,
173. 转自〔美〕哈罗德·伊罗生《群氓之旅：群体认同与政治变迁》，邓伯宸译，广西
师范大学出版社，2008，第 158 页。

② 马克思：《路易·波拿巴的雾月十八日》，《马克思恩格斯选集》第 1 卷，人民出版社，
1995，第 585 页。

③ 恩格斯：《致约瑟夫·布洛赫》，《马克思恩格斯选集》第 4 卷，人民出版社，1995，第
696 页。

应当被理解为是传统构成的。① 正是由于历史传统呈现的不是整齐划一、而是丰富多彩的多样性，才使得政治原则及其观念也呈现出多样性的特征。英国历史学家普拉姆（J. H. Plumb）认为，"过去"的主要作用之一是要为"现在"取得合法性，基本上也就是为权力与权威取得认可。② 曼纽尔·卡斯特在他那大部头的研究专著中开门见山地指出，"从社会理论的观点来看，沿着这一序列的认同变化表明，超出其历史语境，就没有什么认同能够是本质性的，也没有什么认同具有进步的或落后的价值"。③

一 青年公务员社会认同的社会历史轨迹

"集体记忆"能够在一个集体回溯性的身份认同中起到持久的作用，中国公务员群体最早的集体记忆，或者说历史渊源也许可以回溯到中国古代的官僚。中国古代官僚政治制度可谓源远流长，是中国传统政治文化的重要组成部分，它凝聚了中国人几千年的政治智慧，也留下了丰富的经验和教训。一般认为，官僚政治主要由三个要素构成：一是政治体制和官僚机构，即官僚政治制度；二是官僚机构的运行机制；三是官僚政治的主体——官僚。④ 学界中对官僚政治的综合性研究比较多见，分别研究其三大要素的，则以前面两项居多，单独研究"官僚"群体本身的论著却少而又少。但是"官僚政治的第一个条件是其主角本人必须是官员，而且官位越高越好"⑤，因此，相关研究中又都少不了对"官僚"的详细阐述，我们可以从中挖掘公务员这个群体最早的"记忆"片断。

就整个中华帝国的历史而言，王朝以学士为官僚的主要来源，以儒学为其正统意识形态，构成了一种独具特色的官僚政治形态。⑥ "选贤任能"

---

① 转自吴玉军《个人自由与社会认同的内在张力——"两个卢梭"问题的新解读》，《海南大学学报》（人文社会科学版）2004 年第 3 期。

② 〔美〕哈罗德·伊罗生：《群氓之旅：群体认同与政治变迁》，邓伯宸译，广西师范大学出版社，2008，第 158 页。

③ 〔美〕曼纽尔·卡斯特：《认同的力量》，曹荣湘译，社会科学文献出版社，2006，第 7 页。

④ 吴宗国主编《中国古代官僚政治制度研究》，北京大学出版社，2004，第 1 页。

⑤ 〔美〕詹姆斯·R. 汤森、布兰特利·沃马克：《中国政治》，顾速、董方译，江苏人民出版社，1996，第 30 页。

⑥ 吴宗国主编《中国古代官僚政治制度研究》，北京大学出版社，2004，第 52 页。

是中国历史上各朝各代都遵循的政治信条，但对于什么是"贤"、什么是"能"的看法以及相应的制度规划却大不一样。比如，战国变法后统治者为富国强兵、称霸兼并计，实行"宰相必起于州部，猛将必发于卒伍"的政策；而秦汉帝国则"以吏治天下"，选官上突出的是论功升进和以能取人：平民有战功即可得爵，而拥有爵位，就可以获得各种待遇和特权，如占有田宅、役使"庶子"、享用车服、免除徭役、食邑赐税、蓄养家客、减刑赎罪，以至入仕居官等特权。"有功者显荣，无功者虽富无所芬华"，即令是宗室，如无军功者则"不得为属籍"，丧失贵族身份。① 有学者把这种身份获得方式描述为"万民站在一条起跑线上，凭借个人在战场上的表现缔造自己的身份"，亦即"军爵塑造新社会"②。

中国古代官僚身份（以及由此延伸出的各种特权）的获得与中国古代官僚政治制度密切相关。这可以从官僚构成与用人体制的历史演变中管窥一斑：③

早在西汉时期的任子、訾选，是以当朝官位的高低和财产多少为根据。汉代开始辟举和察举的时候，是以才能或德行为标准，即"重德行、取孝子"，如贤良、方正、孝廉等科都是以德行立科的，从而显示了"以德取人"的明确意图。至东汉顺帝之时，察举制中的"以德取人"、"以能取人"和"以文取人"因素，都获得了制度化的发展。东汉以后则逐步和门第挂钩，晋的九品中正制更是把门第作为任官的先决条件。南北朝时期，为了突破门第限制，军功和才学的原则被先后提出。魏晋南北朝以降，考试环节越来越重，而举荐环节越来越轻。最终在隋唐之际，察举制演变为以王朝设科招考为特征的科举制。以德、能、文取人三因素中，"以文取人"得到了最充分的发展。科举制是国家按才学标准选拔文士担任官僚的考试制度。在唐朝，不论何种出身，做官的首要条件是必须通过各种出身考试，获得做官的资格。然后还要参加铨选，通过身、言、书、判的考试。做官必须通过考试，这在官僚政治的制度史上具有划时代的意义。

---

① 吴宗国主编《中国古代官僚政治制度研究》，北京大学出版社，2004，第41页。
② 杜正胜：《编户齐民——传统政治社会结构之形成》，联经出版公司，1990，第334、358页。
③ 吴宗国主编《中国古代官僚政治制度研究》，北京大学出版社，2004，第14、15、67、69页。

随着选用人才制度的发展，门阀政治被打破。首先，官吏世代担任高官的现象渐少：汉代门生、故吏都是长官的属吏，实质上是人身依附关系在官僚制度上的反映；而唐代后期由科举产生的进士高官家族，不同于原来意义上的世袭，他们得以世代担任高官主要不是来自社会地位和父祖官品。父祖官品只是入仕之门，而要不断升迁，除了依靠由此产生的文化优势，亦即获得文化的优越条件，更重要的则是子弟自身的努力。其次，通过科举，中下阶层的地主官僚，乃至普通百姓，不仅有可能进入官场，而且可能侧身高层。唐以后的名相以及有作为的官僚，往往来自中下阶层，而高官子弟却很难维持家族的荣誉。

但是，科举制度以文辞八股取人，这与行政所需的兵刑钱谷知识并无直接关系，就连古人也有"所习非所用，所用非所习"的质疑。① 特别是隋唐以后，随着社会的发展，政府工作内容不断扩大，在政务处理的过程中不仅政策性加强了许多，而且事务性和技术性的工作也大为增加。官吏实际的从政经验，越来越受到重视，出现了"不历州县不拟台省"的任官原则。担任地方基层官吏，这既是官吏升迁途径，也是担任高级官吏的条件。②

随着科举制度的发展，宋代实现了出身、入仕的合一官负遴选标准。进士出身可直接授官。官吏的家族背景和来源地区也发生了很大的变化，宋代不少名臣来自南方，他们的政绩也主要是在中青年时代和刚刚进入高官行列之际创造的。此外，宋代还针对不同等类、不同特点的士大夫，开启了官员选任、官资升迁的不同门径，但资考所起的折合保底作用，是其他因素所无法取代的。③

综上所述，皇帝、贵族和官僚们，凭借国家机器的组织化力量，构成了社会中最大的权势利益集团。④ 这种政治格局一直延续到中华帝国的末年。在这漫长的历史进程中，官僚群体本身形成了以下特点，反映了该群体社会认同的具体状况：

---

① 吴宗国主编《中国古代官僚政治制度研究》，北京大学出版社，2004，第41页。
② 吴宗国主编《中国古代官僚政治制度研究》，北京大学出版社，2004，第15页。
③ 吴宗国主编《中国古代官僚政治制度研究》，北京大学出版社，2004，第280页。
④ 吴宗国主编《中国古代官僚政治制度研究》，北京大学出版社，2004，第23页。

1. 政治权威中的精英论

政治精英理论认为，精英（统治精英），"是由那些曾经、正在或将会拥有权力的人物构成，是一个集团，一个权势重大的群体"。① 中国古代的官僚集团无疑具备这个特征，其成员乐于把"某些人由于自己的德行并借助所受的教育而有权行使政治权威；那些不具美德的人则理所当然地被安置在受统治的地位上"，② 据此建立中国封建社会"精英主义"的政治权威构架。在封建社会以脑力劳动和体力劳动的分裂和对抗为典型特征的情况下，劳心者治人，劳力者治于人，官僚是知识的独占者，知识是士宦求官进爵和获得特权的利器。③ 一方面，封建国家为巩固统治基础，力求以仕宦之途吸引不同社会阶层的广泛参与；另一方面，封建制度造成了知识分子出路狭窄，只能成批涌入仕途。"学而优则仕"的观念得到社会的广泛认同。由这些"无私利的、受过良好教育的、经过考试而不是依据出身或财产选拔出的精英组成政府"④，对传统中国深具实际影响。

中国封建社会行使政治权力的精英包括帝国官僚体制中的官员和持有功名的儒生，或叫"绅士"⑤："绅"是指现任或离职官僚，"士"则为举人、监生、生员等拥有科举功名而有待入仕者。⑥ 绅士的人数在 19 世纪大量增加，但与总人口相比仍然是很小的数目。即使是在 19 世纪后半叶，绅士及其家庭也只占总人口的 2%。⑦ 即使把绅士的定义扩大，包括那些不持有功名的富裕家庭成员，虽然将会使他们人数的绝对值增加许多，但是仍然只占到总人口的百分之几。

---

① 戴维·米勒、韦农·波格丹诺：《布莱克维尔政治学百科全书》，邓正来译，中国政法大学出版社，1992，第 207 页。

② 〔美〕詹姆斯·R. 汤森、布兰特利·沃马克：《中国政治》，顾速、董方译，江苏人民出版社，1996，第 26、30 页。

③ 王亚南：《中国官僚政治研究》，中国社会科学出版社，1981，第 9 页。

④ 〔美〕詹姆斯·R. 汤森、布兰特利·沃马克：《中国政治》，顾速、董方译，江苏人民出版社，1996，第 30 页。

⑤ "绅士"这一概念，作为明代官僚集团与准官僚阶层的合称，比较明晰和全面地概括了形成于明代的这一新兴社会阶层的特征。具体参见吴宗国主编《中国古代官僚政治制度研究》，北京大学出版社，2004，第 438 页。

⑥ 〔韩〕吴金成：《明清时代绅士层研究的诸问题》，见东洋史学会编《中国史研究的成果与展望》，中国社会科学出版社，1991。

⑦ 张仲理（Chung - li Chang）：《中国的绅士：对他们在 19 世纪中国社会作用的研究》，华盛顿大学出版社，1955，第 137～141 页。

通过各级官方考试取得功名，既是衡量一个人学问高低的标准，也成为一个人进入精英阶层的首要途径。

> 帝国的官僚集团确定了录用政治精英的标准，安排了科举考试和官职，以便使精英地位形式化，内部决定了官职的标准和晋阶的问题。个人可以通过获得学识或财富而为政治前程作好准备，但正式证书只能由政府发给。一个人一旦做了官，就失去了他公认的"选民"，这种地方政治背景有可能分散他对皇帝的效忠。这里并不存在政治代表的观念，尽管考试所采用的一种配额制有助于使功名持有者以某种方式分布于各省。①

科举制使得官僚群体有了再生产和晋升的常规渠道，但是考取功名不是唯一的途径，虽然它是产生官员的核心机制。因为官职和官员的身份还可以通过购买或举荐而获得，在这里，财富发挥了不小的作用。

> 在地方上，财富将精英与大众的界限搞乱了，因为土地所有者和富商也明显具有政治影响力。当然，金钱可以购买功名或作必要的教育投资，或是某人由于有功名的亲戚而取得功名，这一事实意味着精英地位仍然与持有功名密切相关。②

2. 泾渭分明的等级制

马克思主义认为，等级身份制度是人类进入阶级社会以后的产物。马克思、恩格斯指出："在过去的各个历史时代，我们几乎到处都可以看到社会完全划分为各个不同的等级，看到由各种社会地位构成的多级的阶梯。在古罗马，有贵族、骑士、平民、奴隶，在中世纪，有封建领主、陪臣、行会师傅、帮工、农奴"。③ 列宁指出："等级是以社会划分为阶级为前提，等级是阶级差别的一种形式"，④ "在奴隶社会和封建社会中，阶

---

① 〔美〕詹姆斯·R. 汤森、布兰特利·沃马克：《中国政治》，顾速、董方译，江苏人民出版社，1996，第 28 页。
② 〔美〕詹姆斯·R. 汤森、布兰特利·沃马克：《中国政治》，顾速、董方译，江苏人民出版社，1996，第 26 页。
③ 《共产党宣言》，人民出版社，1971 年单行本。
④ 《列宁全集》第 2 卷，第 404 页。

级的差别也是用居民的等级划分而固定下来的，同时还为每个阶级确定了在国家中的特殊法律地位。所以奴隶社会和封建社会（以及农奴制社会）的阶级同时也是一些特别的等级"。① 等级制是中国封建社会的一个重要特征，从官场到民间，权威等级结构及其塑造的与之相应的尊卑关系，形成了复杂的社会分层体系网络。

统治者与被统治者、少数据有权柄的精英与无权无势的民众（即官员与平民）之间，无论在理论上还是在实践上的区别都泾渭分明，② 有着显而易见又习以为常的界限。比如，清代的宫殿、王府和大小的衙门与民间的烟户人家之间，一方是掌握政权，统治百姓，享受国帑，过着为所欲为的生活；另一方则被统治，受控制，遭受剥夺，过着缺乏保障的生活。尽管这二者之间也存在着互相利用、具有统治与反统治两面性的"中间势力"，如书吏、衙役、乡绅、地保等，而且国家官僚或通过科举、或通过捐纳、或通过军功保举而从社会中来，使得二者之间在一定意义上极富融通性，但是国家这个政权体系与社会这个民众体系之间，究其根本，还是一种敌视的、对抗的基本关系。③

等级制还体现在同一群体的内部。作为政权体系的国家和作为政治对象的社会，它们各自的内部也都存在着高低不同、层次分明的等级。在政治精英中，皇帝一人高居于等级制的顶端，对所有官员和臣民拥有绝对的权力。尽管实际行使帝国权力的方式也许会因君主及其大臣的能力和个性的不同而有所差别，但是皇帝作为政治权威顶点的真实而又象征性的地位始终不可动摇。官僚等级则按照官阶和品级划分，以充分运用或分有皇帝的绝对支配权，每个官员都固定于等级中的某一职位上。未入选官场的功名持有者，是按所持功名的级别排列等级。他们不仅有官职和功名的区别，而且还可根据头衔、服饰、徽章和法律特征等特殊形式来辨别。④ 唐律严格等级制度的一项重要内容是严格良贱之分，明确规定"人各有偶，

---

① 《列宁全集》第 6 卷，第 93 页。
② 〔美〕詹姆斯·R. 汤森、布兰特利·沃马克：《中国政治》，顾速、董方译，江苏人民出版社，1996，第 26 页。
③ 吴宗国主编《中国古代官僚政治制度研究》，北京大学出版社，2004，第 443 页。
④ 张仲礼（Chung-li Chang）《中国的绅士：对他们在 19 世纪中国社会作用的研究》，华盛顿大学出版社，1955，第 32~43 页及其他各处。转引自〔美〕詹姆斯·R. 汤森、布兰特利·沃马克《中国政治》，顾速、董方译，江苏人民出版社，1996，第 26 页。

色类须同，良贱既殊，何宜配合"，并对各种情况下违反良贱身份等级的通婚，都作出了明确的处罚规定。① 明朝后期，官与吏在国家机器中担任不同的角色，所谓"官主行政，吏主事务"，而且"官为流官，吏则土著"，"官无封建，吏有封建"等，官、吏之间分立严重，交流渠道基本被隔断，吏员迁转出职只能担任一些杂职官。②

3. 根深蒂固的特权观

与等级制密切相关的就是居于各个等级的官吏所能享有的种种权利。在中国历史上，通过官位进而占有财富、声望和地位的现象源远流长。"官场"不仅可以获得权势声望，而且可以调用政治资源，以更精致的方式寻求各种特权和利益。王亚南先生认为，官僚政治就是一种特权政治：

> 中国人传统地把做官看得重要，我们有理由说是由于儒家的伦理政治学说教了我们一套修齐治平的大道理；我们还有理由说是由于实行科举制而鼓励我们"以学干禄"，热衷于仕途；但更基本的理由，却是长期的官僚政治，给予了做官的人，准备做官的人，乃至从官场退出的人，以种种社会经济的实利，或种种虽无明文确定，但却十分实在的特权。那些实利或特权，从消极意义上说，是保护财产，而从积极意义上说，则是增大财产。③

> 在特权政治下的政治权力，不是被运用来表达人民的意志，图谋人民的利益，反而是在"国家的"或"国民的"名义下被运用来管制人民、奴役人民，以达成权势者自私自利的目的。④

黑格尔曾经对中国传统的特权与身份作出准确的描述："除了帝王的尊严之外，中国臣民可说没有身分，没有贵族。唯有皇室诸子和公卿儿孙享有一种非由于门阀而宁是由于地位关系的特权。其余则人人一律平等，而惟有才能胜任者得为行政官吏。"⑤ 借用魏特夫批判黑格尔的话，可以让

---

① 李天石：《中国中古良贱身份制度研究》，南京师范大学出版社，2004，第263页。
② 吴宗国主编《中国古代官僚政治制度研究》，北京大学出版社，2004，第436页。
③ 王亚南：《中国官僚政治研究》，中国社会科学出版社，1981，第112页。
④ 王亚南：《中国官僚政治研究》，中国社会科学出版社，1981，第190页。
⑤ 黑格尔：《历史哲学》王谢译本第201~202页，转自王亚南《中国官僚政治研究》，中国社会科学出版社，1981，第59页。

我们对中国官僚的特权有更清楚的了解：

> "中国官僚阶层对于所谓'自由'农民，对于农民重要生产手段的土地，乃至对于土地的收益，不是握有明白的权力么？被拔擢进官僚阶层的机缘，在客观上，不是单由那些立在官僚候补地位的学者，富裕地主商人的子弟们，当作特权而预定了的么？"①

事实上，中国的每一个封建王朝，都有着严密的权力等级划分以及与之相关的特权。早在西周、春秋时代，等级划分就已经非常细密严格，特权差别也明显体现在社会生活的方方面面，"度爵而制服，量禄而用财、饮食有量，衣服有制，宫室有度，六畜、人从有数，舟车陈器有禁，修生则有轩冕、服位、谷禄、田宅之分，死则有棺椁、绞衾、圹垄之度"②。自秦以后的几千年间，等级特权成为一种政治传统和政治习惯，各级官僚据品享受国家之职田俸禄。不仅士庶之间等级界限森严，而且官吏内部也有明确的等差规定。

可见，正是在"王权时代权力能够获取社会利益的工具性价值的直接诱导"和"以君主为尖顶的金字塔型家长制官僚体系，按权力大小和官位高低进行社会资源分割的现实的直感刺激"的叠加效应下，权力成为中国王权时代最活跃、最有价值的生存工具和生活杠杆，权力崇拜的政治文化形成，成为一种社会价值取向。③

4. 奉为正统的儒家伦理

中国传统文化包含了许多政治思想流派，儒家、道家、法家都在中国传统文化和社会中留下了印记。因为"封建社会重阶级名分，君权国家重一尊威权：老子主无名无为，不利于干涉；墨家创兼爱，重平等，尚贤任能，尤不便于专制。惟独孔学，严等差，贵秩序，与人民言服从，与君主言仁政，以宗法为维系社会之手段，而达巩固君权之目的。自汉武帝独尊儒术后儒家思想被奉为官方意识形态。是故，"非有契于仁义恭俭，实视

---

① 横川次郎编译《中国经济史研究》，第157页，转自：王亚南：《中国官僚政治研究》，中国社会科学出版社，1981，第60页。

② 《管子·立政》，《诸子集成》，中华书局，1954。

③ 马庆钰：《告别西西弗斯：中国政治文化分析与展望》，中国社会科学出版社，2002，第155页。

儒术为最便于专制之教耳"。①

马克思说过，"这个人是国王，只是因为有别人当作他的臣属"。② 封建统治者似乎深谙个中道理，意识到"从道义上赢得政治权威并通过捍卫道德学说来表现这种权威"，是封建制度运作的一个"根本的因素"。③ 因此，儒家伦理被规定为最高的道德标准，并逐步发展成一套符合官方需要的思想体系，进而成为确定精英地位资格的考核标准：

> 官员的任命主要根据应试者在科举考场上的优异表现，所考核的内容是他们有关儒家经典的知识。经典的研习，对孔夫子思想和表述风格的把握，对于官员的任命通常是很重要的。也许有人虽缺乏这一点仍能获得官职，但对儒家伦理的消化却是继续任职和获得晋升的关键。④

精英们在学习儒学时便清楚地了解自己能够在政治体制中担当的角色，而官方的、正统的意识形态也在某种意义上成为可以控制官员行为的工具。由于儒家伦理认为不同的人具有不同的道德水准，作为统治者的任务就是发现真正具有美德的人并让他们掌权，因此，中国的传统是依靠官吏的个人素质，而"不是依靠规则或体制结构"。⑤ 换言之，人治是官僚政治固有的基本特征或规律：⑥

> 它的各级成员只对君主负责或下级只层层对上级负责，而不对人民负责；所以，官僚政治基本上没有多少法治可言，主要依靠人治和形形色色的宗法和思想统治来维持……在官僚政治下吏治好坏全系于官吏一身，甚至国家安危、民族兴亡、人民荣枯，最后要看帝王及一小撮大臣的忠奸智愚而定，人民则对之无可奈何。这就是官僚政治从

---

① 《中国古代史》，第274页。
② 马克思：《资本论》第1卷，第31页注。
③ 〔美〕詹姆斯·R.汤森、布兰特利·沃马克：《中国政治》，顾速、董方译，江苏人民出版社，1996，第32页。
④ 〔美〕詹姆斯·R.汤森、布兰特利·沃马克：《中国政治》，顾速、董方译，江苏人民出版社，1996，第31页。
⑤ 〔美〕詹姆斯·R.汤森、布兰特利·沃马克：《中国政治》，顾速、董方译，江苏人民出版社，1996，第32页。
⑥ 王亚南：《中国官僚政治研究》，中国社会科学出版社，1981，第3页。

官的方面来看的规律。

封建统治者十分强调这种使权威合法化的意识形态的教育和灌输，试图用他们认为是值得遵从的美德来教化民众，如忠孝之道、长幼之序、夫妇之别以及逆来顺受、遵从法律等，以便把民众纳入正统意识形态的轨道，逐步形成对封建统治的忠顺和服从。

综上所述，中国封建社会可以说是由官僚与民众构成的"官民对立"的社会，官僚的政治经济生活形态，恰恰从相反的方面充分显示出民众社会经济生活形态的轮廓。封建社会中的普通民众既没有较高的生活水平，又缺乏足够的知识，也没有一定的法制与机构来保障其权利，因此在心理上很难与官吏平起平坐，虽然常有怨言，但他们在关心自己日常生活事情的同时，又对为官者特别是"清官"充满恭敬与崇拜，这实际上反映了他们对官僚政治的社会认同。1905 年科举制废除和随之而来的帝国统治的崩溃，摧毁了儒生——绅士阶级的官僚堡垒，政治精英的职位开始向新的竞争者开放。随着中华人民共和国成立与社会主义制度建立，政治精英扎根于截然不同的社会历史和制度背景之中的社会认同发生了巨大变化。尽管我们对历史可以有不同的解释，"但它过去是、现在仍然是中国人政治观念的基本框架的一部分"①。

二 青年公务员社会认同的当代制度背景

一个特殊社会群体的形成和存在是探讨该群体社会认同的基本前提。回顾我国青年公务员社会认同的历史变迁，离不开梳理公务员这个群体在中国的形成发展历程。因为公务员这个名称在中国不是自古有的，因此，在刻画青年公务员社会认同的历史变迁之前，有必要对公务员群体的来龙去脉、公务员制度在中国的发展过程与发展阶段等做一简要介绍和概括。

由于社会政治经济制度、历史沿革、民族文化传统等差别性的存在，世界各国并没有形成统一的公务员定义，甚至一个国家的不同历史时期，

---

① 〔美〕詹姆斯·R.汤森、布兰特利·沃马克：《中国政治》，顾速、董方译，江苏人民出版社，1996，第 24 页。

对这一群体人员使用的名称也有所不同。文官、官员、干部、政府雇员、公职人员等都是比较常见的称呼。不仅如此，世界各国公务员包括的范围也不完全一致，一般采用范围描述法来说明在哪些部门工作的哪些人员属于公务员。总的来看，从事公务的国家行政机关工作人员，或者说国家公职人员①是公务员群体的主要构成部分。公务员制度在我国从酝酿、建立至今也不过短短的几十年。

如前所述，中国历史上把这一群体统称为"官吏"，并在漫长的中华文明发展进程中逐步形成了历史久远、体系完备的官僚政治制度。新中国成立以后，"干部②"成为该群体表达身份的称呼，干部人事制度则在革命战争时期干部制度的基础上逐步建立和发展起来。新中国的干部制度基本上是一种身份制度，一个人一旦取得干部身份，就拥有了与这一身份相应的名誉、地位和福利待遇等。由于在计划经济条件下，经济、社会和政治高度一体化，政府、企业、事业单位、社会组织等实际上都处于一体化的状态，党政机关工作人员与企事业单位工作人员、人民团体等社会组织工作人员并没有明显区别，都是为国家工作、由国家统一任命，工资也由国家统一支付。因此，"国家干部"的概念外延广泛，无论是党政机关工作人员，还是企业管理人员和技术人员，以及科研单位的研究人员、学校教师、医院的医护人员、演员、运动员等，都统称为"国家干部"，用同一种方式来管理。③ 这种干部人事管理制度曾在我国社会主义革命和建设的特定时期发挥积极的作用。

伴随着改革开放的进程，这套具有鲜明计划经济烙印的人事制度已不适应形势发展的需要，其弊端日益显露，引起了党和国家领导人的高度重视。1979 年，邓小平在论及我国干部制度与人才问题时，曾指出：资本主义在发现人才与使用人才方面非常大胆，它"不论资排辈，凡是合格的人就使用，并且认为是理所当然的。从这方面来看，我们选拔干部的制度是落后的"。④ 1980 年，邓小平同志提出要"坚决解放思想，

---

① 注释：1871 年无产阶级取得巴黎公社胜利之后，巴黎公社把行使国家管理职能的工作人员简称为公职人员。前苏联和一些社会主义国家纷纷套用了这一名称，以后又逐步改称为"干部"。

② 注释：干部一词广泛使用于社会主义国家。

③ 张子良：《公务员制度与行政现代化》，上海社会科学院出版社，2007，第 22 页。

④ 《邓小平文选》第 2 卷，人民出版社，1994，第 225 页。

克服重重障碍，打破老框框，勇于改革不合时宜的组织制度、人事制度"①。1984 年下半年，中央将干部立法工作提上日程。1987 年，党的十三大总结了干部人事制度改革的经验，确立了全面改革干部人事制度的指导思想和具体内容，指出："进行干部人事制度的改革，就是要对'国家干部'进行合理分解，改革集中统一管理的现状，建立科学的分类管理体制；改变用党政干部的单一模式管理所有工作人员的现状，形成各具特点的人事管理制度；改变缺乏民主法制的现状，实现干部人事的依法管理和公开监督"。② 党的十三大强调"当前干部人事制度改革的重点，是建立国家公务员制度"。这标志着建立中国特色公务员制度进入了党和国家的议事日程和决策程序。

1988 年 4 月，七届全国人大一次会议审议通过的《国务院机构改革方案》，决定组建人事部。人事部即着手建立公务员制度的准备工作，制定了《国家公务员暂行条例（草案）》并从 1989 年 4 月开始组织试点工作。随着我国经济体制和政治体制改革的深化，企事业单位人事制度改革全面启动，在我国建立和推行公务员制度可谓大势所趋。1992 年，中共十四大作出建立社会主义市场经济体制的决定，并再次提出尽快推行国家公务员制度的要求。1993 年 8 月，国务院颁布了历经多次征求意见并反复修改的《国家公务员暂行条例》，于 1993 年 10 月 1 日起正式实施，这标志着中国公务员制度的正式建立。全国行政机关开始实施公务员制度，党的机关、人大机关、政协机关、民主党派机关和群团机关等分别实行或参照实行《党的机关工作人员条例》或《国家公务员暂行条例》。③

到 1998 年底，国家公务员制度的入轨工作基本到位，有中国特色的社会主义公务员制度在中央和地方五级政权机关中基本建立。④ 与此同时，我国经济体制改革取得重大进展，正式加入 WTO 后，经济管理的各个方面逐步与世界接轨，也对干部人事制度改革提出了更高要求。中共

① 《邓小平文选》第 2 卷，人民出版社，1994，第 331 页。
② 徐颂陶、王鼎、陈二伟：《中国干部人事制度改革 30 年》，《中国人才》2007 年第 12 期。
③ 徐颂陶、王鼎、陈二伟：《中国干部人事制度改革 30 年》，《中国人才》2007 年第 12 期。
④ 张子良：《公务员制度与行政现代化》，上海社会科学院出版社，2007，第 30 页。

中央于 2000 年 6 月下发的《深化干部人事制度改革纲要》，明确提出要抓紧制定《公务员法》。2004 年，中共中央办公厅下发《公开选拔党政领导干部工作暂行规定》等五个法规文件，有效引进了竞争激励机制，规范了党政领导的正常流动，并着力推进领导干部能上能下、能进能出，扩大了党员和群众对干部选拔任用的知情权、参与权、选择权和监督权。① 2005 年 4 月，十届全国人大常委会第十五次会议审议通过了《中华人民共和国公务员法》，2006 年 1 月 1 日起正式施行。这是我国第一部关于干部人事管理工作的综合性法律，填补了我国法律体系的一个空白，标志着中国公务员制度的进一步发展和完善。2005 年 4 月 27 日下午，在《中华人民共和国公务员法》表决通过后，全国人大常委会办公厅新闻局举行了新闻发布会。全国人大常委会法工委副主任李飞和人事部副部长侯建良指出：截止到 2003 年年底，我国公务员的总数是 626.9 万人，其中，中央机关有 47.5 万人，省级机关有 53.5 万人，地市一级是 144.6 万人，县市级是 285.2 万人，乡一级是 l06.1 万人。②

纵观新中国成立以来人事制度改革的历程，可以得出这样的结论：创立于西方的公务员制度，在中国的建立经历了一个不断修改、反复论证、逐步发展的过程；在中国实行公务员制度，是我国干部人事制度改革的一项伟大实践，有来自外力的助推——西方新公共管理改革推动世界公务员制度的改革与发展，为我国提供了良好的外部环境和丰富的经验借鉴；中国实行公务员制度更有内在的动力——是干部人事管理制度适应经济体制、经济管理模式改革和现代化事业发展的必然要求；中国公务员制度的法律框架刚刚形成，制度体系还不完善，运行还不规范，在经济全球化的背景下面临诸多挑战，必须持续不断地发展和完善。

在上述过程中，从"干部"到"公务员"，似乎只是名称上的改变，但究其实质，却在一定层面反映了公务员社会认同的变化，是国家公职人员从"身份"到"契约"的转变，是人事管理理念的更新和进步。

---

① 徐颂陶、王鼎、陈二伟：《中国干部人事制度改革 30 年》，《中国人才》2007 年第 12 期。
② 摘自最高人民检察院主办的正义网。

第二节　青年公务员社会认同的发展阶段

1949 年新中国成立后，"干部"成为官吏群体的新名称。作为公务员这一称呼的"前身"，其社会认同的状况依中国经济社会发展的具体情况又有所不同。

一　青年公务员社会认同发展阶段的划分

新中国成立至今，大致可以把公务员（干部）社会认同的发展过程分为：从建国后到改革开放前；从改革开放后到 20 世纪 90 年代初；从 20 世纪 90 年代初至今三个阶段。

由于改革开放不仅是新中国历史上的一个重大抉择，而且是一个已经开始并正在继续的过程，如果仅仅以"改革坐标"进行"改革前"和"改革后"的划分与论述，显然是有局限性的。而且就一般意义而言，改革大体会经历侵蚀、转型和重建三个阶段，社会主义计划经济体制国家的改革过程，特别是中国改革过程的这三个阶段大致表现为[1]：一是在意识形态目标约束下的自下而上的局部性改革，这个阶段大体可以称之为侵蚀阶段；二是明确市场经济取向的改革目标，以大规模的政策和法律推进市场经济体制建设，这个阶段可以被称为转型阶段；最后的重建阶段，则是全面的社会重建，其中最重要的是结构重建、制度重建和组织重建。笔者之所以要把 20 世纪 90 年代初作为我国公务员社会认同发展状况的一个划分时点，主要是基于以下两点考虑：

其一，20 世纪 90 年代初，社会主义市场经济体制的建立，是改革开放过程中具有标志性意义的关键点。依据上述改革三个阶段的划分，中国在 20 世纪 90 年代初建立社会主义市场经济体制，无疑开始步入改革的转型阶段，并延续至今。其前后，即改革的侵蚀阶段与转型阶段，对社会各

---

[1]　孙立平：《转型与断裂：改革以来中国社会结构的变迁》，清华大学出版社，2004，第 33 页。

类群体的收入分配、身份地位、影响力度等均不可同日而语。比如，清华大学李强教授的研究证明，改革开放过程中的受益群体在20世纪90年代与80年代就有很大不同：80年代体力劳动者在整个改革中获利比较多，农民、工人在80年代的收入上升明显；而90年代以后，收入分配明显有利于管理层、技术层。①这就直接体现并影响着他们的社会认同。

其二，20世纪90年代初，标志着我国公务员制度正式建立的《国家公务员暂行条例》颁布，此前该群体的名称还是"干部队伍"，此后公务员正式作为该群体的名称日渐被关注、被接受。如前所述，这绝不仅仅是名称的改变，因为"在所有认同的符号当中，名字的确是最简单、最实在也是最明显的。但是，就像所有简单的事物，它也是复杂的"，"一个国家、一个个人、一个群体的名字，背负的是它整个过去的资产"②，当变局来临时，一个群体如何看待自己，以及如何被别人看待，全都写在他们现在的名字上面，换句话说，名字体现着该群体的社会认同，名字的改变往往也意味着社会认同的相应变化。

下面笔者将重点回顾、刻画前两个阶段青年公务员社会认同的样貌，而第三阶段（特别是当前）青年公务社会认同的具体情况，将在第三章做专门描述和分析，这里不再赘述。

二　不同阶段青年公务员社会认同的具体表现

（一）从新中国建立后到改革开放前

1949年新中国建立后到改革开放前，我国的干部人事制度经过了创建和发展、曲折前进和完善、挫折倒退以及拨乱反正四个阶段，反映在干部队伍数量构成的变化上：1949年底，当时全国干部总数大约为90.8万人，到了1956年底急剧增加到976.8万人，同口径比较（不含中小学教师员工）增长7.6倍，每年平均增长率为36%；从1957年到1966年，干部人事工作在曲折中前进，这一时期的干部队伍数量，呈现出由增长到下降、

---

①　李强：《社会分层十讲》，社会科学文献出版社，2008，第336页。
②　〔美〕哈罗德·伊罗生：《群氓之旅：群体认同与政治变迁》，邓伯宸译，广西师范大学出版社，2008，第102、104页。

再由下降到回升的马鞍形特点，具体而言，1960 年底是 1132.7 万人（比 1956 年增长 16%），到 1962 年底下降到 1060.7 万人，1965 年底又回升到 1192.3 万人，比 1962 年增长了 12.4%；由于干部人事工作秩序在"文化大革命"十年动乱期间遭到严重破坏，干部队伍也受到严重摧残，干部吸收工作严重失控，由于"以工代干"、"以农代干"的大批增加，到 1976 年底，全国干部总数高达 1615.8 万人，比 1971 年增长了 25%，但是在干部数量激增的同时，干部素质却严重下降；1976 年粉碎"四人帮"以后，干部人事工作与其他战线一样，开始进入了拨乱反正、继而进入改革开放的重要历史时期。[①] 回顾干部队伍数量构成的变化仅仅是从一个侧面，甚至是表面上反映了干部群体的概况，刻画这一时期干部群体的真实样貌，需要我们结合当时的社会历史和制度背景，探析其社会认同的方方面面。

1949 年新中国建立，伴随着政治体制、社会性质的巨大变化，中国的社会结构也发生了不小的改变。新中国成立初期的土地改革运动，使得中国农村中不再具有真正经济意义上的地主阶级；而 1956 年的社会主义改造，又用渐进革命的方式剥夺了资产者的所有权，改造了中国的民族资产阶级。因此，在建国后相当长的一段时间里，财产所有权就难以作为区分社会地位高低的标志。20 世纪 50 年代中期，中国形成的是一套比较稳定的，包括户口、家庭出身、参加工作时间、级别、工作单位所有制等在内的非财产所有权型的社会分层制度体系。这套社会分层制度体系被称为"身份制"，其作用一直延续到改革开放前。[②] 而且在中国这个阶段的"身份制"中，政治身份尤其突出，经济生活的富裕与否都不会改变固有的社会身份。政治身份的不同直接影响到人们在获得社会资源方面的差异。比如，在 1979 年以前，干部、职员、贫农、下中农、富农、地主等身份在福利待遇、工资级别、入党、参军、上大学、就业乃至交往、通婚等方面均有明显区别。特别是"文化大革命"时期，所谓的"红五类"和"黑五类"之间差异巨大。处于这一时期的中国"干部"就是一种社会身份，其社会认同主要通过以下五个方面表现出来：

1. 城市户口

中国自古以来就是城乡差异巨大的社会，费正清曾如此描述中国社会

---

① 徐颂陶、王鼎、陈二伟：《中国干部人事制度改革 30 年》，《中国人才》2007 年第 12 期。

② 李强：《社会分层十讲》，社会科学文献出版社，2008，第 308～309 页。

结构的特征:

> 自古以来就有两个中国: 一个是农村中为数极多从事农业的农民社会, 那里每个树林掩映的村落和农庄, 始终占据原有土地, 没有什么变化; 另一方面是城市和市镇的比较流动的上层, 那里住着地主、文人、商人和官吏——有产者和有权有势者的家庭。[1]

20 世纪 50 年代中期开始建立的城乡户籍制度, 把人们主要分为城市户口和农村户口两类, 更加固化了由来已久的城乡分野格局, 形成了城乡二元社会结构。改革开放前, 能够取得城市户口的基本上就是干部与工人这两类城市中的就业者; 而所有持农村户口的人, 不管他们是否从事农业生产劳动, 均被称为农民。当时的中国农民极难改变户籍身份, 按照规定, 全国每年只允许 1.5‰ 的持有农业户口的人可以转为非农业户口 (即城市户口), 这里面包括一些因工作上有成绩而被提拔进城的干部和干部家庭成员, 一般农民绝无可能进入城市。[2]

总体而言, 城里人的生活水平要大大高于乡下人。持有城市户口的居民在收入、消费、社会福利、子女教育、分配就业等方面都享有更加便利的条件和更为优越的待遇, 农民改变身份的渠道十分窄小, 其中大部分是通过高考进入高等学府随工作分配成为城市居民, 即所谓的 "跳龙门" 的途径。

2. 干部编制

城乡有别是一个方面, 同为城市户口的干部和工人也是截然不同的两种社会身份群体。当时区分干部工人编制, 靠的是一整套的 "档案身份管理制度"[3]: 我国城镇中的正式就业者都有一份由他所在组织 (单位) 保存的档案, 档案记载着这个人一生的经历、家庭背景、亲属状况等, 档案身份基本上区分为干部身份和工人身份两类。二者之间的区分壁垒分明, 每一个就业者自己都深知自己所处的身份领域。从人数和比例上看, 在城市就业者中具有干部身份的人大约占 1/6 ~ 1/7, 其余都是工人身份。干部工人区分的档案制度不仅仅是档案管理的一种方式, 而且体现着两种身份的

---

①　费正清:《美国与中国》, 世界知识出版社, 2000, 第 20 页。
②　李强:《社会分层十讲》, 社会科学文献出版社, 2008, 第 311 页。
③　李强:《社会分层十讲》, 社会科学文献出版社, 2008, 第 312 页。

重大利益差别。一般说来，干部身份的工资级别、工作待遇、住房条件、医疗、养老等福利，都要大大优于工人身份。

两种编制的划分不仅体现了职业的差异，究其实质更是身份等级的差异。一旦具有某种身份就很难改变，而且身份等级之间界限分明、进出规则清晰。尽管绝大多数就业者都希望被列入干部编制，但是对于绝大多数被划为工人身份的人来说，他们转入干部身份的难度不亚于从农村户籍身份转变为城市户籍身份。一个人进入干部身份群体，关键在于由人事部门按照有关规定把他列入干部编制。而列入编制需要符合有关规定①：首先，凡是由国家正式全日制中等专业技术学校、高等学校毕业的具有中专、大专、大学本科等以上学历的学生，在按国家计划分配到工作单位后，才可取得干部身份。而那些不是由全日制学校毕业的职大、函大、业余大学、广播电视大学、干部培训班等毕业的学生，虽然取得大学专科的文凭，却不能直接转为干部编制。其次，根据国家人事部门分配的干部指标，被聘用到干部岗位上的人，可以是干部编制。但这种干部指标往往很有限，而且要求比较严格，达到条件也要等待有干部指标后才能转入干部编制。我国"文化大革命"时期，曾从工人、农民、士兵中提拔了约200万人到干部岗位上，但是他们依然保留着原来的身份，俗称"以工代干"，只有等待上级分配给干部编制指标后才能"转干"。最后，由部队转到地方上的转业人员列入干部编制。部队转业人员在部队一般都是连级以上干部，到地方后当然列入干部编制。而部队中的一般士兵服役期满后一般都是复员到地方，列入工人编制或回乡当农民。所有不符合上述条件的城市就业者，一般均列入工人编制。

此外，"干部"又划分成"行政干部"与"技术干部"，行政干部是能够担负各级行政领导责任的干部，而技术干部一般不参与行政领导，主要由具有中专以上学历的知识分子组成。这两类干部在来源、权力、声望与可取得的资源方面也有很大差别。②

3. 垂直分层

改革开放前，干部的分层是我国身份制分层体系的核心内容，因为干

---

① 李强：《社会分层十讲》，社会科学文献出版社，2008，第313页。
② 孙立平：《转型与断裂：改革以来中国社会结构的变迁》，清华大学出版社，2004，第18页。

部或官员级别的垂直分层是整个社会分层的基础与主线，其他社会分层体系均由此派生出来。1955 年 7 月，我国建立国家机关工作人员统一级别、统一工资标准的制度，并于 1956 年对全国国有企业、事业和国家机关工资制度进行改革。按照这些规定，我国干部被分为 30 个级别，并配以不同水平的工资标准。与干部的工资级别相配套的还有一系列福利、待遇、服务等制度。例如，中央财政部对国家机关、企业、事业单位不同级别干部的住房、差旅标准、外出车辆、随行人员、秘书服务、医疗、食品定点供应、家具、生活用具、房租水电、文化娱乐等，都有具体规定。

由于 20 世纪 50 年代到 70 年代末，中国实行的是计划经济体制，不仅社会的生产、分配、交换等经营管理活动，而且连社会、思想、文化等诸方面的活动均由政府管理。这种由上至下、层层节制的权力结构成为当时中国社会活动的主线。加之经济分配与个人收入的单一化，工资成为城市中绝大多数就业者收入的最主要来源。工资分层基本等同于当时的收入或财产分层，人们经济地位的高低与工资水平完全一样。这种权力、声望、收入高度一致的情况，使得体系最为完备的干部分层成为当时其他社会分层的基础与本位。1956 年，在颁布干部级别和工资分层标准时，国务院就以这些标准为模本对其他机构、团体和社会体系做了等级分层。例如，对于教学人员、工程技术人员、医生、实验人员、编辑出版人员、图书馆人员以及一般的生产工人等，都做了工资级别划分。这种以干部级别分层作为整个社会分层基础的制度，自 20 世纪 50 年代中期形成后，一直是中国社会最主要的分层制度，甚至连"文化大革命"那样的动乱都没有动摇这一制度。当时被"下放"的干部到了农村后，仍被视为上层人，老百姓仍根据他们原来的级别来判定他们的地位。"文革"后，这些多年"靠边站"的干部的级别又迅速得到恢复。①

4. 单位依附

20 世纪 50 年代中后期确立的"单位制"，是改革前中国城市社会中的一项重要制度安排。它不仅是中国城市社会整合的基本机制，也是国家对城市实施社会控制的重要手段。国家通过单位来组织社会生活、进行社会管理、推动社会运行，单位代替国家按照统一的既定标准向其成员分配资

---

① 李强：《社会分层十讲》，社会科学文献出版社，2008，第 314～315 页。

源，社会成员通过单位接近和享受国家垄断的稀缺资源，获取生存所需要的基本生活条件。因此，个人的基本生活条件主要掌握在单位手里，从就业机会、劳动报酬到社会福利与保障等各种物质条件都离不开单位或组织。与此相应，大到个人的政治态度、工作积极性，小到子女生育、夫妻关系，甚至业余时间的安排，等等，都在单位（实际上也就是国家）的直接控制之下。① 所以说，在"单位制"的社会结构中，单位在很大程度上赋予了一个人的角色、身份和社会地位：个人是否属于某个单位、所属单位的性质及其在单位中所处的位置等，在很大程度上决定了一个人的基本身份。因此，社会成员（从普通百姓到干部群体）都对单位、进而对国家，表现出强烈的"组织性依附"（organized dependency）。

由于当时的社会是以干部或官员级别的垂直分层为基础和主线（又称官本位制），各类"单位"组织都是按照部、局（司、地）、处（县）、科、股的行政等级体系，来确定自身在社会体系中的具体位置。每一个单位都有行政级别，单位所拥有的权力与其行政位置一致，单位的领导人也必须与这个行政级别相一致或至少大体相称。因此，原美国哈佛大学社会学教授沃尔德就认为，改革前，中国工厂中的干部实际上具有双重身份，既是工厂的管理者，又是国家的官员。因此，工人与干部之间的关系，既有雇员与管理者间关系的含义，也有公民与政府关系的含义。这也就意味着，当工人服从管理者的权威的时候，也就认同了国家的政治权威。② 沃尔德还指出，在改革前的中国，车间主任和厂长实际上是作为国家机构的代表，因此在社会、经济和政治各领域都对工人具有强有力而又无所不包的支配与控制能力。这样，工人在社会和经济上主要依附于单位，在政治上则主要依附于管理层，而在个人上就变成依附于上司。③ 也就是说，个人对单位既有对于一个组织的组织依附，也有对于组织领导者的个人依附。这种事实上的双重依附造就了各自不同的运行规则：在组织依附中，

---

① 孙立平：《转型与断裂：改革以来中国社会结构的变迁》，清华大学出版社，2004，第184页。

② Andrew G. Walder. 1983，"Organized Dependency and Culture of Authority in Chinese Industry"，Journal of Asian Studies，Vol. p. 13.

③ Andrew G. Walder. 1983，"Organized Dependency and Culture of Authority in Chinese Industry"，Journal of Asian Studies，V01. XL Ⅲ，No. l；Andrew G. Walder. 1987. Communist New traditionalism：Work and Authority in Chinese Industry. The University of California Press.

通行的是"政治——业绩"原则，即政治上强调忠诚可靠，要求"积极参加政治运动"、确保"站在正确路线的一边"、坚决"拥护党的领导"等，力争在工作上努力为"单位"（代表着国家）作贡献；而在后一种依附中，也就是在对单位领导的个人依附中，通行的则是"感情——利益"原则，也就是普遍存在善于利用拍马屁讨好，甚至请客送礼等办法来求得与领导干部之间较为密切的关系。①

5. 意识形态化

中国共产党自诞生之日起，就着手创建自己的思想政治工作体系，并以思想政治教育作为其基本内容和中心环节。重视思想政治教育的优良传统和政治优势，让有着中国生活经验的詹姆斯·R. 汤森在描述中国"共产主义政治体制的起源"时，指出："中国共产党人在向普通民众和精英灌输意识形态方面态度十分坚决"，尽管"对共产主义意识形态的实质的接受程度不同"，但"它的生气勃勃的传播使得大多数中国人对自己在共产主义制度中的成员资格有了新的觉悟"。② 建国后，中国共产党并没有放松思想政治教育工作，仍然把意识形态取向作为社会动员的基本手段。

新中国建立后不久，毛泽东通过对国际国内阶级斗争新形势的分析，肯定阶级斗争，特别是意识形态领域里的阶级斗争将继续存在。从 50 年代后期起，他对阶级斗争的估计明显地有扩大化，从而在 60 年代中期错误地发动了一场震惊世界的"文化大革命"，给我国的社会主义革命和建设事业带来了严重的损失。③

1957 年 2 月 27 日，毛泽东在《关于正确处理人民内部矛盾的问题》的讲话中系统论述了他的意识形态学说。指出：我国的意识形态是"以马克思列宁主义为指导的社会主义意识形态"。④ 这一意识形态对于我国社会主义改造的胜利和社会主义劳动组织的建立起了积极的促进作用，因此是和社会主义经济基础的发展相适应的，"但是，资产阶级意识形态的存在，国家机构中某些官僚作风的存在，国家制度中某些环节上缺陷的存在，又

① 孙立平：《转型与断裂：改革以来中国社会结构的变迁》，清华大学出版社，2004，第 185 页。
② 〔美〕詹姆斯·R. 汤森、布兰特利·沃马克：《中国政治》，顾速、董方译，江苏人民出版社，1996，第 33 页。
③ 俞吾金：《意识形态论》，上海人民出版社，1993，第 312 页。
④ 《毛泽东著作选读》下册，第 768 页。

是和社会主义的经济基础相矛盾的"。① 他对当时中国阶级斗争情况的估计是："无产阶级和资产阶级之间的阶级斗争，各派政治力量之间的阶级斗争，无产阶级和资产阶级在意识形态方面的阶级斗争，还是长时期的，曲折的，有时甚至是很激烈的"。② 因此必须在意识形态领域开展积极的思想斗争，而且"思想斗争同其他的斗争不同，它不能采取粗暴的强制的方法，只能用细致的讲理的方法"。③ 在这篇讲话中，毛泽东还提出了六条判别言论和行为是非的标准，即各族人民的团结、社会主义改造和社会主义建设、人民民主专政、民主集中制、共产党的领导、社会主义的国际团结，并强调"这六条标准中，最重要的是社会主义道路和党的领导两条"。④毛泽东提出的这些标准，实际上也是判别社会主义意识形态和资产阶级意识形态的根本性的政治标准。

应该说毛泽东在《关于正确处理人民内部矛盾的问题》中，提出了一整套社会主义历史时期的意识形态理论和政策，不仅继承了马克思和列宁的意识形态学说，而且根据中国的具体国情加以创造性地发展。如果说此时毛泽东就意识形态问题所作的论述，基本上是切合社会主义社会的实际的话，那么他在"文化大革命"中提出的意识形态理论则是完全错误的。这与中国共产党过去长期处于战争和激烈阶级斗争的环境，对于迅速到来的新生的社会主义建设事业缺乏充分的思想准备和科学研究，习惯于沿用过去急风暴雨式的群众斗争的旧经验和旧方法有关，也与毛泽东专断作风的逐步发展、晚年的某些理论错误得不到及时地纠正，使之对意识形态领域斗争的过分严重的估计有关。⑤ 当然，在有关中国政治的研究中，过去一直占据着支配地位的极权主义的观点——这种对意识形态的效忠，当没有其他认同对象可供选择时，往往导致对权力精英和意识形态的过分认同和依附⑥——在一定程度上也有助于剖析当时的社会现象。也有学者把个

---

① 《毛泽东著作选读》下册，第768页。
② 《毛泽东著作选读》下册，第785页。
③ 《毛泽东著作选读》下册，第786页。
④ 《毛泽东著作选读》下册，第789页。
⑤ 俞吾金：《意识形态论》，上海人民出版社，1993，第327页。
⑥ 孙立平：《转型与断裂：改革以来中国社会结构的变迁》，清华大学出版社，2004，第231页。

人迷信现象产生的最重要原因归结为体制，即政治权力的高度集中。①

延续十年的"文化大革命"结束后，经过拨乱反正，中国才走上了以经济建设为中心的道路。

在新中国建立后到改革开放前这段曲折的历史发展背景下，正如汤森所说的，"正确的意识形态——绝对地献身于集体主义、平均主义和共享的社会"被认为是"革命成功的关键"，因此"必须在日常生活中实践之，并把这种意识形态作为评价人物及其行为、社会和文化表现的首要标准"②。这从20世纪50年代的"以厂为家"，到60年代的"狠斗私字一闪念"都可以看出，为了确保社会成员对单位（从而也就是对国家）的依附和效忠，任何个人的独立利益在当时的意识形态上都被置于一种"不正当"的位置，任何个人努力从单位外获取资源，也都被坚决制止、甚或严加惩罚。典型如"下班干私活"现象，也经常成为批判对象。③

这一时期，意识形态灌输的特点充分表现在单向的沟通系统上。一方面，党和国家控制着当时的舆论工具，从报纸、书刊到广播、电视等大众传播媒介，几乎无一例外。党和国家的决策思想等官方信息，被这些舆论工具整齐划一地、以极高频率重复的、并力图用群众"喜闻乐见"的形式传达着，以便确保这些决策思想能够"深入人心"。另一方面，对信息的接受也是人的基本需求之一，在没有别的信息来源的情况下，接受这些舆论工具传达的官方信息成为人们唯一的选择。④ 在改革前的政治生活中，官方文件也是意识形态灌输的重要渠道。传达和倾听各级领导机构的文件，是干部和群众工作生活中的一项重要内容。这些官方文件相当于一种带有强制性的指令，干部传达文件之后必须履行的程序就是"组织群众进行讨论"，然后制定出具体的"贯彻执行的措施"。此外，党中央经常派工作组去完成某项任务（通常是较为困难的任务），这种沟通方式带有更强

---

① 卢之超、王正泉：《斯大林与社会主义——世界第一个社会主义模式剖析》，社会科学文献出版社，2002，第192页。

② 〔美〕詹姆斯·R. 汤森、布兰特利·沃马克：《中国政治》，顾速、董方译，江苏人民出版社，1996，第18页。

③ 孙立平：《转型与断裂：改革以来中国社会结构的变迁》，清华大学出版社，2004，第185页。

④ 孙立平：《转型与断裂：改革以来中国社会结构的变迁》，清华大学出版社，2004，第190页。

的强制性。通过以上三种单向的沟通渠道及其背后严密的组织系统，不仅可以保障上级的指令被有效而准确地接收，而且能够得到有力而一致地贯彻执行。

在前述的社会背景和生活环境之中，干部不仅备受革命理想和革命氛围的感染，而且在整个社会形成严密的组织系统及其有力的控制；以积极工作和政治效忠交换回报的激励系统的有效存在；自身权力、声望、收入等身份划分标准的高度一致；干部本身素质比较低但工作责任感整体上比较高，当时外部的社会环境也几乎不存在太强的刺激诱惑因素。

（二）从改革开放后到 20 世纪 90 年代初

改革开放是新中国历史上具有深远意义的伟大转折。改革开放不仅让中国在政治、经济上取得了举世瞩目的巨大成就，而且使人们的思想观念得以迅速更新。社会各类群体的身份地位、构成特点、相互关系等也都随着中国发展战略和社会政策的调整而不断变化。干部群体的社会认同深受影响，其变化主要表现在：

1. 选拔标准的"四化"

改革开放后，中国选拔干部的标准发生很大变化。1980 年 8 月，邓小平在《党和国家领导制度的改革》这篇讲话中尖锐地指出："从党和国家的领导制度、干部制度方面来说，主要的弊端就是官僚主义现象、权力过分集中的现象、家长制现象、干部领导职务终身制现象和形形色色的特权现象"，这些弊端"多少带有封建主义色彩"。[①] 他认为："将来很多职务、职称，只要考试合格，就应当录用或者授予。打破那些关于台阶的过时的观念，创造一些适合新形势新任务的台阶，这才能大胆破格提拔"，而且"关键是要健全干部的选举、招考、任免、考核、弹劾、轮换制度，对各级各类领导干部（包括选举产生、委任和聘用的）职务的任期，以及离休、退休，要按照不同情况，作出适当的、明确的规定。任何领导干部的任职都不能是无限期的"。[②] 在邓小平同志的正确引导下，"革命化、年轻化、知识化、专业化"逐渐成为选拔任用干部的标准，这对中国干部群体

---

① 《邓小平文选》第 2 卷，人民出版社，1994，第 327 页。
② 《邓小平文选》第 2 卷，人民出版社，1994，第 324、325 页。

的来源、构成、素质乃至具体的社会认同等均有不小影响。

首先，革命化是选拔干部的前提。邓小平指出："要在坚持社会主义道路的前提下，使我们的干部队伍年轻化、知识化、专业化，并且要逐步制定完善的干部制度来加以保证。提出年轻化、知识化、专业化这三个条件，当然首先是要革命化，所以说要以坚持社会主义道路为前提。"①

其次，年轻化是解决新老交替问题的关键。改革开放之初，我国的干部队伍出现了严重的老化、断层现象。一方面是"文化大革命"以后，各级党政机关逐步清理了混进干部队伍的造反派、打砸抢分子和帮派骨干分子这"三种人"；另一方面是十一届三中全会后，随着冤假错案的纠正，大批老干部回到原来的工作岗位或担负起相当于原来职务的工作，年龄偏大、精力不够的问题更加突出。当时中央管理的干部中，60 岁以上者占50.55%，其中 65 岁以上者占 26.7%，省市自治区党委常委和政府领导班子成员平均年龄在 61 岁以上。② "这些干部身负重任，都在党政军第一线工作，日夜操劳。这种状况显然已经不能适应我国近十亿人口大国的繁重的领导工作"。③ 因此，无论是从现实的政治斗争出发，还是立足于国家未来的发展大局，培养接班人的问题都跃然纸上。邓小平多次强调，解决组织路线问题，就是要解决年轻人的接班问题。他指出："现在我们国家面临的一个严重问题，不是四个现代化的路线、方针对不对，而是缺少一大批实现这个路线、方针的人才"，所以"选拔接班人这个事不能拖，否则搞四个现代化就会变成一句空话"。④ 邓小平反复强调："认真选好接班人，这是一个战略问题，是关系到我们党和国家长远利益的大问题。如果我们在三年内不解决好这个问题，十年后不知道出什么事。要忧国、忧民、忧党啊！要看到这个带根本性质的问题"。⑤ 又说："老同志现在的责任很多，第一位的责任是什么？就是认真选拔好接班人。选的合适，选得好，我们就交了帐了，这一辈子的事情就差不多了。其他的日常工作，是第二位、第三位、第四位、第五位、第六位的事情。第一位的事情是要认

---

① 《邓小平文选》第 2 卷，人民出版社，1994，第 361 页。
② 《宋任穷回忆录》，解放军出版社，2007，第 451 页。
③ 《陈云文选》第 3 卷，人民出版社，1995，第 269 页。
④ 《邓小平文选》第 2 卷，人民出版社，1994，第 220～221 页。
⑤ 《邓小平文选》第 2 卷，人民出版社，1994，第 222～223 页。

真选拔好接班人"。①

最后，知识化和专业化是社会主义事业发展的必然要求。早在 1978 年，邓小平就指出，"现在的干部结构不合理，不对路"，"我们的干部有 1800 万"，绝对数不少，但是不懂行的干部、"万金油"干部太多，"缺少的是专业干部，技术人员、管理人员和其他各种专业人员"，而"按经济规律办事，就要培养一批能按经济规律办事的人"。② 1980 年，邓小平在分析当时的形势和任务时指出，在当前和今后一个时期，要充分发挥社会主义制度的优越性，努力实现经济上和政治上的要求，就迫切需要在组织上，"大量培养、发现、提拔、使用坚持四项基本原则的、比较年轻的、有专业知识的社会主义现代化建设人才"。③ 在知识化和专业化的政策导向下，从 1978 年到 20 世纪 80 年代中期，中央采取了一系列具体的"落实知识分子"政策。因此，20 世纪 80 年代以后，大批政治觉悟高、业务能力强、工作干劲大、群众关系好的知识分子被提拔到适当的领导岗位上，进入干部队伍。

总而言之，干部选拔的"四化"标准是新中国干部人事制度发展历史上的一个重要转折，为我国干部队伍的健康发展指明了方向。但是除了干部退休之外，"能上不能下，能进不能出"的干部制度设计并没有发生根本改变，这不仅使一部分干部曲解了国家公职人员的"公仆"角色，也导致部分公职人员出现"干多干少一个样，干好干坏一个样"的思想误区，背离了"为人民服务"的初衷和宗旨。1987 年，党的十三大报告中深刻总结了当时干部人事制度的种种弊端，如："国家干部"这个概念过于笼统，缺乏科学分类；干部管理权限过分集中，管人与管事脱节；管理方式陈旧单一，阻碍人才成长；管理制度不健全，用人缺乏法治；等等。

2. 政治身份的淡化与公职重要性的下降

中国历来是十分重视身份的社会，身份、等级之森严突出体现在官民之别和官员的等级层次上。改革开放以前，与利益挂钩的户籍制和单位制等，无疑强化了等级分明的身份制，因此，改革开放前的中国可以说是政治分层的社会。改革开放后，经济建设成为我国各项工作的中心所在，社

---

① 《邓小平文选》第 2 卷，人民出版社，1994，第 227 页。
② 《邓小平文选》第 2 卷，人民出版社，1994，第 103 页。
③ 《邓小平文选》第 2 卷，人民出版社，1994，第 264 页。

会生活中的政治色彩开始逐步淡化，在人们的身份地位认同中直接表现为政治身份的淡化。

首先，商品经济的发展，导致原来与生活资源分配密切相连的户籍制度与票证制度出现松动，单位所有制类型、家庭阶级出身、政治身份、行政级别等原本决定着社会成员地位与利益差异的等级要素的作用大为削弱，相反，个人所在单位和社区的发展状况，个人所属职业类别和部门（如汽车司机、税务部门）等集团性要素的作用大大增强。也就是说，原来由行政级别和身份等级决定的等级式社会分化，逐渐转变成一种由类属和单位边界决定的团块式社会分化。①

其次，改革开放后的前十年，尽管市场的发展尚不充分，始于20世纪80年代中期的城市经济体制改革一直到20世纪90年代初依然进展缓慢，但是计划体制外经济的发展，促使大量农民有了进城改变自己农民身份的机会，维系城乡居民身份系列的前提条件日益减弱。规模巨大的农民流动大军反过来又促进了城市中多种经济成分的存在与发展，创造了大量体制外的新就业位置。这些新就业位置就意味着多种新职业身份的出现，恰恰是原有的干部与工人两大身份系列所无法涵盖的。② 原有的身份界限不仅开始被打破，而且随着体制内向体制外流动的出现与增加而日趋模糊。

再次，逐渐浮出水面的市场发展基本原则，成为官本位的身份等级制度的最大冲击力量。因为市场并不承认身份的高低，不管是否拥有、拥有何种行政级别的企业，在市场竞争中，其地位高低只能以企业的资产、产值、利润等要素来评价，只能是市场竞争的结果，而绝非行政上级可以预先封许的。市场只认等价交换的原则，使得官定的企业身份级别越来越失去意义，也打乱了原来官本位的分层次序。③ 这加速了社会生活中政治分层地位的下降。

最后，1977年我国恢复高考后，文凭、学历在社会地位的区分中开始

---

① 孙立平：《转型与断裂：改革以来中国社会结构的变迁》，清华大学出版社，2004，第7页。

② 孙立平：《转型与断裂：改革以来中国社会结构的变迁》，清华大学出版社，2004，第20页。

③ 李强：《农民工与中国社会分层》，社会科学文献出版社，2004，第38页；李强：《中国社会分层结构的新变化》，李培林、李强、孙立平等《中国社会分层》，社会科学文献出版社，2004，第18页。

起到越来越重要的作用，在一定程度上冲淡了家庭阶级成分等政治身份要素。20 世纪 80 年代以来，中央在制定干部提升的标准上也强调学历的重要性，没有高等学历的一般都得不到提升。

改革开放过程中，"公职"重要性的变化成为社会结构变迁的一个最具有表象性的变化①，也是社会认同发展变化的重要表现。尽管今天的公职对个人或家庭而言依然具有不可忽视的重要意义，但是把改革后的前十年与过去相比，公职重要性的下降却相当明显，出现了一些在改革前看来是不可思议的现象。在没有受到"开除公职"处分的情况下，主动脱离原本能够接近国家所控制的资源和活动空间的途径，这种现象虽然在当时还不普遍，却有明显增加的趋势，因此具有非常典型的、极强的象征意义。当时更为普遍一些的是"停薪留职"，这种做法在保留获得国家控制资源的大部分机会的同时，也相应丧失了一些机会。但是在这项政策实施之初，作此选择的人数还是很多，以至于后来不得不作出种种补充性的规定来加以限制。②

3. 收入、权力与职业声望的结构错位和交融

如前所述，改革前的身份等级制度使得收入、权力与职业声望这三者之间是高度契合、高度一致的结构。随着改革后中国社会身份类别划分标准的变化，呈现出来的则是"新旧身份系列并存、交融与交叉错位的复杂图景"。③

由于在计划经济转向市场经济的过程中，各类社会群体参与市场经济的步骤和速度并不一致，他们所获得的收益与回报也有所不同。改革前原有体制中的"中心群体"，他们进入市场经济的速度明显低于原本社会地位较低的"边缘群体"，这里既有利益上的患得患失，也有价值观念和思想体系变迁缓慢的制约与束缚。因此，20 世纪 80 年代，中国曾经出现过下级部门比上级部门有钱、小城市聚财相对而言比大城市容易、农民比工人更有生财之道、低教育的比高教育的更会赚钱等现象，"拿手术刀的不

---

① 孙立平：《转型与断裂：改革以来中国社会结构的变迁》，清华大学出版社，2004，第 191 页。

② 孙立平：《转型与断裂：改革以来中国社会结构的变迁》，清华大学出版社，2004，第 191 页。

③ 孙立平：《转型与断裂：改革以来中国社会结构的变迁》，清华大学出版社，2004，第 21 页。

如拿剃头刀的，搞导弹的不如卖茶叶蛋的"等流行的顺口溜，通俗刻画了当时的社会现实。

在这样的社会背景下，政治评价体系与利益评价体系并存，人们的身份系列与社会地位也展示出多面性的特点。一方面，原有的身份系列及评价标准虽有弱化，但仍在发挥不小作用，人们可以凭借原有身份已经取得的资源，在新的职业身份系列中谋得一个有更多收益的职业身份。比如，具备"干部"身份，在中国"官本位"和"权力本位"思想还没有彻底肃清的情况下，"干部有权力影响其工作单位与居住地区的人民生活，中国的普通人中很少有人敢挑战其权威"。①。有学者指出：中国的改革从一开始就是从党和政府最高决策层发起，走的是自上而下并且上下结合的道路，干部作为一个群体，作为政府唯一的代言人和政府政策的执行者，其权力具有异乎寻常的连续性，不仅能够保持他们在旧有体制中的传统政治权力和特权，而且有能力利用这种政治权力与特权，在新兴的市场体制中寻求越来越多的经济利益。② 但是在改革的早期（8~10年），这种从权力到金钱的转换没有或很少进行，出现了一个短暂的"干部权力真空"，大量来自社会下层群体的成员有机会成为新兴的经济精英。因此，另一方面，一种新的、具有自致性和可变性的、以职业身份为标志的身份系列正在逐渐形成并日益被认可。这导致社会成员的各类社会位置间的整合程度逐渐降低，收入、权力与职业声望这三大标准的结构从高度整合走向交叉错位。历来在中国社会中发挥巨大作用的政治精英人物，开始出现流动与转换，"经济精英"的队伍得以扩大。

4. 职业意识和工作责任感的下降

在改革的早期阶段，官员不负责任地进行工作成为一种相当普遍的现象。③ 这与当时国家财政状况出现困难有一定的关系。就财政收入占国民收入的比重而言，1989年比1978年下降了大约一半。刘力群先生认为，"行政经费短缺造成政府行为能力全面衰退"，他指出，"改革以来，由于

① 〔美〕劳伦斯迈耶、约翰伯内特、苏珊奥格登，《比较政治学——变化世界中的国家和理论》（第2版），华夏出版社，2001，第337页。

② 宋时歌：《市场转变过程中的精英再生与循环》，李培林、李强、孙立平等《中国社会分层》，社会科学文献出版社，2004，第248~249页。

③ 孙立平：《转型与断裂：改革以来中国社会结构的变迁》，清华大学出版社，2004，第198页。

行政管理经费严重不足，造成了政府工作人员工资待遇明显低于企事业单位，且达 10 年之久，致使士气低落，人员素质、工作质量明显下降。在职人员不务正业，寻找第二收入；其与双轨制结合，造成贪污、受贿、腐败之风蔓延"。①

政府官员职业意识和工作责任感的普遍低下，除了和财政困难、行政经费短缺带来的直接冲击有关，也少不了以下因素的推波助澜：一是意识形态和革命热情在世俗化改革过程中逐渐淡化；二是政府中原有的以积极工作和政治效忠交换回报的激励系统受到外部的频繁刺激，也就是说，造就官员责任感的旧动力逐渐丧失，与此同时，新动力和官员的职业意识尚未形成；三是组织的松懈和控制的弱化；四是相当一部分官员基于苏东及中国自身的种种变化而对未来失去较长时期的预期，官员腐败现象的增多就是其行为短期化的突出表现；五是二次分配系统和市场系统的同时并存，为官员腐败提供了机会和条件。②

5. 意识形态的松绑和个人意识的增强

改革开放以后，作为长期以阶级斗争为纲的逆反心理——厌恶传统政治说教和道德说教的倾向开始在社会中出现。随着西方社会思潮的涌入，西方文化热和民族文化虚无主义逐渐高涨，这恰恰反映了当时政治意识与道德意识的困惑。由于相当部分的青年公务员刚走出大学校门不久，深受大学教育氛围的影响，因此有必要从当时大学生思想政治教育的状况③反推青年公务员的观念道德状况。

当时大学校园里流行的是"自我设计、自我奋斗、自我实现"的口号，学生们热衷于对个性、自由、民主、人权的讨论，对以往的共产主义道德教育内容尤其是"大公无私"、"先人后己"、"毫不利己专门利人"的道德教条持相对否定的态度。因此，1980 年 4 月，教育部、共青团中央联合发出《关于加强高等学校学生思想政治工作的意见》，要求对大学生

① 刘力群：《中国财政的困境与解决的方向》，《中国社会科学季刊》（香港）1993 年 2 月。
② 孙立平：《转型与断裂：改革以来中国社会结构的变迁》，清华大学出版社，2004，第 198 页。
③ 参见陈秉公主编《大学生思想品德修养教程》，吉林大学出版社，1993；葛销网主编《高校思想政治工作概论》，南京大学出版社，1997；张萍：《中国学校的思想道德教育与青年社会意识的形成》，载《东亚社会价值的趋同与冲突——中日韩青年社会意识比较》，社会科学文献出版社，2001，第 243～270 页。

进行系统的马克思列宁主义、毛泽东思想基本原理的教育，革命理想教育，共产主义道德品质教育，培养学生运用马克思主义的立场、观点、方法分析问题和解决问题的能力，逐步树立辨证唯物主义和历史唯物主义的世界观。1982 年 10 月，教育部又发出《关于在高等学校逐步开设共产主义思想品德课程的通知》，正式要求大学把共产主义思想品德课程作为必修课纳入学校教学计划中。

总体而言，1979～1985 年，中国学校的思想道德教育基本上是恢复"文革"以前的设置，内容空洞、枯燥的说教仍占主流。这与中国对外开放的意识形态形成巨大反差，与人们密切关注的具体问题相去甚远。尤其是一些教材中对共产主义道德的解释，几乎否定了个人的存在价值，容易引起学生的逆反心理。因此，在相当一段时间里，大学的思想道德课处在一种老师不愿教、学生不愿学的尴尬状态。从 1985 年下半年起，大学的课程设置、教学内容及教学方法有了较大变动，中国革命史、中国社会主义建设、马克思主义原理代替了过去的中共党史、政治经济学和哲学，文科院校还增加一门世界政治经济与国际关系课程。思想品德课的设置也发生了变化，除了开设"形势与政策"、"法律基础"两门必修课外，还设置了"大学生思想修养"、"人生哲理"、"职业道德"等选修课。① 经过 80～90 年代初期的重建尝试，90 年代中期以后，中国小学至大学的思想道德教育才初步形成一个相互衔接、较为科学的体系，这影响了一代青年公务员的思想道德教育状况。

20 世纪 80 年代的中国，恰逢由计划经济向市场经济转变的初期阶段，剧烈的变革引发了社会思潮的多样化，激进与保守的对抗成为整个中国思想界的重要特点。一方面，对中国经济落后的认识特别是对"文革"的深恶痛绝，诱发了人们对马克思主义、社会主义、共产主义、毛泽东思想乃至现实社会制度的怀疑，大部分激进者把目光投向了西方发达国家，不仅否定中国共产党形成的"小传统"，也否定中国历史的大传统，要求全面向西方学习；少部分人把目光转向中国文化——儒学，主张重新评价孔子及其学说并从中汲取营养。1989 年 10 月，时任中国共产党总书记江泽民

① 参见张萍《中国学校的思想道德教育与青年社会意识的形成》，《东亚社会价值的趋同与冲突——中日韩青年社会意识比较》，社会科学文献出版社，2001，第 260～261 页。

参加由中国孔子基金会和联合国教科文组织联合举办的纪念孔子诞生 2540 周年的国际学术讨论会并发表讲话，肯定儒学研究的价值和成就，这是中国共产党的领导人第一次向世界公开表示对儒学研究的支持。另一方面，保守派仍然固守中国式的对马克思主义的教条诠释以及中国式的社会主义理论，不准人们有丝毫的怀疑和不敬之词，并把"个性"、"自由"、"民主"甚至"人道主义"通通视为资产阶级的精神污染，不屑一顾，同时也否定儒学在今天的价值。进入 90 年代以后，与中国政治经济的重大变化相适应，中国的社会思潮也发生了不少新变化①：一是回归传统，90 年代初期出现了毛泽东热，90 年代中期以后出现了儒学热；二是民族主义情绪上扬；三是希望社会稳定；四是思想意识的多样化更为明显。

总之，20 世纪 80 年代的中国，激进与保守的激烈对抗，群与己、义与利、自由与纪律、竞争与和谐等的观念冲突，使得原本僵化的意识形态开始松绑，个人意识开始觉醒、集体观念有所弱化。这些都对青年公务员的观念意识产生深刻的影响。

（三）从 20 世纪 90 年代初至今

20 世纪 90 年代初至今，有关公务员的制度设计从标志性的《国家公务员暂行条例》到权威性的《中华人民共和国公务员法》，主要围绕公务员制度和公务员管理两大方面做出总括性的规定，二者既在一定程度上保持了公务员制度的连续性和稳定性，又在一些规定和内容上做出新的发展。总体而言，当前公务员在制度层面上应有的社会认同主要表现为：

1. 群体范围的明确性

《中华人民共和国公务员法》明确界定了公务员的范围。与概念内涵模糊、外延范围不清的"干部"不同，公务员群体可以依法确定群体内外的边界，而且《公务员法》的规定相比《国家公务员暂行条例》，调整扩大了公务员范围，不再仅限于国家行政机关的工作人员，而只要符合"依法履行公职、纳入国家行政编制、由国家财政负担工资福利"这三个条件的工作人员都是公务员，即《国家公务员暂行条例》中作为"参照管理"

---

① 参见张萍《中国学校的思想道德教育与青年社会意识的形成》，载《东亚社会价值的趋同与冲突——中日韩青年社会意识比较》，社会科学文献出版社，2001，第 261 ~ 263 页。

的中国共产党机关、人大机关、政协机关和各民主党派机关的工作人员都是公务员，而《公务员法》中规定"具有公共事务管理职能的事业单位中除工勤人员以外的工作人员"经批准才是"参照管理"。这样的调整既符合我国干部人事管理的历史和现实，又符合我国现行政治制度的基本特点，有利于加强对机关干部队伍的统一领导，保持不同机关之间干部的顺畅交流、保持机关干部队伍的整体性。

2. 党管干部的原则性

《公务员法》是在《国家公务员暂行条例》和《党政领导干部选拔任用工作条例》的基础上制定的，明确规定"贯彻中国共产党的干部路线和方针"，强调"坚持党管干部原则"，这既是我国公务员制度与西方国家公务员制度相互区别的一个重要特征，也是我国公务员制度具有中国特色的一个重要体现。坚持党管干部原则是由中国共产党的领导地位和性质决定的，是实现党的组织领导的重要途径，也是实现党的思想领导和政治领导的重要保证。《公务员法》对公务员管理的各项制度规定之中，都始终贯穿、体现着党的干部路线方针政策。如：公务员的录用制度、晋升制度上强调公开、平等、竞争、择优，这符合党的干部制度改革原则，也体现了党的干部队伍"革命化、年轻化、知识化、专业化"的"四化"方针；公务员的考核制度强调群众公认、注重实绩，体现了党的干部选拔原则；公务员的惩戒制度强调严格要求、严格管理、严格监督、惩前毖后、治病救人，体现了党管干部的教育方针；等等。

3. 权利义务的规定性

《公务员法》不仅明确规定了公务员有模范遵守宪法和法律；按照规定的权限和程序认真履行职责，努力提高工作效率；全心全意为人民服务，接受人民监督；维护国家的安全、荣誉和利益；忠于职守，勤勉尽责，服从和执行上级依法作出的决定和命令；保守国家秘密和工作秘密；遵守纪律，恪守职业道德，模范遵守社会公德；清正廉洁，公道正派；法律规定的其他义务等责任条款，而且明确赋予公务员有获得履行职责应当具有的工作条件；非因法定事由、非经法定程序，不被免职、降职、辞退或者处分；获得工资报酬，享受福利、保险待遇；参加培训；对机关工作和领导人员提出批评和建议；提出申诉和控告；申请辞职；法律规定的其他权利等权益保障措施。这不仅为公务员切实履行义务、正确行使权力指明了方向、创造了条件，而且为提高公务员依法执政、依法行政和依法办事的水平和能力提供了重要的法律保障。

4. 职业生涯的规范性

《公务员法》是我国干部人事管理总章程性质的一部重要法律，结束了新中国建立以来一直没有干部人事管理工作综合性法律的历史，填补了我国法律体系的一个空白。它不仅以法律的形式对公务员管理的基本原则、基本制度和基本方法进行规范，而且对公务员管理的各个环节——包括录用，考核，职务任免，职务升降，奖励，惩戒，培训，交流与回避，工资福利保险，辞职辞退，退休，申诉控告，职位聘任，法律责任等——都作出了明确规定。这为进一步突破干部人事制度改革中的难点，从源头上防止和克服选人用人上的不正之风；为有力推进公务员管理的法制化进程，有效地防止干部人事工作中的主观随意性；为公务员群体职业生涯的规范性发展，进一步吸引和凝聚高素质的优秀人才，提供了重要的法律支撑和持久动力。

综上所述，当前作为制度设计的公务员社会认同，通俗地讲应该是"政治上靠得住、工作上有本事、作风上过得硬、人民群众信得过"，应该具有"热爱祖国、忠于人民，恪尽职守、廉洁奉公，求真务实、开拓创新，顾全大局、团结协作"的公务员精神。如果把这些作为公务员社会认同的应然状态的话，那么现实社会生活实践中的公务员社会认同又是什么样的实然状态呢？笔者将通过实证研究，在下一章中作详细描述分析。

第三章

青年公务员社会认同的
调查分析

从20世纪90年代初至今，进入本研究所划分的青年公务员社会认同发展的第三个阶段。作为研究的重点内容之一，本章主要运用问卷调查法、深度访谈法和文献资料分析法，在第一手资料与第二手资料的相互印证中遵循定量分析与定性分析相结合的原则，试图全面地反映当前身处中国社会深刻、多维结构转型时期的青年公务员社会认同的基本状况和具体表现，并归纳其呈现的主要特征。以期把握青年公务员社会认同的建构脉络，找到形塑青年公务员社会认同的关键路径。

第一节　调查的资料来源与对象分析

一　调查资料来源

本研究的调查资料主要由以下几个部分构成：

1.《青年公务员价值观研究》课题组的问卷调查资料

2009年3月至8月，笔者参与了由中央国家机关团工委组织开展的《青年公务员价值观研究》的课题。该课题对中央国家机关青年公务员及相关人员展开抽样问卷调查，共发放问卷1883份，其中，中央国家机关青年公务员1522份，回收有效问卷1522份（包括处级以上干部285份）；省（市）直机关110份，回收有效问卷110份；交通部党校处级以上干部学员 100 份，回收有效问卷 100 份；大学生 151 份，回收有效问卷 151 份。问卷回收率为 100%，有效率为 100%。之所以在把青年公务员作为问卷调查的主体外，分别少量抽样调查处级以上公务员及在校大学生，是希望通过对比研究、相互印证，得出更为科学准确的数据和结论。课题组对本次问卷调查取得的数据经过审核统计与分析研究，形成了《调查问卷分析报告》并提供给有关领导和专家参考。虽然该课题主要是针对中央国家机关青年公务员的价值观研究，但是调查中的很多内容都与青年公务员的社会认同研究息息相关，可以为笔者的深入研究提供依据。

2. 《公务员社会认同情况调查问卷》的调查资料

2009 年 9 月至 2010 年 1 月笔者在中共福建省委党校、中共福州市鼓楼区委党校和两个省直厅局单位（公安厅和统战部），进行了问卷调查。调查问卷分为四个部分，共 62 个问题：第一部分是了解调查对象的基本情况，包括性别、年龄、婚姻状况、政治面貌、文化程度、所学专业、工龄长短、职级情况和月实际收入情况等；第二部分到第四部分，考虑到为提高调查问卷的信度和效度，以及与课题组的调查资料相衔接，笔者没有按照分析框架中五个方面的认同分别设置问题，而是把问题交叉分布到三个部分，分别了解调查对象的政治思想价值观、工作学习生活情况和需求状况，目的是从不同角度反映调查对象的价值观念认同、政策制度认同、身份地位认同、利益分配认同和行为过程认同的具体情况。

为避免争议、节约人力物力，笔者采用目的性抽样问卷调查，按照本研究对青年公务员的界定，把年龄在 40 岁以下（含 40 岁）的公务员（剔除事业单位的青年干部，选择公务员和参公人员）作为问卷发放的主要对象，同时选取一部分年龄在 40 岁以上的中老年公务员进行问卷调查，以利于开展对比研究。本次调查对象主要包括：2009 年 9 月至 2010 年 1 月期间，在福建省委党校学习的第 19 期党政干部培训班和党政干部在职研究生班 8 个专业（11 个研究方向）的学员；在福州市鼓楼区委党校学习的科级干部进修班；福建省公安厅和福建省委统战部中符合研究要求的若干青年公务员。

之所以重点选择党校的这些班次，一是因为他们当中符合年龄要求的公务员居多：党政干部培训班是福建省委党校主体班次中最年轻的科级干部培训班；鼓楼区委党校的科级干部进修班则相当于该校最高级别的培训班次，青年公务员占 1/2 以上，中年公务员可用于对比研究；省委党校在职研究生班因报名条件限定为 45 周岁以下，故 40 岁以下的青年公务员也占绝大多数。二是省委党校的学员来自全省各地、地域分布较为广泛，且包罗各类各级行政部门，横向类别丰富、纵向职级多样。他们当中既有来自沿海县市的，也有来自偏远山区的；既有来自省直机关的，也有来自乡镇基层的；既有不同级别的领导干部，也有尚无领导职级的普通公务员。因此，这些样本在调查研究中具有一定的典型性、代表性和可比性。三是在党校学习期间，人员比较集中，有利于问卷的发放和回收，有利于提高问卷的有效率。考虑到省直机关青年公务员所占的比例不多，故笔者又选取能够顺利进入的两个省直厅局进行调查。

本次调查充分考虑到样本的代表性、科学性和异质性，共发放问卷365 份，收回有效问卷 334 份，有效回收率为 91.5%。调查资料经由SPSS13.0 统计软件进行分析。

3. 笔者对调查对象的深度访谈资料

考虑到公务员职业的敏感性，调查问卷可能无法真实全面地表达出个人意愿，笔者选择了 10 个较为典型的个案进行访谈，深入了解青年公务员的价值观、人生观、择业观等价值观念方面的认同状况，并获取青年公务员有关利益、职业、身份地位等方面的思维方式和行为方式的具体情况（访谈提纲和访谈对象的基本情况分别见附录 2 和附录 3）。深度访谈获取的大量一手资料，与问卷统计结果相互检验、相互印证，对定量分析的结果起到补充说明的作用，还为青年公务员社会认同的特征、类型、挑战等的深入分析提供强有力的论证和支持。

与此同时，笔者从报刊杂志、网络广播等媒体中搜集了大量相关数据，整理分析后将它们与问卷结果、访谈资料相结合，以进一步佐证和丰富青年公务员社会认同的现实情况。

二 调查对象分析

根据描述性统计分析，调查对象的性别、年龄、婚姻状况等个人背

景，政治面貌、文化程度、所学专业、工龄长短、职级情况以及月实际收入情况等职业背景的基本概况如下：①

1. 个人背景

从表3-1、表3-2展示的调查结果可以看出：调查对象中男性居多，占71%，比女性高出43.8个百分点，说明较有机会和积极主动来党校学习的青年公务员中，男性具有绝对优势。因采用目的性调查，40岁以上的公务员仅占调查对象总数的21.3%，40岁及以下的青年公务员则占78.5%；其中，又以29~40岁这个通常来讲是"上有老下有小"、工作和生活压力兼具的年龄段最为集中，占到被调查青年公务员群体的82%以上；19~24岁的人数极少，因为这个阶段基本是刚刚进入公务员队伍，来党校学习的机会不多。

表3-1 调查对象的性别结构

单位：人，%

性别	人数	比例
男	237	71.0
女	91	27.2
合 计	328	98.2

注：缺失值为6（人），占1.8%。

表3-2 调查对象的年龄结构

单位：人，%

年龄（岁）	人数	比例
19~24	4	1.2
25~28	42	12.6
29~35	147	44.0
36~40	69	20.7
40以上	71	21.3
合 计	333	99.8

注：缺失值为1（人），占0.3%。

---

① 本部分如无特别说明之处，均指笔者自身的调查对象及调查问卷的统计结果。

表 3 - 3 说明被调查对象中未婚的仅占 10.2%，有过婚姻经历的占到 88.6%，其中离异或丧偶的仅占 0.9%，排除 40 岁以上的公务员，青年公务员中离异或丧偶的仅占 0.6%，可见该群体的婚姻状况整体上还是比较稳定的。

表 3 - 3　调查对象的婚姻状况

单位：人，%

婚姻状况	人数	比例
已婚	293	87.7
未婚	34	10.2
离异或丧偶	3	0.9
合　计	330	98.8

注：缺失值为 4（人），占 1.2%。

2. 职业背景

从调查对象的政治面貌看（见表 3 - 4），公务员群体绝大部分都是中共党员，占到被调查总数的 95.5%；共青团作为中国共产党的后备力量，0.6% 的共青团员基本上都会发展成为中共党员；民主党派和无党派群众比例较低，占 3.9%。

表 3 - 4　调查对象的政治面貌

单位：人，%

政治面貌	人数	比例
中共党员	319	95.5
共青团员	2	0.6
民主党派成员	6	1.8
无党派群众	7	2.1
合　计	334	100.0

公务员队伍，特别是青年公务员的文化程度，在整体上有不断提升的趋势。在调查对象中，以大学本科所占的比例为最高，达 74.6%，而选择"其他"指的是同时拥有学士学位和党校研究生学历（含在读）或是党校

本科学历，共占 5.1%。因此，调查对象的文化程度在大学本科以上的合计高达 93.7%，大专、高职的仅占 6.3%。

表 3-5　调查对象的文化程度

单位：人，%

文化程度	人数	比例
博士研究生	6	1.8
硕士研究生	41	12.3
大学本科（含双学士）	249	74.6
大专、高职	21	6.3
其　他	17	5.1
合　计	334	100.0

通过交叉统计发现，本次的调查对象中，高学历（博士、硕士研究生）均集中在青年公务员，文化程度在大学本科以上的占到被调查青年公务员的 97.7%，而学历为大专、高职的调查对象中，青年公务员仅占 28.57%（详见表 3-6）。这与 1978 年和 1998 年全国干部的文化程度（详见表 3-7）相比，显然有极大的提升，公务员队伍知识化的特点日渐清晰。

表 3-6　调查对象年龄与文化程度的对照表

单位：岁，人

年　龄	文化程度					合　计
	博士研究生	硕士研究生	大学本科（含双学士）	大专、高职	其他	
19~24	0	1	3	0	0	4
25~28	0	8	29	0	5	42
29~35	5	24	107	5	6	147
36~40	1	8	56	1	3	71
40 以上	0	0	53	15	3	71
合　计	6	41	248	21	17	333

表 3-7　1978 年和 1998 年全国干部的文化程度

单位：%

年份 文化程度	1978	1998
	比例	比例
初中以下	49.47	7.95
中专及高中	32.52	45.53
大专以上	18.02	46.52
合　计	100.01	100.00

注：全国干部中 1978 年小学以下的占 14.62%，1998 年本科的占 14.69%。①

在调查对象所学专业的分布上（见表 3-8），管理学所占的比例最高。表 3-5、表 3-6、表 3-8 的调查结果还显示，20 世纪 90 年代以来，干部选拔的"四化"标准日渐深入人心，"知识化"的体现——学历成为公务员职业的一个重要考量标准。始于同一历史时段的大学扩招、各级党校和部分高校对成人展开的各种学历培训等，均为公务员队伍学历层次的提升奠定了基础、开拓了渠道。事实上，自公务员公开招考实施以来，没有一定的学历文凭，想要进入这个队伍几乎是不可能的。

课题组②的调查结果也验证了进入公务员队伍的青年具有"高学历、高素质"的特色，被调查的中央国家机关青年公务员中，大学本科以上人数高达总调查人数的 99.5%，堪称绝对的高知人群。

表 3-8　调查对象的所学专业

单位：人，%

所学专业	人数	比例
社会人文科学	67	20.1
管理学	97	29.0
理学	20	6.0
工农医学	42	12.6
其　他	18	5.4
合　计	244	73.1

---

① 陆国泰主编《中国公共人事管理》，中央党校出版社，2002，第 118 页。
② 下文无特别说明处，课题组均指笔者参加的中央国家机关团工委组织的《青年公务员价值观研究》课题组。

注：缺失值为 90（人），占 26.9%。据事后跟踪调查，发现很多调查对象不知道该把自己所学的专业归入哪一类，因此不填。

根据统计，本次调查对象中青年公务员的工龄最高为 24 年（从应征入伍算起），工龄最低为 1 年，平均工作年限达 11.72 年，大部分属于本系统本部门的中坚骨干力量。

表 3 - 9　　调查对象年龄与职级情况的对照表

单位：岁，人

年　龄	职级情况					合　计
	正处及以上	副处	正科	副科	科员及其他	
19～24	0	0	1	0	3	4
25～28	0	0	1	12	29	42
29～35	2	4	44	50	47	147
36～40	1	7	15	34	14	68
40 以上	0	5	37	20	6	71
合　计	3	16	98	116	99	332

注：缺失值为 2（人），占 0.6%。

一般认为，公务员所处的行政级别与是否属于领导职数直接关系到其职业地位、收入水平的高低，关系到其具体的职责权力和行为方式。根据本次调查的结果，不同年龄调查对象的职级情况如表 3 - 9 和图 3 - 1 所示，被调查公务员的行政级别以科级（含正科和副科）居多，不论是 40 岁以下的青年公务员，还是 40 岁以上的公务员，科级均占本类别被调查对象的一半以上，分别达到 63.2% 和 69.0%；处级以上的，青年公务员仅占 4.2%，低于 40 岁以上公务员 7.1 个百分点；科员及其他（尚未定级）中，青年公务员所占比例高出 40 岁以上公务员 12.9 个百分点。可见，年龄与资历是公务员职业生涯的一项重要影响因素，但干部"年轻化"的趋势也日趋显现。

从被调查对象的月实际收入情况看（见表 3 - 10），选择 8000 元以上的极少，选择 3000～5000 元的最多。考虑到中国人"藏富"的心理习惯，以及公务员群体隐性收入的敏感性和不可统计性，因此，虽然问卷中对"实际收入情况"的解释包括"工资、福利及其他各项收入"，但是调查数

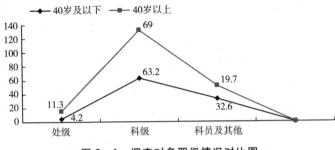

图 3-1 调查对象职级情况对比图

据所反映的实际上是与所在部门单位、所处行政级别相应的工资福利等显性收入情况。

表 3-10 调查对象收入与职数的对照表

单位：人

收　入	职数情况			合　计
	领导职数	非领导职数	二者兼有	
8000 元以上	1	0	0	1
5000~8000 元	9	2	2	13
3000~5000 元	127	85	2	214
3000 元以下	40	35	3	78
合　计	177	122	7	306

注：缺失值为 28（人），占 8.4%。

　　根据卡方检验，不同行政级别（职级）间的收入有显著差异（卡方值为 72.51，显著性水平 P < 0.05），而不同收入层次内部，领导职数与非领导职数之间的收入并无显著差异（卡方值为 4.13，显著性水平 P = 0.248，大于 0.05）。这既说明《公务员法》对公务员工资制度的核心规定——"公务员实行国家统一的职务与职级相结合的工资制度"——缩小了领导职务与非领导职务之间的收入差距，"阳光工资"对于工龄较长而久未获得升迁机会的公务员来说，确实像温暖的阳光；也进一步印证了调查问卷中的收入数据仅能反映公务员的显性收入水平，却无法体现公务员群体的某些"无形资产"，这一缺陷笔者将尽力在深度访谈与其他资料中予以补充。

第二节　青年公务员社会认同的现状描述

依据研究的分析框架，本节主要从价值观念认同、政策制度认同、身份地位认同、利益分配认同和行为过程认同等层面，刻画当前青年公务员群体社会认同的基本状况。

一　价值观念：　强烈的主流认同中个性化认同趋多

每一个社会群体，乃至每一个人，因其所处的社会地位不同、面对的社会要求不同、经历的社会生活不同，都有自身特定的价值观念。价值观念是人们依据自身和社会的需要，在实践中形成的对外部事物的价值属性、价值关系的一般看法和根本观点，通常表现为人们在处理各种价值问题时，所持有的比较稳定的立场、观点和态度的总和。在作为系统存在的价值观念体系中，价值观又居于核心地位，是人们个性定型化的基本标志，又是个性继续发展的内部调节器。理论界的研究表明[①]，价值观的形成有着特殊的条件、过程和规律，大致经过"准备模仿——萌芽产生——探索形成——发展成熟——调整稳定"这么一个动态的进程。

价值观念既有相对的独立性和稳定性，也有一定程度的可变性和发展性。一般而言，价值观念随着年龄增长而渐进发展，在青年期趋于相对稳定成熟。但这并不意味着价值观形成后就固定不变，恰恰相反，价值观会随社会生活和个人生活的变化而变化。在价值观形成与发展的晚期阶段，自我调节和自我教育起着特别重要的作用。正如巴甫洛夫指出的那样："人当然是一个系统……就其最高度的自我调节作用来说，乃是一个无与伦比的系统……我们的系统是最高度地自我调节着的，它自行维持、自行修补、自行恢复，甚至自行改善。"因此，当人们意识到

---

① 参见刘永芳《价值观的形成与发展的条件、过程、规律初探》，《山东师范大学学报》（社会科学版），1998 年第 1 期；杨德广、晏开利《中国当代大学生价值观研究》，上海教育出版社，1998。

自己的某些观念、态度和价值目标，不符合社会要求、不利于个人发展时，就会主动对其加以改造，补充新内容和新成分，甚至彻底推翻并确立新的价值观念。①

青年公务员的价值观念处于发展成熟后的调整稳定又调整的阶段。随着 20 世纪 90 年代以来，我国经济社会的持续发展、改革开放的不断深入、社会主义市场机制的逐步完善、中西方文化的相互激荡，人们对一些重大问题的看法、态度、评价等出现较大的差异，社会价值观念呈现出复杂多样的发展态势。青年公务员不仅身处同样的宏观社会环境，而且随着我国公务员制度的改革发展，公务员队伍结构的不断优化、素质的不断提高等因素的共同作用下，公务员队伍内部的价值观念、价值认同也呈现出多样化的态势。价值观念认同是青年公务员社会认同的核心，直接关系到公务员队伍自身能否继续自觉贯彻党的路线、方针、政策，坚定不移地走中国特色社会主义道路；而且关系到公务员队伍能否在建设社会主义核心价值体系、巩固全党全国各族人民团结奋斗的共同思想基础中作出表率，起到榜样和带动作用。在此，笔者主要对其政治思想观念的认同情况及具体表现进行考察。

1. 对社会主义核心价值体系的认同分析

社会主义核心价值体系作为当前中国的主流意识形态，是社会主义意识形态的本质体现，具体包括马克思主义指导思想、中国特色社会主义共同理想、以爱国主义为核心的民族精神和以改革创新为核心的时代精神、以"八荣八耻"为主要内容的社会主义荣辱观四个方面的基本内容。笔者依据这四个方面分别设计调查问题，以衡量青年公务员对社会主义核心价值体系这一主流意识形态的认同状况。

（1）对马克思主义指导思想的认同

马克思主义作为立党立国的根本指针，是社会主义意识形态的灵魂所在。党中央一再强调"要坚持马克思主义在意识形态领域的指导地位"，但在理论发展与实践过程中，马克思主义的指导地位也面临着"排他性与包容性、理性认知和情感认同、集团性话语与个体性话语、

---

① 刘永芳：《价值观的形成与发展的条件、过程、规律初探》，《山东师范大学学报》（社会科学版）1998 年第 1 期。

先进性和大众化"等四重"两难关系"的现实挑战。^① 青年公务员如何理解马克思主义在当代中国的地位和作用,直接反映着他们对马克思主义的认同状况。

调查的结果如图 3 - 2 所示,青年公务员普遍比较认同马克思主义"其精神实质是科学的,但需要与中国实际密切结合"的说法。

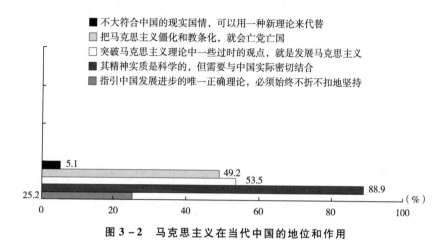

图 3 - 2　马克思主义在当代中国的地位和作用

在课题组调查中,分别有 90% 的中央国家机关青年公务员、87.9% 的省直机关公务员、86.3% 的处以上干部认可该提法;在笔者调查中,选择该选项的比例为 88.9%,其中青年公务员的有效比例为 89.3%,甚至超过 40 岁以上的公务员(有效比例为 87.3%)。但与此同时,也有 5.1% 的公务员认为马克思主义"不太符合中国的现实国情,可以用一种新理论来代替",这不能不说是一种危险的倾向,展示了一小部分公务员在纷繁复杂的社会环境中对马克思主义产生了怀疑和动摇,也说明持续不断地开展和强化青年公务员的思想政治教育是极其必要的。

坚持不懈地用马克思主义中国化的最新成果武装全党、教育人民,是巩固马克思主义指导地位的必然要求。科学发展观作为当代马克思主义中国化的最新成果,是发展中国特色社会主义必须坚持和贯彻的

① 陈冬生:《马克思主义意识形态理论与当代中国意识形态建设研究》,《中共中央党校学报》2011 年第 8 期。

重大战略思想，然而青年公务员对科学发展观的认识却存在一定差异。把科学发展观看作"是经济社会发展的重要指导方针，对单位和个人工作影响都很大"的比例，在课题组的调查中高达88.1%，而在笔者调查中仅占69.8%；认为"对单位工作有重要影响，对个人影响不大"的分别占5.5%和8.2%；选择"是国家层面的战略思想，对单位和个人影响都不大"的分别为4.1%和17.5%；选择"说不清"的有1.8%和4.5%。显然，笔者的调查结果与课题组的调查结果差距甚大，其中一个重要的原因是调查对象所处的社会环境不同：课题组主要针对处于中国政治中心、在首都北京工作生活的中央国家机关青年公务员，他们对科学发展观耳濡目染的学习机会多，认识上也更深刻和清晰；笔者调查主要针对省级各地，包括在偏远山区、基层一线工作的普通公务员，他们在理论的学习上相对滞后，甚至还不能直接感受到科学发展观的深刻影响，所以认为"对单位和个人影响都不大"的比例高出课题组13.4个百分点。这不仅说明不同地域、不同层次的青年公务员对科学发展观的认识有较大差别，而且说明科学发展观的践行落实还有很长的路要走。

（2）对中国特色社会主义共同理想的认同

建设有中国特色的社会主义，是我们总结长期历史经验得出的基本结论。中国特色社会主义反映了我国最广大人民的共同愿望、利益和要求，是实现中华民族伟大复兴的必由之路。中国共产党的十七大郑重、鲜明、完整地提出高举中国特色社会主义伟大旗帜，坚持中国特色社会主义道路、坚持中国特色社会主义理论体系，并以此作为全党在新的历史起点上统一认识、统一行动、夺取全面建设小康社会新胜利、开创中国特色社会主义新局面的根本。那么，如何才能形成坚定的中国特色社会主义理想信念呢？中央国家机关青年公务员认为主要应该依靠"政治理论学习"的高达73%，认为应该依靠"社会生活历练"和"工作实践"的分别为53.8%和53.2%，笔者调查对象中选择这三项的有效比例分别为63.2%、52.9%和51.8%。这说明不论是中央国家机关青年公务员，还是省级各地公务员，对于接受政治理论学习、经历工作和生活实践，从而坚定中国特色社会主义理想信念，都有着较为强烈的愿望和需求。

表 3 - 11　社会主义和资本主义的未来发展趋势

单位:%

调查对象 选项	课题组调查结果			笔者调查结果	
	中央国家机关青年公务员	省(市)直机关青年公务员	在校大学生	省级各地青年公务员	40 岁以上公务员
最终走向社会主义	48.7	41.4	49.0	23.4	29.0
最终走向资本主义	0.8	3.4	6.0	4.3	2.9
两者融合产生新的社会形态	41.7	48.3	33.1	62.1	56.5
各走各的路	8.9	5.2	10.6	10.2	11.6

对中国特色社会主义道路的坚持和认可程度,可以从对"社会主义和资本主义的未来发展趋势"的判断上来衡量。不同调查对象的选择再次发生分化(见表 3 - 11)。中央国家机关青年公务员和在校大学生的最高选项均是"最终走向社会主义",而省(市)直机关青年公务员和笔者调查的省级各地公务员(包括 40 岁以上公务员)的最高选项均为"两者融合产生新的社会形态"。这里的数据不排除一小部分公务员精于世故,在回答政治敏感问题时会隐藏个人观点,从政治需要出发来填写选项,但总体而言,省级青年公务员对于社会主义制度的认可与坚持程度不如中央国家机关青年公务员。笔者调查后的追问发现,不少调查对象认为"中国特色社会主义"就是不同于原来意义上的社会主义的一种"新的社会形态",这也是他们选择该项的一个重要原因。值得注意的是,不同调查对象均有一定比例选择"最终走向资本主义",且在校大学生(未来青年公务员的主体)的比例最高。

(3)对民族精神和时代精神的认同

英国学者安东尼·史密斯指出,民族认同是一个具有特定文化的人民在一代又一代的薪火相承中体悟到的一种绵延感,是这些人民在历史长河中对早期共同经历的记忆,是每代人都拥有的共同命运感。[①]德国学者李斯特描述了在民族共同体中生活的人们拥有"共同的历史、

[①] 〔英〕安东尼·D. 史密斯:《全球化时代的民族与民族主义》,龚维斌、良警宇译,中央编译出版社,2002,第 156 ~ 157 页。

共同的荣誉"，他们与整个民族和国家"一起缅怀过去，憧憬未来"，"荣辱与共"。民族共同体中的人们不论身处何地，都会有一种休戚与共的情怀，会为民族和国家的兴旺发达而欢欣鼓舞，而一旦民族和国家面临时艰、同胞遭遇危难，那就会感同身受，引发出心连心的同胞情谊。① 以爱国主义为核心的民族精神是中华民族生生不息、薪火相传的精神血脉，是维护国家团结统一、鼓舞各族人民奋发进取的精神支撑；而以改革创新为核心的时代精神则是推动时代发展进步的强大精神动力，是在当代中国人民的伟大奋斗中不断创造新的辉煌的力量源泉。笔者通过青年公务员对"爱国"的理解和受中国传统文化影响的情况来反映前者；通过反映青年公务员对经济全球化背景下一组观点的理解来考察反映后者。

青年公务员对"爱国"的阐释，首选的都是"爱国是实实在在的具体行动，首先要做好本职工作"，课题组的比例高达 89.3%，笔者调查的结果为 87.7%，二者的比例接近，说明在以踏实工作来证明个人的爱国之心这点上是有普遍共识的；但是把爱国诠释成"拥护社会主义制度，坚持执行党的各项方针政策"的青年公务员中，课题组达 61%，比笔者的调查结果高出 20.5 个百分点，说明中央国家机关青年公务员的政治性觉悟更高。在笔者的调查对象中，40 岁以上公务员对这两个选项的选择比例，前者将近 93%，后者也达 62.9%，均超过中央国家机关青年公务员的比例，说明中老年公务员的爱国热情和政治坚定性高于青年公务员。此外，笔者的调查结果显示，在把爱国理解为维护社会的公平正义上和认为爱国与爱党既有联系又有区别上，青年公务员和中老年公务员的选择比例相近，均达 40% 以上，年龄差异并没有太大影响；而认为"爱国就要宣扬民族主义，抵制不友好国家的企业及商品"的 40 岁以上公务员超过青年公务员 6.3 个百分点，说明前者的民族主义意识更为强烈，后者更具开放意识和包容意识。

调查显示，在各种思想文化对青年公务员的影响上，中国传统文化稳居第一，中国特色社会主义理论次之，毛泽东思想和马克思列宁主义也有相当比例（见图 3 - 3）。这说明中华民族深远的历史底蕴，

---

① 朱贻庭、赵修义：《文化认同与民族精神》，《学习时报》2008 年 10 月 28 日。

厚重的文化积淀，团结统一、爱好和平、勤劳勇敢、自强不息等伟大民族精神共同凝聚而成的中国传统文化不仅博大精深，而且影响广泛久远。从调查结果看，这种影响主要体现在为人处世和修身养性这两个方面，在中央国家机关青年公务员中分别占49.0%和41.8%；在省（市）直机关青年公务员中分别占39.7%和53.4%；在笔者调查的青年公务员中分别占56.2%和34.7%，合计均超过受调查人数的80%。不论是调查中的哪一类青年公务员，认为传统文化对其从政为官影响最大的比例均不超过10%，同时也有极少数人选择了其他方面。问卷中赞同"中国传统文化将走向世界，会在更大范围内产生影响"的青年公务员合计均高达93%以上；对"越是经济全球化，越要坚持民族特色和基本价值"这一观点表示"非常赞同"和"比较赞同"的将近95%。可见，中国青年公务员不仅对我国传统文化认同度较高，而且在经济全球化背景下对我国民族文化的复兴和发展也颇有信心。弘扬中国传统文化有利于青年公务员乃至社会大众强化以爱国主义为核心的民族精神。

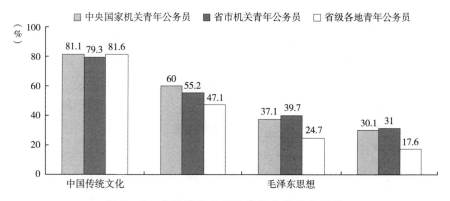

图3-3 各种思想文化对青年公务员的影响

当然，其他各种文化思想的影响也不容忽视，比如，基督教和佛教的宗教思想在青年公务员中也有一定的影响力，特别是选择西方文化思潮对自己影响较大的青年公务员也占到被调查总数的13.3%。总之，各种文化思潮纷呈的今天，青年公务员受到来自各个方面的思想冲击和影响，亟须提高自身的甄别和判断能力。

时代精神具体表现为与时俱进、开拓进取、求真务实、奋勇争先等。笔者试图通过考察当代青年公务员的时代精神以及对经济全球化时代背景的认同状况。调查表明（详见表 3 - 12），中国青年公务员对"应该以'和而不同'的胸怀和态度同国际沟通和对话"、"同一地球，同一家园，国家间的合作应该多于对抗"这两个观点，表示"非常赞同"和"比较赞同"的比例均高达 94% 以上，可见他们具有拥护和平、开放交流的国际眼光和时代精神。

当前青年公务员清晰而深刻地意识到在国际沟通中应遵循和谐与差异共生共存，相互包容、共同发展的共识。与此同时，青年公务员也客观、辩证地思考中国参与国际交流合作中可能存在的问题，对于吸收外来文化以丰富和完善我国的价值观持冷静、理性的态度：他们对"美国的许多价值观具有普适性，中国应该取长补短"观点的判断上，"比较赞同"居于第一位，占 40% 以上；选择"非常赞同"的在 20% 左右；选择"不太赞同"和"很不赞同"的也有近 30%。如果说这个判断还有模糊性，那么对"西方反华势力仍大有人在，我们在合作交流中要保持警惕"观点的判断中，赞同者则高达 90% 以上。可见，青年公务员基于理性思考，对我国所处的国际环境有较为深入的了解，具有较高的警惕性，充分显示出青年公务员勇于开拓进取、求真务实的时代品质。

表 3 - 12　　青年公务员对经济全球化时代背景的认同状况

单位：%

选项　　　　调查对象	课题组调查结果		笔者调查结果
	中央国家机关青年公务员	省（市）直机关青年公务员	省级各地青年公务员
应该以"和而不同"的胸怀和态度同国际沟通和对话	97.7	96.5	95.4
同一地球，同一家园，国家间的合作应该多于对抗	97.2	100.0	94.3
美国的许多价值观具有普适性，中国应该取长补短	60.1	63.8	74.5

续表

调查对象　选项	课题组调查结果		笔者调查结果
	中央国家机关青年公务员	省（市）直机关青年公务员	省级各地青年公务员
西方反华势力仍大有人在，我们在合作交流中要保持警惕	95.4	98.3	92.8

注：①赞同比例包括选择"非常赞同"和"比较赞同"的比例。

②在这些观点的判断上，笔者调查对象中年龄差异不显著，因此不作区分，包括省级各地青年公务员和40岁以上公务员。

（4）对社会主义荣辱观的认同

荣辱观是人们对荣誉和耻辱的根本看法和态度，是世界观、人生观、价值观的重要组成部分。以"八荣八耻"为主要内容的社会主义荣辱观，反映了社会主义道德的基本要求，为在社会主义市场经济条件下判断是非得失、确定价值取向、作出道德选择提供了基本准则。青年公务员的荣辱观在多大程度上符合社会主义荣辱观的要求，是判断其价值观念认同的重要组成部分。从日常生活的细节入手，青年公务员所秉持的人生观、价值观等，反映的就是他们对社会主义荣辱观的认同状况。

调查显示，青年公务员认为家庭幸福的关键因素，首先是"夫妻感情"，其次为"健康状况"，且前者在比例上以绝对优势领先，说明青年公务员对家庭的看法与我国传统文化的内涵、对家庭道德的认同与社会主义道德的要求颇为一致（详见图3-4和图3-5）。

如图3-4和图3-5所示，"经济条件"在中央国家机关青年公务员的选择中不超过10%，占到9.7%，但在笔者调查对象中的选择比例为17.2%，仅略低于对"健康状况"的选择。这说明基层青年公务员在现实生活的压力下，对经济基础日趋关注，对家庭幸福的理解也趋于理性。"与父母亲朋的关系"在家庭幸福中均占一定比例，说明中国的家庭形式虽然以核心家庭为主，但是大家庭间错综复杂的血缘、亲缘关系依然是影响家庭生活的重要因素，中国按照儒家"尊尊亲亲"、"爱有等差"这一原则形成的社会关系"差序格局"依然发挥着

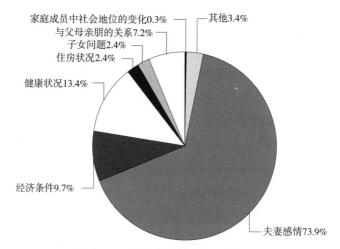

图 3 - 4　家庭幸福的关键因素（1）

注：图 3 - 4 为课题组对中央国家机关青年公务员调查问卷的数据统计结果。

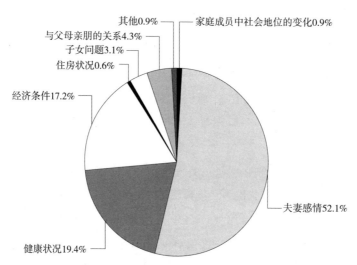

图 3 - 5　家庭幸福的关键因素（2）

注：图 3 - 5 为笔者调查问卷的数据统计结果。

重要作用。而对"住房状况"的关注不是非常突出，则说明青年公务员出于单位、家庭支持等各种原因，在这方面的压力并非太大。

青年公务员的人生观和价值观还可以透过他们对人生最大幸福的理解与选择来具体分析。如图 3 - 6 所示，"获得社会的承认和他人的尊敬"是青年公务员的首选，分别占 27.7% 和 32.8%；"拥有一个美满和谐的家

庭"居其次，均占20%以上；摆在第三位的选择有较大差别，有23.6%的
中央国家机关青年公务员选择了"为一种崇高的信仰而奋斗"，而省级各
地青年公务员则只有8.8%选择此项；省级各地青年公务员第三位的选择
是"生活安逸，内心宁静"，占到23.2%，也有17.2%的中央国家机关青
年公务员把该项看作人生最大的幸福。可见，在市场经济的强烈冲击下，
青年公务员内部对信仰的追求出现分化，却对缓解竞争压力、工作压力、
生活压力等形成一定共识。在纷扰的物质生活中，青年公务员极为唾弃赤
裸裸的"拜金主义"等物质追求，对内在的精神追求则有着相当强烈的
渴望。

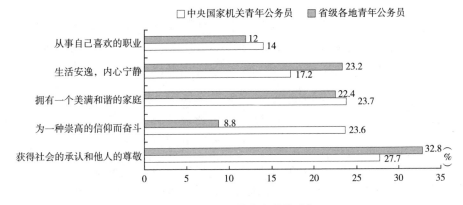

图 3 - 6　对人生最大幸福的选择

　　家庭在青年公务员人生幸福中所占的地位，直接决定着家庭是影响其
人生观的最重要的一个因素。问卷调查表明，"家庭"和"社会环境"对
青年公务员人生观的影响是最大的，选择比例平均分别达63.2%和56.0%
（见图3-7）。青年公务员相对而言离开学校不算太久，约有1/3认为自身
的人生观深受"工作单位"的影响，而选择"学校"的也有20%左右。
"周围朋友"是青年公务员社会化过程中不可或缺的影响因素，但是他们
能够对青年公务员人生观产生最大影响的比重并不高，说明青年公务员独
立自主的个体意识较强，在人生观、价值观等根本问题上有着自身相对稳
定的价值判断和取向。

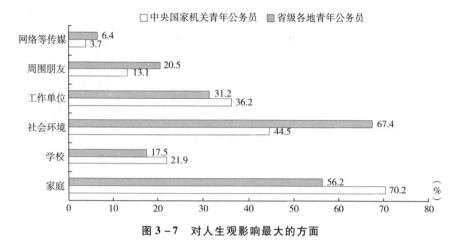

图 3 - 7　对人生观影响最大的方面

随着互联网等现代传媒的迅猛发展，网络成为当前青年公务员工作生活中不可缺少的工具之一，其影响无孔不入。调查显示，中央国家机关青年公务员、省市直机关青年公务员和省级各地青年公务员，平时获取信息最主要的途径就是"互联网"，分别有85.6%、98.3%和82.9%的人首选该项，而"报刊"和"广播电视"等传统媒体分别有50%左右和将近40%的选择比例，位居其后。关于"上网主要做什么"的回答中，处在前两位的分别是"浏览信息"，平均①占90.4%；"工作，收发邮件"，平均占41.9%。可见，青年公务员紧跟时代发展的步骤，能够娴熟地利用现代科技手段获取信息、拓展视野、处理工作、与朋友交流、向外界传递个人感受等，并有21.7%的青年公务员把上网主要用于"休闲娱乐"，但把上网主要作为学习途径的并不是很多，平均为13.9%。

总之，网络等现代传媒已经并正在对青年公务员工作生活方式产生较大影响。但调查数据说明，互联网对青年公务员根本性的、方向性的人生观的影响还不显著。比如，对电视剧《潜伏》中余则成的品质，青年公务员认同的主要集中在"谨慎周密，处世稳重"、"信仰坚定，矢志不渝"和"处变不惊，善于化险为夷"这三项，平均分别占43.1%、39.5%和32.6%，选择"心地善良正直"的平均为9.0%。这些选择反映了青年公务员的内心倾向，说明他们比较注重的是应对处理事务的能力和自身信仰

---

①　此处及下文中的平均是指中央国家机关青年公务员、省（市）直机关青年公务员和省级各地青年公务员三类人员选择比例的平均值。

意志的坚定性，也说明青年公务员已经是较为成熟的"社会人"，并逐步具备"政治人"的特征，具有较强的政治敏锐性，能够分清是非荣辱、明辨善恶美丑，形成正确的价值判断。

2. 对当前中国发展中重大问题的认识取向

青年公务员对当前中国在发展进程中存在的重大问题有何种认识、持何种态度，直接反映他们对社会现状、国际局势的关注程度，反映他们社会责任感的强烈程度，并由此折射出他们价值观念认同的具体情况。笔者选择了当前构建社会主义和谐社会中存在的若干社会热点问题和敏感问题，对青年公务员的现实态度进行调查。结果显示，青年公务员不仅积极关心国际局势变化，而且高度关注中国社会发展的现状与困境，既表现出强烈的社会责任感，也保持着冷静客观的分析态度。

青年公务员对阅读报刊类别的选择，反映他们的关注内容和关心程度。调查表明，青年公务员阅读报刊的类型主要是：时评类报刊（南方周末等），平均占41%；国际时政类报刊（参考消息、环球时报等），平均占40.0%。二者所占比例基本类似，居于青年公务员选择的前两类，说明他们特别关注国际国内时事和局势的发展变化。此外，青年公务员还表现出对"本地休闲都市报刊"和"党报党刊（人民日报、求是等）"的关注，平均分别占到28.5%和27.7%。

表 3 - 13　影响中国发展的主要问题

单位：%

调查对象 选项	课题组调查结果		笔者调查结果
	中央国家机关 青年公务员	省（市）直机关 青年公务员	省级各地 青年公务员
经济持续发展问题	58.6	44.8	44.0
政治体制改革	32.1	43.1	65.3
贫富差距问题	56.6	60.3	56.2
官员贪污腐败	41.5	39.7	54.4
教育问题	32.2	27.6	20.5
环境保护问题	26.3	29.3	22.4

对于"影响中国发展的主要问题"，尽管不同调查群体排列的顺序稍有不同，但是青年公务员最为关注的问题普遍集中在经济持续发展、政治体制改革、贫富差距、官员贪污腐败和教育等问题上（详见3-13）。此外，随着城市化进程的推进，"三农问题"也引起相当部分青年公务员的关注，中央国家机关和省级各地的选择比例分别占26.7%和20.5%。而近年来，与转变经济增长方式密切相关的环境保护问题日益突出，建设资源节约型和环境保护型社会的政策导向日渐深入人心，青年公务员对环境保护问题的选择也平均占到26%，在地方青年公务员的选择比例中甚至超过了教育问题和三农问题。

对于近年来呈现多发态势的群体性事件，有半数以上的青年公务员认为原因首先在于"干部严重脱离群众，导致官民矛盾"（平均占57.3%），其次是"下情上达的渠道不畅通，使有关部门不能了解民意"（平均占53.8%），排在第三位的原因是"政府对处理突发问题缺乏应急机制，能力有待提高"（平均占50.5%）。这说明青年公务员既能认识到社会问题产生的主观原因，从自身的工作作风、工作能力中找根源；也能看到社会问题背后的客观原因，从制度性安排的缺失和社会机制不健全等方面找根源。这种较为全面、深刻的认识，有助于促使青年公务员在开展工作时更加注重联系实际、体察民情，积极预防并减少群体性事件的发生。

对于目前党的执政能力建设，不同群体的公务员在认识上大同小异（见表3-14）。中央国家机关青年公务员认为亟须加强的是"密切联系群众，倾听群众呼声"和"严惩官员腐败"，这两项的选择比例分别占到61.2%和47.7%，另有44.6%选择"各项政策要抓好落实"，只有27.1%认为"改革政治体制以适应经济社会发展"；而省级各地青年公务员与40岁以上公务员的认识比较一致，居于前三位的依次是"严惩官员腐败"、"改革政治体制以适应经济社会发展"和"密切联系群众，倾听群众呼声"。可见，表3-14中的四个选项均是目前党的执政能力建设中迫切需要加强的方面，也是党和公务员队伍本身需要努力的方向。

表 3 - 14　　　党的执政能力建设中最亟须加强的方面

单位:%

调查对象 / 选项	课题组调查结果		笔者调查结果	
	中央国家机关青年公务员	省（市）直机关青年公务员	省级各地青年公务员	40 岁以上公务员
严惩官员腐败	47.7	39.7	50.0	50.7
密切联系群众，倾听群众呼声	61.2	46.6	43.8	43.6
各项政策要抓好落实	44.6	31.0	21.5	19.7
改革政治体制以适应经济社会发展	27.1	43.1	47.6	45.0

青年公务员在调查问卷中还普遍表现出对贪污腐败现象的痛恨、对严惩腐败的决心，这反映了他们的政治价值取向。而且有相当部分青年公务员认为腐败这一痼疾并非可不可治的问题，关键还在于治理的力度够不够大：调查中认为"加大力度，严惩腐败，相信能够起到积极作用"的青年公务员占到70.5%。另外，有14.5%的青年公务员选择了"腐败是社会发展的必然阶段，其存在具有合理性"；5.3%认为"不管他人如何，自己不做腐败之事，独善其身"；而认为"腐败已然成为社会毒瘤，难以根治，病入膏肓"的仅占10.8%。上述数据说明，尽管公务员痛恨贪污腐败现象，但也不认为现实的行政环境可能达到"零腐败"，或者说公务员的看法与部分学者提倡的对贪污腐败"零容忍"的态度还有所不同。这可能与如何界定腐败有一定关系，也说明青年公务员比较真实地反映了自己对这一社会问题的看法。但是对腐败现象认识不清往往是腐败的思想源头，必须及时引导青年公务员形成对腐败问题的正确判断。

二　政策制度：认知评价与贯彻执行的总体一致

政策制度源于人类自身利益的需要，伴随着人类社会的发展而发展，是人类社会生活中的重要组成部分。合理而恰当的政策制度安排可以弥补个体理性的不足，弥补客观因素的负面作用，使个体、群体乃至整体利益最大化得到尽可能地实现。

对"政策"的界定国内外学者各有侧重。政策科学创始人哈罗德·拉斯韦尔和亚伯拉罕·卡普兰把政策看作是"一种含有目标、价值和策略的大型计划"。[1] 美国政治学家阿尔蒙德在《比较政治学：体系、过程、政策》中则是把政策作为政治活动的一个组成部分，作为政治体系运作过程的政治产物来加以论述。美国学者弗雷德里奇提出了一个更为宽泛的定义，认为政策是"在某一特定的环境下，个人、团体或政府有计划的活动过程。提出政策的用意就是利用时机，克服障碍，以实现某个既定的目标，或达到某一既定的目的"。[2] 国内学者对政策的理解则普遍强调政党在政策主体中的主导地位。《辞海》的定义是："政策是党和国家为实现一定历史时期的路线而制定的行动规则。"张金马强调政策是："党和政府用以规范引导有关机构团体和个人行动的准则和指南。（其表达形式有法律规章、行政命令、政府首脑的书面或口头声明和指示以及行动计划与策略等。"[3] 陈振明认为："政策是国家机关、政党及其他政治团体在特定时期为实现或服务于一定社会政治、经济、文化目标而采取的政治行为或规定的行动准则，它是一系列谋略、法令、措施、办法、方针、条例等的总称。"[4] 笔者认为，政策既是一种政治活动，又是一种政治过程，还是一种在政策相关目标群体范围内进行权威性社会价值分配的政治行为及结果，法规、准则、指南、方针、条例、行政命令等均为政策的具体表现形式。亦即本文的政策是狭义的，而非广义的；是政府行为，而非个人或团体的行为。由于政策具有目标特征、行为特征、灵活多变特征、实证特征以及法律特征等，因此政策是能动地反作用于制度框架。

制度，用美国经济学家道格拉斯·诺斯的界定来说：制度是一个社会的游戏规则，更规范地说，它们是为决定人们的相互关系而人为设定的一些制约。[5] 制度确立了合作和竞争的关系，这些关系构成一个社会，更准确地说，制度确立的各种关系构成了一种经济秩序。总之，制度是一整套

---

[1] 林水波、张世贤：《公共政策》，五南图书出版公司，1982，第 8 页。

[2] 〔美〕卡尔·J. 弗雷德里奇：《人和政府》，纽约·麦格劳—希尔出版公司，1963，第 79 页。

[3] 张金马主编《政策科学导论》，第 19~20 页。

[4] 陈振明主编《政策科学》，中国人民大学出版社，1998，第 59 页。

[5] 道格拉斯·C. 诺斯：《制度、制度变迁与经济绩效》，刘守英译，上海三联书店，1994，第 3 页。

规则、应遵循的要求和合乎伦理道德的行为规范的组合体，用以约束个人的行为。① 获得 2009 年诺贝尔经济学奖的美国政治学家埃莉诺·奥斯特罗姆教授把制度看作"人及其规律性和重复性的互动模式，它使投入转化为产出"。② 而充分发挥制度的作用，又必须通过制定各种在制度框架内的具体政策来实施。也就是说，政策是制度框架下行为规范的细化与执行，政策体现着制度。

政策制度归根到底都是由人制定并执行的，不同层次的政策主体因其地位身份特殊，不可避免地会对政策制度的制定、执行乃至广泛认同产生莫大影响，他们在维护、巩固和完善既有政策制度的同时，也会产生一定的负面影响，甚至带来巨大的冲击力。例如，庞大复杂的制度框架，繁多琐碎的制度安排，必然使各项具体政策制度之间产生一些"真空"地带。对属于精英类的政策主体而言，不难发现机会以使自己制定的政策更有利于自身利益的获取。尽管公共行政理念下的政府机构应以追求社会整体效益、维护社会公平正义为目的，但作为政策主体的人极可能钻政策"真空"的空子，制定一些貌似合理而事实上并不公平的政策，也会否决一些貌似与大目标有冲突而事实上却很合理的政策，进行政策"寻租"。而且根据美国政治学家文森特·奥斯特罗姆等人的研究，政策主体的这种现象更常见于发展中国家。又如韦伯早已指出的"制度的两个层次"③，即"思想的应该适用的层次"的制度与"处于现实发生的事件层次上"的制度，二者之间常常表现出"价值层面的功能预期同实践层面的功能展现的对立及冲突"④，也就是制度功能的反差现象时有出现。

青年公务员对政策制度认同可以从政策制度认知、评价与贯彻执行三个层面反映出来：

1. 青年公务员普遍比较关心大政方针，熟悉与本职工作相关的政策制度

作为政策的制定者和执行者，公务员群体对当前大政方针乃至与本职

---

① 道格拉斯·C. 诺斯：《制度、意识形态和经济绩效》，载姆斯·A. 道、史迪夫·H. 汉科、阿兰·A. 瓦尔特斯编：《发展经济学的革命》，黄祖辉、蒋文华译，上海三联书店、上海人民出版社，2000，第 109 页。

② 埃莉诺·奥斯特罗姆、拉里·施罗得和苏珊·温：《制度激励与可持续发展》，上海三联书店，2000，第 8 页。

③ 马克斯·韦伯：《经济与社会》（上卷），商务印书馆 1997，第 346 页。

④ 朱华，江美塘：《制度分析视角下的公共管理行为》，《马克思主义与现实》（双月刊），2004 年第 6 期。

工作相关的政策制度的认知情况直接反映了该群体的政策制度认同状况。有学者的调查显示，公务员对所在单位政策制定的过程和政策制定有所了解、了解较多的比例高达95.7%；有73.7%的公务员认真学习或学习了年度《政府工作报告》，表明了他们了解、关心政策制度的态度，也说明他们对中央政策制度是相当认可的。① 笔者在访谈中也设置了相关问题，被访者普遍回答"自己比较关心国家的大政方针"，也"熟悉本单位的规章制度、工作计划等"，且认为这些政策制度大都符合工作实际，是行之有效的，甚至有被访者认为这是开展工作的基本前提，并积极主动跟踪、研究政策制度，以之作为自己工作的方向标。

访谈对象D：福建省南平市某县副县长，男，35岁，研究生，13年工龄。

问：你关心国家的大政方针吗？

答：我当然关心国家的大政方针了，而且是处处留心，关心的内容也很多，大事小事都有，主线是围绕当前的重点工作和难点工作，围绕自己的岗位职责、围绕现实去关心所有的事情，即使有些东西目前跟工作没有直接相关，但也可以积累储备。我每天非常自觉，紧跟中央和省里主要领导人的讲话精神，搜索讲话原稿，反复读，自己学习理解，有时候还请教专家。这个已经是十几年的习惯了，成为一个主要的学习内容和学习习惯。

问：你熟悉所在单位的规章制度、工作计划等吗？对这些政策制度的评价如何？

答：我不仅非常熟悉，而且是进行研究的。我首先就是要认同、接受这些政策制度，然后琢磨里面有什么好东西，学会怎样实现庖丁解牛，哪些对本地可用可干，该注意什么东西，提醒自己不要踩线，把握政策的本质精神并结合实际加以应用……研究政策的趋势所在，这是现实的、操作中所必须的，因为这是游戏规则，只有掌握了才能实现工作目标，吃透精神后才考虑能否创造新鲜经验成为典型……对我来讲这是信息，本质上是信息。

---

① 沈传亮：《公务员群体的政治文化研究》，郑州大学出版社，2007，第68页。

访谈对象 G：福建省福州市某副处级干部，男，35 岁，研究生，13 年工龄。

问：你平常最关心的事情是什么？

答：当然是国家的政策，公务员工作决定了需要时时跟踪、把握国家的大政方针，只有这样工作才能有的放矢，才能不偏离方向。当然，同时也要关心工作对象的具体需求，我是力求在二者之间找到一个较好的结合点。

问：你熟悉所在单位的规章制度、工作计划等吗？你对这些政策制度的评价如何？

答：当然熟悉，这是开展工作的前提，不熟悉就无从按章办事。

2. 积极参与政策评价，客观剖析政策落实不到位的主要原因

青年公务员对政策及其执行状况的评价，表达了他们对政策制度的认知、情感和态度。因此，笔者的调查问卷中专门设置了中央政策在基层落实情况的有关题目，旨在折射青年公务员政策制度的认同情况。调查结果显示，青年公务员[①]对中央政策在基层落实情况的评价以"一般"居多，超过一半，达 50.9%；而选择"较差"和"很差"的分别为 18.8% 和 8.0%，选择"较好"和"很好"的分别为 17.7% 和 1.8%，"说不清"的占 2.8%（详见图 3-8）。总体而言，中央政策在基层的落实情况不容乐观，不仅"很好"所占的比例最少，而且"一般"以上的不超过 1/5，而"一般"及其以下的将近 80%。由于省（市）机关和省级各地青年公务员直接接触基层的可能性和比例都比中央国家机关青年公务员高[②]，因此他们对中央政策在基层落实情况的评价相对更为实在。调查结果所反映的反差现象，说明青年公务员对政策制度的认同确实是"多重心态交织"[③]的状况。

调查中，对于中央政策在基层落实不够到位的最主要原因，三类青年公

---

① 如无特别说明，此处及下文青年公务员均包括中央国家机关青年公务员、省（市）直机关青年公务员和省级各地青年公务员三类，所选择的比例均为这三类调查对象的平均值。

② 据课题组调查，中央国家机关青年公务员将近一半无基层工作经历，有此经历者时间亦很短。"没有"在基层（市地级以下）工作的为 48.3%，有"五年及以上"工作经历的仅占 6.6%。

③ 沈传亮：《公务员群体的政治文化研究》，郑州大学出版社，2007，第 67~71 页。

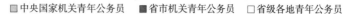

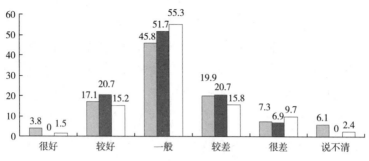

图 3 - 8　中央政策在基层落实情况

务员一致认为是"政策在具体执行中被断章取义，各取所需"，该项原因均系各类青年公务员的首选；而居于其次的原因则由于他们所处的位置不同、面对的工作对象不同、基层工作的经历不同，在选择上出现分化：中央国家机关青年公务员认为是"触动某些特定群体的利益，执行中遭到阻扰"（占31.6%）；而省级青年公务员认为是"政策制定者不了解基层，政策不具操作性"（两类人员平均为31.5%）。青年公务员大多数认为政策落实不好的原因并不在于"对政策宣讲不够，老百姓不理解"（占4%）。上述选择说明青年公务员没有选择回避问题，而是积极表达了自己对政策制度落实情况的见解，不仅对政策制定实施等环节相当关注，而且善于客观剖析政策落实情况不够良好的原因。这在某种程度上印证了新制度主义强调的行政官僚与行政相对方对制度是"积极服从"的，而非旧制度主义强调的"消极服从"。一位被访者还从执行的角度进行了剖析：

　　问：你对这些政策制度的评价如何？

　　访谈对象 G：应该说这些政策制度在总体上还是合理的，当然也有一些不切合实际的地方，因为制定的时候是根据当时的情形，但是执行的时候往往情况已经发生变化了，所以就靠具体的执行者去调适。任何一个好的政策都需要一个好的执行者在适度调整中把它落到实处，讲白了，还是要具体问题具体分析，要因时因地因人制宜。

　　青年公务员本身对政策制度的认同状况，直接影响着政策制度的贯彻、落实与执行效果。

3. 在政策执行上多能身体力行，期盼政策机制的健全完善

在本职工作中如何贯彻执行中央政策，是政策制度认同的真实反映。从十五大提出依法治国，到十六大提出依法执政，再到十六届四中全会明确提出科学执政、民主执政、依法执政，反映了中国共产党执政理念的深刻转变，也反映了中国共产党执政方式与时俱进的制度创新。那么，青年公务员在现实生活中究竟如何看待依法执政，在日常工作中又是怎么做的，都是他们对这项政策制度认同情况的行为表达。

调查表明，青年公务员认为在工作中，个人坚持依法行政，对国家发展和社会公正是"很有意义"、要"从我做起"的，占到78.3%，说明青年公务员作为国家和社会事务的管理者，不仅法治意识较强，而且把依法执政作为职业本身的要求，与个人努力、自身行为相挂钩。这种价值取向有利于推进中国行政管理的科学化、民主化、法制化进程。与此同时，也有19.8%的青年公务员认为此举仅"略有意义"，且个人的行为无异于"杯水车薪"；甚至有1.3%认为是"毫无意义，浪费时间"（见图3-9）。这真实地反映了依法行政在中国目前的现代化建设进程中尚未获得完全的认同，依法行政的有效推进不能仅靠青年公务员的自觉意识，还需要更多的制度规范和配套措施。

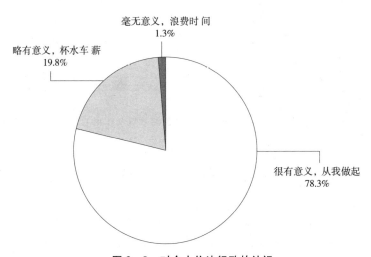

图3-9 对个人依法行政的认识

反腐败监督机制是依法执政的重要一环，青年公务员①对本单位反腐败监督机制的作用评价上，有半数以上认为"监督机制比较完善，有较强的约束力"，平均值占 50.6%；其次是"制度上有漏洞，约束力不强"，占 15.1%；也有 13.5% 觉得"对具体机制不太了解，靠个人自律"；认为"监督机制相当完善，约束力强"的为 11.5%，认为"形同虚设，可有可无"的为 10.6%。但是总体而言，中央国家机关青年公务员与省（市）直机关青年公务员在选择上较为一致，而与省级各地青年公务员的差异较大省级各地青年公务员的评价大大低于中央国家机关青年公务员，选择"监督机制比较完善，有较强的约束力"的低于后者 21.7 个百分点，而选择"制度上有漏洞，约束力不强"的高于后者 21.8 个百分点，认为"形同虚设，可有可无"的则是后者的两倍多一点；而且中央国家机关青年公务员"对具体机制不太了解，靠个人自律"的比例高于前者 7.3 个百分点，将近是前者的两倍（详见图 3-10）。可见，基层反腐败形势较为严峻，依法执政、反腐败等具体监督机制的建设离理想目标还比较远，青年公务员对制度机制的健全完善相当期盼。

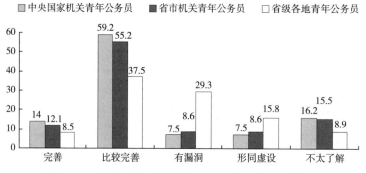

图 3-10　青年公务员对本单位反腐败机制作用的评价

三　身份地位：比较优势突出与矛盾心态凸显

群体认同是指群体成员基于群体运行发展状况、自身在群体中的地位境遇等客观因素的认知，而在思想心理上产生的对该群体的归属感和认同依恋

---

①　如无特别说明，此处及下文青年公务员均包括中央国家机关青年公务员、省市直机关青年公务员和省级各地青年公务员三类，所选择的比例均为这三类调查对象的平均值。

的程度。群体认同实际上强调的就是群体成员之间的相似性以及群体成员相信他们之间所具有的某些共同性和相似特征，[①] 影响群体成员群体认同感强弱的因素主要有：群体成员对自己群体身份的认同程度，群体成员对群体目标和群体价值规范的认同接纳程度，以及群体成员与外群体成员的交往关联密切程度等。其中，群体成员对自身群体身份的认同程度是最基本、最主要、最显著的因素。换言之，群体中个体的自我身份地位的认同是建立在群体知觉和群体概念的基础之上，往往成为一种可以辨识的群体标记。身份的含义复杂，既可以是以户籍为标志的体制性标定，也可以包含各种"角色"意义。由于"现代社会中的社会关系和个人身份认同变得越来越复杂，人们不再将自己的身份认同为某一角色或某一些角色，而是复杂的网络系统中相互关联的角色群，我们穿插活动于各种角色之中"。[②] 因此，考察群体的身份认同，必须抓住该群体的本质特征。公务员成之为群体的主要依据就是其职业。

职业是现代社会划分社会阶层的重要因素，也是区别身份地位的主要标志之一。涂尔干的社会团结理论特别重视劳动分工以及由此形成的职业结构，认为分工具有整合社会机体，维护社会统一的功能，并且是凝聚社会的主要因素；[③] 而在分工基础上形成的现代职业群体是解决社会失范问题的依靠。[④] 涂尔干提出的职业共同体兼顾了马克思的经济分层标准和韦伯的身份群体评价指标，他认为在实现社会整合方面，现代职业群体所具备的条件是其他任何一种社会群体所难以比拟的，因此是社会整合和社会团结的基础。以格鲁斯基（David B. Grusky）与索伦森（Jesper B. Sorensen）为代表的"新杜尔克姆主义"[⑤] 指出，职业已经深深地嵌入在发达工业社会的机制里面。

职业处在社会地位等级体系之中，是由职业权力、职业所能带来的财富，以及职业所具有的社会声望构成。[⑥] 也就是说，职业涵括了权力、财富

---

① 周晓虹主编《中国中产阶层调查》，社会科学文献出版社，2005，第35页。

② 〔美〕特里·L. 库珀：《行政伦理学：实现行政责任的途径》，中国人民大学出版社，2001，第36页。

③ 涂尔干：《社会分工》，三联书店，2000，第24～27页。

④ 涂尔干：《社会分工》，三联书店，2000，第15～17页。

⑤ Grusky, David B. and Jesper B. Sorensen. 1998. " Can Class Analysis Be Salvaged ?" *American Journal of Sociology* 103：1187－1234.

⑥ 仇立平：《职业地位：社会分层的指示器》，载李培林、李强、孙立平等《中国社会分层》，第180页。

和声望这三个评价社会地位的主要指标，而且不同职业群体对组织资源、经济资源、文化资源和社会资源等的占有状况不同，会导致其生活方式、价值观念等方面也有明显差别。当前广大公务员和其他社会阶层对"公务员是一种职业"① 的说法已较为认可，因此，本文侧重从职业认同上解读青年公务员的身份地位认同。有位被访者的话可以说明这二者之间的关系：

> 访谈对象 D：公务员是职业也是身份，二者兼而有之，由于它代表着公权，拥有这份职业，就意味着你掌握的公共资源、组织资源等都增加了，可以为人们办事。人民、国家赋予他这种权力，也同时提醒他要承担公共责任、树立公共形象，所以也是身份的象征。公务员有责任建立良好的公共形象，对身份的认同就是要有自我管理、自我约束的意识。

职业认同主要包括选择职业的目的动机与职业态度、对职业社会地位（社会声望）的评价、对应有职业形象和应具备职业能力的认识、对职业环境和职业发展前景的判断等要素，笔者在问卷中分别从这几个方面加以调查，并结合各类资料，分析结果如下：

1. 择业目的与职业态度：目的明确与态度分化

公务员职业在当前中国可谓趋之若鹜，近年来报考公务员的人数与求职比例可见一斑：2011 年度中央机关招考公务员，通过资格审核的考生已达 124 万，共有 44 个职位竞争比例超过 1000∶1，12 个职位达到 2000∶1，6 个职位达到 3000∶1，竞争最激烈的是 4616 人竞争国家能源局的一个职位。② 早在 1983 年，中国大多数人的择业目标还是在国有或者集体所有制部门中获得一份工作。③ 而到了 1999 年，在全国 63 个城市中的调查结果表明，"党政机关领导干部"是不同受教育程度的群体和不同政治面貌者未来择业无一例外的首选。④ 2010 年 3 月，中国青年报社会调查中心通过对 2385 名在校大学生

---

① 沈传亮、王伟：《公务员群体的职业地位分析》，《国家行政学院学报》，2006 年第 1 期。

② 杨华云：《公务员国考 124 万人报名，最热职位 4616 选 1》，来源：《新京报》2010 年 10 月 25 日。

③ 林南与谢文在北京市所做的职业声望调查结论，转自沈传亮《公务员群体的政治文化研究》，郑州大学出版社，2007，第 29 页。

④ 许欣欣：《从职业评价与择业取向看中国社会结构的变迁》，载《中国社会分层》，第 146 页。

（包括研究生和高职高专生）进行的有关就业意向的专项调查显示，有34.2%的大学生看好党政机关（公务员）的就业机会，仅7.0%的大学生"没感觉公务员有吸引力"。[①] 网络上热传的一段话也生动刻画了不同年代的年轻人就业取向的不同：

> "30年代，到延安去，到太行去，到敌人后方去；40年代，到辽沈去，到平津去，到长江对岸去；50年代，到农村去，到边疆去，到祖国最需要的地方去；60年代，到山上去，到乡下去，到贫下中农当中去；70年代，到城市去，到部队去，到能生活得好一些的地方去；80年代，到大学去，到夜校去，到可以拿到文凭的地方去；90年代，到美国去，到法加去，到一切不说中国话的地方去；2000年代，到国企去，到外企去，到年薪百万的地方去；2010年代，到党政机关去，到公务员队伍中去，到一辈子不失业的地方去。"

就业取向的变化，不仅是因为当前中国就业形势严峻、自谋出路太难，还因为我国特有的"官本位"及其衍生出来的种种结果。那么，千辛万苦进入这支队伍的青年公务员们，他们对自己选择这份职业的目的动机做何剖析、对待这份职业的态度又如何，都反映出他们的职业认同状况。

调查表明，青年公务员加入公务员队伍的目的明确，选择"更有利于实现自我价值，更能得到社会认同"的达62.4%，居于首位；选择"在更高平台上为国家和社会进步作出更多贡献"的占48.4%。这两项的选择人数大大高于对其他选项的选择，表明青年公务员的工作动机"纯正度"较高，这是他们做好公共服务工作的有力保障。作为社会人，青年公务员的职业选择是为了"生活更有保障，更加稳定"的人数也不少，平均达30.9%，特别是省级各地青年公务员选择此项的人数高于省（市）机关青年公务员，而后者又高于中央国家机关青年公务员。而且省级各地的青年公务员选择"公务员是一种身份的象征，有更高的社会地位"的比例有7.9%，高于中央机关青年公务员4.9个百分点。可见，加入公务员队伍的目的更趋于经济保障和身份象征，这在某种程度上也说明现在的年轻人惧怕市场竞争，把进入公务员队伍当成避风港。

调查问卷中关于青年公务员择业最看重的因素的选择进一步印证了上述

---

① 《民调：仅7%大学生不看好公务员这饭碗》，来源《京华时报》2010年3月23日。

结果,"实现自我价值"、"职业发展预期"和"收入"三项,所占的比例分别为 68.9%、54.3% 和 39.6%;"工作稳定"和"职业的社会声望"分别占到 32.9% 和 25.7%。数据显示,省级各地青年公务员比中央国家机关青年公务员更为看重"收入"和"职业的社会声望",分别高出 18.1 和 9.4 个百分点;而对"职业发展预期"则低了 10.6 个百分点(见图 3-11)。

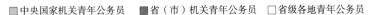

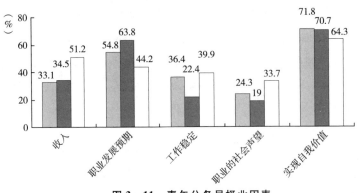

图 3-11 青年公务员择业因素

根据沈传亮的调查统计显示,公务员的职业态度可谓"爱恨并存,类型众多",主要可以划分为"无感觉型、满足型、兴趣先有后无型、甜中带涩型、为事业奋斗型和厌烦型"六类。① 笔者从深度访谈中也能感受到青年公务员职业态度的分化比较明显:

> 访谈对象 H:福建省泉州市鲤城区某政府部门,男,25 岁,党校研究生,4 年工龄。
>
> 问:为什么选择当公务员?如果重新选择,你想成为一名公务员吗?
>
> 答:公务员是我要从事一生、投入大部分精力来做的事情。选择当公务员有几个因素的影响:一是大学时代当学生干部,对公务员职业就比较感兴趣;二是受家庭的影响,父母都是公务员,认为当公务员比较稳定、社会地位比较高,也受人尊重;三是社会对公务员的看法虽然有好有坏,一些负面的典型被扩大化、夸张了,其实绝大多数公务员是好的、主流还是好的,还是很认真、积极地干工作,也是尽

---

① 沈传亮:《公务员群体的政治文化研究》,郑州大学出版社,2007,第 81~83 页。

职尽责了。

如果重新选择，我 80% 还会想当公务员。还有 20% 的考虑，是因为这份工作过于呆板，不能体现自己的专业特长，不能完全体现自我价值，特别是原有的激情、理想与现实差距太大。原来的目标是可以展开手脚大干一番，现在感觉创新的空间不够，只能调整目标以适应社会大流了。

问：社会大流是怎么样的？

答：当然是照令而行了。

问：那你觉得身边的人在工作态度上有什么差别吗？

答：当然有了。比如，银行系统的同学，虽然收入很高，但是工作压力大、竞争激烈、工作环境也不好，要给别人陪笑脸，相对而言，别人要给我们陪笑脸。当然，大部分刚参加工作的青年公务员对群众都是很热情的，有时来的人太多、工作量太大，也有一部分真是群众无理取闹……待久了就开始形成工作倦怠，动力不强，所以基层很多工作资历深的公务员态度就比较差，脸难看……

访谈对象 H 在陈述中已经刻画了工作现实与理想目标的差距，也客观描述了不同资历公务员工作态度的分化及其某些原因，就同一类问题，其他被访谈者的回答也可以看出职业态度的因人、因经历、因部门而异：

访谈对象 C：福建省泉州市某政府部门，女，26 岁，党校研究生，4 年工龄。

答：……如果让我重新选择，我肯定不会再想当公务员。当时因为父母在政府部门工作，认为女性选择当公务员比较稳定，而且相对社会地位比较高，压力也比较小，就是做好本职工作。现在觉得生活太枯燥，每天朝九晚五、很呆板，而且如果想往上爬的话（笑），压力可就更大了，不仅工作要出色，耗费的时间、精力多，而且还要会处理人际关系，甚至说些违心的话（满脸无奈）……

访谈对象 E：福建省福州市某政府部门，女，33 岁，党校研究生，15 年工龄①。

---

① 该对象 1995 年中专毕业后即参加工作，关系先在事业编制，后调入政府部门，2006 年年底参加全省公务员统考后，正式理顺身份。

答：能成为公务员只能说是机缘巧合了，当时能去政府部门工作都很高兴，女孩子比较稳定是父母所希望的，但是现在有机会的话，60%会选择其他职业，因为公务员只是听起来好听，但待遇不算高，受到的约束多，规矩多，有些比较死板，单位内部关系上钩心斗角的也多……公务员内部差别也很大，不同部门间的差别大不说，同一部门中也是有的岗位清闲有的忙碌，而且从同一单位来说，职务不同、工作量不同都会影响工作态度、影响对这份职业的看法……除了稳定还有什么呀？在机关待了十几年，撑不饱也饿不死，如果事业上没追求的话，混日子也还是很好混的。

访谈对象 J：福建省福州市某政府部门，女，28 岁，党校研究生，5 年工龄[①]。

答：原来考虑私立学校不够稳定，觉得当公务员不能大富大贵也有一定保障……环境会培养人的惰性，如果不想走仕途的话，也没什么奋斗目标，眼界就被限制了，很多办公室文件都是机械性的重复，自己已经感觉到了，也不想去突破……机关待久了、待油了，什么都会无所谓，冷面孔就出来了，有些还要看个人素质。

访谈对象 A：福建省厦门市某政府部门，女，28 岁，党校研究生，6 年工龄。

答：这个工作岗位如果不接触其他环境、不学习的话，就像被一个圈子套住了，想找机会换个岗位……机关中官本位的思想还是比较严重的，如果待久了又没机会提升，当然就无所谓了，干好干坏一个样嘛！

在笔者的访谈对象中，职业态度消极的案例要高于积极的案例，对工作的看法、困惑甚至是无奈，都直接影响着被访谈者的职业认同和职业行为，需要引起相关研究者乃至决策者的进一步关注。

2. 职业地位与职业声望：矛盾心态与冲突评价

公务员同社会其他职业一样，本都是社会分工的产物，应没有地位上的高低之分，更不存在职业上的贵贱之别。但是职业地位和职业声望的差

---

① 该对象先在私立中学当老师，参加公务员考试后，进入现单位。

异又是普遍存在的，学者对其起因的分析很多，有职业本身功能的差异性、① 有根据某种共同的价值观念体系进行道德价值观评价的结果不同、② 有职业所需的教育、技能、责任差异、③ 有社会结构决定论④，等等。

国内社会学专家李强教授从帕森斯的理论视角⑤ 出发，研究我国国内的职业声望，得出了不同的理论观点：由于我国正处于社会剧变时期，社会群体的分化和利益的冲突导致了观念的冲突，人们在对有些职业的评价上产生了很大分歧，可将其称之为"冲突性的职业评价"。李强教授的研究表明，在社会急剧转型时期会同时存在着几种互相冲突的价值观念体系和社会规范，属于不同价值观念体系的人群会在职业声望的评价上产生根本对立的观点，以致产生分裂性的社会评价，表现在职业声望评价观念、评价标准、评价结果上的冲突。他强调在任何社会中，仅仅靠金钱和权力两项并不能最终决定社会地位，人们的主观评价，即职业声望评价也是决定社会地位的重要因素，可以对金钱和权力起到纠偏的作用。社会地位的高低，最终还要看民众对此社会群体是否支持、是否尊敬。声望地位、金钱地位和权力地位相抗衡，三者的合力决定着人们真实的社会地位。⑥

在上述理论的支持下，青年公务员的职业地位和职业声望既是职业认同的具体表现，也是影响职业认同的关键因素。笔者认为：在社会评价和自我评价的共同影响下，青年公务员对职业地位的认同也是矛盾心态的交

---

① K. 戴维斯、N. 莫尔：《分层的一些原则》，载《美国社会学评论》第10卷，1945年4月。

② 李强：《当代中国社会分层与流动》，中国经济出版社，1993，第39~41页。

③ L. 辛普生、I. H. 辛普生：《职业声望的相关与评估》，载《美国社会学季刊》第66卷，1960年9月，第135~140页。

④ D. 特雷曼：《职业声望比较研究》，第5~12页。

⑤ 帕森斯认为，不同职业声望、身份的高低是人们道德价值观评价的结果，评价的根据是一种共同的价值观念体系，而这种共同的价值观念体系又是由社会的首要机构所塑造的。如在注重经济机构的社会里，人们崇尚财产地位，收入高、经济地位高的职业社会声望就高。又如在注重政治机构的社会，人们以高政治身份为荣，政治地位高的职业声望就高。再如在注重家庭、宗族的社会，族长的声望高。在注重宗教的社会，宗教职业者的地位高。根据这种理论，职业声望的差异是由共同价值观体系和首要社会机构所决定的。帕森斯还认为，至于究竟哪一种机构能成为首要机构，则是由特殊的历史、文化、环境因素决定的。转自：李强：《转型时期冲突性的职业声望评价》，载李培林、李强、孙立平等：《中国社会分层》，第123~124页。

⑥ 参见李强《转型时期冲突性的职业声望评价》，载李培林、李强、孙立平等《中国社会分层》，第117、118、125、126页。

织凸显；对职业声望而言，群体内部与群体外部一样，在客观上都存在着互为冲突的评价。

从社会评价来看，公务员的职业地位和职业声望总体上较高，但同时也是分裂性冲突评价云集的职业。1997～1998年，李强教授对北京市居民的调查统计表明，北京市市民对于各种职业地位高低的综合性评价中，科学家、大学教授、工程师被排在前三位，而政府官员及工作人员的排名普遍比较靠后（见表3－15）。

表3－15　北京市居民职业地位综合性评价

职业	等级顺序	声望分值	职业	等级顺序	声望分值
科学家	1	88.95	海关工作人员	33	64.98
大学教授	2	86.37	公安人员	42	62.13
工程师	3	82.97	交警	47	58.50
国家机关局长	26	69.19	工商税务人员	50	57.50
国家机关处长	32	65.64	国家机关普通职员	51	57.16

资料来源：表《北京市居民职业声望调查》，见李强《转型时期冲突性的职业声望评价》，载李培林、李强、孙立平等《中国社会分层》，第106～108页。

北京市居民对于政府官员的评价似乎和中国"官本位"思想盛行的传统相悖，实际上却与腐败行为盛行和社会风气的恶化有关。人们将对一些公务员以权谋私、贪污腐败现象的不满迁怒到职业声望评价上来。但总体而言，公务员职业绝大部分都排在50名以前，表明公务员群体的职业声望依然不低。

1999年7月至8月，许欣欣对全国63个城市2599名16岁以上的城市居民进行了一次关于职业声望的抽样问卷调查。调查问卷中一共设计了69种职业，由被调查者根据各自的主观感受对所列职业的价值进行评价。统计结果显示，市长、政府部长、大学教授、电脑网络工程师、法官、检察官、律师、高科技企业工程师、党政机关领导干部和自然科学家分别名列前十名，他们的得分均在85分以上，且标准差较小，说明这些职业在我国具有较高声望。在这次调查中，税务管理人员、工商管理人员、警察和党政机关干部依次排在第12、28、32和37位。从前十位排名中有五种职业属于公务员群体，到作为公务员的市长、政府部长的声望高达90分以上，再到最低的党政机关一般干部也得到了73.3分（得分100为最佳职业，80

为较好职业，60 为一般职业，60 ~ 80 分之间的职业属于中等声望），可见公务员群体内部的职业声望虽有差异，但整体较高。[①]

从职业地位自我评价来看，在调查问卷中以"1"代表对自身职业地位的"主观认同程度最低"，以"5"代表"主观认同程度最高"。调查显示，省级各地青年公务员对自身"职业地位的高低"上，有半数左右的认同度为中等（选择"3"），认同度为中等及较高（选择"3"和"4"）的合计达80%左右。这表明青年公务员对职业地位的中等偏上。但是在省级各地青年公务员眼里，公务员职业目前的社会地位比应该具有的社会地位来得低（见图 3 - 12）。在目前的社会地位中，选择比例最大的是"属中间阶层，具有一般的社会地位"（占50.2%），高达90.4%选择了属于中间及中上阶层，具有一般和较高的社会地位；而在应该具有的社会地位中，选择比例最大的是"属中上阶层，具有较高的社会地位"（占57.3%），其次有21.6%选择了应该"属精英阶层，具有很高的社会地位"，仅有19.6%选择应该"属中间阶层，具有一般的社会地位"。可见，省级各地青年公务员普遍认为公务员职业目前尚未达到其应有的社会地位和职业声望。

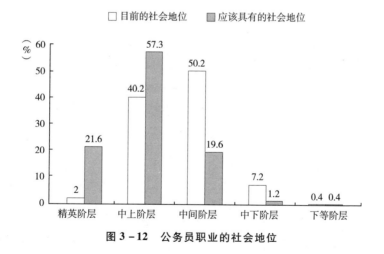

图 3 - 12　公务员职业的社会地位

笔者深度访谈的资料也印证了这种应然与实然的差距，当问及"你觉

---

① 许欣欣：《从职业评价与择业取向看中国社会结构变迁》，《社会学研究》2000 年第 3 期。

得自己属于哪个阶层（五等分）①？为什么？"的时候，被访谈对象的第一反应大多是自己属于"中等阶层"，觉得自己"比上不足，比下有余"；也有一部分认为自己顶多在"中和中下之间"。具体阐释原因的时候，被访者的理由因人而异，归纳起来有：一是评价角度不同，如果从经济收入的多少出发，顶多属中偏下；如果从经济收入的稳定程度和社会保障的强弱出发，至少是中高以上。二是公务员群体内部对同一公务员职业的评价不同，在肯定公务员队伍主流的职业声望较高的同时，也认为一小部分公务员"摆官架子"、懒散懈怠、作风简单粗暴等均导致本应较高的职业声望下降，认为"一流人才在金融、三流人才当公务员"的说法不无道理。三是公务员内部不同部门不同岗位的差异显著，认为"同样是公务员，但所在部门不同，有些岗位服务的是弱势群体，偏偏自己也属于公务员中的弱势群体，要去求别人办事，协调起来的难度一点不比普通的百姓低"。借用一位县长的描述与总体评价，也可以看到不论是社会还是自我，冲突性的职业声望评价在基层公务员身上尤为明显：

> "如今，从中央到省市的不少中高级官员，对县乡两级之官，既轻视又不信任。认为县乡之官，一是能力低，二是贪赎成风。弄得县乡之官，受上下责备，两头受气，无处诉说，很有怨气。……就以我所接触、所熟悉的范围而论，说实在的，是'两头小，中间大'。一头是勤政为民，下以黎民百姓生计为忧，上以民族国家前途为虑的清官。在现今的市、县、乡官场中，实不多见，说凤毛麟角也行。一头是结党营私，以搜刮受贿为能事，以邀功上爬为目的的贪官也毕竟是极少的。古人说'多行不义必自毙'，劣政行于一时或可，但怎能行之长久？大量的地方官员处于中间状态，但在现行政治体制与用人体制之下，这中间状态的官员，其变化趋势实有令人忧虑之处"。②

3. 职业形象与职业能力：正反互见与自觉发展

公务员是行政人和自然人的辩证统一。一方面，公务员作为经济、社

---

① 五等分即分为上层、中上层、中层、中下层和下层五个等级，由此反映被访谈对象的主观社会分层。

② 曹锦清：《黄河边的中国——一个学者对乡村社会的观察与思考》，上海文艺出版社，2000，第 685～686 页。

会等各项行政事务的直接管理者，行使国家行政权力、执行国家公务，是公务员最根本的工作职责，即公务员最基本的职业特征是鲜明的公务性；另一方面，公务员作为公众中的一员，又享有一个普通公民应有的基本权利和义务。但在公众眼里，公务员始终是政府的代表、公共权力的行使者和公共利益的服务者，其品行、言谈、举止等职业形象关乎国家和政府的威信，影响公众对政府的支持和信任程度。因此，良好的职业形象日益成为现代国家对公务员精神风貌的一项具体要求。日本的《国家公务员伦理规程》就规定，公务员要以身作则，时刻要注意到自己的行为不要给公务员队伍的形象带来不良影响。[①] 我国青年公务员认为这份特殊的职业应该具备什么样的职业形象及职业能力，看似他们对公务员职业的一个主观评价，实则透露出他们真实的职业身份认同和具体职业行为背后的思想动因。

笔者调查发现，省级各地青年公务员认为公务员应该具备的职业形象依次是："职业的公共事物管理人"（占 62.4%）、"社会管理者"（占53.1%）和"社会公仆"（占 39.5%），只有 3.5% 选择了"领导干部"。可见，青年公务员对职业形象的认识符合公共行政发展的现代趋势，在有这种"自知之明"的情况下，他们对职业能力的发展非常自觉，绝大多数认为在政府部门工作，比较重要的能力首选"沟通协调能力"，高达91.1%；65% 以上选择了"文字表达能力"和"对政策的理解领会和把握能力"；55% 以上选择了"学习能力"和"语言表达能力"；35% 以上选择了"基层工作经验和能力"与"创新能力"，还有 28.9% 选择了"调研能力"。青年公务员把沟通协调与表达理解能力视为工作中最重要的能力，并对自身能力的全面发展和积极提升有着清晰的认识和明确的需求。访谈对象普遍强调学习能力，有的也提及领导能力：

> 访谈对象 G：起码的是语言表达、书面文字、协调沟通能力，到一定层次还应该有一定的领导能力，并且始终要具备自我学习提升的能力。任何一项工作都需要沟通，没有这个前提，工作无法开展。而学习能力这一条是始终离不开的，学习的途径有很多，关键要处处做

---

① 周实、刘亚静：《日本〈国家公务员伦理法〉的特征及启示》，《东北大学学报》（社会科学版）2006 年第 1 期。

一个注重日常积累的有心人。

与此同时，青年公务员在"外人"眼里的职业形象和职业能力却有所欠缺，加之他们自身展现的职业形象、实际具备的职业能力均有所不足，这些正负面交织的评价都会直接或间接影响到青年公务员的工作心态和职业认同。下面列举资料说明：

资料 1：公务员上班时间玩游戏、炒股、上 QQ 农场种菜，被问责、被处分，已经不是什么新鲜事了。拿着工资，不干正事，不仅带坏机关工作作风，影响干部队伍整体形象，而且降低了工作效率，引起公众的强烈不满……其病根就是一些地方公务员人浮于事、无所事事……很多"不在状态"的公务员，并不是放着手头的工作不做、偷懒玩耍。他们其实根本就没事可做，上网也是一种无聊之余的消遣，跟"一杯水，一张报，一坐一聊一大天"的机关诟病极为相似。在机关有"1/3 机关病"，即 1/3 干，1/3 看，1/3 议。这说明，用 1/3 的人就完全可以胜任，机关内人浮于事这种现象的确存在。这也暴露了一些政府部门的通病：强调自己岗位和工作的重要，利用各种理由要编制，设岗位，或者为了保留待遇和地位、权力把一些临时机构或议事机构改为常设机构，结果却没有什么事情可作，导致人浮于事。①

资料 2：从我个人角度来看，2004～2007 年进单位的那些公务员和我们 1999～2003 年的公务员比，年轻人的素质是越来越差，我不怕你们"80 后"的说，这就是事实……最要命的是不把你说话当回事、办事还毛糙不牢靠，其次是生活懒惰、水平有限、想法还多，最后是心浮气躁、不够踏实、自视过高……我带过好几个年轻人，基本是 2004 年后的办事都不牢靠，一件事情，你交代他几次，有时还会错，还有极品就是你说几次让他某时间前把一项工作做完，他老人家随意敷衍我，到最后居然根本没做，我当时肺都快气炸了。还有的人看见大家都很忙，工作做不完，他说晚上有事，就是不愿加班……反而老同志经常加班，虽然他们不大懂电脑，但他们就是安心做打字员，你

① 《解决公务员队伍"人浮于事"的问题才是治本之策》，来源：南方报网，2009 年 12 月 11 日。

教他们做她们就按你要求做，而且很认真很仔细，我不敢说老同志业务水平高多少，起码人家工作态度在那，责任心比你们强了去了。有好几次，别单位的老会计来我们这，看见我们太忙就坐下来帮我们，叠单据打文件拿资料什么，小年轻们看见我们忙反倒跑得飞快。①

在笔者访谈中，当问及"在你眼中，公务员应该拥有一种怎样的形象?"时，青年公务员不仅表现出对职业形象的充分重视，而且在职业形象上积极期盼与消极现状清晰可见，可以用"正反互见"来概括。

> 访谈对象 G：我觉得公务员的形象还是要亲民、低调。在对外交流过程中，既要淡化形象，又要注重形象。淡化自己的公务员身份，主要是不能表现出公务员的优越感，以免跟交流对象产生距离、造成交流对象的反感；但又要时时提醒自己要维护公务员的形象，这两方面不矛盾。因为公务员作为社会相对而言的精英阶层，都是通过重重选拔而来，形象要求要比一般群体更高，它代表的是国家的、群体的，而不仅是个体的形象。

> 访谈对象 J：公务员起码要办实事、办好事，有各自的职责，但好像不少人都做不到。

> 访谈对象 A：办事说话要得体，待人处世很重要，但不是每个人都这样想，有些人官本位思想还是比较严重。

> 访谈对象 H：应该是"清廉、为民、务实、高效"，特别是清廉，要特别强调排在第一位，高效也主要是因为现在有相当部分的公务员效率不高……

> 访谈对象 C：我觉得香港公务员的形象给人的感觉就比较好，我比较喜欢，也就是法律健全、制度约束好多了，而且上班时间和下班时间可以明显分开，我们还有很大差距……作为女性公务员，自身外在形象要获得认可，就要干净、利落、整洁，比如穿着就要与你的职业相匹配。对人的礼仪上也要注意，对上级尊重，对群众热情，还有道德上正派，这些都是必须的。

---

① 《一个公务员工作七年后的肺腑之言》，http://home.exam8.com/space - 745904 - do - thread - id - 12028.html。

访谈对象 E：公务员在形象上和言谈举止上都要特别注意，必须顾虑到整体的形象和影响，不能跟社会青年一样，我们领导就特别注意形象，不许女性披头散发，不许戴耳环，不能穿太暴露的衣服，等等，有很多约束的……德、能、勤、绩、廉，这五个公务员业绩的考核标准就是对公务员职业形象的基本要求，特别是有一定职务的人，普通公务员没必要有太多约束，端庄得体就行了，有的工作部门的要求会严格些，有领导职务的，职务越高要求也越高、顾虑也越多。

总之，青年公务员对应有的职业形象主要是正面认同，整体上都希望这支队伍能健康走向职业化、制度化和规范化，因此对参加学习、提高职业能力等表现出莫大的热情，可现实生活中青年公务员接受培训或学习的时间却明显不足：

调查显示，近一年来"没有参加过"业务培训或集中学习的占22.9%，参加过"1～10天"的占37%，"11～30天"的占22.7%，一个月以上和两个月以上的分别占15.1%和11.8%，而且是省级各地青年公务员参加集中培训的时间显著多于课题组的调查对象，这与笔者的调查对象恰恰是来自党校主体班和研究生班的学员有直接关系。因此，从总体情况来看，青年公务员参加集中培训和学习的时间偏少。究其原因，有64.2%的人把学习方面遇到的最大困难或干扰归结为"工作太忙"；认为"学费高"、"领导不支持"和"家务繁重"的分别占20.4%、13.2%和12.6%；选择"脱产学习影响晋升"的也占9%；而选择"学习困难，成效差"的仅占7.1%。因为领导不支持而影响学习的省级各地青年公务员高出中央国家机关青年公务员16.2个百分点，可见省级各地青年公务员认为自己的工作任务更为繁重，领导不支持也更为常见。

在学习方式的选择上，青年公务员更倾向于在工作的同时进行学习。愿意"在工作实践中学习"和"参加在职培训"的分别占35.8%和32.7%，合计高达68.5%；而选择"脱产学习"的占27.9%，选择"工作之余自学"的仅占4.1%。与对学习方式的选择相适应，青年公务员普遍认为到基层挂职锻炼既是充分了解基层、培养对基层感情的重要途径，也是自身增强工作能力、提高工作效率的有效途径。高达94.9%的青年公务员认为年轻干部有必要到基层锻炼，其中有67.2%认为到基层锻炼"能够了解基层情况，提高履职能力"，也有 27.7% 认为"有必要，但目前缺乏制度保障"。还有 2.8% 和 2.4% 认为到基层锻炼"没必要，形同虚设，换了个地方坐机关而已"和"只不过是职务升迁的途径"，这也从另一个侧面反映出我们当前在下基层锻炼中存在着"形式化"、"走过场"的现象。

总之，青年公务员对基层锻炼的方式给予高度评价和正面支持，并希望有深入基层锻炼学习的机会和经历。他们认为最有利于提高公务员能力的方式就是"到基层挂职锻炼"，选择的百分比高达 66.5%，居首位，大幅高于其他方式的选择率。选择"到同级单位交流轮岗"和"到上级单位挂职锻炼"的比例基本相当，分别为 30.3% 和 36.1%，但青年公务员因自身工作单位的特点不同，省级更倾向于后者，而中央国家机关则更青睐前者。此外，选择"专题培训"的比例也有 25.1%，说明青年公务员注重在工作实践中提高工作能力之外，也更愿意选择针对性较强的培训，而非宽泛的"到党校进修"（仅占 10.9%）。

4. 职业环境与职业前景：规矩分明与优劣并存

在宏观层面上，公务员的社会认同深受社会环境的影响；而在微观层面上，公务员的职业认同不仅取决于个体内在的主观因素，还受到外在的职业环境和所能预期的职业发展前景的客观影响。在影响青年公务员工作积极性的诸多因素中，收入并不是最主要的选择，因"收入问题"影响工作积极性的只占 30.5%，居于第五位；青年公务员更多关注的是"和谐的工作关系"、"公平竞争的环境"、"晋升机会"和"领导关心"等因素的影响，选择比例分别占 61.3%、51.5%、45.5% 和 40.2%。当然，不同类别的青年公务员依然有所区别，与影响青年公务员择业的因素相仿，省级各地青年公务员受晋升机会和收入问题的影响分别高于中央国家机关青年公务员 19.5 和 10.5 个百分点；而受住房问题和公平竞争环境的影响则分别低出 17.2 和 8.1 个百分点。

调查显示①，省级各地青年公务员对"工作环境的好坏"、"发展机会的多少"、"服务意识的强弱"、"职业发展前景的好坏"、"权利和义务的对等程度"以及"全心全意为人民服务观念的强弱"等，均有 50% 左右的

---

① 问卷中以"1"代表"主观认同程度最低"，以"5"代表主观认同程度最高。

认同度为中等（选择"3"），有 80% 左右的认同度为中等及较低（选择"3"和"2"）；而对"工作强度的高低"和"整体道德意识的强弱"上也有半数左右的认同度为中等（选择"3"），但有 80% 左右的认同度为中等及较高（选择"3"和"4"）。也就是说，省级各地青年公务员大部分认为公务员这份职业的工作环境中等偏差、发展机会中等偏少、服务意识中等偏弱、职业发展前景中等偏坏、权利和义务的对等程度中等偏低，而认为这份职业的工作强度中等偏高、公务员这支队伍的整体道德意识中等偏强。这些主观评价不仅与他们对自身目前所处社会地位的评价相一致，而且与青年公务员对工作压力的评价相一致。

就职业环境而言，库珀认为，只有在组织结构、组织文化和社会期望这三个方面的环境适宜时，负责的行政行为才有可能得以强化、反复，而最终成为一种习惯。组织文化传达的是组织的实际价值偏好，构成了公务员工作生活的精神氛围；而社会期望是社会舆论以及公众对公务员的总体评价、态度与欲求，不仅决定人们对于行政自由裁量权的认可程度和对于行政腐败行为的反应与态度，而且影响着人们参与和支持公共行政管理与决策的程度。因此，营造"一种全面的、十分有效的"职业环境，"必须综合考虑一个组织的结构、人事、培训项目、正式制度与政策、主导性的非正式规范、与公民之间的关系以及所依据的法律等相关方面"。① 限于本课题的研究主题，且社会期望在考察职业地位声望时已涉及，故笔者仅从组织文化这个角度大致考察青年公务员的职业环境认同。

职业群体内部的组织文化首先体现在约定俗成的职业伦理上。任何职业活动都有自己的规矩，正如涂尔干指出的，"任何职业活动都必须得有自己的伦理"。② 职业伦理是确保整个社会正常运转的重要基础之一，也是职业环境③的重要组成部分。

问卷调查的结果显示，青年公务员的社会认同颇受单位传统习惯、内部制度和领导言行的影响。当回答"您工作单位中人和事，对您影响较大有哪些"的问题时，"单位长期形成的传统习惯"、"单位内部的各项制

---

① Cooper, T. (1990), The Responsible Administrator (3rd ed.), San Francisco：Josseybass, p. 232.

② 涂尔干：《职业伦理与公民道德》，上海人民出版社，2001，第 17 页。

③ 这里的职业环境并非仅指物质环境，还包括精神环境，如职业群体中的人际关系等。

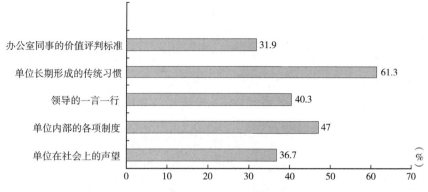

图 3 – 13 青年公务员工作中的影响因素

度"和"领导的一言一行"这三项的选择比例平均在 40% 以上,选择"单位在社会上的声望"也接近 40%,居于第五位的是"办公室同事的价值评判标准",达 25% 以上;其他几项的百分比均低于 10%(见图 3 – 13)。

可见,在职业群体内部,确实还有很多不成文的规则,正如涂尔干强调的,职业内部的习俗又可以大大巩固法律法规。[1] 在被访者的回答中不难看到公务员群体内部职业伦理的具体表现:

    访谈对象 E:选择一份职业,它的工作环境很重要,公务员职业环境的最大特点是约束多、规矩多,有些比较死板,内部关系钩心斗角的也多,但是不是整体都很压抑,主要跟部门单位领导为人处世的风格有关。

    访谈对象 H:上级与下级的界限是很分明的,领导的权威说是来自个人魅力、工作能力和群众认可,但作为下级往往是通过脸色来判断的⋯⋯在公共场合,公务员的身份会使自己有所顾忌,不会随便找人搭讪,跟朋友一起玩时,也会有所节制。

    访谈对象 C:人们对公务员的"刻板印象"是根深蒂固的,要老实、实在,必须生活在框框里、中规中矩,不能超出。如果不随大流,就显得另类,如果不喜欢加班就要戴"帽子",其实越是工作和生活的界限不分,结果越是有很多人连本职工作都干不好。

---

[1] 涂尔干:《社会分工》,三联书店,2000,第 29 页。

访谈对象 J：公务员上班时着装要端庄，比较时尚的都会挨批，去比较敏感的地方自己都会特别注意。

访谈对象 A：工作环境很重要，同事之间能不能和谐相处跟单位的主官关系很大，工作上如果一、二把手之间意见不合，不统一，那么具体执行的人就很矛盾，甚至无所适从。

总之，规矩分明、层级清晰是公务员职业环境的一个突出特征，学会融入本部门本单位的"潜规则"，是青年公务员处理好单位内部人际关系、获得良好印象乃至顺利开展工作所必须的。因此，青年公务员一方面对现有的职业环境有怨言，另一方面在具体工作生活中又表现出主动融入、传承乃至营造这种特有的职业环境。

对于职业发展前景的预测影响着职业认同的当下与未来，而对职业前景的判断主要可以通过职业优势和职业压力、职业发展空间等问题来权衡。

首先，青年公务员对自身的职业优势均持认可态度，并把这种优势归结为"高稳定性"、"高保障性"和"高便利性"。

问：你觉得当公务员有优势吗？比如？

访谈对象 H：办事方便。公务员的社会地位高，能为别人（家人、朋友等）做些事情，解决一些问题。

访谈对象 C：社会地位高，有面子，退休后的社会保障也健全。

访谈对象 J：看岗位了，有些确实有优势，如权力部门办事就比较方便，有些也没有优势，公务员内部也有很大差别，也有弱势群体……公务员的社会地位比较高，找对象比较有优势。

访谈对象 A：跟其他职业比还是有一定优势的，也挺体面的。

访谈对象 E：公务员有一定的身份优势，还是有点"派头"的，当然也跟从事的具体工作、所在的具体岗位有关，不同部门的公务员之间有差别，这谁都不能否认……总体上要比企业部门经理还强，但又比不上企业的高层领导。

访谈对象 D：资源多得要老命，给你时间、给你空间、给你政策信息的优先，给你更多学习工作的机会、给你更多的保障，给你更多的人脉……可惜有一部分人没有用心干、用心学，没有整合这些财富。

访谈对象 G：当然有优势。公务员这个身份，就意味着政府给你提供了学习、晋升、提高，甚至包括与人沟通交流的良好平台，等等，这些都是优势。比如，通过你的公务员身份，能够拥有一个较高层次的交流平台，能够拓展你认知的宽度、广度和深度，还能扩大交流群体的面。从个人发展来说，你的才能、才华、能力在提升的同时也得到了表现，能够更快地获得认同。如果你真要有所作为，为老百姓做点事情的话，有位才有为，没有位怎么为？但是，反过来说，给你这个平台，你怎么表演？怎么服务？所以说公务员更多的是要去服务……当然不能把这种优势变成为自己谋取私利的途径，这样会和公务员的身份相背离。

如上所述，青年公务员所认同的这些职业优势都是和其他职业相比较而言的。社会比较正是社会认同形成过程中的一个核心概念。在社会心理学中，费斯廷格最早提出了个体之间的"社会比较理论"，认为个体自身存在着一种评价自己观点和能力的驱动力，如果不能获得比较"客观"的手段来评价自己的能力和观点时，就倾向于与他人进行比较来判断自己的能力与观点。[1] 沙赫特把费斯廷格有关能力和观点的社会比较过程拓展至情感领域。沙赫特发现：在特定情景中，如果个体无法明晰自身的情感体验，他人的情感体验和反应，就成为自身情感体验、情感认知和情感反应的比较框架。[2] 泰弗尔在建构社会认同理论的过程中，将社会比较从个体推向了群体，认为群体间的比较是群体成员获得认同的重要手段之一。特定群体或范畴身份的显著意义，只有在和他群体的关系中，亦即在与他群体的比较和对比中，才呈现出来。[3] 由于每个个体都拥有多种群体成员资格，却只会使用其中一部分来建立自己与他人的社会身份。人们会评价和比较各种社会群体的优劣、社会地位和声誉，争取把自己编入较优越的社

---

[1] L. Festinger, "A Theory of Social Comparison Processes", *Human Relations*, 1954, 7: 117 - 40.

[2] Schachter, S. , *The Psychology of Affiliation* (Stanford: Stanford University Press, 1959) .

[3] Tajfel, H. , Human Groups and Social Categories : Studies in Social Psychology (Cambridge: Cambridge University Press 1981), p. 256 - 259.

群，并觉得自己拥有该社群一般成员具有的良好特征。[1]

有学者从现实基础、历史文化基础和马克思、亨廷顿等的理论论述这三个角度，指出"公务员群体的社会比较优势地位"及其原因所在。[2] 占有丰富的组织资源，确实是其他职业群体与公务员群体难以相提并论之处。"当代中国社会结构变迁"课题组在对具体阶层进行描述时，认为"国家与社会管理者"、"干部"是主要占有组织资源的阶层。这里的组织资源更偏重于指国家行政组织资源与政治组织资源。"组织资源是最具决定性意义的资源，因为执政党和政府控制着整个社会中最重要的和最大量的资源；经济资源自20世纪80年代以来变得越来越重要，但它在当代中国社会中的作用并不像在资本主义社会中那么至关重要，相反，现有的社会制度和意识形态都在抑制其影响力的增长；文化（技术）资源的重要性则在近十年来上升很快，它在决定人们的社会阶层位置时的重要性并不亚于经济资源。"[3] 作为国家、政府管理者的公务员因国家、政府管理和控制着巨大资源而获得了支配这些资源的能力，并进而获得了其他职业群体无法媲美的社会地位。

其次，职业压力和发展空间是影响青年公务员职业前景预测的"劣势"要素。

身体健康状况是职业生涯的前提和基础，也往往反映着职业压力的大小与程度。半数以上的青年公务员认为自己目前的健康状况在"较好"以上，选择"良好"的占34.6%、"较好"的占36.8%，选择"一般"的占23.5%，三项合计高达94.9%，只有5.1%的人认为自己身体"较差"。而健康状况不佳的主要原因就是由于工作负担与生活习惯造成的。因"工作负担重"的占33.4%，因"生活无规律"的占22.7%，此外，"身体素质不好"的占8.3%，而其他几个选项，如"学习压力大"、"情感不顺"、"遭遇意外事故"等所占的比例都较小。

由于绝大部分青年公务员认为自身承受着不小的职业压力。调查显示，青年公务员目前的主要困难，排在前两位的是"工作压力较大"和

---

① 涂薇、余嘉元、夏春：《分离中的社会认同》，《安徽农业大学学报》（社会科学版）2008年第3期。

② 沈传亮：《公务员群体的政治文化研究》，郑州大学出版社，2007，第30~31页。

③ 陆学艺：《当代中国社会阶层研究报告》，社会科学文献出版社，2002，第10页。

"经济负担过重",分别占53%和38.8%;而选择"住房条件不好"和"发展空间有限"的比例分别为32.3%和32.7%,但是这两项也恰恰是省级各地青年公务员和中央国家机关青年公务员选择不一致的地方,相差均达25个百分点以上。这表明前者对发展空间更为渴求,反映的是发展空间受限是困扰省级各地青年公务员的一个主要问题;而后者对住房条件的改善更为期望,可见住房条件较差是中央国家机关青年公务员的主要困难之一。

青年公务员认为目前所从事的工作"压力较大"和"压力很大"的分别为53.3%和19.2%,两项共计高达72.5%;选择"压力一般"的占26%,而"压力较小"和"压力很小"的仅分别为1.9%和0.67%,两项合计不到3个百分点。工作中的人际关系领导要求过于严格、并非工作压力的主要原因。青年公务员首选的是"事务繁杂,工作量大"(占56.4%),居于其次和第三位的是"本职工作要求知识不断更新"(占18.2%)和"工作目标难以实现"(占8.5%),这些原因都与工作本身直接相关,特别是省级各地青年公务员,他们选择"工作目标难以实现"的比例不仅是选择该项平均比例的2倍以上,而且高出他们对"本职工作要求知识不断更新"的选择。可见,基层青年公务员来自工作本身的压力更大、更直接。笔者的访谈对象均是来自省级各地的青年公务员,他们的压力来源非常具体且有不小差别,但也大都与工作及发展空间密切相关。

问:你觉得目前最大的困难(压力)是什么?为什么?

访谈对象G:就是自己的工作如何能得到各方面比较一致的认同。这个目标本身很难,因为各方的评判标准很不一样,不单单是一个工作量的问题,如果都能计量来解决的话,就不会有那么多矛盾。这其实也关系到对干部政绩考核指标设置的问题和一些隐性标准的问题。现在对干部的考核可不单单考核工作量,还涉及干部评议、群众评议,这些不同群体之间的意见不一定会统一。这些评议也占用了公务员日常很多的工作精力,公务员不能只干工作,还得协调各方的人际关系,这样才能得到各方的认可,否则票决、推人选的时候都没有可比性、没有优势。

访谈对象D:最大的压力是风险,而且不知道这个风险在哪里、会在哪里产生，这些风险既有客观的也有人为的……因为是自己靠自己，依托职务的收入（来生活），如果被剥夺了，本身没有太多的物质基础、物质积累。所以在现实中一般不涉及政治问题，在大是大非面前，为了自我保护也可能会妥协，表现为听领导的话……不懂得生存，就无以发展。在各种力量的博弈过程中，哪种力量胜出了，你就只有妥协。

访谈对象 E：最大的困难是工作压力大。领导要求比较高，自己对自己也不够自信，升迁的压力很大，职数基本都满了，同事之间的竞争也强了，自己被别人挤下去两次，他们都是男的，按推荐票数都在自己的后面，但自己又不会走关系、拍马屁，当然也跟那人手上处理的工作、能力有关……

访谈对象 H：最大的压力是信息量不足，接触面不够宽，本来自己有很多的抱负，但是理想与现实的差距比较大，原来大学期间学生会的部下都超过自己了，而自己觉得公务员内部的竞争机制比起企业差多了，不进则退，现在自己就在退化了，进步不快，甚至在探讨问题时，都会感觉到退步。

另据其他学者的调查显示，"工作信息交流程度低"、"继续教育、需要迫切提高知识和技能的压力"、"工资及其他的福利待遇低"、"政府的管理制度及策略不健全"、"工作责任重大"、"岗位职责外的临时性任务多"、"晋升、发展机会少"、"领导对工作限制太多以致工作的独立性小"、"自己的发展前景不理想"、"感觉自身能力未被承认"等都是公务员工作压力的主要来源。[1]

四　利益分配：内部差距化与外部污名化并存

一个群体的形成、维系和发展，通常与其整体或作为其成员的个体实际利益分不开，一个人属于哪个群体，仅仅具有这一身份就会使他在社会资源、获取利益和发展机会的分配中享有特权或遭受歧视，这就是"族群分层"的基础。[2] 洛克指出："国家是由人们组成的一个社会，人们组成这

---

[1] 李志、李政：《公务员工作压力源的调查及相关建议》，《重庆行政》2006 年第 3 期。

[2] 马戎：《民族社会学——社会学的族群关系研究》，北京大学出版社，2004，第 111 页。

个社会仅仅是为了谋求、维护和增进公民们自己的利益。"① 总之，"人们奋斗所争取的一切，都同他们的利益有关"，② 马克思这句经典名言揭示出追求利益是人们参与社会和政治活动的基本目标和根本动力。因此，曼纽尔·卡斯特认为每一种认同能够给属于该认同的人们带来什么好处是相当重要的事情。③

青年公务员的利益分配认同是其社会认同的动力来源，是公务员职业对其具有强大吸引力的现实基础。笔者认为，利益分配的状况不仅与青年公务员能够掌握和支配的经济资源直接相关，而且与其拥有的政治资源、组织资源乃至社会资源（社会资本）等也有千丝万缕的联系。

一般而言，公务员拥有的经济资源主要包括两类：一类是正规制度性收入（即国家规定的工资、福利、保险等）；一类是非正规制度性收入（如由于工作性质本身而产生的隐形收入，由于工作本身而能够控制或支配的其他经济资源等）。从前者来看，《公务员法》对于公务员工资收入的相关规定以及"阳光工资"的施行，标志着公务员工资收入法制化的进程已然拉开，因此决定公务员利益分配差距的往往不是面上的、正规的制度性收入，而主要是隐性的、非正规的收入。

从社会普遍的心态来看，公务员工资条上打出来的工资在当前的生活消费水平之下也确实不一定高。中国社科院的调查数据显示，公务员收入与经理阶层、私营企业主阶层、专业技术人员阶层、个体工商户阶层四个阶层相较而言，不论是横比还是纵比都不很理想。④ 2003 年的统计数字显示，全国公务员的年平均工资是 15487 元，与同时期全国城镇单位在岗职工的年均工资 16024 元大体相当。⑤ 但是公务员职业福利好、稳定性高、保障实在、隐性收入多等，也是社会对公务员收入普遍认同的看法。截至 2008 年年底，机关公务员退休金水平是企业的 2.1 倍，而事业单位月均养老金是企业的 1.8 倍。而且公务员还合法享有各种与职位相当的特殊待遇，如车子、房子等等没有记入工资却又直接减少公务员资金支出的"隐性收

---

① 〔英〕洛克：《论宗教宽容》，吴云贵译，商务印书馆，1982，第 5 页。
② 《马克思恩格斯全集》第 Ⅰ 卷，人民出版社，1956，第 82 页。
③ 〔美〕曼纽尔·卡斯特：《认同的力量》，曹荣湘译，社会科学文献出版社，2006，第 5～10 页。
④ 详见陆学艺主编《当代中国社会阶层研究报告》，社会科学文献出版社，2002，第 35 页。
⑤ 李松：《隐性收入名目繁多 公务员到底挣多少?》，来源：新华网，2008 年 12 月 22 日。

入"。如果考虑到公费医疗、退休金水平、名目不同的各种津贴、福利住房等诸多因素，公务员的实际收入要比工资收入高出很多。中国人事科学研究院院长吴江说，中国公务员的平均年薪比事业单位人员的平均年薪要高出一万元，而企业人员的平均年薪又低于事业单位人员。① 相对于并不算高的工资收入，隐性收入和尽量少的资金支出，一方面是维持公务员职业地位的重要经济保障，另一方面也成为众多公务员报考者隐讳的期待心理。调查显示，公务员职业最吸引大学生的依次就是"福利好"、"稳定性好"和"保障好"，分别占到被调查对象的66.5%、66.3%和59.5%；而工资高（占46.9%）、工作轻松（占45.2%）、社会地位高（占43.9%）等虽非首选，也有相当认同度；此外，其他收入高（占19.2%）、权力大（占18.3%）等也是大学生们的选择因素。② 特别是当代中国处于转型过渡时期，为公务员将手中的政治资源转变为经济资源提供了可能的机会和一定的便利，不能排除一小部分公务员会利用手中掌握的公共权力来谋取私利。近年来较为严重的贪污腐败现象更是加剧了人们对公务员实际收入高的认同程度。

从影响公务员利益分配的制度变迁来看，2006 年公务员工资制度改革，主要针对此前我国公务员工资制度存在着激励功能不足、结构不合理、平均主义倾向依然在一定程度上存在，以及基层公务员工资收入偏低等问题，目的在于规范公务员收入分配秩序，按照《中华人民共和国公务员法》的规定，"建立国家统一的职务与级别相结合的公务员工资制度"。③北京于 2007 年 7 月启动了"阳光工资"改革，把公务员的所有收入公开化、透明化——公务员收入的部门差、地区差，收入的不透明，津贴、补贴、奖金等名目众多的"隐性收入"，成为这场改革的目标。该举措撼动了长久以来的部门、级别和地区间公务员收入落差和工资外收入的隐性地域。④ 此后，各大城市相继跟进推行"阳光工资"制度。但是，这些改革依然遭遇了不少质疑。因为与权力地位相关的隐性收入依旧可能通过津贴

---

① 《公务员年薪高事业人员万元 企业年薪低事业单位》，来源：《新京报》，2010 年 11 月 15 日。

② 《民调：仅 7% 大学生不看好公务员这饭碗》，来源：《京华时报》，2010 年 3 月 23 日。

③ 《中央研究改革收入分配制度和规范收入分配秩序问题》，《人民日报》2006 年 5 月 27 日第 1 版。

④ 李松：《隐性收入名目繁多 公务员到底挣多少?》，来源：新华网，转自 http://news.QQ.com，2008 年 12 月 22 日。

以外的其他方式来实现，如奢华的职务消费、单位代替员工缴纳个税等。

作为公务员群体的年轻一代，青年公务员们对主要由经济收入决定的利益分配状况做何认识，是他们利益分配认同的直接体现。根据各种资料分析的结果显示，青年公务员的利益分配认同主要表现为以下几个方面：

1. 整体收入水平中等甚至偏下

调查显示，省级各地青年公务员对公务员职业"收入福利水平的高低"在主观认同度上中等偏低，有90.1%的青年公务员对它们的主观评价是"3"以下，即中等及其以下，认同度较高和高的人仅为9.8%。这种认同状况在近来网络上不断出现的公务员（几乎都是青年公务员）"晒工资"中清晰可见，笔者选取其中较为典型的上海公务员和北京公务员（这两地的收入在全国均居于前列）关于收入与"其他收入"状况的详细描述，以说明他们对利益分配的认同度并不高：①

网络资料 A：上海市公务员，正科级别，博士毕业。

收入：上海公务员收入可能是全国最高的了，科员5000＋，副科6000＋，正科7000＋。但是能考进来的普遍都很优秀（非本地生源、非应届生的话必须有硕士学历），几十比一很正常。对他们来说，这个工资与同班同学相比，根本没有任何竞争力。在上海扣除房租1500元，扣除每月车费、杂费500元，扣除基本生活费用1500元，剩余不了多少。对于没房子的外地人来说，很窘迫。养家都谈不上，何谈治国平天下。

其他收入：公务员阳光工资后，对小兵来说，根本没有任何灰色收入，而正科级以下干部占上海全体公务员的80%。处级单位的实职正科以上，局级单位的实职副处以上，估计是有些灰色收入的，但是能有多少呢，平均下来5万～10万最多了（要知道有很多部门是清水衙门，少有人理的）。算上工资一年13～18万，对比同等级别企业的领导或者私营业主，只能算是小康，谈不上富裕。

网络资料 B：北京市公务员，科员级别。

北京实行阳光工资以后，一般科员级别的公务员年收入约在

---

① 《各地公务员晒工资 京公务员自曝月收入8000元》，来源：《南方日报》2010年8月23日。

45200～55200 元（见表 3－16），这只是个约数，有些单位还没有加班费。公务员的工资实际是被社会、被媒体"被提高"的，虽然不排除个别有权力的公务员灰色收入多（这样其实是不是公务员都一样，在企业有权力一样有灰色收入），我只说大部分公务员和大部分企业员工比，公务员收入相对是比较低的。因为公务员已经被社会、媒体说成过街老鼠了，再发会引起公愤的，但其实他们有些部门如规划、民政、统计等业务部门也很辛苦，周六日都不说，平时上班也经常加班，他们的确没有补助。

表 3－16　北京市科级公务员收入情况

单位：元

项　　目	收　　入	合　　计
工资	2400 × 13	31200
过节费	4000	4000
年底奖金	6000～10000	6000～10000
加班费	2000～8000	2000～8000
取暖费	2000 左右	2000 左右
合　　计	45200～55200	45200～55200

笔者访谈的结果再次印证了青年公务员就收入水平而言，整体的认同度是中等偏下的：

问：你目前的收入状况如何？你觉得公务员的收入水平如何？

访谈对象 E：阳光工资以后大家都一样，与阳光工资前差不多。从财务的角度说，阳光工资比较好，从个人的角度说，也差不多，就是过年过节都没感觉了。如果跟工作付出比，那当然不合理了，因为公务员有的岗位清闲有的忙碌；如果跟社会其他阶层比，还勉强吧，算是中偏低，在同学中、朋友圈中，银行税务部门的工资比较高……

访谈对象 G：收入水平要看跟谁比，公务员收入与垄断行业相比不算高，跟其他行业比还算高……跟自己比，如果不讲奉献，纯粹用市场经济的成本收益来权衡，觉得付出更多，但是公务员有公仆的定位，需要做奉献，这是不可比的。

访谈对象 A：厦门的工资比较高，去年阳光后科级实发有 6400 元左右，处级科级的差距比较大，我个人没有其他的收入渠道，买房都是父母帮忙的，心理负担挺重的，我知道其他有些人有合股做生意的，炒股也挺多的……

访谈对象 J：福州科员应发 3300 元，实发 2700 多元，买房的钱是父母掏的，装修的钱是夫妻两个人自己凑的……在社会上，跟工资阶层比还可以，跟做生意的比差距就大了，但是他们生活压力也大、风险大……跟同龄人比差不多算中等吧，心理也不会不平衡，工资高有高的道理，有的人挺辛苦的，兼职做了很多事。

由于收入水平与收入渠道涉及个人隐私，出于种种因素的影响，调查问卷中"收入多少"反映的几乎都是工资水平，因此，笔者在问卷调查和访谈中采用间接迂回的形式多方求证。

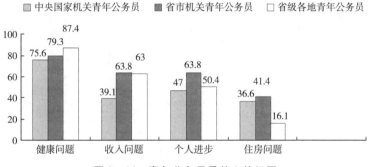

图 3 – 14　青年公务员最关心的问题

比如，笔者在问卷中列举了与青年公务员切身利益相关的一些问题和社会发展中的若干热点焦点问题，共 19 个选择项，请调查对象最多选出四项，结果显示，几乎所有的调查对象，除三类青年公务员之外，包括课题组调查的处以上干部群体和大学生群体以及笔者调查的 40 岁以上公务员等，都把健康问题摆在第一位。其后的几个选项在排序上虽有所不同（见图 3 – 14），但主要集中在收入问题、个人进步和住房问题上，三类青年公务员的平均选择比例分别为 55.3%、53.8% 和 31.4%。这里省级各地青年公务员对收入问题的关注高出中央国家机关青年公务员 23.9 个百分点，而在住房问题上则低出 20.5 个百分点。可见，青年公务员这个群体总体上对收入问题是十分关注的，而且迫切需要解决与自身利益直接相关的住房问题。[①]

2. 多种收入差距依然存在，收入分配公平度中等偏低

公务员的收入分配是否科学合理、公平公正、规范有序，不仅是整个社会收入分配秩序的重要组成部分，而且将对全社会起引导和示范作用。在 2006 年公务员工资制度改革前，曾有一些地方和部门在一个时期自行出台了若干国家统一工资政策之外的津贴补贴政策。随着乱发、滥发津贴补贴现象的日益加剧，公务员收入分配秩序被打乱，身处不同部门、地区之间的公务员也出现了分配不公的情况，党和政府的形象在一定程度上受到影响。面对这种情况，党中央、国务院下决心以经济手段为主调节不同地区之间的收入差距，以行政手段为主坚决消除同级政府不同部门之间的津贴收入差距。通过推行"收支两条线"管理，切断单位、部门掌握的国有资产和行政权力与巧立名目乱发津补贴之间的链条，同时将各地"阳光工程"进一步纳入规范化、法制化轨道。[②] 上述措施旨在缩小公务员队伍不合理的收入差距，以稳定队伍、促进党风廉政建设和地区间的协调发展。

时至今日，不同职级的公务员之间，其工资差距从 1985 年的 10.2 倍缩小到当前的 6.6 倍。[③] 从局外的专家学者，到局内的青年公务员群体，无不认为公务员之间的工资差距明显缩小，而各种隐性差距依然存在并严重影响着公务员的实际收入差距。

从专家学者的观点来看，以下三位有一定的代表性、针对性和影响力（资料见后）。集中表现在 2010 年 3 月十一届全国人大三次会议期间，有 30 名人大代表在议案中提出，当前我国存在机关事业单位工资发放随意性大、缺乏法律依据，部分行业企业工资水平过高，高管年薪制度不完善等问题，建议制定工资法予以规范。[④]

---

① 此外，在 19 个备选问题中，青年公务员平均选择比例在 10% 以上的还有人际关系（占 20.6%）、婚恋问题（占 18.8%）、教育问题（占 18.5%）、环境保护（占 12.2%）、反腐倡廉（占 11.8%）、社会治安（占 11.0%）。处以上干部排在前四项的分别是：健康问题（占 82.9%）、个人进步（占 41%）、收入问题（占 37.6%）、教育问题（占 32.5%）。

② 任可闻：《试谈推进收入分配制度改革的必要性和重要性》，《人民日报》2006 年 7 月 13 日第 2 版。

③ 李松：《隐性收入名目繁多 公务员到底挣多少?》，来源：新华网，2008 年 12 月 22 日。

④ 《公务员工资发放被指随意性大 将立法规范》，来源：《北京晨报》2010 年 11 月 6 日。

专家观点 A（南开大学博士生导师齐善鸿教授）："我国公务员的工资差距并不大。但实际运行中，中央国家机关、省市、地县公务员待遇不同，甚至同一职位不同地区、行业、部门之间，收入差距可达几倍。导致收入差距的是各类津贴、补助和实物等隐性收入，它们甚至在一些地区和部门构成公务员收入的主体。"①

专家观点 B（北京大学政府管理学院博士生导师李成言教授）：尽管国家对公务员的薪酬结构进行统一规范，却没有相应建立统一的支付制度。这样，公务员的基本工资由中央财政支付，实行的是全国统一标准；而公务员的津贴、补贴和奖金，则完全依靠各地各部门实际的财政收入。公务员群体内部，从纵向上看，中央、国家机关的公务员所受的监管更多，所享的待遇也并非想象般那样好。而从横向上看，一般来说，党的机关、人大机关比其他机关要低。

专家观点 C（北京石油化工学院人文社科学院杨钟红副教授）：已有的公务员工资改革既不能彻底杜绝非阳光部分的继续获取，而且易于让部分有权力、有地位、有职务消费的公务员，把过去的非法所得合法化，公务员内部的收入差距还在扩大。而且，"公务员收入分配不规范，助长了一些权力部门公权寻租行为。公共部门滥用其手中的公共权力乱收费、乱摊派、乱罚款，危害公共管理和行政效率，为腐败的产生提供了可能"。

从青年公务员群体的利益表达来看，不论是问卷调查、个案访谈，还是网络资料都显示，他们一致肯定公务员收入的地域差距、部门差距、行业差距等的客观存在。该群体对公务员收入分配公平度的认同较低，渴望这些差距能够逐步缩小。

网络资料 C：陕西北部一个乡镇的公务员，刚工作 2 年，现在月工资还不到 2000 元，除此之外几乎没有其他收入，年终奖金仅有200 元。

网络资料 D：上海一名刚转正一年的女公务员年工资（含基本收

---

① 李松：《隐性收入名目繁多 公务员到底挣多少?》，来源：新华网，转自 http://news.QQ.com，2008 年 12 月 22 日。

入 59150 元、补贴收入 24900 元、非现金福利 6000 元）共计 90050 元，月平均 7500 元左右。[①]

网络资料 E：2008 年进入湖南县级公务员系统的大学生收入：月基本工资 750 元，绩效工资每年 13000 元左右，财政工资共计 1620 元一月，扣除各项社保，每月拿到手的仅 1420 元。这个数字，并未达到该县政府公布的人均收入已超过 2000 元的数字，更比不上市公务员的工资，以及县里工业园区企业平均三四千的工资。

网络资料 F：一名河南县一级公务员曾专门来到人民网地方领导频道，为河南省委书记卢展工写下公开留言：过去省、市、县、乡级同级别公务员工资待遇差别不大，但自从财政分灶吃饭以后，省、市两级政府由于财力更有保障，工资远高于县、乡，有的地方差不多差一倍。[②]

访谈对象 J：公务员收入水平很不平衡，不同区域差很多，而且同样是公务员，都没法跟老公务员比的呀，因为以前有福利分房，现在没有，仅这块的差距在当前的房地产行情下就相当大了，我自己 2002 年时赚 1000 多元还能存点钱，现在夫妻合起来 6000 多元还不够花，跟房价、装修有很大关系……另外公务员工资阳光后，把有些应该存在的差距也拉平了，如高危行业、公检法部门等。

访谈对象 H：我的收入在泉州地区算中等偏下，比晋江、厦门都低，但是与龙岩比又算高，很多年轻公务员都是“月光族”，靠父母也是没办法……但是从工作量来看，我觉得也相对合理，因为有的同龄人付出更多，工作压力更大，竞争激烈，工作环境也不好，尽要给人陪笑脸的。

访谈对象 E：公务员在不同地区间的收入有差别，相对发达的地方收入高；从同一个单位来说，职务不同、工作忙碌程度不同都会影响对收入水平的看法。

访谈对象 D：我觉得整体收入水平是中上，老百姓更苦，如果跟同

---

① 李松：《隐性收入名目繁多 公务员到底挣多少?》，新华网，转自 http://news.QQ.com, 2008 年 12 月 22 日。

② 申剑丽：《公务员工资改革将参照企业同类岗位市场价》，http://www.sina.com.cn, 2010 年 11 月 9 日。

龄人相比，这个问题比较少想，一定要比的话，当然是不如……我觉得公务员内部的差别是永远存在的，关键是差别有多大，表现为什么特征。以县为单位，公务员内部的差别还是比较大的，不同的乡镇、不同的地域差别大，同级收入也有差别，比如都是副处，大田的比三明的差1000元左右，大田的副处比三明的正科还少，科员可能差距不大，越往上差距越大。另外也要看跟什么比，如果跟他生活的环境来说，有时候甚至在中都站不住，关键看跟谁比，跟什么样的环境比。

　　访谈对象 G：差别肯定是有的，没有哪个群体没有差别。现在虽然说工资这块阳光了，显性的差别好像是没了，但是站位不一样，隐性的差别依然存在。正是因为有差别，所以公务员当中还要再分个三六九等，公务员考试报考岗位也有冷热的区别。

　　近年来公务员报考的统计情况证明了上述说法，司法、交通、工商等一些具有罚没权的部门，始终是报考者趋之若鹜的地方。同时，一些大城市、经济发达的东部地区基础条件好、财政收入高，也为众多公务员报考者所青睐。而西部欠发达地区的政府机关则既无法吸引人才，也很难留住人才。

　　此外，李强教授曾指出，城市住房体制革以后，房产成为城市居民最重要，甚至是最主要的财产。而住房利益的分化也成为居民经济利益分化的最主要标志。[①] 访谈对象也提到住房利益分化加剧公务员收入分化的问题。20 世纪 90 年代中期展开的城市住房体制改革，使得中国城市逐步从"以公有住房为主的社会变成以居民自有住房为主的社会"。[②] 作为与居民利益密切相关的最主要资源，由如此大规模的住房资源重新配置而引发的利益分配格局的调整，势必出现不均等、不平衡的现象。因为有资格享受单位房改的老公务员们，购买单位房的价格均比较低廉，而今城市住房价格的暴涨，不仅使老公务员获益颇丰，而且使没有住房的青年公务员一代压力陡增。如上所述，不少青年公务员都是在父母的帮助下才圆了"住房梦"，而父母无力支持购房的青年公务员也不在少数，他们的经济压力就更为巨大。

　　调查显示基于公务员收入差距的存在，省级各地青年公务员对公务员

---

① 李强：《社会分层十讲》，社会科学文献出版社，2008，第 343 页。
② 李强：《社会分层十讲》，社会科学文献出版社，2008，第 337 页。

职业"收入分配公平度的高低"的主观认同度也是中等偏低，有80.9%的青年公务员选择"3"及以下，即中等及以下，主观认同度较高和高的人仅为19.1%。

3. 非常态收入往往与职位权力挂钩，多数青年公务员被"污名化"

所谓"污名化"（stigmatization），原是著名社会学家埃利亚斯（Nor-bert Elias）在研究胡格诺教徒的时候，发现的一个值得注意的现象：一个群体将人性的低劣强加在另一个群体之上并加以维持的过程，即污名化过程。[①] 在污名化所呈现的动态过程中，往往是将群体偏向负面的特征刻板印象化，并由此掩盖群体的其他特征，使该负面特征成为在本质意义上与该群体对应的"指称物"。在污名化过程中，处于强势且不具污名的一方最常采用"贴标签"[②] 的策略。虽然贴标签不是污名化的唯一策略，但是这种主要手段的操作过程，可以窥见污名化的实践运作：一个标签，最初可能只与某群体中的个体相连，随后，这一标签可能被更多人接受用来指称某一特殊的群体，卷标的指称对象泛化，卷标和群体之间的关系凝固僵化，标签反映的特质，成为该群体的固有本性，到此，污名化的过程就完成了。[③]

污名化往往用于表现社会强势群体对弱势群体的强加行为，如前所述，现在说起公务员的收入，势必让人联想到"隐性收入"，特别是非常态的"灰色收入"。财政部财政科学研究所所长、博士生导师贾康认为，"公务员正规渠道之外的收入分配，归于分散状态下的暗箱操作，为数越来越大。很多地方和部门，公务员工资单之外的收入早已大于工资单上的收入"。[④] 且不说这个结论的根据是否充足，但看社会上"仇官"乃至"仇公"情绪的暗潮涌动，就不仅与精英联盟、贪污腐败有关，而且与公务员手上掌握不同资源、可能获取各种灰色收入有一定关系。原本是代表

---

① 孙立平：《城乡之间的新二元结构与农民工的流动》，载李培林主编《农民工：中国进城农民工的经济社会分析》，社会科学文献出版社，2003，第155页。

② 参见〔美〕约翰·费斯克等《关键概念：传播与文化辞典》，李彬译注，新华出版社，2004，第147页。

③ 李红涛、乔同舟：《污名化与贴标签：农民工群体的媒介形象》，世纪中国，2005年8月30日，转自社会学人类学中国网（http://www.sachina.edu.cn/Htmldata/news/2005/08/398.html）。

④ 李松：《隐性收入名目繁多 公务员到底挣多少?》，来源：新华网，转自 http://news.QQ.com，2008年12月22日。

人民群众、全心全意为人民群众服务的政府公职人员，现在似乎个个成为"无利不往"的蛀虫。这让绝大多数的青年公务员倍感"被污名化"的有苦难言。网络上一位公务员的自述就很有代表性：

> 有人说公务员是中国最好的职业，意思是指公务员收入高，福利好。我怎么没感觉到？参加工作这么久了，到现在工资刚涨到两千多元，吃不饱也饿不死。生活相当不容易，处处都得精打细算，最怕的就是人情往来，遇上红白喜事就得掏份钱，至少也得一百，有时一个月得出去好几张，过起日子更捉襟见肘。日常生活不敢有大的开支，放个长假出去旅游一直都是奢望，偶尔请朋友们下馆子聚餐还得掂量掂量钱包的份量。

> 必须说的是，没有灰色收入。也许那些在与百姓息息相关的权力要害部门工作的和个别领导会有，可自己对这种收入也只存在耳闻阶段，并无亲身体验。节假日加班2倍、3倍工资？简直是做梦，俺这儿不适用劳动法，领导让你加班你就得加，还想要钱？领导说的好，今天不努力工作，明天努力找工作，得对得起你的工资，所以自己必须得具有这种觉悟，谁还敢提钱？

> ……别以为是个公务员就会有灰色收入，其实对大多数基层单位的公务员来说，每月的收入就是工资。

> 公务员不像你们想象的那么好，公务员也不过是个谋生的饭碗，请别再神话公务员了。公务员也有亮点，就是看上去很美。做好本职工作，旱涝保收以外，其余也没什么。①

笔者的访谈对象也深有同感，纷纷表示阳光后与隐性收入无缘，灰色收入跟自己这些"年轻人"、"小字辈"更是关系不大，主要跟权力部门、领导岗位有关。事实上，衡量公务员占有、支配资源的实际能力，必须从整个社会资源整合的角度，从其经济资源占有量与政治资源拥有量相对接、转化的能力角度来理解。正如清华大学社会学系孙立平教授所指出的，现在看收入分配的问题，不能用原来的以工资为主要形式的收入分配的概念去理解，应当考虑怎么能解决中国的资源分配和财富分配的问题，

---

① 《公务员自述：我的抑郁谁知道》，来源：新浪博客，2010年8月5日。

如何能够形成财富和资源分配的新机制。① 公务员群体的收入分配也一样。

因此，我国人力资源和社会保障部正在组织研究拟订公务员工资制度改革方案，这次改革是继 2006 年公务员收入分配改革后的公务员工资再改革，主要包括公务员地区附加津贴制度的完善、建立职务与职级并行的制度、对基层低收入公务员群体增加激励措施等。② "十二五" 规划建议也提到要完善公务员工资制度，重点应是针对当前公务员收入的 "怪现象"，调整公务员工资结构，解决基本工资比重太小、补贴太多的问题；平衡地区之间公务员的收入水平；摒除 "单纯以官衔职务定薪酬" 的僵化模式，避免现在很多机关是 "五官科"，六个编制、五个长，只剩下一个兵的状况；提高基层公务员特别是县乡镇公务员的收入水平，让他们拿到的钱和他们的劳动付出相对比较平衡，缩小系统内收入差距；建立一个薪酬调查制度，以企业工资的增长变化为依据，相应建立公务员的工资正常增长机制。③ 相信随着上述制度的逐步完善，青年公务员的利益分配认同会有焕然一新的表现。

五 行为过程：理想信念淡化与言行分离强化

吉登斯认为，现代社会中个体对社会的认同方式发生变化，人们已不再被迫进行立场宣示，但是在日常的行为和话语中却会不经意进行着认同的表达。④ 可见，外在行为是内在认同生动而真实的具体表现。日常生活中我们所从属的群体会对我们产生重要的影响，群体成员的行为是由群体的角色、地位、规范和凝聚力四要素一起决定的。⑤ 尽管人的行为受环境、习俗、制度等影响，并不始终、一定真实地反映个体自身的偏好，但行为依然是测量个体偏好的最准确的尺度。换句话说，青年公务员认同的日常生活及工作行为方式是其社会认同最为本真、准确的反映。

---

① 《公务员事业单位收入制度将改革 工资立法加速》，《新京报》，2010 年 11 月 6 日。
② 申剑丽：《公务员工资改革将参照企业同类岗位市场价》，《21 世纪经济报道》，2010 年 11 月 9 日。
③ 《人社部称将缩小公务员工资差距 应摒弃以官定薪》，《京华时报》，2010 年 11 月 10 日。
④ 安东尼·吉登斯：《现代性与自我认同》，生活·读书·新知三联书店，1998，第 57 页。
⑤ R·A. 巴伦 D. 伯恩：《社会心理学》第十版（下册），华东师范大学出版社，2004，第 615 页。

青年公务员作为党政机关工作人员的公职角色和普通公民的个体角色的统一，对其社会认同产生影响的行为大致可从政治行为和非政治行为两方面进行探讨。政治行为主要采用政治学的界定，即政治学从广义的政治行为构成出发，依据将政治划分为政府政治和非政府政治两大类的一般原理，把政治行为划分为政府政治行为和非政府政治行为，前者主要指政府管理行为，后者主要指政治参与行为。① 非政治行为主要指青年公务员日常生活活动的行为方式。鉴于问卷调查的有效性，笔者主要结合访谈资料，从以下几个方面揭示青年公务员从外在行为表现折射出的具体认同状况：

1. 理想信念意识淡化，公务员思想政治教育亟待加强

理想信念，是世界观、人生观和政治信仰在奋斗目标上的具体体现。大至一个国家、民族、政党，小至一个群体、单位、个人，都必须有明确的理想信念，否则就容易失去精神支柱。习近平同志在中央党校 2010 年秋季学期开学典礼上指出："革命战争年代，革命先烈在生死考验面前所以能够赴汤蹈火、视死如归，就是因为他们对崇高的理想信念坚贞不渝、矢志不移。……同样，在和平建设和改革开放时期，许许多多共产党员所以能够在平凡的岗位上做出英雄壮举，也是因为他们具有崇高的理想信念。一些领导干部蜕化变质、堕落为腐败分子，根本原因在于放松了世界观改造和思想道德修养，背弃了共产党人的理想信念。"② 那么我们的青年公务员在理想信念上是否真如他们在年终工作总结上所描述的一样呢？

问卷调查表明，平均只有 20% 的青年公务员以"为一种崇高的信仰而奋斗"作为人生最大的幸福，其中省级各地青年公务员仅有 8.8% 选择该项，而省市直机关和中央国家机关青年公务员虽然选择比例较高（分别为27.6% 和 23.6%），但因这部分问卷是由单位统一发放回收，填答的真实性有待商榷。笔者访谈的资料也证实了当前青年公务员的理想信念意识淡化的问题，当问及"你的理想是什么？"时，仅有两位通过公开选拔而走上副处岗位的青年公务员，在理想的表述上让人稍感欣慰。

　　访谈对象 G：我的理想是尽所能地服务好工作对象，在岗位上有

① 燕继荣：《政治学十五讲》，北京大学出版社，2004，第 217 页。
② 习近平：《领导干部要树立正确的世界观权力观事业观》，2010 年 9 月 1 日。

所建树、事业上能够有所成就，当然，也希望家庭比较和睦，对下一代的教育比较成功。

> 访谈对象 D：我的人生理想是当自己生命结束的时候，希望墓志铭上刻上三句话：是好人；有本事；一生做了很多好事。之所以选择成为一名公务员，因为从小到大的理想的实现，需要这个平台，相对而言，这个平台是当前中国境况下实现自己理想的最好平台，最匹配的平台，也是最可行的平台，因为这个平台掌握着公共资源。

其他 80% 的受访者均从个人的角度进行阐释，比较集中的说法是工作顺利、家庭幸福，也有访谈对象表示理想虚化，但归根到底也还是个人的工作有所成就：

> 访谈对象 A：理想在工作中都退化了，以前渴望自己可以独立，做些有意义的事情，现在只希望自己在岗位上有比较突出的表现。

> 访谈对象 J：我觉得理想比较虚，没有什么具体的理想吧，很羡慕有目标的人，如果硬是要说，那就是希望自己有所突破，尝试不同的岗位。

对于信仰问题的看法，相当一部分被访者的直接反应是宗教信仰，他们在表示不反对宗教信仰的同时，承认自身受家庭环境等因素的影响也偶有参加一些宗教活动，并且认为这与党员身份没有实际冲突，普遍强调宗教信仰的正功能要大于负功能。

> 访谈对象 H：普通百姓很需要以信仰作为精神寄托，我的母亲是虔诚的佛教徒，强调"与人为善"，这是心态平和的一个渠道，我不反对宗教信仰，因为它或多或少有些约束，正功能会大于负功能……

> 访谈对象 C：宗教信仰在我们泉州挺普遍的，我不反对，包括领导也会看风水……

> 访谈对象 A：闽南对宗教信仰很看重，有时也会跟着母亲去庙里拜拜，感觉有宗教信仰的人很温馨。……我觉得宗教信仰和党章规定党员不能信仰宗教没有矛盾，宗教强调做善人善事，只要不利用宗教

做坏事，取其精华的话，我觉得和马克思主义信仰可以互补。而且宗教的感召力很强，信众都很虔诚。

> 访谈对象 J：我在生活中受家庭的影响，也信仰基督教……我觉得在工作上跟党走就行，只要随主流，组织叫做什么就做什么，和信仰宗教没什么冲突……而且宗教信仰是比较私人、个人的东西，我也没觉得有矛盾，其实还可以利用宗教的正功能。

当笔者追问"对马克思主义信仰有什么看法？"时，被访者的回答大相径庭，比较普遍的看法是认为马克思主义信仰有必要却"离现实比较远，操作性不强"。有一些被访者甚至表示对马克思主义信仰"没什么兴趣"，两位副处级青年公务员的认识切中要害、比较深刻。

> 访谈对象 D：对马克思主义的信仰是非常好的，可是很多人不知道为什么信仰马克思主义是妥当的，有些在工作方法上甚至体现、运用了马克思主义，但是在信仰上并没有真正确立，在基层工作中往往是有术而无道。

> 访谈对象 G：信仰更重要的是对人生的态度和追求，是一个相对比较持久的事物。我个人觉得公务员对信仰必须有一个正确的认知，信仰必须是建立在对公务员职业的正确定位和党及政府对公务员已经确立的价值评判标准的基础之上。在现阶段，信仰问题更需要强化而不是弱化，现在部分公务员违法违纪也正是在信仰上出现偏差而造成的。

在访谈过程中，所有的被访者均认为当前公务员需要加强理想信念教育，承认理想信念对行为的积极引导作用，认为"正确引导就不会做出很出格的事"。他们不仅认同当前公务员思想政治教育的必要性和紧迫性，而且纷纷指出其中的不足之处。

就公务员思想政治教育亟待加强而言，被访者不论是否认同其教育效果，均认为"有必要"甚至"非常需要"。

> 访谈对象 A：我觉得有必要加强思想政治教育，虽然成效不明显，但是经常被熏陶，也就认为应该这样做。

访谈对象 E：虽然很虚，也还是需要的，经常敲敲边鼓，还是很有用的，否则情况会更糟，不教育会变成脱缰的野马。

访谈对象 D：当前公务员非常需要理想信念教育，它是方向，是定海神针，是坚定性所在，是克服困难的法宝，是精神的力量，也是物质的力量。一个人的一生不知道自己去向何方，可能他哪里也去不了，这个方向是精神世界中他要达到一个什么追求，这（理想信念）是一个人的内在，它决定外在（行为选择、追求目标特别是物化的、有形的追求），必须让这二者相结合。

访谈对象 G：我觉得公务员作为管理社会的精英阶层，应该在人才选拔上注重德才兼备，以德为先的标准。入了公务员队伍后，在教育的第一课就应该是公务员的信仰和职业道德教育，把这些作为作风教育的开端，并实现教育的常态化，同时作为公务员考核的首要内容，而后才是政绩。我认为公务员也是要先做人后做事。公务员要对得起公务员这个称号，如果没有服务意识，就别当公务员了，就改行当别的了。

就当前公务员的思想政治教育的不足之处而言，被访者普遍反映的主要有重视不够、流于口号形式，内容高调而空洞、与实践结合不紧，缺乏有效载体、效果不佳，创新困难、认同不足等几个方面：

访谈对象 H：当前公务员的思想政治教育，一是理论和实践的结合不紧；二是过于形式化；三是量够质不够，就是次数和内容够，但是效果不够，这是通病。

访谈对象 C：各级领导好像都很重视思想政治教育，都会积极宣传会议精神，但是有没有学进去，就没人管了，而且思想政治教育的内容都差不多，翻来覆去都一样，很多单位都是应付了事。

访谈对象 A：我们单位学习的范围比较小，就学一学、读一读文件，还是党校的专题教育课比较有针对性……当前公务员的思想政治教育缺乏深度、流于形式，比起文革时期的力度差多了。

访谈对象 J：我们单位主要是发些政治学习材料，……年年的工作总结也都写上要加强思想政治教育，而且都是放在第一点，但实际上却很空很虚。

访谈对象 E：思想政治教育的形式要多种多样，可以换种方式，不要跟马列老太太式的要这样、要那样，而且不能说说而已，要采用大家更容易接受的方式。学习多不等于效果好，形式主义多、实干的少。但现在问题是知道是形式主义，又不能不做，想不出更好的办法，要创新很难。

访谈对象 G：现在，理想信念教育在党员和公务员教育中实际上是比较欠缺的一块，往往一提"信仰"二字就老给人比较空、比较高调的感觉。现实中的理想、信仰教育也缺乏有效和良好的载体、内容单一，原来思想政治教育是我们党的独特优势，现在好像也失去了其应有的效果，党员保持共产党员先进性教育以及党组织争优创先是我们党充分认识到问题的严重性，而做出的一种积极尝试，但效果还值得期待。

访谈对象 D：现在的问题是他不知道他该相信什么，在心灵深处没有找到他真正应该相信的东西，仅仅停留在思想的浅层、表层，仅仅作为一种社会的约束，而不是来自内心的认同，必须有来自内心的自愿和觉悟……实际上大家对思想政治教育是有抵触情绪的，不希望老被外在的东西所改造，一开始就抵触当然就没效果了。公务员思想政治教育的薄弱实际上是体现在学习力的薄弱上。

2. 强调学习能力的重要性，注重理论学习

学习能力是适应现代社会飞速发展所必需的一项基本能力。广大青年公务员不仅认同不断学习的必要性，而且以实际行动表明他们对学习和提升自我的重视。笔者的访谈对象均系在职继续攻读高一级的学历学位，90％具有党校研究生学历，其中一个党校大学学历但曾进过党校主体班学习，一个还在工作后取得双学士。而在问卷调查的最近一个时期，青年公务员花费时间较多的事情集中在日常工作（占 86.6％）之外，主要就是"学习专业或其他知识"和"处理家庭事务"，分别占 51.3％ 和 37％，"处理各种人际关系"也占到了 25.1％，"发展个人爱好"为 16.5％，"朋友之间的应酬"为 11.1％。可见，学习在青年公务员的工作生活中占有一席之地。

青年公务员强调的学习，其内容主要"包括理论方面、业务方面，特

别是实践能力，像日常处理各类事务的能力"。（访谈对象 H）值得重视的是，中国青年公务员还普遍注重政治理论的学习，并对此有很大的需求和愿望。对于"要形成坚定的中国特色社会主义的理想信念，主要应该依靠什么"，青年公务员选择"政治理论学习"的百分比高达 67.0%，居首位，其次为"社会生活历练"和"工作实践"，分别为 50.6% 和 49.0%。其他几项的选择率较低，其中，"参加政治活动"占 14.1%，"加入党团组织"占 9.2%，选择"说不清"的只占 2.8%。

3. 职务晋升的决定因素是能力、关系、机遇三者的结合

职务晋升是每一个公务员职业生涯中必然面临的问题，也是判断公务员职业发展状况的直接标准，甚至是绝大多数公务员追求的直接目标。《中华人民共和国公务员法》详细规定了公务员职务晋升的具体要求和严格程序：公务员晋升职务，应当具备拟任职务所要求的思想政治素质、工作能力、文化程度和任职经历等方面的条件和资格；且应当逐级晋升，特别优秀的或者工作特殊需要的，可以按照规定破格或者越一级晋升职务。公务员晋升领导职务的程序包括：民主推荐，确定考察对象；组织考察，研究提出任职建议方案，并根据需要在一定范围内进行酝酿；按照管理权限讨论决定；按照规定履行任职手续。这些明确而简要的表述包含了很多具体操作细节，因此，公务员的职务晋升从开始的民主推荐到确定后的公示，以及要经过一定时间段的试用期，这往往表现为一个"漫长而紧张"的过程，而公务员围绕着职务升迁而展开的一系列活动就是其行为过程认同最直接、最真实的表现。沈传亮把它当做考察公务员政治行为的最佳视角之一，从干好工作、树立威信，营造关系、建构社会网络，以及人力资本积累三方面概括并详细介绍了公务员围绕职务升迁而展开的一系列活动。①

笔者在调查过程中接触的种种现象与被访者的回答不仅证实了上述活动的存在，而且可以把青年公务员对职务升迁决定因素的认同概括成能力—关系—机遇"三角合力模式"（见图 3 - 15）。

能力即青年公务员本身所具备的素质、实力，需要通过个人的努力、实践的磨砺、工作的资历等积累而得。这是青年公务员普遍认同的职务升迁的关键因素之一，因此"提高自身能力"成为青年公务员颇为关心的问

---

① 沈传亮：《公务员群体的政治文化研究》，郑州大学出版社，2007，第 130 ~ 137 页。

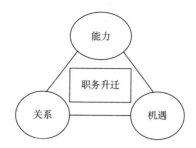

图 3 – 15　决定公务员职务升迁的关键因素

题并纷纷付诸实际行动，表现为自觉提高自身的学历层次、参加各种业务培训、积极下基层锻炼等。但是在承认能力的前提性和必要性的同时，是否把它作为最关键的因素则因人而异。

关系是对青年公务员基于铺平自身的发展道路、营造更好的工作环境而建构的各种关系网络的统称。依关系获得的来源不同，大致可以分为"先赋性"和"后致性"两类。先赋性的关系网络主要是由父辈身份及其积累的社会资本，具有一定的传承性。研究表明，国家与社会管理者阶层表现出一定程度的代际继承性。父亲职业是机关干部和企业管理人员的人，最可能成为国家与社会管理者。而且"在经济改革以前，农民子弟成为国家与社会管理者的几率要高于改革开放以后，而在经济改革开始以后，机关干部和企业管理人员成为国家与社会管理者的几率要高于经济改革以前"。[①]"官二代"具有的从政优势就是先赋性关系的典型表现。后致性关系则主要是指凭借公务员自身建构起来的社会关系网络。依关系指向的对象不同，则包括与上级领导、平级同事、下级部属、服务对象、亲戚朋友等不同群体的关系。笔者的访谈对象主要把这种关系指向与上级直接领导的关系，在感叹自己关系不如人家而不得志的同时又把"走关系"看成普遍现象，尽管在他们的口气之中对"关系"流露出些许不屑，但实际也急于参与到各种关系网的营造之中。有调查表明，公务员对"靠'关系'获取上级帮助很正常"表示比较同意或非常同意的占 34.4%，比较不同意和非常不同意的占 37.9%，不好说的比例也有 27.7%。[②] 这一方面表明关系之外的其他因素，如能力、实绩等在职务晋升过程中的作用逐渐增强；另

① 陆学艺主编《当代中国社会流动》，社会科学文献出版社，2004，第 235 页。
② 沈传亮：《公务员群体的政治文化研究》，郑州大学出版社，2007，第 159 页。

一方面则反映了"关系"在备受主流意识形态批评否定的情况下，依然是只能意会而不能言传的官场潜规则。

机遇是个人的运气、机会，也是社会发展进程中形成的时代机会（如公开选拔为符合条件的青年公务员提供了机遇）。此外，还包括领导"知遇"和"赏识"。当然，机遇往往是可遇而不可求，但同时机遇也垂青有准备的人，因此青年公务员认为机遇很关键的同时又强调实力的重要。总之，青年公务员对上述三个因素的强调程度不同，但普遍认为这三者之间是相辅相成的，要共同发挥作用才是职务升迁的关键所在。（相关访谈记录附后）

问：你觉得在职务升迁上，最关键的是什么？

访谈对象H：工作能力的提升是第一关键，领导的赏识、遇到伯乐是第二关键，这两条要同时具备……我觉得关系相当于领导对你工作能力的认可程度，比纯粹的"走关系"要强，当然"走关系"也很正常、很普遍。

访谈对象C：我觉得要有机会，现在社会公务员的现实状态就是关系大于实力，要领导愿意提携，当然个人也要做好准备……就算公开选拔也不一定公平，因为考试不一定代表能力。有实力没关系的就上不去，这很不合理。

访谈对象A：机遇最重要，能力也是要的，公开考试有个门槛，相对比较公平，不然越是封闭的地方关系就越厉害。而且关系在工作调动中多多少少有影响。

访谈对象J：说起来应该是能力和资历最重要，但是现实中是运气、关系重要，如公务员考试、面试。

访谈对象E：后台、关系网最关键，当然个人也要具备一定素质，如果一点水平没有，领导想提拔也要有理由，特别是提拔条例公布后，硬性条件如任职年限等都要具备，但在同等条件下，可操作的空间很大。

访谈对象D：最关键的是有什么靠什么，自己只能靠学习、勤奋、实干、水平、机遇（包括领导的赏识，这是可遇不可求的东西）。比较普遍的是靠干好工作，得到主要领导赏识。关系、网络、金钱、机遇都很重要。自己就靠自己的，不靠金钱这1/3的力量。这些东西都很重要，但个人而言，归入机遇，去把握、去争取。得到赏识也要有水平，没有领导赏识，潜在的东西不会转化为现实。

访谈对象 G：个人的努力加上组织的关心、发掘，这两方面缺一不可。

4. 直陈队伍建设中的问题，但知行不一的现象较为普遍

青年公务员如何看待队伍建设中的问题，反映的是其"知"的情况，而他们在碰到这些问题时会如何选择自己的行为，反映的则是其"行"的一面。现实和研究都表明，公务员在政治问题上的语言表态与实际行动往往是不一致的。所以沈传亮认为，"言行分离"已成公务员群体的"既定事实"，主要表现为四个层次：一是公务员的言语表达和实际行动不一致；二是公务员不论说和做之间的冲突达到什么程度，为了职务晋升的终极目的是一致的；三是"言行分离"指有时上愧于心、下愧于己，自己言说往往是跟着党走，实际行动中却往往违背党的旨意；四是言行分离的表现是阳奉阴违，实行上有政策下有对策。①

笔者对比访谈与问卷调查的结果，也时时感受到青年公务员在知与行上的种种矛盾，包括访谈中回答同类相关问题时的前后表述不一、对同一问题的看法和做法不一等。从青年公务员对"当前公务员队伍中存在问题"的看法，分析他们碰到其中一些问题会作何选择的调查结果来看，青年公务员知行不一的现象比较普遍。

青年公务员不论在问卷中还是访谈中，均能发表自己对当前公务员队伍中存在问题的诸多看法，而且强调的问题也言人人殊，包括腐败问题、工作作风、工作效率、执行力、政策制定、队伍素质等。

问：你觉得公务员队伍存在的最大问题是什么？

访谈对象 H：人浮于事，腐败问题相当严重，监督机制不力。

访谈对象 C：工作效率低下，腐败问题也挺严重的。

访谈对象 A：有一部分公务员比较懒散，不同部门之间也有矛盾……制度没问题，执行有问题，执行在于人，关键还在于从自己做起，一棒接一棒，所以前人的传帮带很重要，上梁不正下梁歪，前辈

---

① 沈传亮：《公务员群体的政治文化研究》，郑州大学出版社，2007，第175页。

的思想政治教育很重要。

访谈对象 J：形式主义比较严重，做秀式的工程多，公务员队伍对弱势群体不够积极主动，只是敷衍应付，很多是"在位是有力无心，不在位是有心无力"。工作责任制只是建立了制度，没有得到有效执行，执行力不足……我也经常思考为什么会这样，是哪个环节没做好呢？会不会有些制度脱离实际了？

访谈对象 E：有些政策不一定适合基层实际，出发点也许是好的，但是上有政策、下有对策，执行也只是居中，完成一般，否则老百姓也不会那么多怨言；腐败也是一个问题，当然小兵没什么机会；执行力、对老百姓的态度以及公务员队伍的整体素质需要提升；等等。这里最严重的是腐败，干群关系问题也很突出，很多事件会越炒越大也跟这有关。

访谈对象 D：具体东西太多了，抽象出来就是大家都觉得难、觉得累。他们抱怨太多，习惯不习惯地、意识无意识地、自觉不自觉地抱怨。

访谈对象 G：当前公务员队伍中存在理想信仰淡化、职业道德和操守不强、队伍自身学习提高不力和队伍内部激励竞争不足等问题。最大的问题还是作风问题，其次是激励机制的建立。目前，很多部门都做不到，所以乱收费、乱设关卡很常见。这还是跟政府、部门的具体定位有关……好多部门总是在服务和收费中摇摆不定。

在对腐败、作风问题直陈其弊的同时，如果发现身边的同事有违法乱纪的行为，青年公务员会怎么做呢？笔者特意在问卷中设计该问题，以检验青年公务员的行为过程认同。调查显示，省级各地青年公务员有 40.3% 选择了"不管他人如何，自己不做腐败之事，独善其身"，与之相联系，"怕得罪人，不愿反映"的有 3.2%，两项均高于省级各地 40 岁以上公务员的选择比例；居于第二位的选择是"仅私下做劝阻工作"，占 23.7%；选择"组织找自己了解情况时才说"的占 19.4%；"主动向上级领导或有关部门反映并劝阻"的仅占 13.4%，明显低于省级各地 40 岁以上公务员的选择比例。

马克思主义权力观，概括起来就是：权为民所赋，权为民所用。因此，全心全意为人民服务，是中国共产党的唯一宗旨。在立党为公、执政为民的执政理念下，青年公务员如何处理"对上负责"和"对下负责"的关系呢？调查显示，过半的青年公务员首选的是"两者是统一的"，占61%；但是认为"鉴于现行的干部考核机制，对上负责是主要的"人数，要大大超过认为"群众利益高于一切，宁可得罪上级，也要维护群众利益"的人数，后者在省级各地青年公务员中仅占 1.9%，三类青年公务员的平均值也仅为 2.8%，选择前者的要比后者高出 17.8 个百分点。可见，青年公务员出于种种原因，在"是什么与应该是什么"、"怎么做与应该怎么做"的认同上差异较大。

5. 生活方式总体健康，待人处世认同中庸

青年公务员在业余时间所从事的活动折射出其生活方式的同时，也反映出他们的认同状况。调查显示，青年公务员在业余的各种有益活动中有着相对均衡的人数比例，总体上拥有比较健康的现代生活方式。选择"上网"的人数最多，达半数以上，占 51.1%，但他们开通博客的人数还不多，60% 以上的青年公务员没有开博客，有开通博客的则以"书写个人感受"所占的比例最高，因"工作需要"的则很少；其次是"读书、读报"和"体育锻炼"，分别达 45.5% 和 42.7%。其他，如"看电视"、"与朋友聚会聊天"、"旅游"等均为 20% 以上；"看电影"、"听音乐"、"社会交往"等为 10% 以上；而选择"打牌"、"呆着，什么也不干"、"其他"的人数很少，均在 5% 以下。

参加政治组织是普通公民政治参与的主要形式和途径，也是衡量公务员政治参与活动的尺度之一。这里的政治组织包括执政党、参政党等各政党组织，也包括类政治性组织，如学校的学生会、党支部、班委，半官方的志愿者组织、青年联合会等；还包括民间的各类社会组织，如老乡会、同学会等。由于中国公务员绝大部分具有执政党党员身份，而且在目前情况下，没有中共党员身份想要进入党政机关也比较困难。所以，相当大部分青年公务员在进入党政机关之前就已经加入中国共产党。有统计表明，仅有 30% 多的公务员是在进入党政机关后才加入共产党的，而且有将近 3/4 的青年公务员在校期间参加过各类学生组织，仅 25.5% 从未做过学生工作。[1] 可见，青年

───────────

① 沈传亮：《公务员群体的政治文化研究》，郑州大学出版社，2007，第 154～155 页。

公务员政治参与的积极性较同龄人高。

参加民间社会组织也是政治参与的重要形式之一。基于公务员政治参与具有内部性、隐蔽性和自我保护意识强等特点，[①] 调查问卷中，在回答"党团除外，您还参加了哪些社团组织？"的问题时，平均有一半以上（51.5%）的青年公务员选择了"没有参加"，参加党团组织的各种协会有13.2%，参加校友会、同乡会的有21.4%，参加符合个人兴趣爱好的社会组织有18.3%，参加志愿服务等公益性组织的有10.6%。此外，还有6.2%的青年公务员参加"通过网络自由结合的组织"。从整体上看，在参与各类社团活动的积极性上，省级各地均比中央国家机关的青年公务员来得高。参加这些社团组织带给他们的最大收获是什么呢？排在首位的选择是"丰富了业余生活"，占24.4%；其他依次是"交了很多朋友"、"排解情绪，释放压力"、"学习了很多知识"，分别占19.2%、8.8%和6.4%，选择"服务社会"的仅占5.6%（见图3-16）。

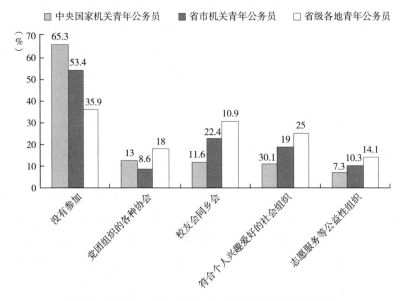

图3-16 青年公务员参加党团以外社团组织的情况

---

① 沈传亮：《公务员群体的政治文化研究》，郑州大学出版社，2007，第157页。

从访谈结果来看，青年公务员的生活态度比较端正，乐观向上是主流；为人处世的方式上较为认同中国传统的"中庸之道"，强调与人为善的同时也坚持自己的原则。

问：你的生活态度是什么？为人处世的方式呢？

访谈对象 H：生活态度是与人为善、互相尊重。为人处世上你敬我一分、我敬你三分，反之亦然，碰到太过分的当然也会反击。

访谈对象 C：生活态度是害人之心不可有，防人之心不可无。

访谈对象 E：凡事不去太强求吧，平平淡淡才是真。

访谈对象 D：生活态度是积极乐观。为人处世的方式，那就是待人特别谦虚、亲和、平常心，多理解他人，以前很希望别人也理解自己，现在内心有所成长，更多是理解他人，是不断成熟的成人的思想，心灵的成长有个过程。在人际交往中不愿意太强势……

访谈对象 G：生活态度秉承乐观、向上。为人处世坚持与人为善，儒家的"中庸"比较适合我，但也不是难得糊涂，乐于当好人的那种，该坚持的还是要坚持。

综上所述，笔者在本节对当前青年公务员社会认同的调查结果进行了详细的描述性分析，可以看出：尽管青年公务员的社会认同展现出不同的特点、各异的类型，其中既有正面的认同，也有负面的认同，但是基本的社会认同感，即认同马克思主义主流意识形态、党和政府的政策制度、自身的职业身份地位等，就像一条红线贯穿于青年公务员纷繁复杂的社会认同之中。

第三节　青年公务员社会认同的主要特征

如前所述，当前青年公务员的社会认同呈现出多姿多彩的形态，蕴含着丰富具体的内容，而绝非简单抽象的概念。作为特定的社会群体，青年公务员的社会认同既有群体的特殊性，又饱含社会认同的普遍特征，二者是辩证统一的关系。因此，社会认同具有的多样性、二重性、过程性和可塑性等特征，也就始终如影随形地渗透在青年公务员社会认同的主要特征之中。

一 青年公务员社会认同的复杂多样性

从社会认同的一般特征而言，首先是多样性。因为任何认同都是社会认同，而认同本身又是一个多面现象，它包含了语言、宗教、种族、民族以及对过去历史的认识等一系列人类特征。[①] 毋庸置疑，每个个体都同时具有多重认同，"一个人给多少人留下影像，属于多少不同的集团，他就有多少不同的自我"。[②] "在我们身上集合了家庭认同、地方认同、地区认同、国家认同、超国家认同，或者还有宗教派别的认同，从这一意义上来说，我们都是多重认同的人"。[③]

而社会认同本就是共识和差异的统一体，也是主观和理性的综合体，更是历史和现实的共同产物。美国人类学家乔纳森·弗里德曼指出，人们的认同不是在真空中发生的，而是发生在一个已经存在着的客观世界之中。[④] 即"认同是社会环境的产物，认同的选择具有社会意义，它受特殊、历史情境的影响，不是孤立的自我反省，而是社会关系影响下的产物"。[⑤] 历史传统丰富多彩的多样性决定了社会认同观念、原则等的多样性。既然行动者总是处于多元社会力量的形塑之下，拥有多样的品质或特征，那么行动者的社会认同也就必然是多种多样的。学者 Schwarmantel, J. 指出，过去所谓单一认同的理论已难以再适用于充满多样性认同来源的后现代社会。以阶级为例，在后现代社会中就不再只是简单划分成资产阶级和无产阶级。其他如性别（男性、女性、变性人）、性倾向（异性恋、同性恋、双性恋）、族群等，存在太多的可能性与选择性，彼此之间有可能呈现重叠、互补，或是互斥的现象。[⑥]

① Walter Veit ed. , The Idea of Europe, Problems of National and Transnational Identity, London: Rout ledge 1992, p. 1.

② 〔美〕詹姆士：《心理学原理》，商务印书馆，1963，第 145 页。

③ 〔法〕埃德加·莫兰：《反思欧洲》，康征、齐小曼译，北京三联书店，2005，第 122 页。

④ Jonathan Friedman, Culture Identity and Global Process, London: Sage Publication, 1994, p. 117.

⑤ Inden, Ronald (1997), "Transcending Identities in Modern India's World", in Politics and the Ends of Identity, edited by Kathryn Dean, Aldershot, Brokfield, USA: Ashgate, pp. 65 – 79. Worchel, Stephen (1998), "A Developmental View of the Search for Group Identity", in Social Identity, edited by Stephen Worchel etc. , London: Sage, pp. 53 – 73.

⑥ 刘明隆：《台湾公民教育的再思：以认同能力为主轴的公民教育》，台湾大学国家发展研究所硕士论文，2007 年 1 月。

Norbert Elias（1897～1990）也指出，自我认同具有多面向特质，且与他/她们的社会处境紧紧镶嵌，可基于性别、年龄、性欲特质、宗教、地域、阶级或种族…社会结构、要素而定位；而且个人可以同时以多项特质指涉自身的身份。[①]

　　总之，"某人的社会认同——事实上是复数的社会认同"，[②] 生活本身的多样化不仅导致不同群体社会认同的多样化，而且同一群体内部的社会认同也日渐呈现出多姿多彩，甚至相互矛盾的情况。青年公务员身处开放多元的现代社会，其社会认同，不论从群体来看，还是从个体而言，都清晰表现出复杂多样的特征，贯穿于青年公务员社会认同之中的基本社会认同感，并不能遮盖其中这样那般的冲突与分化。

　　就性别视角而言，男女青年公务员在对公务员职业 11 个方面（第 29 题，包括：收入福利水平、工作环境、发展机会、工作强度、整体道德意识、服务意识、收入分配公平度、职业地位、职业发展前景、权利义务的对等程度、全心全意为人民服务观念的强弱等）的主观评价上，虽然整体而言均处于中位数左右，但是对公务员"工作强度的高低"和"职业地位的高低"上，主观认同程度较高（男女均超过 3），即普遍认为工作强度较高、职业地位较高；且上述 11 个方面均无显著性别差异（见表 3－17），然而在对公务员职业压力的感受上（第 30 题，分数 1 为压力很小，5 为压力很大），男性青年公务员认为目前所从事工作的压力（平均数为 4.0043）要高于女性青年公务员（平均数为 3.6222），统计结果表明，t = 4.017，p < 0.05，即性别差异显著。

表 3－17　青年公务员主观评价的性别比较

题号	性别	人数（N）	平均数	标准差	t	p
W29－1	男	226	2.5929	1.00786	460	646
	女	84	2.5357	1.87049		
W29－2	男	223	2.9417	1.02281	998	319
	女	83	2.8193	1.73492		

---

① 吕碧琴（台湾大学）：《从自我身份认定到专业主体建构：大学女性体育教师之生涯发展经验研究》，《运动教练科学》2008 年第 10 期。

② 〔英〕Richard Jenkins：《社会认同》，王志弘、许妍飞译，巨流图书有限公司，2006，第 6页。

续表

题号	性别	人数（N）	平均数	标准差	t	p
W29－3	男	222	2.7387	1.06539	373	710
	女	84	2.6905	1.84989		
W29－4	男	223	3.2870	1.08974	1.667	97
	女	83	3.0602	1.96714		
W29－5	男	223	3.0448	1.93854	688	492
	女	83	2.9639	1.84746		
W29－6	男	222	2.8739	1.97123	686	493
	女	81	2.7901	1.84729		
W29－7	男	224	2.7545	1.99662	－37	971
	女	83	2.7590	1.87778		
W29－8	男	223	3.0404	1.85592	－537	591
	女	83	3.0964	1.67380		
W29－9	男	221	2.9683	1.86544	43	966
	女	83	2.9639	1.65231		
W29－10	男	222	2.7297	1.95079	－455	649
	女	83	2.7831	1.79707		
W29－11	男	224	2.8170	1.01887	364	716
	女	83	2.7711	87409		
W30	男	235	4.0043	77071	4.017	0
	女	90	3.6222	75814		

从年龄比较来看，青年公务员与中老年公务员的社会认同既有相似之处，也有差异之处。仍以对公务员职业 11 个方面的主观评价为例，从表 3－18 可以明显看出：在相当大部分的评价指标上，青年公务员与中老年公务员的主观认同程度比较接近，均达中位数以上；但是在"工作环境的好坏"（W29－2）和"发展机会的多少"（W29－3）上，统计结果表明二者差异显著（前者 $t=1.816$，$p=0.070$；后者 $t=1.783$，$p=0.076$；p 值均临近 0.05），即中老年公务员主观评价上更倾向认为公务员的工作环境更好些、发展机会更多些。特别是在"职业地位的高低"（W29－8）和"全心全意为人民服务观念的强弱"（W29－11）这两个方面，青年公务员与中老年公务员的主观认同程度有显著差异：青年公务员对职业地位的评价（平均分为 3.136）显然高于中老年公务员（平均分为 2.750），统计结果表明，$t=-3.344$，p 值为 0.001，$p<0.05$；

而中老年公务员对公务员全心全意为人民服务观念的评价（平均分为
3.050）则明显强于青年公务员（平均分为2.745），统计结果表明，t =
-2.833，p值为0.005，p < 0.05。此外，在对公务员职业压力的感受
上，青年公务员感受到的压力（平均分为2.1538）也显然高于中老年公
务员（平均分为1.8571），统计结果表明，t = 4.017，p < 0.05，年龄差
异显著。进一步的多重比较分析，结果表明，在对公务员职业地位和职
业压力的主观评价上，40岁以下各年龄段的青年公务员之间并无显著差
异，而40岁以上的中老年公务员与40岁以下的各组青年公务员之间均
有显著差异；但是对公务员全心全意为人民服务观念的评价上，40岁以
上的中老年公务员与25~28岁的青年公务员之间并无显著差异，主观认
同度均较高，而他们与青年公务员的另外两个年龄组（29~35岁，36~
40岁）之间则差异显著，29岁至40岁的青年公务员对该项评价的主观
认同程度都比较低。

表3-18　公务员主观评价的年龄比较

单位：人

题　号	年　龄	人　数	平均数	标准差	t	p
W29-1	青　年	253	2.5534	98103	734	463
	中老年	61	2.6557	96411		
W29-2	青　年	252	2.8690	94189	1.816	70
	中老年	58	3.1207	99256		
W29-3	青　年	251	2.6892	98338	1.783	076
	中老年	59	2.9492	1.10522		
W29-4	青　年	253	3.2213	1.06831	495	621
	中老年	57	3.2982	1.01708		
W29-5	青　年	252	3.0595	90176	-964	336
	中老年	58	2.9310	97084		
W29-6	青　年	248	2.8669	93646	-142	887
	中老年	59	2.8475	97933		
W29-7	青　年	252	2.7659	97618	-143	886
	中老年	59	2.7458	95761		
W29-8	青　年	250	3.1360	80504	-3.344	01
	中老年	60	2.7500	79458		

续表

题　号	年　龄	人　数	平均数	标准差	t	p
W29－9	青　年	251	2.9721	79701	87	931
	中老年	57	2.9825	87610		
W29－10	青　年	249	2.7269	92333	808	420
	中老年	60	2.8333	88618		
W29－11	青　年	251	2.7450	95012	－2.833	5
	中老年	60	3.0500	1.09583		
W30	青　年	260	2.1538	78560	4.017	0
	中老年	70	1.8571	74767		

注：本表中的青年公务员指笔者调查中年龄为40岁以下（含40岁）的公务员（因19～24岁年龄段的人数较少，仅4个样本，为避免影响青年公务员内部的进一步分析，故有关年龄比较分析部分，均剔除此类样本）；本表中的中老年公务员指笔者调查中年龄为40岁以上的公务员。

　　上述分析为我们初步展示了青年公务员社会认同的复杂多样性，但是这种复杂多样性又不仅仅表现在上文列举的若干方面中，事实上，不同年龄段的青年公务员之间、同一年龄段乃至同一个公务员身处职业生涯的不同阶段、婚姻收入状况的变化等，都会影响到青年公务员的社会认同，使之呈现不同面向。比如，从公务员职业应该具有的社会地位的认同情况上看，不同年龄段公务员的社会认同也有所不同（见表3－19）：整体而言，不论是全部的被调查对象，还是分成不同年龄段的公务员，对该项最为认同、选择比例最高的都集中在"中上阶层，具有较高的社会地位"（除40岁以上公务员略低于50%以外，其他均高于50%）；但进一步细分的结果发现，25～28岁的青年公务员和40岁以上的公务员，选择中上阶层和中间阶层的比例更高（合计分别为75%和75.4%），而29～35岁和36～40岁的青年公务员选择中上阶层和精英阶层的比例更高（合计分别为79.6%和80.9%）；与此同时，29～35岁和40岁以上的公务员分别有极少数人选择了"下等阶层，没有什么社会地位"，其他年龄段则无人选择此项；19～24岁（刚刚进入公务员队伍）的青年公务员无人选择"中下阶层，具有较低的社会地位"，而其他各年龄段均有少数比例选择此项。

表3-19　公务员职业应该具有的社会地位主观认同比较

单位：人,%

选项	样本	年龄段					合计
		19~24岁	25~28岁	29~35岁	36~40岁	40岁以上	
精英阶层 很高社会地位	人数	1	8	30	16	15	70
	占比	25.0	19.5	21.1	23.5	21.7	21.6
中上阶层 较高社会地位	人数	2	22	83	39	30	176
	占比	50.0	53.7	58.5	57.4	43.5	54.3
中间阶层 一般社会地位	人数	1	10	27	12	22	72
	占比	25.0	24.4	19.0	17.6	31.9	22.2
中下阶层 较低社会地位	人数	0	1	1	1	1	4
	占比	0	2.4	7	1.5	1.4	1.2
下等阶层 没有社会地位	人数	0	0	1	0	1	2
	占比	0	0	7	0	1.4	6
合计	人数	4	41	142	68	69	324
	占比	100.0	100.0	100.0	100.0	100.0	100.0

　　如果从婚姻状况上加以区分，以对"人生最大的幸福"（W26）的选择为例，统计结果表明（见表3-20）：已婚公务员最集中的前三个选择依次是获得社会的承认和他人的尊敬（占33.7%）、拥有一个美满和谐的家庭（占21.9%）和"生活安逸，内心宁静"（占20.8%），而未婚公务员则把"生活安逸，内心宁静"（占39.4%）摆在首位，"获得社会的承认和他人的尊敬"（占36.4%）以3个百分点之差位于其次。

表3-20　婚姻状况不同的公务员主观认同比较

单位：人,%

题号	选项	样本	婚姻状况		合计
			已婚	未婚	
W26 在您看来，人生最大的幸福是：	为一种崇高的信仰而奋斗	人数	27	3	30
		占比	9.7	9.1	9.6
	获得社会的承认和他人的尊敬	人数（N）	94	12	106
		占比	33.7	36.4	34.0
	拥有权力、金钱	人数	1	0	1
		占比	4	0	3

续表

题 号	选 项	样 本	婚姻状况		合 计
			已 婚	未 婚	
W26 在您看来，人生最大的幸福是：	从事自己喜欢的职业	人 数	37	2	39
		占 比	13.3	6.1	12.5
	拥有一个美满和谐的家庭	人 数	61	3	64
		占 比	21.9	9.1	20.5
	生活安逸，内心宁静	人 数	58	13	71
		占 比	20.8	39.4	22.8

注：为便于分析，表中的婚姻状况剔除选择"离异或丧偶"的样本（数量较少）；另外，该题有1个已婚样本（占全部样本的0.4%，没有列入上表）选择了"其他"，并注明自己的想法——人生最大的幸福是挖掘最大潜力做自己想做的事。

已婚与未婚公务员在社会认同上既有类似的一面，也存在差异，不能简单地一概而论。比如，对"家庭幸福关键因素"（只选一项）的认识上（见图3 -17），二者首选的都是"夫妻感情"，但在该项的选择比例上，已婚公务员要高于未婚公务员10.5个百分点；已婚公务员对经济条件和住房状况的关注率都比未婚公务员来得高，这说明已婚公务员更为务实，但未婚公务员也并不纯粹浪漫，他们选择"经济条件"是家庭幸福关键因素的比例也占到14.7%；未婚公务员对"健康状况"更为关注，特别是对"与父母亲朋的关系"的选择大大超过已婚公务员，差距达11.5个百分点。

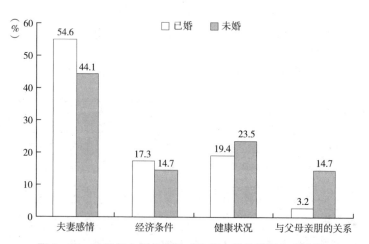

图 3 -17 已婚与未婚公务员对家庭幸福关键因素的选择

二　青年公务员社会认同的类型分化性

综观青年公务员社会认同的具体状况，不难发现它在基本指向、主流认识上有趋同的一面，与此同时，青年公务员群体内部的社会认同也并非铁板一块、高度一致，不论是对同一内容的认同程度，还是对不同方面的认同，都在复杂多样中呈现出一定的层次性，集中表现在社会认同的类型分化上。

国内外学者对社会认同展开研究的过程中，常常在不同立场与角度，涉及其类型的划分与描述。心理学家里克罗夫特将认同分为原发性认同、继发性认同、投射认同和心力认同四种类型。[①] 伯里（John W. Berry）等人将族群认同划分为：整合（integration）、分离（separation）、同化（assimilation）和边缘（marginalization）四种形式。[②] 对文化认同进行研究的一些学者，依据个体对少数族群文化与主流文化的认同程度不同，把认同类型大概划分为四种：即双文化认同（对主流与族群文化都有高度认同），单一性族群文化认同，同化性认同和边缘游离性认同。[③] 曼纽尔·卡斯特按照构建认同的形式和来源不同，将其划分为合法性认同（Legitimizing identity）、抗拒性认同（Resistance identity）和规划性认同（Project identity）三种。[④] 亨廷顿从身份来源的角度，实际上把认同的外延分为归属性的、文化性的、疆域性的、政治性的、经济性的和社会性的六类。[⑤] 这里相互之间有交叉重复的地方，如归属性的认同与疆域性的认同。科尔曼（James S. Coleman）在其《社会理论的基础》一书中提出了七类认同：对直接亲属的认同、对国家的认同、对雇主的认同、对主人的认同、对势力强大的征服者的认同、对社区的认同、法人行动者对其他行

---

① 沈晖：《当代中国中间阶层认同研究》，中国大百科全书出版社，2008，第46～47页。

② John W. Berry, "Ethnic identity in Plural Societies", In Herbert W. Harris, Howard C. Blue and Ezra E. H. Griffith（Eds）, Racialand ethnic identity：Psychological development and creative expression, New York：Routlege, 1995：282–284.

③ 祁进玉：《群体身份与多元认同：基于三个土族社区的人类学对比研究》，社会科学文献出版社，2008，第10页。

④〔美〕曼纽尔·卡斯特：《认同的力量》，曹荣湘译，社会科学文献出版社，2006，第6～7页。

⑤〔美〕塞缪尔·亨廷顿：《我们是谁？——美国国家特性面临的挑战》，新华出版社，2005，第25页。

动者的认同。① 国内学者王春光在分析新生代农村流动人口的社会认同时，集中考察了他们的身份认同、职业认同、乡土认同、社区认同、组织认同、管理认同和未来认同七个方面的情况。② 郑杭生则依据认同广泛性的层次不同，认为快速转型中的当代中国社会最需要强调的是强化对祖国、中华民族、中华文化、中国特色社会主义道路这四个认同。③

在借鉴前人类型划分的基础上，笔者以为，青年公务员的社会认同可借由不同的角度、不同的衡量标准而划分成不同的类型：

首先，依据社会认同产生的机制不同，分化为强制型认同与诱致型认同两种类型。强制型认同是指其社会认同的产生主要源于权力、制度乃至权威的强制，比如政府的管治或是由某种制度"被广为接受"而不得不认可和服从；诱致型认同是指其社会认同的产生主要不是通过有效强制而得，而是通过外在的诱导（inducement）得以产生。例如，青年公务员对社会主义核心价值体系等价值观念的认同上主要属于前者，而对公务员职业隐性收入高、拥有更多资源等利益分配认同上则主要属于后者。

其次，依据社会认同的取向不同，表现为封闭型认同与开放型认同两大典型形式，在它们之间还存在着倾向性强弱不同的诸多层次。封闭型认同与开放型认同除了表现在青年公务员的国家民族意识（闭合性）与对外开放意识（开放性）不同之外，还表现为青年公务员在群体间差异（封闭性）与群体间互动（开放性）的强调上有所不同。即封闭型认同认为公务员群体内外的界限分明、不可逾越，而开放型认同趋于追求公务员群体外的共识，模糊内外群体间的某些特质与界限。访谈对象 I 与 G 就表现出明显的区别，代表两类不同的取向：前者认为公务员跟普通民众之间有着明显的不同，而且应该固守这一区别，从整体形象到言谈举止都不能跟社会普通青年一样；后者认为公务员既要淡化形象，又要注重形象，淡化自己的公务员身份是为了避免跟交流对象产生距离、造成交流对象的反感，维护公务员的形象是为了要对得起公务员这个称号。此外，封闭型认同与开

---

① 詹姆斯·S. 科尔曼：《社会理论的基础》，邓方译，社会科学文献出版社，2008，第148～150页。

② 王春光：《新生代农村流动人口的社会认同与城乡融合的关系》，《社会学研究》2001年第3期。

③ 郑杭生主编《中国社会发展研究报告2009·走向更有共识的社会：社会认同的挑战及其应对》，中国人民大学出版社，2009，第8页。

放型认同还体现在他们对公务员这一公职领域是否可以，以及应该在多大程度上对社会开放存在不同认知。前者认为公职领域应是社会精英群体的"独乐园"，进入或退出这一领域都必须符合一系列规章体制的严格要求；后者认为公职领域不仅应该对全社会开放，而且开放程度越高越有利于社会流动渠道的畅通，也越有利于公务员职业精神的形成。

最后，依据社会认同程度的层次不同，可以区分为表面型认同与实质型认同。表面型认同主要体现为在认知和行为上并不一致，说一套做一套；实质型认同则体现为知行较为一致，所思所想与所作所为基本趋于统一。这两种类型之间，又因其"知行统一"的程度不同，即青年公务员群体内部的社会认同程度不一，而表现出高低不同的多种层次性。

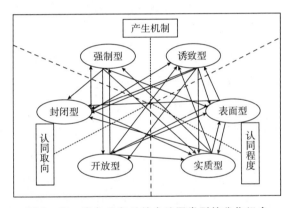

图 3 - 18　青年公务员社会认同类型的分化组合

必须说明的是，上述层次划分的标准与类型未必能全面涵括青年公务员社会认同的全貌，而且不同类型、不同层次之间也并非存在着明晰的界限，而往往呈现出相互交叉、错综复杂的局面（如图 3 - 18 所示）。比如，个体青年公务员的社会认同通常是几种类型的排列组合，既可能是强制封闭型，也可能是诱致表面型，甚至同时是开放型的，等等，这些不同的组合方式使得青年公务员社会认同的内部类型分化更为复杂。

三　青年公务员社会认同的结构二重性

青年公务员社会认同的基本状况表明，结构二重性是其中至关重要的一个明显特征。所谓的结构二重性，主要是借用吉登斯"结构化理论"

（The Theory of Structuration） 的术语，① 指在青年公务员的社会认同上，传统（即传统价值观、传统性）与现代（即现代价值观、现代性），主观与客观的"二重性"（duality）共生并存、相辅相成。这里的结构"二重性"，绝非二元论（dualism）意义上传统与现代、主观与客观的矛盾、对立乃至冲突，而是一种传统与现代、主观与客观并存、相互兼容的局面。也就是说，主观性的不同成分与客观性的不同成分、传统性的不同成分与现代性的不同成分之间的"关系是复杂的，并非是古典现代化理论所预期的那种简单的、此消彼长的负相关关系"。②

首先，主观与客观的二重性是内在于社会认同的一般特征之一。一方面，社会认同是"行动者的主观界定"，③ 具有主观性；另一方面，社会认同具有客观性，人们确定自身身份必须依靠客观世界。"认同是一系列客观存在的社会实践与社会机构反映在人们内心的一种主观状态，要认识认同这种人们内心的主观状态，必须把人们存在于其中的客观世界联系起来。"④ 正如社会学家 Bourdieu 所称，认同的标准既是心理的又是客观物质的，是在不同力量的斗争中历史地建构起来的。⑤ 而在这个建构过程中，社会认同的主观性与客观性并不总是一致的，二者往往是在分裂的博弈中走向统一。比如，青年公务员对公务员职业目前地位与应有地位的评价上，对当今社会存在贪污腐败现象的主观看法与发现同事违法乱纪行为的客观行动等方面，都可以看到社会认同这种主观与客观二重性的辩证统一。

其次，传统与现代的二重性也生动体现在当前青年公务员社会认同的状况之中。吴鲁平在研究中国大陆社会转型时期的青年人格价值取向时就曾发现，青年对优良传统人格特质的喜欢程度，与青年对现代人特质的喜欢程度之间存在着一定程度的正相关关系。而且在优良传统人格与现代人

---

① 安东尼·吉登斯：《社会的构成》，李康、李猛译，生活·读书·新知三联书店，1998。

② 〔日〕君塚大学、〔中〕吴鲁平、〔韩〕金哲秀主编《东亚社会价值的趋同与冲突——中日韩青年社会意识比较》，社会科学文献出版社，2001，第 127 页。

③ 方文《群体资格：社会认同事件的新路径》，《中国农业大学学报》（社科版）2008 年第 1 期。

④ Ross Poole, *Nation and Identity*, London: Sage Publication 1999, p. 14.

⑤ 高一虹、李玉霞、边永卫：《从结构观到建构观：语言与认同研究综观》，《语言教学与研究》2008 年第 1 期。

格之间，青年更多地表现出对优良传统人格的青睐。吴鲁平还依据20世纪90年代所做的数项全国性调查数据，将处于社会转型时期的中国大陆青年的心态或价值观念变动概括为"6个特点"和轨迹：即认同与更新并存；多元化与趋势同化相混；理性与非理性相杂；物质价值与精神价值共享；个体利益与群体利益兼顾；结构与机制共变。① 这些特点不仅恰恰可以说明青年公务员社会认同的结构二重性，而且在当前青年公务员的社会认同中可谓频频出现。

青年公务员在职业认同中情感性与非情感性的二重结构，在价值认同上的集体取向与个体取向的二重结构，还有国家民族意识（闭合性）与对外开放意识（开放性）的二重结构，认同本国传统文化与接纳西方文化的二重结构，等等，实质上都是传统与现代二重性的真切反映。

如果说传统社会的最大特点是讲究情感和道德，那么现代社会的最大特点则是讲究情感中立性、理性、法律和规则。② 体现在职业生活领域，注重传统的情感价值和道德价值，便会倾向于在领导与个人之间的关系上，建立一种除工作关系之外，还渗透着非工作关系的私人关系，并且主要用道德的标准来要求领导；反之，注重理性价值、法律价值和规则价值，则会期待自己与单位领导的关系是一种纯粹的工作关系，照章办事，公私分明，并且期待领导依法执政。调查发现，影响青年公务员工作积极性的因素中，排在前列的分别是"和谐的工作关系"、"公平竞争的环境"、"晋升机会"和"领导关心"，这表明青年公务员在职场中既重视情感性的因素，期待领导与个人的关系、同事与自己的关系比较良好、和谐；又重视理性与法律因素，期待公平合理的竞争制度和竞争机会。在青年公务员的生活中，花费较多时间的除日常工作外，既有学习专业或其他知识的理性行为，也有处理各种人际关系、朋友之间应酬的情感追求。

在价值观念的取向上，青年公务员既有坚守"为一种崇高的信仰而奋斗"、追求"获得社会的承认和他人的尊敬"的集体价值取向，也有相当比例的青年公务员表现出明显的个人价值取向，以从事自己喜欢的职业、生活安逸、家庭美满，甚至是拥有权力、金钱为人生的最大幸福。在加入

① 吴鲁平：《转型社会中的青年心态》，黄志坚、潘岳、李晨主编，《走向新世纪的中国青年》，中国和平出版社，1996，第339~480页。

② Ronald Inglehart, 1997, *Modernization and Post - modernization*, Princeton New Jersey.

公务员队伍的目的上，反映集体价值取向的"在更高平台上为国家和社会进步作出更多贡献"与反映个人价值取向的"生活更有保障，更加稳定"、"光宗耀祖"等同时并存。

国家民族意识（民族主义）与对外开放意识（或全球意识和世界主义），是侧重于从空间维度上划分传统价值（传统性）与现代价值（现代性）的一个重要尺度——将空间上的封闭性视之为传统，将空间上的开放性视之为现代。① 在对关于经济全球化的一组观点的判断中，青年公务员不仅对我国传统文化认同度较高，赞同"越是经济全球化，越要坚持民族特色和基本价值"的比例高达近95%，同时表现出对国际合作与和平沟通的高度支持。可见，国家民族意识与对外开放意识、传统性与现代性，在中国青年公务员身上也是相互交织、共生共存的。

四 青年公务员社会认同的动态过程性

动态过程性是社会认同的重要特征。

首先，"认同事实上只能理解为过程。理解为'成为'（being），或'变成'（becoming）"。② 贯穿于简金斯《社会认同》论证中的两条基本线索之一，即"社会认同是个实际的成就，是个过程"③。简金斯批判有些当代学者只把认同当做基本资料，所以理解的"仅是其所'是'（be）"，而忽视过程就无法抓住理解社会认同"之所是"的关键：

这种做法忽略了认同是如何"操作"或"被操作"，忽视了过程和反身性，低估了认同在互动和制度层面的社会建构。理解这些过程，才是了解社会认同之所"是"的关键。（Jenkins，1996：4）

其次，社会认同是动态的建构过程。"认同并非原本'就在那里'，而总是必须被建构。"④ 社会认同作为建立归属感的过程，不可能凝固不变，

---

① 〔日〕君塚大学、〔中〕吴鲁平、〔韩〕金哲秀主编《东亚社会价值的趋同与冲突——中日韩青年社会意识比较》，社会科学文献出版社，2001，第143页。

② Jenkins Richard, *Social Identity*（London：Routledge Publishing Group，1996），p. 4.

③ 〔英〕Richard Jenkins：《社会认同》，王志弘、许妍飞译，巨流图书有限公司，2006，第36页。

④ 〔英〕Richard Jenkins：《社会认同》，王志弘、许妍飞译，巨流图书有限公司，2006，第5页。

在本质上是处于持续变动之中的。吉登斯认为，认同是由人类自己创造的一个动态的、没有终点的过程。① 只要个体的思维、情感能力存在，就会不断从事社会认同的活动。社会认同的变化既是对外部社会环境变化的反映，也是人们之间相互关系不断变动的结果；既反映了人们自我认同的改变，也体现了社会对某一个体或群体的态度变化。"人们认同选择的差异，可能源于内在人格特质，也可能来自个人的特殊生活经验。"② 加之社会变迁的普遍存在，社会认同是一个不断建构—解构—建构的塑造过程。

亨廷顿认为，随着时间和情况的变化，多重认同各自的轻重分量也会发生变化。因此，必须关注社会认同的"空间性与时间性维度"。③ 郑杭生认为："个人和群体都既是认同的主体，又是认同的客体"，表明了个人和社会在主客关系上的相互建构、相互型塑性；"个人和群体都既有身份的问题，又有角色的问题"，表明了个人和社会在结构和行动关系上的相互建构、相互型塑性；个人认同和集体认同、自我认同和他者认同密不可分的关系，表明了个人与社会在社会主体与人文环境关系上的相互建构、相互形塑性；社会认同"以利益为基点，以文化为纽带，以组织为归属"，表明了个人与社会相互建构、相互形塑的路径和舞台。④

从宏观层面看，青年公务员社会认同的历史渊源及其自 1949 年以来的发展变迁过程，充分展示了青年公务员的社会认同在不同体制制度背景下并非静止不变的，而是动态可塑的过程。当前青年公务员社会认同横向比较上的复杂多样性、类型分化性和结构二重性，也生动印证了其动态过程性的突出特点。在源远流长的社会历史长河中，现在的中老年公务员曾经是当时的青年公务员，而当前的青年公务员亦将是今后的中老年公务员，因此社会认同的动态过程性就贯穿于中老年公务员与青年公务员社会认同的发展变化之中。从微观层面看，个体青年公务员的社会认同也表现出动态性、可塑性和过程性。

---

① Barber, Chris, *Culture studies: Theory and practice* (London: Sage Publication. 2000), p. 166.

② 邓志松：《公民教育与认同政治：以国家认同教育为例》，《通识教育季刊》（台湾）2005年第 1 期。

③ 王明珂：《华夏边缘：历史记忆与族群认同》，社会科学文献出版社，2006，第 33 页。

④ 郑杭生主编《中国社会发展研究报告 2009·走向更有共识的社会：社会认同的挑战及其应对》，中国人民大学出版社，2009，第 5～7 页。

笔者在对访谈对象进行跟踪访谈的结果可以看出青年公务员社会认同的变化与发展：

问：这几年来，你的想法有没有什么变化？请具体谈谈。（主要问及：你现在最关心的事情是什么？目前最大的压力是什么？认为当前公务员队伍最大的问题是什么？对信仰问题有什么看法？）

访谈对象G：前后访谈时隔3年，副处，期间工作单位有调整。

答：跟3年前比，想法当然变了很多，不要说3年了，每个时间段的工作岗位不一样、生活重心不一样，想法肯定也不一样，但是也有些东西是不会变的。比如，最关心的事都是跟工作有关，都是在考虑如何才能有效推进手上的工作。现在压力最大的事情也是工作，在征地拆迁中怎样才能处理好工作进展与维护稳定之间的关系，很多事在理论认识上和工作实际中还有相当大的差距的。我觉得公务员队伍最大的问题是制度的设计，特别是考核激励机制。你比如说，现在的公务员面临的外部环境和内部环境都不太好，外部环境中"有色眼镜"的压力很大；而在队伍内部，就公务员职业自身而言，职业上升的通道很有限，其实可以处理好职数与职级之间的关系，很多人干了一辈子都上不了领导职数，那能不能在非领导职数的职级问题上给他平衡？否则他都没奔头了，还能全身心投入工作？公务员考核激励机制不够到位，会直接影响到公务员队伍内部的工作动力，特别是基层，你很多事情就推不动。所以现在公务员队伍实际发挥的作用并不充分，与应有的作用之间还有很大差距。

访谈对象H：前后访谈时隔4年，从基层机关部门普通科员竞争上岗担任街道党委秘书（副科），从未婚到已婚。

答：这几年工作生活上的变化挺大的，到街道工作后更忙碌了，去年年底结婚了，感觉整个想法变了很多。以前只想着工作如何冲冲冲，其他的什么都不考虑，现在结婚后更多的是考虑家庭的因素，更注重家庭的稳定和谐、对子女的培养。现在的工作主要是分管经济，最关心的事情是中国的经济是否能持续增长，企业能否按照国家的要求持续业绩增长。

目前最大的压力也来自工作方面，上面一级压一级，经济指标数据要求要按序时进度完成，很多领导为了能在上级领导面前显示有工作能力，拼命让经济指标虚高，完全不考虑下一任领导今后的工作压力。因为经济指标越高，第二年的基数越大，需要增幅的压力越大，企业不是万能的，如果企业能够按照政府制定的指标增长，企业都成了微软，企业家都成了比尔盖茨。

当前公务员队伍的最大问题，个人感觉还是廉政建设问题，很多事都需要关系网才能办事情。还有公务员的工作效率不高，每个公务员都说本办公室需要再增加人手，实际上我认为公务员队伍至少可以精简一半，然后实现高薪养廉，把所有公务员的潜能充分发挥出来。

在信仰问题上，我认为还是要继续提倡为人民服务的宗旨信念，牢记艰苦奋斗的工作作风。之所以出现上面提到的问题，我认为归根结底还是这个宗旨没真正入心。

访谈对象D：前后访谈时隔3年左右，从高校副处级干部转为副县长也3年左右。

答：肯定是有一些变化的，看法会更深入一些。我感受到基层公务员的辛苦，也把自己所学的东西拿到实践中检验了一下。其实问题可以从不同的维度来看，也有不同的表现。

我觉得基层公务员最大的问题是没有养成系统思考和做事的习惯，一般都就事论事。比如，面对群众的某些出格要求，不会考虑怎样做事更有效率，不会考虑怎样整合资源解决问题，不会考虑怎样关心、照顾、平衡群众的情绪、情感，而是解决不了的事情就拖，其实没有提高这方面的方法和能力，问题就持续累积在那。所以往深层次点说，在现有的制度框架内，基层公务员如何增强自身的人力资本含量是比较空缺的，往往更多的是看到职业的经济性、社会地位，对职业能力提升方面的了解很少，关注不多，储备太少，看不到职业给人生发展带来的机会，不能有效地认识工作对生命的价值。至于晋升渠道少，我觉得这是很正常的、长期的社会现象。关键还是怎样调动积极性，建立"工作学习化"的理念，在工作过程中学习专业能力，我觉得基层工作亟待提高专业化的管理水平，因为基层部门管理资源条块分割，断裂太多，如何整合资源是个普遍存在的问题。

不同年龄段对压力的认识不同，不仅是公务员，每个人都一样。

现在基层公务员整体上的压力，我的直觉是基层接待压力很大，一个是财政的压力，一个是身体的压力，我自己个人是坚持滴酒不沾的；再一个基层公务员队伍年龄老化的趋势比较严重。我个人的最大压力是不可控的、无法预知的社会风险带来的。其实我们对什么事情都不确定，公务员职业不仅风险很大，而且是多方面、不可控的，你不知道什么时候可能就会被问责免职，青年公务员特别是领导干部也搞不清自己能不能安然退休，这跟勤奋与否没有关系，所以现在普遍是把逃避内心痛苦、完成任务当成开展工作的驱动力，缺乏追求内心的快乐，工作的积极性就不高。不是超前、预防、综合地考虑问题，很多东西是被问题解决了而不是解决问题，所以大家创造性不足。

最关心的问题是怎样增加自己的经济实力和增强个人的综合素质，这是一个问题的两个方面，都是为了增强自己应对社会风险的能力，是很现实的问题。还有就是政治上如何进一步成长的问题，因为处理很多事情需要更好的平台，对社会才更有帮助，现实中你缺少这个平台很多事情都做不了。

我觉得自己的信仰没有改变，也无需改变，自认为自己是个有信仰的人，而且是个坚持信仰的人。现实中也感觉到基层甚至整个社会的道德问题已经被淡化，社会需要恢复一种更加有序的规则，现在我们道德领域只剩底线，处理具体事情时的道德意识非常模糊，只剩下法律来制约，只剩下用利害关系来权衡。利益博弈的法则在社会上通行，某种程度上说这也是一种理性，对利益的理性。老百姓在法律的边界内不断制造压力对政府施压，这也是基层工作的一个压力，政府往往是花钱买平安，这似乎成了新的游戏规则，这是个非常严重的问题。冰冻三尺非一日之寒，所以需要重建、需要平衡利益分配关系，也需要基层公务员不断提升自身素质。

综上所述，社会认同往往是根据情况的变动而不断调整、反复博弈、相互建构和形塑的一个过程，这不仅极大增加了社会认同复杂多样的可能性，也极大增加了社会认同的整合难度。

第四章

青年公务员社会认同的生态系统

　　一切事物都是一定时空中的有机复合体,是某个整体的一部分。理解人类行为的唯一正确方式,无疑是将其置于历史、社会和文化背景中去考察。青年公务员社会认同的具体状况,既抹不掉历史的印迹,也离不开所处环境背景的形塑。由于人们各自生长的社会与文化环境不同,人们居于不同层面上的群组认同意识会表现得十分不同:"每个人都有一个认同层面的等级体系(hierarchy),……这个等级体系可能随着时间而转换或变化,在一定的场景下,某个层面的社会认同会比其他层面更加显著(more relevant)"。[①] 当经济、政治、文化和社会等生态环境系统持续快速地发生变化时,人们社会交往活动、社会实践活动的领域和范围也随之发生相应的变化,进而对自己的身份产生不同理解,对所在群体的认同和忠诚也会发生巨大改变。也就是说,社会认同是社会记忆与社会时空相互作用的产物,社会生态环境和文化心理结构不仅对主体的社会认同起着形塑作用,而且社会时空和社会情境的变迁特性决定了社会认同是一个不断变化和修正的过程。因此,曼纽尔·卡斯特说,"我们无法一般性地抽象地来谈论不同类型的认同是如何建构起来的、由谁建构起来的以及它们的结果如何,因为它们是与社会语境有关的"。[②]

　　既然社会认同在不同的社会场景、政策制度下会呈现出不同的格局形

[①]　马戎:《民族社会学——社会学的族群关系研究》,北京大学出版社,2004,第73页。

[②]　〔美〕曼纽尔·卡斯特:《认同的力量》,曹荣湘译,社会科学文献出版社,2006,第9页。

态，那么深刻理解青年公务员社会认同的具体内容与实际状况，探究其为什么会呈现出上述的主要特征，乃至于摸索如何引导青年公务员的社会认同，等等，都跳不出当前中国社会生态环境的林林总总。换言之，影响当前青年公务员社会认同的种种因素也就是影响人类行为的各种社会因素和文化因素，即人或特定制度所处的社会——文化环境。[①] 马克思主义认为，"人创造环境，同样环境也创造人"。由于"社会化总是会在特定社会结构的背景中发生。不仅其内容，还有其'成功完成'的程度，都有社会结构的条件和后果"，因此"对内化现象的微观社会学分析或社会心理学分析，必须总是以它们结构方面的宏观社会学理解为背景"[②]。正如雷蒙·阿隆感慨于他无法完全脱离自身的条件限制：无论是扮演何种角色——父亲、公民、教师、记者、乘公交车旅行的人、度假者，都要遵循某些行为模式，遵从某些风俗，遵从某些规则。[③] 因此，本章主要致力于深入探讨影响当前青年公务员社会认同的各种因素，即形塑青年公务员社会认同的社会生态环境系统。

首先，社会生态环境是一个不断运动变化的过程。20 世纪 90 年代初至今，即本研究所划分的公务员社会认同的第三个阶段，恰逢中国经历剧烈、复杂、多元的社会变迁，社会生态环境的变化不仅体现为经济体制的转轨、政治体制的改革、社会结构的转型、文化模式的转换，而且表现为人们思想观念的解放更新、心理层面的转型适应、社会认同的巨大变化。

其次，社会生态环境是一个包括广泛内容和复杂因素的有机系统。社会经济发展水平、政治制度和政策法规、社会意识形态、文化生活与社会结构等因素，都有可能通过不同的角度直接或间接地影响人们的社会认同，使其内涵、程度、表现形式等出现变化。因此，笔者把这些因素归纳为当前中国的经济、政治、文化、社会四个生态子系统，并把来自于国际环境的各种影响分别纳入这四个层次。

毫无疑问，构成社会生态环境系统的四个子系统，不仅各有各的特殊

---

① 王邦左等编：《中国政党制度的社会生态分析》，上海人民出版社，2000，第 3~4 页。

② 〔美〕彼得·伯格、托马斯·卢克曼：《现实的社会构建》，汪涌译，北京大学出版社，2009，第 134 页。

③ 〔法〕阿尔弗雷德·格罗塞：《身份认同的困境》，王鲲译，社会科学文献出版社，2010，第 87~88 页。

作用，而且彼此之间是相互联系、相互渗透的。它们共同构成了当前青年公务员社会认同形成和发展变化的基础。

第一节　经济生态系统

经济是政治的基础，经济发展直接关系着整个社会、政治的发展。在《共产党宣言》中，马克思和恩格斯就指出，无产阶级获得政权以后，应"尽可能快地增加生产力的总量"①。经济发展水平历来是衡量现代化水平的根本指标之一，列宁甚至提出："共产主义就是苏维埃政权加全国电气化"。② 发展经济不仅是现代政府的重要任务，而且是政府获取合法性的重要依据之一。利普塞特强调，政府的合法性在很大程度上取决于其维系社会稳定和推动社会发展两个方面的作用，主要指持续不断的经济发展。也就是说，现代国家的合法性与社会经济发展之间呈正相关的关系，即后者越高，合法性就越巩固；反之，如果政府在管理社会经济事务上长期处于低效或无能的状态，合法性就必然欠缺。威廉·格拉瑟（William Glasser）认为，经济富裕是出现所谓"认同社会"的主要原因和三个驱力之一。③因此，在构成社会生态环境系统的诸多因素中，经济生态系统居于基础性的地位，具体包括经济发展水平、经济发展方式、经济体制和经济结构等要素。

一　社会主义市场经济高速发展与运行环境复杂

改革开放 30 多年来，中国社会的经济发展堪称人类经济史上的奇迹：1979 年至 2008 年，我国年均 GDP 增长率为 9.8%④，明显高于世界各国同期的增长速度。如果说改革开放的前 14 年是围绕着"计划和市场"两种

---

① 《马克思恩格斯选集》第 1 卷，人民出版社，1995，第 272 页。
② 《列宁全集》第 42 卷，人民出版社，第 182 页。
③ 威廉·格拉瑟（William Glasser）：《认同社会》（The Identity Society），傅宏译，桂冠图书股份有限公司出版，1994，第 14 页。
④ 详见中华人民共和国国家统计局编《中国统计年鉴 2009》，中国统计出版社，表 1 ~ 2 国民经济和社会发展总量与速度指标。

路径，逐渐摸索经济体制改革的 14 年，那么 1992 年邓小平"南方谈话"和随后召开的中共十四大最终确定了市场经济改革目标之后，我国的所有制结构呈现出加速变化的态势，改革不断深入、对外开放日益扩大，市场机制也逐渐在资源配置中发挥着重要作用。20 世纪 90 年代初至今，经济体制模式的转换推动经济发展水平进一步提高，不仅表现在经济总量的大幅增加上，而且经济增长较快速度依然保持领先。截至 2010 年，我国 GDP 总量超过日本，跃居世界第二[①]。根据统计年鉴的数据分析，我国年均 GDP 增长率从 1991～2008 年为 10.3%、2001～2008 年为 10.2%，这样的发展速度令世界瞩目。但是，众所周知，GDP 总量并非衡量经济实力的唯一指标，中国目前的人均 GDP 仅为日本的 1/10 左右，现代化产业整体上还是"大而不强"，投入产出效率依然较低，在国际分工中也还处于被动地位，经济结构亟待优化升级等都是我们无法回避的事实。特别是在经济全球化的背景下，发展中国家一样饱受世界经济危机、金融危机的冲击和影响。因此，当前中国经济发展面临的国内外环境依然是错综复杂的：

从国际上看，尽管目前世界经济正在逐步复苏，但复苏的基础不牢固、过程也不会一帆风顺。表现在美日欧等发达经济体失业率仍然较高，消费者信心总体低迷，全球经济持续增长的动力不足；欧洲部分国家的主权债务危机仍未平息，解决这个问题将是一个长期的过程；主要货币汇率和国际市场大宗商品价格波动加剧；贸易和投资保护主义抬头，贸易保护主义倾向明显强化，手段更加多样，仅 2010 年上半年我国遭受贸易救济调查案件达 38 起，已成为贸易保护的最大受害国。总之，国际金融危机的深层次影响尚未完全消除，全球经济结构性和系统性风险仍很突出，我国经济运行面临的国际环境依然相当复杂。[②]

从国内来看，20 世纪 90 年代以来，改革进入攻坚阶段，市场机制发育不完善所导致的缺陷和市场经济制度本身的功能性缺陷构成的双重困扰[③]交织在一起，经济发展领域出现了许多新矛盾和新问题。如今，一些长期积累的矛盾仍然存在，而且各种矛盾和问题相互交织、相互影响，解

---

① 徐冰：《中国 GDP 超过日本有何意义》，《中国青年报》，2011 年 2 月 15 日第 2 版。

② 发改委主任张平：《当前国内外经济环境仍然错综复杂》，中国新闻网，2010 年 8 月 27 日。

③ 柳新元：《利益冲突与制度变迁》，武汉大学出版社，2002，第 103 页。

决的难度也在增大。比如，形势严峻的抗灾救灾、任务艰巨的节能减排、预期压力较大的通胀管理、任务紧迫的结构调整，以及在就业、劳动关系、社会保障、收入分配、社会服务、安全生产等领域仍存在的涉及群众切身利益的突出问题等，都需要高度重视和积极应对。这些都会直接或间接地影响着青年公务员的社会认同。

二　社会财富巨大积累与群体利益分配缺乏公平性

理论研究的相关结果与基本生活经验都可以证明：一个群体的利益分配是否公平合理，是影响群体成员对群体的认同、支持和归属的最重要因素。在一个社会中，群体的利益分配直接表现为收入水平的高低和收入差距的大小。

20世纪90年代以来，随着经济体制改革的推进和经济发展水平的提高，中国社会财富巨大积累，包括贫困阶层在内的各个阶层群体，都不同程度地分享了改革带来的实惠，绝对收入水平和生活水平均有显著提高。与此同时，过去计划经济时期，国家对食品、住房、医疗、教育等方面的补贴或统包制度开始改变，不仅取消了对城市粮、油、副食品的补贴，而且福利分房也逐步停止，开始实行住房商品化；"公费医疗"逐渐被"大病统筹"所替代，医疗保险得到积极推行；教育特别是高等教育收费得到允许；国有企事业改革不断深化，"职工吃企业'大锅饭'，企业吃国家'大锅饭'"的不合理体制得到改变，但是与大量企业破产、转制和实行"减员增效"相伴而来的是相当数量的职工下岗或失业了。[①] 在这样的背景下，发展和改革的普惠性要比改革开放初期小得多，不论是城乡之间、地区之间，还是行业之间、群体之间，都几乎毫无例外地存在收入差距扩大的问题。

从国际通用的、衡量收入差距的重要指标——基尼系数来看，改革初期大约是0.3，1988年是0.341，1990年到1995年间，从0.343上升到0.389，1999年达0.397，而2000年突破0.4，超过国际公认的警戒

---

① 武力等《1992年以来收入分配变化刍议》，来源：《中国经济时报》（http://www.cet.com.cn），2006年5月26日。

线，达到 0.417，2005 年上升到 0.47，目前已超过 0.48，甚至有学者的估算已经达到 0.5 以上。以下一系列的数据都说明了收入分配领域收入差距的扩大，即群体利益分配公平性的缺乏是影响中国经济社会稳定发展的重要问题：[①]

在对中国收入分配格局产生重要影响的城乡差距上，如表 4 – 1 所示，中国城乡人均收入比在改革开放后经历了一个从缩小到反弹、再到不断扩大的过程，城乡二元结构从行政主导型日益转向市场主导型，城乡差距越发明显。

表 4 – 1　1978～2009 年中国城乡人均收入比（以农村为 1）

年份	1978	1983	1990	1995	2000	2001	2002
比值	2.57:1	1.7:1	2.2:1	2.72:1	2.79:1	2.91:1	3.11:1
年份	2003	2004	2005	2006	2007	2008	2009
比值	3.23:1	3.21:1	3.22:1	3.28:1	3.32:1	3.31:1	3.33:1

数据来源：1978～2004 年统计数据来自《2006 年中国社会形势分析与预测》第 202 页；2005～2009 年统计数据来自历年国家统计局公布数据的计算结果。

在居民收入差距上，全国收入最高和最低的 10% 人群，他们之间的收入差距，在 1988 年是 7.3 倍，到 2007 年上升到 23 倍，而且这种差距在向纵深发展；上市国企高管人员的收入，与同单位一线职工的差距达 18 倍，而与社会平均工资相比，更高达 128 倍。

在行业收入差距上，从 1978 年的 1.4 倍扩大到 2008 年的 15 倍，远高于美国 6 倍的水平；电力、电信、金融、烟草等行业的平均工资是其他行业的 2～3 倍，实际差距则为 5～10 倍；几大垄断、国有行业的职工数不足全国的 8%，但工资总额却占 55%。

在地区收入差距上，以 2008 年农村居民人均纯收入为例，最高的上海与最低的甘肃之比为 4.2:1，绝对差额由世纪初的 4700 元扩大到 8720 元，城市差距由 7000 元扩大到 16000 元；人均 GDP 最高的上海与最低的贵州之比达 13 倍，远高于发达国家 1.5～3 倍的水平；在国家定价的制度当中，由于区域之间的财政差距，公务员工资的地区差距也越来越大，达到了十

---

① 杨正位：《缩小收入差距 走向共同富裕》，http://theory.people.com.cn/GB/12597378.html，2010 年 8 月 31 日，来源：《中国经济时报》。

几倍之巨①。

在国民收入分配格局中，政府、企业、居民三者的分配比例，从改革开放初的 24∶18∶56 变为目前的 31∶32∶37。劳动报酬与 GDP 之比从 1983 年的 56.5% 降至 2009 年的 37% 左右，比世界其他国家低 15 个百分点；而企业、政府占比则分别比世界平均水平高 9 个、6 个百分点左右。我国企业工资占运营成本一般不到 10%，远低于发达国家的 50% 左右。从 1990 年到 2008 年，农民的工资性收入比重从 20.2% 上升到 40.9%，农业收入比重从 66.4% 下降到 38.9%，工资性收入已成为推动农民增收的最重要力量。②

收入差距的扩大，有所有制结构变化和市场调节的主要作用，也有政府行为不当的加剧作用。具体表现为垄断行业的高收入得不到有效遏止；因国有资源、环境监管不力等因素造成的房地产、煤炭等资源性行业的暴利得不到有效制止；企业的偷漏税行为也得不到有效遏止等。由于目前缺乏科学公正的人才评价体系和充分竞争的人力资源市场，教育投入的价值并未得到充分体现，而户籍、出身、企业身份等差别，却成为拉大收入差距的无形推手。随着"富二代""穷二代""官二代""二代农民工"等现象在我国的出现，收入差距问题上的代际传承和差距固化现象值得我们特别注意。世界银行认为，当不平等长期存在并代际遗传时，就会出现"不平等陷阱"。这种机会不均等是一个危及社会稳定的重大隐患，直接影响着公务员群体的社会认同。

三 收入来源多样化与行政权力市场化

20 世纪 90 年代以来，随着社会主义市场经济体制的建立，国有企业改革以及财政、金融等方面相应的政策创新，极大地推动了我国经济发展，带来了社会资源与经济资源多方面、多层次的重新配置，改变了收入分配格局，丰富了收入分配渠道和途径。劳动已不再是收入分配的唯一依

---

① 《2007 年中国社会形势分析发布会（实录）》，http：//www.enorth.com.cn，2006 年 12 月 25 日。
② 王德文：《国民收入分配严重失衡 城乡收入差距正扩大》，http：//finan &.ifeng.com，2010 年 1 月 18 日。

据和不二原则，参与收入分配的要素日渐多样化，包括劳动能力、资产、社会关系等。比如，在工薪收入中，随着劳动力市场的形成，人力资本的决定性作用越来越凸显，特殊技能、专业知识、供求关系等，也都成为职工之间工资收入差距不断扩大的重要影响因素。除了工资收入外，人们的投资渠道也越来越多样化，迅速成长的金融市场、规模不断扩大的上市公司使得人们的存款、股票、债券、房产出租等收入所占的比重不断上升。特别是作为财富调整的巨大力量，土地、资源、资本这三种生产要素促使房地产、矿产和证券等成为"最赚钱"的暴利行业。国家统计局抽样调查的结果显示，不论是城镇居民收入中的工薪收入，还是农村居民收入中的家庭经营收入，它们在居民收入中所占的比重均呈现出下降的趋势。[①] 城镇居民以前主要是工资收入，但是近年来工资收入的发展趋势是逐年下降的。2008 年工资性收入占整个收入比例的 66.2%，比 2000 年降低 5 个百分点，经营、财产性收入比例上升，成为居民收入增长的亮点；农村以前主要是以家庭经营收入为主，而今这个收入也呈逐年下降的趋势，2008 年的占比是 51.2%，比 2000 年降低了 12.1 个百分点。相反，最近几年农村居民工资性收入增长比较快，2008 年比 2000 年增长了 1.6 倍，在 2008 年农村居民收入中所占的比重大概是 38.9%，比 2000 年上升了 7.7 个百分点，即工资性收入已成为农村居民收入的重要来源。[②] 总之，城乡居民的收入结构已经发生了不小变化，收入来源日益多样化。

我国居民收入来源的多样性，往往和收入分配渠道复杂、基础性的国民收入记录制度尚未建立等因素直接相关。调查表明，大量专家学者和基层干部群众普遍比较认同用五种"颜色收入"来概括当前形形色色的收入渠道和方式[③]："白色收入"意指正常合法收入，包括工资、福利等；"黑色收入"意指通过违法手段而获得的非法收入，如贪污受贿、偷盗抢劫、欺诈贩毒等；"血色收入"特指那些突破人类文明底线，以牺牲他人性命、用榨取鲜血而得的收入，如黑砖窑、黑煤窑等；"金色收入"

① 武力等《1992 年以来收入分配变化刍议》，来源：《中国经济时报》（http://www.cet.com.cn）2006 年 5 月 26 日，版面：新视点。
② 《2009 年社会蓝皮书发布会（实录）》，http://www.sina.com.cn，2008 年 12 月 15 日。
③ 《我国贫富差距逼近社会容忍"红线""五色"收入炫目》，http://finance.huanqiu.com，《经济参考报》2010 年 5 月 10 日。

是指利用股票、黄金、期货等资本获得的收入；"灰色收入"指介于合法与非法之间的收入，名目繁多，已经普遍渗透到社会的各行各业，主要可以分成违章不犯法的"正灰色"收入、属于变相受贿的"名灰实黑"的收入和本应归到"白色收入"中，但缺乏相关制度的明确规定，虽然渠道正当，却没有税务监管的"浅灰色"收入。上述五种"颜色收入"既相对独立，也有交叉的地方，造成了国民大量"隐性收入"的存在。有专家调查表明，城镇居民收入中没有被统计到的收入估计高达4.8万亿元，遗漏主要发生在占城镇居民家庭10%的高收入户（占全部遗漏收入的3/4）。①

在收入来源和收入形式多样化的格局中，最引人注目的是随着市场放开、社会转型和法治不健全而迅速蔓延的非正当收入，而在非正当收入中，最刺痛神经的又是"权力市场化"，即通常所说的"以权谋私"。比如，利用国家资源和垄断行业牟取集团和个人收入的腐败或"搭车"行为，突出表现为国有和集体所有制企业转制过程中逐渐形成的"权贵私有化"、外资和私企低价收购以及"管理层收购"等现象，造成了国有资产大量流失，公共财产通过各种渠道被转化进私人"腰包"。

如果说纯粹市场经济的"最小政府"和纯粹计划经济的"最大政府"均不容易出现寻租活动，那么从传统公有制集权式的封闭经济向开放的市场经济转型过程中，政府只承担一部分的资源配置责任，或者是以各种方式影响着资源拥有者对其资源的支配和使用，在这种权力没有从资源配置中完全退出的制度下，就特别容易产生大量的寻租机会和寻租活动。② 在1992年以后的改革中，权力与市场相结合的机会大大高于市场转型的第一阶段：一是许多经济法规尚待建立、完善，如市场审批环节比较繁琐、市场竞争机会并不均等；二是相当长一段时期内法制上的漏洞和空白，既使得对寻租活动的监督成本很高、监督难度很大，又让寻租收入混同于正常的合法收入；三是我国政治体制改革相对滞后，对权力缺乏有效的监督制约；四是中国自古以来以家庭、朋友为基础的社会关系体系极其复杂，为

---

① 参见中国改革基金会国民经济研究所副所长王小鲁的相关研究。
② 林幼平、张澍：《20世纪90年代以来中国收入分配问题研究综述》，《经济评论》2006年6月11日。

权钱交易创造了萌生繁衍的环境条件①。

在诸多因素的共同作用下，很多社会中心群体利用手中的公共权力牟取"小集团"或个人的私利，特别是各种各样与行政权力有关的经济谋利行为、市场寻租现象很普遍。比如，通过各种关系挤入行政和事业单位，谋得一份稳定的工作、工资和保障，即获取就业利益；用审批许可执法等公共权力从被管理者那里寻租，即获取权力利益；通过级别上升，获得更大的权力、更多的寻租机会以及公务消费的可能，即所谓的升级利益；以及下级贡献和侍俸利益、规模膨胀利益、利益享受最大化行为，等等。② 这些行为与表现，说明市场经济中被奉为一切市场行为最高原则的"逐利原则"已经开始冲击和影响着政府、部门、机构和公务人员的动机和行为，侵蚀和破坏着公共权力的公共性质，甚至改变公共权力的行使方式，把本应是公正的行为导向用权求利、以权谋私的方向。如果缺乏制度上的有效隔离措施，政府各部门及公务员的私人利益就不仅可能被强化，而且可能越来越与市场经济的利益相结合，导致一系列的社会问题。20 世纪 80 年代，尽管腐败远不是个别现象，但是涉及的财富量相当有限，因而并不能对整个社会的财富分配产生实质性的影响。进入 20 世纪 90 年代，腐败现象逐步普遍化，特别是腐败官员的比例逐年扩大，动则贪污受贿几百万甚至几千万的官员呈增长之势。根据最高人民检察院在全国人大工作报告中提供的数字，1998 年至 2003 年全国检察机关共立案侦查贪污贿赂、渎职等职务犯罪案件 207103 件，其中贪污、贿赂、挪用公款百万元以上大案 5541 件，涉嫌犯罪的县处级以上干部 12830 人；1998 年至 2002 年，全国法院依法严惩贪污贿赂等职务犯罪，共判处犯罪分子 83308 人，其中县处级以上公务人员 2662 人。③ 党的十七届四中全会指出，一些领导干部特别是高级干部中发生的腐败案件影响恶劣，一些领域腐败现象易发多发，这是党内存在的不适应新形势新任务要求、不符合党的性质和宗旨的问题之一。

---

① 李强：《社会分层十讲》，社会科学文献出版社，2008，第 336 页。

② 周天勇、王长江、王安岭主编《攻坚：十七大后中国政治体制改革》，新疆生产建设兵团出版社，来源：人民网—理论频道，2008 年 4 月 28 日。

③ 王河：《领导干部选拔任用制度改革述评》，《中共宁波市委党校学报》2005 年 6 期，第 56~59 页。

权钱交易的蔓延，不仅在一定程度上造成不同行业、不同群体间收入差距的悬殊，扭曲了收入分配格局，也在人们心里划了一道鸿沟。公共权力的异化和滥用，还像腐蚀剂一样腐蚀着行政体系自身，不仅严重影响政府威信、动摇人们的社会主义信念，而且直接威胁到社会的稳定和发展。"权力决定收入"、"屁股决定腰包"的消极影响以极其矛盾的两种心态表现出来：一方面是相当部分民众对有些致富手段愤愤不平，出现心态失衡，"仇富"、"仇官"情绪见长；另一方面是广大民众积极加入"抢身份"和"抢行业"的大流，只要能"抢"到公务员和事业单位的身份，或者"抢"入石油、烟草、金融、电力、电信等垄断行业，就意味着高收入、高福利和高阶层。由此，大学毕业生争抢"吃皇粮"的局面是愈演愈烈，一个公务员岗位由千余人竞争的现象已非个案。

众所周知，环境对人们的情绪、心理、思想等都具有一定的导向和制约作用。因此，追求私利最大化对青年公务员的理想信念构成了严峻挑战，能否坚守为人民服务的操守和信念、自觉从自律机制上解决钱权交易等腐败现象的滋生和蔓延成为不可回避的一个重大考验。与此同时，市场经济和社会结构转型还对公务员的行政能力提出了民主化、科学化和法治化的要求，这些都是影响青年公务员职业认同的重要因素。

总而言之，自20世纪90年代初以来，中国的经济生态系统发生了重大而深刻的变化。在世界多极化趋势不可逆转、经济全球化进程加快、科技进步日新月异、综合国力竞争和人才竞争日趋激烈的国际形势下，建设有中国特色的社会主义市场经济体制，是基于以往经验、教训找到的一条发展中国经济的正确道路，这使我国经济有了一个较好的体制基础，经济发展呈现强劲态势。另外，经济发展进程中的诸多问题也日益凸显，需要我们自觉按照经济规律对经济建设的领导方式和途径做相应的调整，这也是自2003年以来党和政府提出"科学发展观"、建设社会主义和谐社会等重大战略思想以及具体政策措施的内在根据。在日新月异的经济生态系统中，建设一支高素质的公务员队伍，事关能否抵御前进道路上的各种风险、战胜各种困难，能否把建设有中国特色社会主义事业不断推向前进。而这个坚强的组织保证，离不开公务员积极社会认同的有力支撑。

第二节　政治生态系统

公务员是"社会人"，也是"政治人"，政治因素是影响公务员社会认同的重要变量。在不同的政治生态系统中，公务员的价值取向、功能定位、特征结构等均有所不同。对公务员社会认同影响最大的政治因素主要包括以下几个方面：

一　政治体制改革复杂艰巨

邓小平曾经反复强调政治体制改革的必要性，认为"政治体制改革同经济体制改革应该相互依赖、相互配合。只搞经济体制改革，不搞政治体制改革，经济体制改革也搞不通，因为首先遇到人的障碍"。他还指出，"我们所有的改革最终能不能成功，还是决定于政治体制的改革"。[①]

中国的政治体制改革，是以党的十一届三中全会为标志开始起步，在改革开放的大背景下渐进推行的。改革开放之初，高度集权的政治体制和"文革"期间非正常政治发展形态的后遗症，都急需作出与经济体制改革相应的调整和优化。邓小平指出："党和国家现行的一些具体制度中，还存在不少的弊端"，避免重复"文革"之类的现象，要"准备从改革制度着手。我们这个国家有几千年封建社会的历史，缺乏社会主义的民主和社会主义的法制。现在我们要认真建立社会主义的民主制度和社会主义法制"。[②] 同时，邓小平强调"我们评价一个国家的政治体制、政治结构和政策是否正确，关键看三条：第一条是国家的政局是否稳定"。[③] 因为"没有安定的政治环境，什么事情都干不成"。[④] 江泽民也指出"改革是否成功，关键看国家的政局是否稳定"。[⑤] 因此，改革开放以来，中国的政治体制改

---

① 邓小平：《在全体人民中树立法制观念》，《邓小平文选》第 3 卷，人民出版社，1994，第 164 页。

② 《邓小平文选》（第 2 卷），人民出版社，1994，第 327、348 页。

③ 《邓小平文选》（第 3 卷），人民出版社，1993，第 213 页。

④ 《邓小平文选》（第 3 卷），人民出版社，1993，第 244 页。

⑤ 江泽民论有中国特色的社会主义（专题摘编），中央文献出版社，2002，第 303 页。

革采取渐进推行的方式，这为中国的全面发展提供了稳定的政治环境，但也使政治体制改革滞后于经济体制改革。当前学界对中国政治体制改革有划分成"三个阶段"[①] 的，也有主张"两个时段"[②] 的，笔者根据本研究的框架结构，主要考虑后者，即 1979～1989 年和 1990～2010 年两个时段。

1. 1979～1989 年的政治体制改革

这一时段的政治体制改革，主要是吸取新中国成立以来政治建设方面的历史经验和教训，着力解决邓小平指出的党和国家领导制度的弊端，即"官僚主义现象，权力过分集中的现象，家长制现象，干部领导职务终身制现象和形形色色的特权现象"。这一时段的改革取得了显著成效，表现在纠正了阶级斗争扩大化的错误、恢复了文化大革命以来遭到不小破坏的国家基本政治制度、调整改革了党和国家的领导制度、废除了干部领导职务终身制、推进权力下放等方面。[③] 1987 年党的十三大报告中关于政治体制改革的部分就是该时期认识和政策的集中体现。

2. 1990～2010 年的政治体制改革

1989 年发生的政治风波，一定程度中断了中国政治体制改革的进程，此后几年全国加强意识形态教育和经济调整，可谓处于中国政治体制改革"比较沉闷"[④] 的阶段。

1992 年，建立"社会主义市场经济体制"在党的十四大报告中提出，这对中国政治体制改革的影响是根本性的：政治体制改革的目标是"建设社会主义民主政治"；改革的主题由改变权力过于集中的党和国家的领导制度问题，变成了权力如何服务于经济发展的有效执政问题；改革的前提条件是维护政治社会稳定，重点强调坚持、完善和发展包括人大制度、政协制度在内的社会主义基本政治制度，其实质是为了在保持中国宏观政治制度稳定的基础上对基本政治制度进行完善和优化。[⑤]

1997 年党的十五大报告指出：政治体制改革要继续深入，"依法治

---

① 周天勇、王长江、王安岭主编《攻坚：十七大后中国政治体制改革》，新疆生产建设兵团出版社，来源：人民网—理论频道，2008 年 4 月 28 日。
② 陈红太：《中国政治体制改革的现状和趋势》，《中国特色社会主义研究》2010 年第 3 期。
③ 陈红太：《中国政治体制改革的现状和趋势》，《中国特色社会主义研究》2010 年第 3 期。
④ 周天勇、王长江、王安岭主编《攻坚：十七大后中国政治体制改革》，新疆生产建设兵团出版社，来源：人民网—理论频道，2008 年 4 月 28 日。
⑤ 陈红太：《中国政治体制改革的现状和趋势》，《中国特色社会主义研究》2010 年第 3 期。

国"、扩大基层民主选举、完善民主监督制度等，成为政治体制改革的具体内容。

2002 年党的十六大根据新形势，对政治体制改革作了进一步阐述，提出"要继续积极稳妥地推进政治体制改革"。改革和完善党的领导方式和执政方式、改革和完善决策机制、深化行政管理体制改革、推进司法体制改革、深化干部人事制度改革、加强制约和监督权力等，是其中比较重要的工作部署。

2007 年党的十七大把政治体制改革作为我国全面改革的重要组成部分，要求随着经济社会发展"坚定不移地发展社会主义民主政治"，指出"人民民主是社会主义的生命"，在坚持正确政治方向的前提下，深化政治体制改革。其中比较重要的内容和部署包括：扩大人民民主、逐步实行城乡按相同人口比例选举人大代表；发展基层民主，加强基层政权建设；全面落实依法治国基本方略，深化司法体制改革；加快行政管理体制改革，建设服务型政府；完善制约和监督机制等。显然，十七大以来的政治体制改革，其广度和深度都超过了以往。

综观 1992 年党的十四大以来，中国政治体制改革走的是一条经验性的发展和探索之路，在具体操作的层面上，可称之为"星火燎原"之路：任何政治体制改革和政治建设政策的出台都遵循着基本相似的路径，基层和地方在应对当地出现的问题和面临的发展压力之下，探索制度创新和实践创新，形成了一定的创新经验并得到上级和中央的重视，逐步在其他地方试行，再根据试行的结果，决定政策的制定和是否在更大范围或全国推广。① 尽管在具体的执政过程和政府职责等方面，目前依然存在着不少问题，但是近 20 年来，基层民主和村社自治建设，依法行政的公共服务型政府建设，人大制度、政党制度的规范化、程序化和制度化运作，干部队伍的民主化和法制化建设等，均得到不断的发展和推进。

与此同时，我国政治体制改革的力度、进程与经济社会的发展和广大干部群众的期望相比依然不够、依然滞后，不仅改革开放前政治体制中存

---

① 陈红太：《中国政治体制改革的现状和趋势》，《中国特色社会主义研究》2010 年第 3 期。

在的一些重大问题仍然没有解决，而且还出现了一些新问题。这些问题的基本特征表现为①：在权力结构中，过度集权仍是主要倾向——表现为党委对政府机关的集权，中央对地方的集权，政府对企业的集权，国家对社会的集权——公共权力的集中化和垄断化势必带来官僚主义、家长制和权力腐败等问题；在组织结构中，层级化和部门化仍是主要表现——20世纪90年代以来，公共权力部门化导致利用权力进行寻租腐败的案例层出不穷，而部门权力的利益化和刚性化，又催生了屡禁不止的乱收费和乱罚款现象，这不仅抑制了大量的就业机会，扩大了社会失业的矛盾，而且引起低收入阶层的强烈反映，扩大了社会心理失衡；在中央与地方的关系结构中，地方虽然获得了一定的自主权，但仍体现了中央集权的倾向。毫无疑问，中国政治体制的上述状况及基本特征，与快速发展的经济社会文化颇不适应，政治体制改革的渐行推进及其进程的复杂性与艰巨性，既有推动形塑青年公务员积极社会认同的一面，也有影响萌发青年公务员消极社会认同的一面。

二　党的执政方式科学转向

中国绝大多数的公务员都是中国共产党的党员，因此作为执政党的中国共产党，其执政方式直接影响着公务员的社会认同状况。如何正确理顺党政关系，是党的执政方式科学化的关键所在，也是现代社会中任何执政党都必须思考和实践的一个突出而尖锐的重要问题。因为政党和政府的职能各有不同：政党的功能是"政治"，它与国家意志和政策的表达有关；政府的功能是行政，它仅与政策的执行有关。② 因此，以政党取代政府或以政府取代政党都是不科学的。

中国共产党早在执政之前，就开始了对党政关系的探索。早在1928年11月，毛泽东同志就在《井冈山的斗争》一文中批评了党直接干预政权机关工作的做法，论述了革命根据地的党政关系。抗日战争时期，董必武同志对此也曾有过论述，提出："党对政府的领导，在形式上不是直接的管

---

①　周天勇、王长江、王安岭主编《攻坚：十七大后中国政治体制改革》，新疆生产建设兵团出版社，来源：人民网—理论频道，2008年4月28日。

②　古德诺：《政治与行政》，王元译，华夏出版社，1987，第10页。

辖。党和政府是两种不同的组织系统，党不能对政府下命令。……党只能直接命令它的党员和党团在政府中做某种活动，起某种作用，决不能驾驭政府之上来直接指挥命令政府"、"党包办政府工作是极端不利的"。① 新中国建立后，妥善处理党政关系的问题依然受到应有的重视。刘少奇同志就提出："党应该管的是检查工作，政治思想工作和组织上作。""要有管业务的，这主要是政府系统、行政系统去管。另外要有管干部、管思想、管政治的，这由党委管"。② 总体而言，党政关系在中共"八大"之前基本上还是合理的，在"八大"之后，由于国内外形势发生严峻变化，从 1957年反右斗争开始，人民代表大会制度遭到破坏，许多重大的国家问题不再提请全国人大及其常委会讨论，客观环境要求执政党强化权力集中，在政治生活和社会生活中实行一元化领导。执政党也就代替包办了其他国家机关的职能事务。可见，国家权力机关的作用丧失，直接导致了党政不分、以党代政的后果。③ 以党的一元化领导为根本特征的执政模式，与我们党在长期领导革命斗争过程中形成的领导体制、工作方式有密切关系，也与我们建国后选择的计划经济体制形成一种相互增强的关系。它们在相当长的时期内发挥过积极作用，有其历史必然性和合理性，但也有其存在的问题。邓小平同志曾多次精辟地分析和论述过，集中起来就是：以党代政，党政不分，权力过分集中于党，而党的权力又过分集中于党的第一书记，党的一元化领导因此演变成各级党的一把手的个人领导。这种党领导一切、决定一切、管理一切、包办一切的治理体制和方式，既导致各级政权组织的功能难以发挥，社会处于消极服从、整齐划一、缺乏自主性和生机活力的状态④；又不能形成制约党的最高领导人决策失误的有效纠错机制，非常容易造成个人的专权独断，从而给党和人民的事业造成严重的伤害和损失。"文化大革命"就是最典型的例证。

十一届三中全会以后，我国逐渐恢复了全国人民代表大会的职权和地位，国家政治生活的民主化、制度化和法律化也逐步得到加强，为党政职

---

① 《董必武选集》，第 307~308 页。

② 《刘少奇论党的建设》，中央文献出版社，1991，第 628、623~624 页。

③ 王邦左等编：《中国政党制度的社会生态分析》，上海人民出版社，2000，第 166~167页。

④ "党的执政方式研究"课题组，何增科等《当代中国政治研究报告：关于推进党的执政方式改革的若干思考》，2004。

能分开提供了前提条件。20 世纪 80 年代，我们党按照党政分开的思路，积极推进党和国家领导制度的改革。但是这种"党政分设"式的所谓"党政分开"，并没有达到改革的初衷，"一个人说了算"的老问题没有得到合理解决，同时还造成了新的问题，比如党政一把手闹矛盾的"内耗"现象，四大班子的职数太多、职位重叠、效率低下、执行不力等现象，都严重影响到党的执政效率和执政功能的充分发挥。①

20 世纪 90 年代以来，随着社会主义市场经济体制的建立和发展，党政关系不断得到改善。由于社会主义市场经济的基本规则是主体平等、法治基础上的契约自由、公平竞争，因此，与市场经济发育相伴随的政治体制改革必然趋向于政企分开和党政分开，这是由新的经济体制所引发的社会职能的分化进而要求的结构分化所决定的。② 党的十五大提出改革和完善党的领导方式和执政方式、提出依法治国的新方略，把党政关系问题放在执政党、国家公共权力和社会的大系统中，从执政党执政方式的全新视角深入考察。党的十六大提出实现党的领导、人们当家做主与依法治国的有机统一，反映了全党对解决党政关系这一重大问题的新的理论觉醒。党的十六届四中全会通过了《中共中央关于加强党的执政能力建设的决定》，明确提出"科学执政、民主执政、依法执政"的要求，为理顺党政关系、进一步改革和完善党的执政方式指明了根本方向。其中一系列的重大举措，如明确界定了党对国家立法权、行政权和司法权领导的原则，从体制上理顺党政关系；强调党要督促、支持和保证国家机关依法行使职权，在法治的轨道上推动各项工作的开展，保证公民和法人的合法权益等，在理论上和实践上都有新的突破。党的十七大提出，加强党的执政能力建设，提高党科学执政、民主执政、依法执政的水平，必须把党的执政能力建设和先进性建设作为主线。党的十七届四中全会在《中共中央关于加强和改进新形势下党的建设若干重大问题的决定》中要求全面认识和自觉运用马克思主义执政党建设规律，指出党面临的执政考验、改革开放考验、市场经济考验、外部环境考验是长期的、复杂的、严峻的。要把执政能力建设和先进性建设作为执政党建设的根本任务，全面推进思想、组织、作风、

① 张志明：《正确处理党政关系的新探索》，《学习时报》2004 年 11 月 15 日。
② 王邦左等编：《中国政党制度的社会生态分析》，上海人民出版社，2000，第 209 页。

制度和反腐倡廉五大建设，提高党的建设科学化水平。科学的领导制度是党有效治国理政的根本保证，改革和完善党的领导方式和执政方式，科学提高党的领导水平和执政水平，这些都为青年公务员的健康成长指明了前进方向，是青年公务员社会认同的应然状态。

三 行政管理体制的现代变迁

行政管理体制改革是深化经济体制、社会体制和政治体制改革的关键环节，也是上层建筑适应经济基础的必然要求。由于它和公务员的职业定位、身份地位、收入特点等直接相关，因此对公务员社会认同的影响十分重大。

改革开放以来，党和政府围绕建立中国特色社会主义行政管理体制，进行了六次比较集中的行政管理体制改革，在政府职能转变、法治政府建设等方面取得了重大进展，使得我国行政管理体制基本适应经济社会的发展要求。特别是中国共产党第十六次代表大会以来，我国进入全面建设小康社会的重要战略机遇期，居于政治体制改革核心的行政管理体制改革成为重点突破的领域，也成为全面深化改革的关键。党的十七大报告提出"行政管理体制改革是深化改革的重要环节。要抓紧制定行政管理体制改革总体方案"。[1] 如何在市场经济的条件下，建设一个广受人民群众认同、体现公共服务和社会管理要求的强有力的法治政府、责任政府和服务型政府，成为当前理论界和政府部门研究讨论的热点问题。总体而言，中国政府在权力下放、行政审批制度改革、政务公开、廉政建设、扩大民主参与等方面已经采取了一系列改革措施，其自身建设和管理方式也取得了不小进展[2]：依法治国、依法行政已经成为政府运作的基本要求；政府决策机制日趋科学化、民主化；公务员制度正逐步得到完善；政府管理逐步走向公开透明化；行政审批制度改革取得了阶段性成果；电子政务推进加速；以人为本、执政为民的导向不断增强，公民权利受到重视和尊重；政府绩

---

① 《胡锦涛在党的十七大上的报告（全文）》，http：//www.sina.com.cn，2007 年 10 月 24 日。

② 周天勇、王长江、王安岭主编《攻坚：十七大后中国政治体制改革》，新疆生产建设兵团出版社，来源：人民网—理论频道，2008 年 4 月 28 日。

效评价、一站式办公等探索取得了良好效果。

但是随着改革开放的深入推进和经济社会的快速发展，行政管理体制改革的任务、内容、方式与20世纪八九十年代相比，有一个重大的转变：以前的行政改革目的明确，即用适应市场经济体制的行政管理体制取代计划经济体制下的行政管理体制；如今的任务是与建立完善的市场经济体制相适应，要建立完善的政府行政管理体制。虽然改革的方向是一致的，但其中的技术难度和环境复杂性大大增加，在改革的具体环节、具体措施、具体内容等方面，需要协调的地方很多，改革的步伐、步调也不可能整齐划一，如果方案设计不好、考虑不周全，失败的几率会大大增加。与此同时，我国行政管理体制还面临许多新情况、新问题，政府职能滞后，越位、缺位、错位的现象依然存在。比如，1978年，政府医疗卫生支出占全部医疗卫生支出的比重为32.3%；1990年政府支出比重下降到25.1%，社会承担39.2%，个人承担35.7%；2000年政府支出比重继续下降为15.5%，个人承担份额上升为60%。[①] "看病贵，看病难"普遍成为社会所诟病的老大难问题。教育和住房改革举步维艰，也明显体现出政府职能与经济社会发展及民生需求之间有较大的差距。这一些本应严管却实际脱离政府管控的领域和部门，争相以服务搞盈利或变相搞盈利，等于是利用人民的资产盘剥人民。[②] 比如，1993年《中国教育改革和发展纲要》提出财政性教育支出占GDP的比重在2000年达到4%，2000年以来这个支出占GDP的比重最高年份为3.41%，其余年份都在3%左右（发展中国家的平均水平为4.5%）。因此，2005年的《政府工作报告》和2006年召开的中共中央十六届六中全会，提出了一个极其重要的概念——建设公共服务型政府。这是中国改革发展进入新时期提出的一个具有历史性意义的改革目标，不仅与世界各国政府行政管理的现代发展趋势相适应，而且执政党和当政政府已形成共识，其理论价值和实践价值完全不亚于提出建立社会主义市场经济体制。当然，深化行政改革、促进科学发展，总的原则是适应不同时期经济社会的特点而渐进推行。党的十七大和十七届二中全会，对深化行政管理体制改革进行了全面部署：总体目标是着力转变职能、理

---

① 韩康：《中国行政管理体制改革思路的反思》，人民网，2010年01月20日，来源：《中国经济时报》。

② 陈红太：《中国政治体制改革的现状和趋势》，《中国特色社会主义研究》2010年第3期。

顺关系、优化结构、提高效能，形成权责一致、分工合理、决策科学、执行顺畅、监督有力的行政管理体制；政府职能转变的方向是完善经济调节、市场监管、社会管理和公共服务这四项基本职能。目前各项改革工作正在有序推进。

综上所述，"公共服务"是行政管理体制的基本内容，"人民公仆"是中国政府机关工作人员（公务员）的本质要求。温家宝在 2010 年的政府工作报告中肯定了广大公务员的积极贡献，也指出了一些工作人员依法行政意识不强；一些领导干部脱离群众、脱离实际，形式主义、官僚主义严重；一些领域腐败现象易发多发等问题。可见，行政管理体制的现代变迁对公务员的服务理念、服务方式等社会认同有极大影响。比如，不少青年公务员日益认同从管制走向治理的管理理念，超越传统科层官僚制下公共事务的管理方式，认可多元主体参与、多方资源整合、多种机制共振来管理公共事务的方式。

四 公民政治参与扩大提升

公民政治参与"是民主政治的一种实现方式"①，是普通公民通过一定的方式和渠道参与政治生活、行使政治权力并试图影响政治过程的行为。政治参与作为民主制度发展的产物，是现代民主政治的核心，"人民有无参与的通道程序是检验一个国家民主与否的硬指标"②，政治参与程度的高低标志着政治文明和政治现代化的水平。改革开放的深入进行、经济社会发展水平的快速增长、生活质量的极大提高等，都会直接促进公民政治参与的发展。这不仅"对一个国家或地区经济社会发展具有重要的推动作用"③，而且关系到一个社会的稳定和谐。美国政治学家亨廷顿指出："发展中国家公民政治参与的要求会随着利益的分化而增长，如果其政治体系无法给个人或团体的政治参与提供渠道，个人和社会群体的政治行为就有可能冲破社会秩序，给社会带来不稳定。"④ 如果"公民越是关心和参与政

---

① 陶东明、陈明明：《当代中国政治参与》，浙江人民出版社，1998，第 181 页。
② 张文显：《马克思主义法理学》，吉林大学出版社，1995，第 398 页。
③ 陈振明：《政治学》，中国社会科学出版社，1999，第 364 页。
④ 亨廷顿：《变革社会中的政治秩序》，华夏出版社，1988，第 56 页。

治，就越会认同于政治系统"。① 因此，不断提高公民的政治参与和组织程度，既能够提高公民政治参与的能力和效果，也能改变普通公民"一盘散沙"、"没有归属感"的状况，提高公民对政治体制的认同感，促进社会的和谐发展。

改革开放，特别是建立社会主义市场经济体制以来，中国公民政治参与的数量、范围、程度、效果等方面比改革开放前显著提升。比如，四川、江苏等地创造的"公推公选"、"公推直选"，使民众对政治的参与提升到"全程参与"的程度；在中国一些地方和基层创造出的各种形式的村社民主决策制度不仅仅限于"多数选"，而且还实现了"多数决"；又如浙江温岭的民主恳谈，实际上是地方和基层在现有基本制度框架内嵌入"协商对话"的治理形式，可称之为"嵌入参与"。② 公民政治参与的发展还表现为各种社会组织的力量日益发展壮大，它们在提供公共服务、从事公益事业方面发挥的作用越来越重要，并且承担了一部分原来由政府承担的职能。这种国家政权机关与社会组织之间正在逐步形成的相对独立、分工合作的新型治理结构，可以弥补国家和市场在调控、协调过程中的某些不足，也使中国社会的治理结构开始发生深刻变革。③

公民政治参与的逐步扩大和提升，将直接或间接地影响公务员群体的社会认同状况。因为随着公民物质生活条件的改善、独立人格和政治自主意识的提升，计划经济时期的政治全能社会所造就的依附型政治人格将慢慢破解，与社会主义市场经济相适应的公民政治认同发生显著变化。正如安东尼·奥罗姆所说："处于较高社会经济地位的人参与政治的比例必然要比处于较低社会经济地位的人高些，这种差别、缺失可以反映那些处于较低社会地位的成员各方面的不利条件，诸如仅享有较低级别的信息和较少的闲暇时间。"④ 所以，与中国社会治理结构的深刻变革相伴而来的，可能是中国政治生活中权力过分集中的现象将得到有效缓解；权力寻租和腐败的现象将得到有效遏制；社会生活中将以更多的法治形式代替原有的人

① 陶东明、陈明明：《当代中国政治参与》，浙江人民出版社，1998，第 263 页。
② 陈红太：《中国政治体制改革的现状和趋势》，《中国特色社会主义研究》2010 年第 3 期。
③ 周天勇、王长江、王安岭主编《攻坚：十七大后中国政治体制改革》，新疆生产建设兵团出版社，来源：人民网—理论频道，2008 年 4 月 28 日。
④ 安东尼·奥罗姆：《政治社会学——主体政治的社会剖析》，上海人民出版社，1987 。

治的形式。① 总而言之，治理结构的变革、公民民主意识的提升都将对"官本位"传统发出有力冲击，推进公务员职业价值认同的合理转向。

综上所述，我国当前的政治环境系统总体上处于稳定的、良性运行状态。但是改革开放前存在的许多问题，如权力集中、官僚主义、机构臃肿、家长制等问题，现在依然存在。另外，还出现了一些如权力腐败、跑官卖官等新问题。因此，推进政治体制改革、优化政治生态系统的要求越来越迫切。行政管理体制的变革发展都直接影响到公务员的社会心态、价值观念乃至行为方式。

第三节 文化生态系统

"文化"作为一个复杂的整体，其用法数不胜数。这里的"文化"既非包罗万象的广义文化，也非仅作观念形态的狭义文化。借用人类学家泰勒（E. Tylor）的定义，文化包括知识、信仰、道德、艺术、法律、习俗，以及其他个人成为社会成员而习得的能力和习惯。② 在文化生态系统中，各要素的作用方式较其他生态系统中的因素而言更为无形，也更具无孔不入的作用能力。人们认同什么样的文化，往往意味着他们会持有什么样的价值观，而相应的价值观又进而影响和支配人们的社会行动方式。在历史学家和经济史学家中，文化差异的观念植根于书写历史和建立社会认同的关系之中。③ 美国著名政治学家亨廷顿指出，"文化认同对于大多数人来说是最有意义的东西"，不同民族的人们常常以"对于他们来说最有意义的事物"来回答"我们是谁"，即用"祖先、宗教、语言、历史、价值、习俗和体制来界定自己"，并以某种象征物作为标志来表示自己的文化认同，如旗帜、十字架、新月形、甚至头盖等。④ 可见，"文化认同"是人们在一

---

① 周天勇、王长江、王安岭主编《攻坚：十七大后中国政治体制改革》，新疆生产建设兵团出版社，来源：人民网—理论频道，2008 年 4 月 28 日。

② 参见〔英〕泰勒《人类学：人及其文化研究》，广西师范大学出版社，2004。

③ 〔美〕乔纳森·弗里德曼：《文化认同与全球性过程》，郭建如译，商务印书馆，2003，第40 页。

④ 〔美〕塞缪尔·亨廷顿：《文明的冲突与世界秩序的重建》，周琪、刘绯、张立平、王圆译，新华出版社，2002，第 4～6 页。

个民族共同体中长期共同生活所形成的对本民族最有意义的事物的肯定性体认，它超乎种族、阶级、阶层、宗教、家庭、团体、贫富、性别、地域，超乎个体利益计算，其核心是对一个民族的基本价值的认同。① 文化认同作为凝聚民族共同体的精神纽带，是这个民族共同体生命延续的精神基础，因而是民族认同、国家认同最深层的重要基础。

综上所述，文化生态系统与社会认同的关系紧密且具体，"对应认同的流行关切，很大部分可能是反映了快速变迁与文化接触所造成的不确定产物"。② 由于"没有'观念史'会离开历史的血肉独自发生……实际上，'理念'与其支持的社会过程之间的关系是辩证的"③，因此刻画文化变迁的社会情境对理解社会认同的变化有根本意义上的帮助。

一 执政党主导意识形态的发展

"意识形态是具有符号意义的信仰和观点的表达形式，它以表现、解释和评价现实世界的方法来形成、动员、指导、组织和证明一定的行为模式或方式，并否定其他一些行为模式或方式。"④ 不同时代的主流文化及其主导意识形态，构成了特定时期社会认同的基础，是有机联系其社会成员的重要精神支柱和框架系统。中国共产党在党的建设中总是把意识形态摆在突出的位置上，始终坚持"四项基本原则"就是中国共产党区别于西方资产阶级政党的最鲜明标记。随着中国共产党的建立和发展，通过对意识形态的宣传解释，以马克思列宁主义为核心的具有强大控制力的主导意识形态获得了中国大部分民众的认同，人们的政治意识与价值观念在很大程度上与主导意识形态保持一致并为其匡定。⑤

马克思主义作为开放的、科学的理论体系，必然随时代的发展而发展。因为"马克思的整个世界观不是教义，而是方法。它提供的不是现成

---

① 朱贻庭、赵修义：《文化认同与民族精神》，《学习时报》2008年10月28日。
② 〔英〕Richard Jenkins：《社会认同》，王志弘、许妍飞译，巨流图书有限公司，2006，第12页。
③ 〔美〕彼得·伯格、托马斯·卢克曼：《现实的社会构建》，汪涌译，北京大学出版社，2009，第105页。
④ 《布莱克维尔政治学百科全书》，中国政法大学出版社，1992，第345页。
⑤ 王邦左等编：《中国政党制度的社会生态分析》，上海人民出版社，2000，第9页。

的教条，而是进一步研究的出发点和供这种研究使用的方法"，① 所以马克思主义基本原理的实际运用"随时随地都要以当时的历史条件为转移"。② 中国共产党从诞生之日起，就把马列主义确立为党的指导思想，并在实践中坚持把马列主义同中国国情相结合，推动马克思主义中国化，创造性地发展马克思主义。因此，坚持和巩固马克思主义的指导地位是中国共产党一贯的方针和态度，但是改革开放前后，执政党意识形态在价值目标、实践功能、整合方式等方面发生了一系列崭新的深刻变化，被有的学者称为"执政党意识形态转型"："坚持无产阶级专政下的继续革命"，是改革开放前执政党意识形态的追求目标，其实践功能主要表现为充当阶级斗争的工具，对社会的整合功能也是通过开展持续不断的思想斗争和革命批判来实现的；而解放思想、推进现代化进程，则是改革开放后执政党意识形态的追求目标，其实践功能主要是为现代化建设持续健康发展提供思想指导，对社会的整合方式是宣传社会主义核心价值体系，通过开展广泛的对话，尽可能地寻求最大限度的共识。③

中国社会的快速变迁导致利益关系的日益分化，其结果直接表现为社会阶层或利益群体的分化，进而引发人们思想认识、价值信念的相应变化。也就是说，"经济体制深刻变革、社会结构深刻变动、利益格局深刻调整、思想观念深刻变化"这四个方面是紧密联系在一起的。当前中国社会意识形态空前复杂的状态，正是当今中国社会价值信念高度分化的表达。如现代传播方式和人类交往关系强化了各种意识形态之间相互影响的广度和深度；意识形态较之社会政策的相对稳定性，使之在适应国内经济政治和国际形势变化的过程中，可能与社会政策发生矛盾等，这些都要求执政党对其主流意识形态作出符合时代的解释，使之不断发展。因此，主流意识形态的某些刚性特征不能不有所变化，④ 但是其"一元化"的主导地位却不容置疑、不容改变。因为执政党主导意识形态的发展，不仅是社会意识形态发展的先导、是中国社会进步与文化繁荣的重要标志，而且是

① 《马克思恩格斯选集》第 4 卷，人民出版社，1995，第 742~743、688 页。

② 《马克思恩格斯选集》第 1 卷，人民出版社，1995，第 248 页。

③ 郑杭生主编《中国社会发展研究报告 2009·走向更有共识的社会：社会认同的挑战及其应对》，中国人民大学出版社，2009，第 85~87 页。

④ 王邦左等编：《中国政党制度的社会生态分析》，上海人民出版社，2000，第 9 页。

中国经济社会更加健康快速发展的思想基础、是民众保持政权认同的重要渠道。事实上，中国的国情也需要有一元化主流意识形态的存在。中国地域辽阔、人口众多存在一个统一的指导思想，有利于有效地动员民众、维护政权的合法性。尽管有学者提出"在过于强调政党意识形态、强调政党目标崇高性的国家，实践证明往往也容易导致腐败"，① 但是"在中国恰恰是意识形态的强化在很大程度上约束了腐败行为的发生，意识形态的一元化不是造成腐败的原因，它恰恰是防止腐败的有力武器"。②

二　社会意识形态的深刻变化

中国的改革开放是以思想解放为前提，如果没有邓小平、胡耀邦等领导人率先突破僵化保守思想的约束，及时转变工作重点，改革开放就不可能展开；③ 而思想解放又是以执政党意识形态的重大转变为前提，执政党意识形态的发展成为整个社会结构转型的思想前提和思想基础，这一点已经被中国改革开放和市场经济发展的历史进程所证明。因此，执政党意识形态的重大转变直接引起了全部社会意识形态的深刻变化。④

首先，社会意识形态从"一言堂"到"多样化"，多种社会思潮和话语系统共生并存。在"以阶级斗争为纲"的年代，思想舆论界长期处于"左"倾恐怖、万马齐喑的状态，一切有别于"左"倾教条主义的价值信念都被看做是与执政党意识形态敌对的观念，加上所有与极左政治原则不相符的思想观点都会盖上"封、资、修"的帽子，敢于说真话、表达自己观点的人也会被冠之以"资产阶级代言人"、"西方敌对势力的代表"等罪名，因此，人们真实的价值信念只能被隐藏在心里，表达不同价值信念的理论学说或社会思潮几乎无处可见；改革开放以后，中国共产党改变意识形态"一言堂"的极左路线，思想领域逐渐形成了宽松活跃的局面。中国共产党不仅坚持自己的政治纲领、坚持社会主义核心价值体系的构建，而

① 王长江：《政党的危机——国外政党运行机制研究》，改革出版社，1996，第162页。
② 王邦左等编：《中国政党制度的社会生态分析》，上海人民出版社，2000，第148～149页。
③ 刘少杰：《制度变迁中的意识形态分化与整合》，《江海学刊》2007年第1期。
④ 郑杭生主编《中国社会发展研究报告2009·走向更有共识的社会：社会认同的挑战及其应对》，中国人民大学出版社，2009，第86～87页、第96～97页。

且承认文化的多样性和变化性，承认社会主义文化观念也会发展与变化，因此在坚持马克思主义意识形态主导原则的基础上，不断倡导不同思想观念或价值信念之间的沟通对话，努力建设尊重多样、承认差异的社会主义和谐文化。

正如吉登斯指出的，"对所有从传统活动的控制中解放出来的群体，存在着多元生活风格的选择"。① 在思想氛围或文化环境相对宽松之时，社会意识形态便呈现出空前活跃的局面。甚至可以说，当代中国已经成为不同社会思潮和话语系统检测其影响力的特殊场域②：在社会思潮方面，外部思潮的影响促成了一些较明显的思想势力，如新启蒙主义、激进主义、利己主义、新自由主义、新左派、民族主义、精英主义、后现代主义、文化保守主义、怀疑主义以及宗教思潮等；同时，我国传统文化资源的重新发掘也推动了所谓新传统主义思想阵营的形成，如新儒学、新理学、新心学等是其中的主要力量。在话语系统方面，从生活维度来说，有日常话语、市民话语、平民话语、农村和农民话语；从消费品位维度来说，有高雅话语、通俗话语、大众话语，从社会转型变迁维度来说，则有传统话语与现代话语、本土话语与外来话语、陈旧话语与流行话语或时尚话语等。

其次，相当部分社会成员的政治意识形态认同"模糊化"。政治意识形态是社会意识形态中涉及政治权力或政治关系的一个类别。改革开放之前，执政党意识形态发挥着阶级斗争工具的作用，通过多种强制形式的有力灌输，上至中央下至基层，不管社会成员们是否真正清楚理解、接受这些政治理论，但是大多数人都能在自己的日常语言中提到几条政治原则或"左"倾教条，以"行动"确认自身政治意识形态认同的"明晰化"和"坚定性"。改革开放之后，随着广大社会成员从"左"倾政治中解放出来，大部分人的目光很快从政治领域转移到经济领域，对于阶级斗争的关注转变为对经济利益的追求。相当部分基层社会成员对政治意识形态采取了回避、无视或冷漠的态度。在这种明显的趋势中，人们一方面对政治意识形态的认同处于模糊状态，另一方面却在经济文化生活中逐渐提高自主意识能力，形成一些具有个性的相对稳定的价值信念。

---

① 吉登斯：《现代性与自我认同》，生活·读书·新知三联书店，1998，第93页。

② 郑杭生主编《中国社会发展研究报告2009·走向更有共识的社会：社会认同的挑战及其应对》，中国人民大学出版社，2009，第17～18页。

最后，社会成员备受传统政治文化与现代政治文化的双重冲击。文化的现代化发展，即文化从传统向现代的变迁过程。在这一过程中，涌现出多种多样的文化形态。一方面，以现代文化为中心的社会文化系统逐步深入人心，获得认同；另一方面，以传统文化为中心的社会文化系统又不可能在短期内消失，其影响悠久绵长，不可小觑。特别是"文化传统"，即"受特定文化类型中价值系统的影响，经过长期历史积淀而逐渐形成的，为全民族大多数人所认同的思想和行为上的传统"①，更是在历史传承、民族凝聚、价值认同中发挥着重要作用。因此，社会成员，尤其是作为体现执政党和政府意志的特殊政治群体——公务员群体，备受传统政治文化与现代政治文化的双重冲击。

在中国传统政治体制和政治意识中，"不管哪个时代，人们如何划分职业，结果有何不同，但有一点所有划分都是不谋而合，那就是无一例外地把'官'放在第一位"。②因此，几千年的中国政治史始终笼罩在"权力崇拜"的政治文化之下，不仅从政者的政治人格遭到严重扭曲，而且"官本位"成为提供社会秩序和规则的一种社会机制。积淀日深的"官本位"，对传统社会的结构稳定和有序运行发挥过不小作用，但在当代中国，已然成为一种严重的约束机制和阻碍力量。"官本位"意识对公务员群体，特别是涉世未深的青年公职人员，带来诸多负面影响。而今，《公务员法》的颁布实施不仅在公务员的规范管理方面有诸多新突破，更重要的是，为公共权力运作中现代意识的确立提供了法理基础。这不仅有助于中国传统政治文化的现代性转换，而且可以使青年公务员群体尽快地摆脱两难困境，早日塑造与社会主义市场经济相适应的政治人格。③

三　普通民众价值观念的多样化

改革开放以来，"中国的经济和政治发生了举世瞩目的变化，但最最

---

① 李宗桂：《文化批判与文化重构—中国文化出路探讨》，陕西人民出版社，1992，第343页。
② 张平治、杨景龙：《中国人的毛病》，中国社会出版社，1998，第88页。
③ 胡献忠：《论〈公务员法〉对青年公务员现代政治人格的塑造》，《天中学刊》2008年第4期。

显著的变化无疑是人们观念的变化；没有观念的变化，经济的变化、政治的变化都是不可能的"。① 有学者把改革开放以来的中国社会转型归纳为"以思想解放为先导，从经济体制改革着手，把经济建设作为中心，政治体制改革跟在后头，从而达到相互促进，覆盖社会各个部门"② 的过程。可见，社会整体价值观念的变化，不仅要与社会改革相适应，是社会转型的必然结果，而且是社会转型的前提和先导，与社会转型同步发生甚至是领先于社会转型。

随着我国经济社会的深刻转型，一方面，不同群体、阶层、部门之间的利益越来越分离，社会利益主体日渐分散化；另一方面，在改革开放的关键时期，汹涌的经济全球化浪潮以及现代信息技术与互联网的迅猛发展，西方社会个人主义、物质主义、享受主义、自由主义等价值观念纷至沓来。马克思所描述的景象逐渐呈现："过去那种地方的和民族的自给自足和闭关自守状态，被各民族的各方面的互相往来和各方面的互相依赖所代替了。物质的生产是如此，精神的生产也是如此。各民族的精神生产成了公共的财产。民族的片面性和局限性日益成为不可能，于是由许多民族的地方的文学形成了一种世界的文学。"③ 但是经济全球化带来的社会变迁，是在对传统文化的批判和超越过程中确立起来的，这在一定意义上造成了文化断裂。在这样一个充满"风险"、流动不居、差异明显的时代，寻找认同成为一种需要：个人是为了保持自己意识的连续性，国家是为了保持公民的团结一致，民族是为了自己文化的延续……总之，必须把经济全球化带来的文化变迁过程看作是一个所有参与这个进程的文化体的重构互动的过程。无论不同的文化体是否意识到这点，实际上都自觉不自觉地进行了新的包容性的多重认同重构，其目的就在于维护自己的特性和完整性。④ 也就是说，"全球化造成的繁荣接着使文化真正能维护其自己的独特性"。⑤ 因为任何民族，无论它多么强大和富有，都不能把它的特殊模式强

---

① 邵汉明主编《中国文化研究二十年》，人民出版社，2003，第5页。
② 郑杭生主编《从传统向现代快速转型过程中的中国社会》，中国人民大学出版社，1996，第1～8页。
③ 《马克思恩格斯选集》（第1卷），人民出版社，1995，第276页。
④ 韩震：《论全球化进程中的多重文化认同》，《求是学刊》2005年第5期。
⑤ 福山：《经济全球化与文化——福山访谈录》，《现代外国哲学社会科学文摘》1999年第11期。

加于人，多样性原本就是人类繁荣的必要条件。"至少对现在来说，那种认为非西方世界最终将因循一个单一发展模式的合流观念是过于简单化的。它没有考虑到各种全球化趋势中的复杂性因素"，杜维明教授在撰写的联合国 2001 年《文明对话宣言》中指出，"正在出现的地球村远未整合为统一整体，更不要说因循着一个铁板一块的单一模式。反之，它显示出鲜明的多样性特征"。杜维明教授认为，经济全球化趋势使本土的觉悟、意识、敏感、情绪和热情空前凸显出来，尽管不是全部的原因所在，但却是造成多样性和不断高涨的自我认同意识的一个重要原因。[①] 社会现代化还同时带来了个性的解放，注重个性逐渐占据思想意识上的支配地位，个人生活领域与公共领域、自我世界和他人世界的分离越来越得到强调，独立性和自主性也不断在私人生活及思想活动中得到越来越充分的体现。[②] 社会现代化进程中文化系统的分化功能、个体独立性自主性的强调和扩张，均会引导着人们的价值认同和行为方式趋于分化和多样。

整体而言，在旧的价值观念、道德观念被打破，旧的思维方式、行为方式被分化的同时，新的价值观念、道德观念、思维方式和行为方式等逐步确立起来。但是，创造出某种新的文化形式、形成某种新的价值观念，并不代表以往的观念系统和文化体系完全改头换面、完全退出社会舞台，丧失其原有的功能。因此，新旧观念方式之间形成彼此交叉林立的局面，这使得中国民众的思想观念、整个社会的价值认同既在某些方面趋于一致性，又日益呈现出多样化的态势。

早在 20 世纪 90 年代初，中国社会科学院社会学所"当代中国青年价值观念演变课题组"的实证调查研究指出，青年的价值观变迁呈现出三个基本取向：即群体本位取向向个体本位取向的偏移；单一取向向多元取向发展；世俗性的价值目标正在取代理想主义的价值目标。[③] 从 2005 年中国综合社会调查（2005CGSS）[④] 的情况看，社会上浮躁的价值观逐渐盛行，

---

① 哈佛燕京学社编《全球化与文明对话》，江苏教育出版社，2004，第 80 页。
② 郑杭生主编《中国社会发展研究报告 2009·走向更有共识的社会：社会认同的挑战及其应对》，中国人民大学出版社，2009，第 54、53 页。
③ 中国社会科学院社会学所：《中国青年大透视——关于一代人的价值观演变研究》，北京出版社，1993。
④ CGSS（中国综合社会调查）系中国人民大学社会学系与香港科技大学社科部合作项目，调查定期进行，采用标准 PPS 抽样方法。

表现在有较高收益率的权力和资本被越来越多的人所奢望和追求，而传统生活中备受推崇的安分守己、勤劳工作的价值观则备受冷落，在当前的职业价值观方面，主要形成了以经济收益为中心，以追求权力、声望和个性发展为重要标准的价值体系。[①] 与此同时，在职业认同方面，有将近25%的居民最渴望从事的职业是律师、医生等专业技术人员，22.4%的居民渴望做国家干部，12.3%的居民期望做企业家，此外，渴望从事国有企业管理工作（8.6%）和国内私营企业管理工作（7.5%）的居民比例大体相当，而渴望做工人或一般体力劳动者、农民、一般非体力工作者、个体手工业者或小生意人的居民比例都远远低于5%。[②] 在判定决定社会经济地位的众多因素中，选择经济收入的居民比例最高（39.6%），其次是良好教育（13.4%）和是否是国家干部（12.1%），而把是群众还是党员、是城里人还是乡下人作为判定个体社会经济地位的第一位因素的居民比例仅为0.4%和0.7%。[③] 可见，人们判断个体社会经济地位的标准发生变化，政治面貌、户籍的重要性逐渐减弱，收入、教育程度的重要性日益增强，传统社会的上层职业、颇具威望和资源的国家干部，依然是人们渴望从事的职业，是否是干部始终是一个不变的重要判断标准。[④]

中国社科院社会学所2006年上半年的调查表明，现代中国社会的价值追求多种多样："只求家庭生活舒适和睦"（91.6%）、"希望赚更多的钱"（88.3%）、"充分发挥个人才能"（82.1%）、"追求个人生活情趣快乐"（79.4%）、"为社会作出较大贡献"（77%）、"为实现共产主义目标而奋斗"（68.3%）、"希望出名并争取越来越有名"（33.9%）、"希望做官并做更大的官"（24.4%）等等，不一而足。[⑤]

2008年4月在北京地区进行的"改革开放30年来民众价值观念变迁"

① 郑杭生主编《中国社会发展研究报告2009·走向更有共识的社会：社会认同的挑战及其应对》，中国人民大学出版社，2009，第58页。
② 郑杭生主编《中国社会发展研究报告2009·走向更有共识的社会：社会认同的挑战及其应对》，中国人民大学出版社，2009，第63页。
③ 郑杭生主编《中国社会发展研究报告2009·走向更有共识的社会：社会认同的挑战及其应对》，中国人民大学出版社，2009，第69页。
④ 郑杭生主编《中国社会发展研究报告2009·走向更有共识的社会：社会认同的挑战及其应对》，中国人民大学出版社，2009，第69页。
⑤ 汝信、陆学艺、李培林：《2007年中国社会形势分析与预测》，社会科学文献出版社，2006，第28页。

的抽样调查显示，人们的国家自豪感显著提升；职业选择、家庭关系等方面的观念都有了不小变化；民众的自我意识明显提高，以实现人的发展、人的幸福为中心的价值观不断增强；民众的财富观念发生了很大变化，不仅将财富视为身份、社会地位的象征，而且视为自我价值的体现。人们对财富、金钱的看法越来越多元化，既有人对财富持开放积极的认识、公开大胆地追求财富，也有人对财富持相对保守的看法。调查显示，87％的人将财富视为自己追求的目标，并且直言不讳地表达出来；78％的人将财富积累作为个人价值的体现；71.8％的人将财富积累视为个人社会地位的体现。同时，也有64.9％的人认为现在的人们对财富过于追崇，社会更加物质化了。①

综上所述，"不论专家会做些什么，多元化情势改变的不仅是传统现实的社会位置，也改变了个体思考事物的方式，② 人们的利益需求、价值观念趋向多样化，无疑会对青年公务员的择业动机和职业认同等产生潜移默化的影响，而且还会在无形中冲击着主流意识形态与社会主义价值观在青年公务员心目中的地位。不能否认，中国社会价值观念和价值认同的多样化态势有其自身的好处，使整个社会日益变得丰富多彩。一般而言，社会文化系统总是在某种主流文化和价值规范的主导下，由多种多样的文化相互协调统一而构成。在一定程度上说，社会亚文化群体和现象的种类及流行程度反映的恰恰是社会的文化分化与多样化程度。③ 但这种多样化乃至"碎片化"，也使得具有社会整合功能的主流社会价值出现弱化趋势，整个社会价值整合面临挑战。④ 因为在某种意义上，亚文化现象种类的增多和亚文化群的扩展，实际上反映了主流文化价值和规范在人们心目中的认同开始分散，有一些部分转向对亚文化价值及其行为方式的认同和接受。尽管这些多样的文化价值观念在结构、形式

① 《改革开放促进民众价值观念变化》，《人民日报》（学术动态版），2009年1月6日，来源：人民网。

② 〔美〕彼得·伯格、托马斯·卢克曼：《现实的社会构建》，汪涌译，北京大学出版社，2009，第102页。

③ 郑杭生主编《中国社会发展研究报告2009·走向更有共识的社会：社会认同的挑战及其应对》，中国人民大学出版社，2009，第60页。

④ 李培林、陈光金、张翼、李炜：《中国社会和谐稳定报告》，社会科学文献出版社，2008，第83～84页。

及功能上的差异并不一定带来价值观的矛盾和冲突，但是主流文化价值观认同度降低的可能性大大提高。这不仅会使社会缺乏向心力和黏合剂，而且会导致个人与社会发展的无序性和多变性。也就是说，现代社会生活中的社会力量往往是一种导致不稳定、从根上进行摧毁的力量，"人的生活的意义感遭到了史无前例的破坏和摧毁，人的认同发生了前所未有的危机"，也正是在这个意义上，"人的认同成为必须得到认真解决的问题"。[①]这对青年公务员价值观念认同的影响是重大的，对中国社会和谐稳定的影响是深层次的。

四　中国政治文化的变革与冲击

政治文化是存在于社会政治生活中的特定现象，往往可以有力解释日常政治生活、社会生活中相互关联的现象。中国是一个幅员辽阔、历史悠久的多民族国家，经过民族融合和文化交融，形成了统一的以儒家为主体的和传统文化。按照美国学者派伊的说法，近代中国从不发生认同的问题。[②]

改革开放以来，在政治体制改革的推动下，中国的政治文化也发生了具有实质性意义的转变。高度集权体制形成的文化氛围在这场改革中悄然转变。一方面，我国的基本国情决定了我国政治文化的基本格局是社会主义政治文化占主导地位，历史遗留下来的传统专制主义、封建主义政治文化和资本主义政治文化还有一定影响；另一方面，转变中的政治文化正萌发着前所未有的新成分，政治文化中的民主精神、创新精神、平等精神、竞争精神等因素得到了弘扬，公民思想观念、文化观念、行为方式的变化已然对我国产生了深刻影响。有学者指出，"集中效率优势"、"政治组织优势"、"制度创新优势"和"文化包容优势"是中国政治文化的四大优势。造就中国发展奇迹的奥妙正是这其他市场经济国家所没有的四大优势。但与这些优势同时并存的正是它们本身隐含的四种危险：首先，权力寻租和权利集团往往在集中力量办大事的过程中出

---

① 王成兵：《对当代认同概念的一种理解》，《学习与探索》2004 年第 6 期。
② 马振清：《中国公民政治社会化问题研究》，黑龙江人民出版社，2001，第 118 页。

现，比如假大空的政绩和形象工程、大企事业利益垄断、部门权力垄断等现象并不鲜见。其次，政治服务于经济导致一些地方基层出现了权力傍资本的倾向，政治权力因此丧失了应有的主导性和独立性。比如，一些地方和基层官员依赖经济发展的政绩、依赖由资本规模和利税收益支撑的财政，容易使权力被资本绑架，形成了经济单方面决定政治、资本和权力相互勾结以共同盘剥百姓的状况。再次，依靠人治推动的制度创新在一定程度上满足了经济社会和人的发展需要，然而仅靠人格品质、负责担当精神和领导能力来推进制度创新，显然是不可持续的。"能人治政"、"能人政府"事实上反映了依法执政、依法行政和法治政府建设进展缓慢，动力不足。甚至有一些地方的法制权威日渐式微乃至实际缺失。最后，包容文化虽然为借鉴一切文明成果奠定了基础，但主流意识形态的弱化促使社会大众满足于极端实用主义世俗文化的市场供给，人们猎奇找乐子，除了钱和权什么都不信，货币崇拜和权力崇拜大行其道，导致理想迷茫和人格矮化。[①]

总之，世界现代历史表明，许多传统国家在走向现代化国家的进程中，都曾经陷入传统与现代、部分与整体认同的冲突和危机。[②] 我国现阶段的政治文化是处于社会变革中的政治文化，其发展现状还不能完全适应有中国特色的民主政治的需要，公民个体无论是对原有的政治文化，还是对正在发展变化的政治文化，都感到无所适从、摇摆不定，即对政治文化的认同容易产生障碍。比如，个人利益与公共精神之间明显的冲突和碰撞，在公共精神传统不足甚至缺失的中国，对青年公务员社会认同的积极形塑带有根本性的影响。

第四节　社会生态系统

广义的社会生态系统包括社会的政治、经济、文化状况，需要考察社

---

① 陈红太：《中国政治体制改革的现状和趋势》，《中国特色社会主义研究》2010年第3期。

② 马振清：《中国公民政治社会化问题研究》，黑龙江人民出版社，2001，第65、119、127、128页。

会组织、社会阶级和阶层、社会关系、社会意识心态、社会心理、社会生活方式、人们的思维方式、社会习俗，等等。① 我们这里是指狭义的社会生态系统，主要构成要素有社会结构、社会分层、社会流动、社会组织、社会管理、社会政策、社会事业、社会心态、社会问题、社会稳定，等等。下面根据本研究的主题，选取其中若干对公务员社会认同影响显著的重要组成部分，从社会学的视域探究公务员群体政治行为背后的社会认同情况。

一 社会结构转型与社会阶层分化

在整个社会转型时期，结构转型以其特有的方式规定着社会发展的趋势和资源配置的方向，② 是一种无形的巨大力量。马克思在《共产党宣言》中提出，最容易激化社会矛盾的一种社会结构，就是社会 "分裂为两大敌对的阵营，分裂为两大相互直接对立的阶级"，③ 也就是两极型的社会结构。安东尼·吉登斯在分析当代西方发达国家社会阶级分化时，使用 "结构化" 一词进行描述，意指人们之间的社会经济差异的持续化和稳定化扩散到社会生活的各个领域，会导致阶级阶层结构的出现，而社会阶级阶层地位又深刻影响着人们的流动机会、生活方式、社会态度和行为取向。可见，社会结构和社会分层对社会成员的社会认同有莫大影响。

一般而言，社会结构主要包括人口结构、家庭结构、就业结构、城乡结构、区域结构、组织结构和社会阶层结构等结构性要素。从 20 世纪 90 年代以来，社会结构转型随着时代的发展而进一步深化。导致中国社会结构转型的原因是多方面的，经济改革和对外开放无疑是其最直接的动因。中国经济改革的特色就是经济体制改革和社会结构转型同时并进，即在从高度集中的计划经济体制向社会主义市场经济新体制转变的同时，也在从一个农业社会、乡村社会、封闭半封闭社会加速向工业社会、城镇社会和开放社会转变。④

---

① 张静如、刘志强、卜杏英主编《中国现代社会史》，湖南人民出版社，2004，序首。
② 李培林：《另一只看不见的手：社会结构转型》，《中国社会科学》1992 年第 5 期。
③ 《马克思恩格斯选集》第 1 卷，人民出版社，1995，第 273 页。
④ 李培林：《另一只看不见的手：社会结构转型》，社会科学文献出版社，2005，第 55 页。

当代中国的社会结构在经济体制改革、经济高速发展、经济结构变化的推动下产生深刻变化。如表 4-2 所示，当前中国的就业结构、城乡结构转型明显，作为社会结构核心的社会阶层结构也从由工人、农民、知识分子（干部）构成的"两个阶级一个阶层"的结构，转变为由国家和社会管理者阶层、经理人员、私营企业主、科技专业人员、办事人员、个体工商户、商业服务业人员、产业工人、农业劳动者和失业半失业人员等十个阶层构成的社会阶层结构。①

表 4-2 中国的就业结构和城乡结构

单位：%

年　份	1978	1992	2008
就业结构	70.5：17.3：12.2	58.5：21.7：19.8	39.6：27.2：33.2
城乡结构	17.9	21.89	45.7

说明：就业结构指劳动力在三次产业中的就业比例；城乡结构以城市化率为指标。

数据来源：1978 年和 2008 年的数据引自陆学艺《当代中国社会结构与社会建设》，《学习时报》2010 年 8 月 30 日，第 551 期，第 4 版；1992 年数据引自宫少军、赵洁、宋长青《1992 年就业结构分析》，《中国劳动》1993 年第 7 期。

但总体而言，中国目前的社会结构明显滞后于经济结构。根据中国社科院课题组的测算，这个滞后时间大约是 15 年。② 因为中国的经济结构，从三大产业占 GDP 的比重看，已经以第二、三产业为主（如表 4-3 所示），发展到了工业化中期阶段，甚至有些指标已经进入工业化后期阶段。根据国外学者钱纳里等人的研究，工业化中期阶段，就业结构中第二、三产业的职工应该占到总劳动力的 80% 以上，城市化率应达到 60% 以上，而中国 2008 年相应的这两项指标分别为 60.4% 和 45.7%，分别差了 20 个百分点和 14.3 个百分点。以过去的平均增速计算，分别需要 20 年和 15.7 年才能达到。③

① 陆学艺主编《当代中国社会阶层研究报告》，社会科学文献出版社，2002。
② 《当代中国社会结构》，来源：新华网，《经济参考报》，2010 年 1 月 26 日。
③ 陆学艺：《当代中国社会结构与社会建设》，《学习时报》2010 年 8 月 30 日，第 551 期，第 4 版。

表 4 – 3　　中国的经济结构（三大产业占 GDP 的比重）

单位:%

年份	第一产业	第二产业	第三产业
1980	30.1	48.5	21.4
1990	27.1	41.6	31.3
2000	15.9	50.9	33.2
2005	12.24	47.68	40.08
2006	11.34	48.68	38.98
2007	11.26	48.64	40.10
2008	11.31	48.62	40.07
2009	10.6	46.8	42.6

数据来源：1980 年统计数据来自当年的统计年鉴；1990 年和 2000 年的统计数据来自国家发展计划委员会：《"十五"期间我国产业结构将更趋合理》，新华社发；2005～2008 年的统计数据来自《第一财经日报》2009 年 12 月 24 日；2009 年统计数据来自《2009 年国民经济和社会发展统计公报》。

　　社会阶层结构的标志性指标是社会中间阶层（中产阶层）的比重。目前学术界根据各自调查和研究有不同的看法，如传统的"金字塔形"以及金字塔的"断裂"、"洋葱头形"、"倒丁字形"以及"碎片化"等等①，但是不管哪一种离工业化国家应有的"两头小、中间大"的"橄榄形"结构都比较远。中国社科院社会学所"当代中国社会结构变迁研究"课题组，在 2010 年 1 月发布的研究报告中指出，目前中国中产阶层的规模约占总人口的 23%。该数据离工业化社会中期中产阶层应占 40% 的比例也有 17 年的路要走。②

　　总之，从经济体制开始的改革已经深深触及了改革开放前总体性社会的社会结构，使之在社会群体、产业、阶层、地域等方面发生全方位的分化。分化使中国从一致性社会变为多样性社会。与此同时，行政领域也发

①　具体参见陆学艺的《当代中国社会阶层研究报告》、孙立平的《断裂：20 世纪 90 年代以来的中国社会》、李强的《社会分层十讲》、李春玲的《断裂与碎片：当代中国社会阶层分化实证分析》等著作。
②　陆学艺：《当代中国社会结构与社会建设》，《学习时报》2010 年 8 月 30 日，第 551 期，第 4 版。

生了从集权向分权的过渡，决策权从过去只集中在最高部门和少数人手中，变为基层部门也广泛享有决定自身事务的权力。尽管这种变化可能在短时间内带来"社会碎片化"，但无法否认，从高度集权的总体性社会走向分化和分权是社会的巨大进步，中国经济社会发展的活力就是由此而来。① 但是，在结构转型时期，各种结构性要素都处于变化之中，具有极大的流动性、过渡性和不稳定性——城乡之间、地域之间、行业之间、经济层面与社会层面之间、物质层面与精神层面之间，都会出现发展的不平衡和不协调。② 当前中国的社会结构还处于工业化社会初级阶段的水平，它与经济结构之间的不平衡是中国经济社会发展中最大的不平衡，是如今经济社会诸多矛盾和问题产生的结构性根源。2003 年以后，中央新一代领导集体提出科学发展的新思路，提出要更加注重社会公平的口号，大力实施以改善民生为重点的社会建设的新政策。这些都会对中国社会结构和社会分层的调整优化乃至社会认同的培养形塑产生不小的影响。

二　社会流动增多与身份地位变迁

社会流动也称为"社会位移"，是指社会成员在社会关系的空间中从一个社会位置向另一个社会位置的移动，主要包括垂直流动（又分为向上流动和向下流动）和水平流动、代内流动和代际流动、结构性流动和非结构性流动等基本类型。③ 社会生产力的发展及其引发的社会结构分化是社会流动的根本原因。社会分层和社会流动之间又是互为表里、相辅相成的关系。

中国社会在改革开放之前整体上是趋于封闭的，由于"多维二元身份等级体系"④ 的实际存在，决定人们社会地位的主要因素是先赋性因素，社会流动的主要规则也是先赋性规则，个人、家庭乃至某个阶级阶层的社会地位主要由国家制度政策的变化来决定。因此，这个时期的社会流动模

---

① 孙立平、李强、沈原：《中国社会结构转型的近中期趋势与潜在危机》，出自李培林、李强、孙立平等：《中国社会分层》，社会科学文献出版社，2004，第 60~61 页。
② 李培林：《另一只看不见的手：社会结构转型》，《中国社会科学》1992 年第 5 期。
③ 吴增基、吴鹏森、苏振芳主编《现代社会学》，上海人民出版社，1997，第 211~217 页。
④ 陆学艺主编《当代中国社会流动》，社会科学文献出版社，2004，导言第 5 页。

式被称为"政治主宰型"①，整个社会流动渠道闭塞，社会流动率很低。改革开放以来，在经济发展、经济结构、产业结构变化的直接推动下，中国的身份等级体系逐步松动，社会流动渠道逐渐开通，社会流动机制也日益多元化。比如，随着市场竞争机制的引入，资源流动性的增强，以职业分化为主体的各种社会分化成为必然趋势，随之产生的各种新型经济—社会组织和职业群体是社会分化的结果，也是社会流动的具体表现。又比如，进城农民工就是顺应乡村社会向城镇社会、农业社会向工业社会的转型趋势，进行的一种有目的、有方向的社会流动。

总体而言，当前中国的社会流动与体制转轨、结构转型的双重变革相适应，呈现出的是新老社会流动机制并存的双重性特点②：一方面，由制度安排和政策规定直接界定人们社会阶层地位的格局基本被打破，社会流动渠道越来越多元化，能力主义原则在社会经济地位获得上的作用日益显著，即后致性规则逐步取代先赋性规则，成为当前中国社会流动机制中的主要规则。社会流动率明显提高，社会活力显著增强，新的社会流动模式正在形成。另一方面，当前中国的社会流动渠道还不畅通，国家的制度安排和政策规定对个人、阶层的社会地位获得仍然起着相当大的作用，户籍制度、就业制度、人事制度、社会保障制度等计划经济时代遗留下来的一些制度性障碍，也仍在人们的社会流动中起阻碍作用，公正开放、合理有序的现代化社会流动机制尚未形成。

20世纪90年代以来，人们社会身份地位及其衡量标准的变化主要表现在以下几个方面。

一是社会地位的区分从"社会身份指标"向"非身份指标"转化。③比起单纯的政治身份指标，由政治、经济、文化等多元指标共同决定身份地位，无疑是社会进步的标志，但这并不意味着不同的社会群体能够绝对公平地占有资源。相反，社会"中心群体"和"边缘群体"的区分依然界限分明。比如，中国高级干部就是典型的中心群体，而农民则是典型的边

---

① 陆学艺主编《当代中国社会流动》，社会科学文献出版社，2004，导言第9页。
② 陆学艺主编《当代中国社会流动》，社会科学文献出版社，2004，导言第6、10页。
③ 李培林、李强、孙立平等《中国社会分层》，社会科学文献出版社，2004，第16页。

缘群体。① 显然，中心群体能够获得的资源比边缘群体要多得多，公务员群体比较接近中心区域，甚至有一部分就占据着中心区域，能够获取的资源当然比较多。

二是"模糊性"与"明晰化"并存。一方面，社会流动的增加使得社会晋升渠道日益多样化，人们的身份和角色也处在一种变动不居的状态和过程中，往往在各个层面上都表现出一种"模糊性"。这种"模糊性"容易使个人和组织丧失对自身角色及其角色规范的认同，陷入经常性的角色冲突中。② 换言之，社会流动的增加使得社会群体内部和群体之间的社会认同问题日渐凸显。另一方面，在社会结构趋向开放的同时，中国社会各阶层的边界正在"明晰化"③。根据调查研究，1980 年以来，在处于较为优势地位的阶层中，如国家与社会管理者、经理人员、专业技术人员等，其代际继承性明显增强，代内流动明显减少，出现多进少出的趋势；而处在经济社会位置较低阶层的子女，进入较高阶层的门槛明显增高，两者间的社会流动障碍在强化。自 20 世纪 90 年代中期以来，经济资源、组织资源和文化资源出现了向上层集聚的趋势，大量原本只拥有其中一类或两类资源的人，到近些年则基本同时拥有这三种资源，亦即出现了所谓的"精英联盟"。上述两种倾向既不利于形成合理、公正、开放的社会流动机制和社会阶层结构，也不利于提升社会群体间的社会认同，不利于增强民族凝聚力。

三是职业等级和职业声望在某些情况下与收入分层相背离，直接影响着与社会地位密切相连的社会认同。在改革以前甚至改革后的一段时间，在决定人们社会地位的诸种因素中，声望、身份、权力三者之间的相关系数均高于 0.62。④ 由于中国正处在社会结构的快速转型时期，收入和财富的占有状况对个人社会地位的影响显著增强，特别是职业声望与收入状况发生了某种程度的背离。⑤ 调查结果表明，在参照中国第四次人口普查职

---

① 李强：《中国社会分层结构的新变化》，载李培林、李强、孙立平等《中国社会分层》，社会科学文献出版社，2004，第 26 页。

② 李培林：《另一只看不见的手：社会结构转型》，《中国社会科学》1992 年第 5 期。

③ 陆学艺主编《当代中国社会流动》，社会科学文献出版社，2004。导言第 14 页。

④ 李路路、王奋宇：《当代中国现代化进程中的社会结构及其变革》，浙江人民出版社，1992，第 60~70 页。

⑤ 李培林：《再析新时期利益格局变动中的若干热点问题》，《社会学研究》1995 年第 5 期。

业分类标准和跨国比较职业分类标准所列的 100 个职业的排序表中，一方面所有制身份和行政等级仍对职业声望的排序具有重要影响，比如在教育群体的排序上，由高到低的顺序是教授、大学教师、中学教师、小学教师；在行政群体的排序上，由高到低则分别为部长、大城市市长、局长、处长、科长；在不同性质的企业厂长群体中，由高到低又分别为大中型企业厂长、中外合资企业厂长、集体企业厂长、乡镇企业厂长和私营企业厂长。与此同时，职业声望序列与收入序列发生严重脱节，比如，企事业政工干部和小学教师与工商个体户和时装模特相比，前者在职业声望中的排序远高于后者，而在收入序列的排序中却远低于后者。大学教授、部长、大城市市长、社会科学家、法院院长（检察长）这五类职业群体在职业声望中排在前 5 位，但是他们的收入水平均无法进入高收入阶层的前 10位。① 虽然在世界其他国家也普遍存在职业声望和收入地位不完全一致的现象，但在这方面像中国如此错位的情况不仅不多见，而且不正常。职业声望和收入地位排序相差几十位的现象在一定程度上反映了收入序列的混乱和异常，不仅造成职业声望对社会地位的解释力下降，而且造成人们某些价值观念上的困惑，甚至促使一部分人试图通过一些畸形的社会行为来满足自己对社会地位的追求。② 现实生活中就有鲜活的例证。在职业声望排序中位次较高而收入水平并不高的管理阶层（包括公务员群体）中，就有一部分人铤而走险，无视党纪国法，依靠手中的权力从事各种权钱交易，甚至贪污受贿。因此，如果职业声望与收入序列的严重脱节长期持续并演化为一种刚性结构的话，那么这种结构不仅可能成为许多畸形、越轨和违法犯罪行为的重要诱因，而且会造成社会各个阶层对自己的社会地位都不满意，这对社会稳定极为不利。

三 社会问题凸显与社会心态变化

中国在改革开放 30 多年的历程中，经济社会发展取得了举世瞩目的辉

---

① 据中国社会科学院"中国城乡居民家庭生活调查课题组"1993 年对不同省份的 10 个市县 3000 多户居民的调查。详见中国城乡居民家庭生活调查课题组《中国城乡居民家庭生活调查报告》，中国大百科全书出版社，1994，第 145～148 页。

② 李培林：《另一只看不见的手：社会结构转型》，社会科学文献出版社，2005，第 84～86 页。

煌成就，人民生活条件普遍得到改善，生活水平普遍得到提高。但整体的经济社会发展并不协调，社会发展严重滞后于经济发展，不仅萌发了种种社会问题、社会矛盾，而且社会的结构性变迁还引发了整个社会关系从经济到意识形态的重大变革，人们的社会心态和社会舆论也产生了微妙变化。

当前中国深刻变动的经济社会结构正处于"战略机遇期"和"矛盾凸显期"的重合阶段。虽然中国经济社会的总体发展势头良好，但是"许多国家的发展进程表明，在这一阶段，有可能出现两种发展结果：一种是搞得好，经济社会继续向前发展，顺利实现工业化，现代化；另一种是搞得不好，往往出现贫富悬殊、失业人口增多、城乡和地区差距拉大、社会矛盾加剧、生态环境恶化等问题，导致经济社会发展长期徘徊不前，甚至出现社会动荡和倒退"①。上述社会问题不是危言耸听，在中国已经不同程度地存在，而且社会发展领域中也存在一系列令相当一部分群众不满意的社会问题，如"三农"问题严重、奢靡之风盛行、贪污腐败屡禁不止、社会治安状况恶化、刑事犯罪率居高不下、黄赌毒黑泛滥成灾、诚信危机加剧、人口老龄化加速、社会保障压力增大、社会事业发展滞后、民生问题突出等。社会问题、社会矛盾的积聚和爆发是社会转型过程的必然现象，也是党和政府转变执政理念、提出社会建设重大发展战略的现实背景之一。

不少学者断言，我国目前与马克思或涂尔干时代的欧洲社会有着很多相似之处，特别是社会整合面临新的挑战，甚至在某种程度上出现失控、失序、失衡和失范的问题。近年来，群体性事件的频频发生是比较突出的一个表现。不仅无直接利益相关的冲突和有直接利益相关的冲突都在发展，而且暴力型和非暴力的冲突也在双向发展。② 这说明在改革开放加速发展和经济社会深刻转型的过程当中，我们积累了不少历史上的矛盾，并面临着不少现实发展中的挑战。如企业改制、房屋拆迁、土地征用、非法集资、对公权力行使和执法司法公正性的质疑等，这些问题如果得不到及时解决，造成的民怨会导致群体性事件多发的态势。此外，环保问题也正

---

① 温家宝：《在省部级主要领导干部"树立和落实科学发展观"专题研究班结业式上的讲话》，见《人民日报》2004年3月1日。

② 2009年社会蓝皮书发布会实录，http://www.sina.com.cn，2008年12月15日。

在成为引发社会冲突的重要因素。2001 年以来，中国发生的十大环保事件当中，有 6 大事件发生在 2009 年，这实际上是传统经济发展方式负面影响的日积月累，并最终在社会层面上爆发。因此，如何在社会主义市场经济背景下，科学有效地调适不同群体间的利益关系，积极重建社会生活新秩序，成为当前社会发展的一个重要议题。

尽管当前整个社会形势保持了基本稳定的状态，公众在整体上也比较肯定社会和谐稳定的发展态势，比如据中国社会状况综合调查表明[①]：70% 的城乡居民都认为自己的生活水平比五年前得到改善（上升很多和略有上升的比例加起来差不多是 70%，没有变化是 17.7%，略有下降的高于12%），与 2006 年第一期调查相比，上升的比例明显提高 6 个百分点左右，[②] 但诸多社会问题的存在，也首先是在行动者层面上表现出来——社会行动者的行动状况总是最直接地表征着社会的整合、秩序与和谐程度。其表现形式主要包括社会底层生活困顿，社会认同和信任出现危机，社会观念发生混乱，社会行为失范，社会不满增加，社会矛盾和冲突加剧等等。特别是社会舆论和社会心态在以下几个方面的变化直接影响着公众的社会认同。

一是生活压力感和紧张感比较强。全国抽样调查的结论表明，目前我国社会心态的基本状况中首先就是很多人感到生活充满压力，最明显的就是物价上涨，直接影响生活水平。[③] 这种压力的来源是多方面的，包括收入比较低，而且不稳定，还有医疗支出、住房支出、教育支出甚至人情支出等，都成为收入不能承受之重。而就业形势严峻、就业困难又加重了压力感和紧迫感。2012 年，"CCTV 经济生活大调查（2011～2012）"首次对国民的休闲时间进行调查，结果显示：中国人的休闲时间不太充分，70%的受访者日均休闲时间少于 3 小时。从国际对比来看，这部分人处于奔波劳累、闲暇缺乏之中；还有 8% 的受访者表示几乎没有休闲时间，忙碌不堪。[④]

---

① 说明：这个大型调查是 2008 年社科院社会学所进行的一项长期纵观调查的第二期，第一期在 2006 年进行。

② 2009 年社会蓝皮书发布会实录，http：//www.sina.com.cn，2008 年 12 月 15 日。

③ 2009 年社会蓝皮书发布会实录，http：//www.sina.com.cn，2008 年 12 月 15 日。

④ 魏翔：《哪个城市最幸福 中国城市幸福大排名》，《中国经济周刊》2012 年第 11 期。

二是社会挫折感和不满足感比较强。亨廷顿指出，期望本身的增长比转变中的社会在满足这些期望方面的能力的提高要快得多。因此，在人们的期望与现实年相比之间、需求的形成与需求的满足之间，以及期望的功能与生活水准的功能之间，形成了一个差距。这种差距引起了人们的社会挫折感和不满足感。① 中国转型时期公众的社会心态充分证实了这个结论。比如，早在 20 世纪 80 年代中期，社会上就出现了"端起碗来吃肉，放下筷子骂娘"的现象；如今"领着低保金骂政府""开着宝马骂社会"的现象也不时见诸报端。据调查，2006 年公众的社会主观评价水平与 2005 年基本持平，但与 2004 年年相比下降。②

三是对社会差距和社会冲突的感知集中化、放大化。从近几年来《社会蓝皮书》调查的结果看，大部分居民感知到社会群体的利益冲突，而且对社会差距的认知首先集中在贫富差距上，有 56.5% 的公众认为穷人和富人差距最大，其次是干部和群众；有 24.7% 的公众认为，穷人和富人之间最容易发生冲突，有 23.6% 的群众认为干部和群众之间最容易发生冲突和矛盾。③ 可见，贫富矛盾和干群矛盾是当前社会群体利益冲突的主要形式。与此同时，认为社会冲突的矛盾绝对可能会激化或者可能会激化的比例并不是很高，大概在 36%。与此同时，现实中的贫富差距也有被放大化的趋势。因为中国是一个有着"不患寡而患不均"的文化传统的国家，公众对收入差距日益拉大、公共资源占有不均等现实的心理承受能力较弱。而一部分人的非法致富和贪污腐败，更是引发公众的强烈不满，并致使公众在心理上将贫富差距进一步放大。有数据表明：一些高级干部贪污腐败、徇私枉法，犯罪金额触目惊心，造成国家巨大损失；一些握有经济权力的官员及其亲属通过权钱交易，在批租土地、承包工程、企业改制、债转股等过程中大肆侵吞、转移和挥霍国家资产；一些不法商人放肆地偷税、漏税、逃税、骗税，在短时间内非法暴富，引起群众强烈不满；农民负担过重和干群关系极度紧张与一些基层权力部门为了个人或小集团的利益向农民乱摊派、乱罚款、乱收费的现象密切相关；有一些地方执法人员甚至与

---

① 亨廷顿：《变革社会中的政治秩序》，李盛平等译，华夏出版社，1988。

② 2007 年中国社会形势分析发布会（实录），http：//www.enorth.com.cn，2006 年 12 月 25日。

③ 2009 年社会蓝皮书发布会实录，http：//www.sina.com.cn，2008 年 12 月 15 日。

"黑社会"势力联手,欺压百姓,敲诈敛财,横行一方。诸如此类现象,都更加放大了现实存在于大众心理上的贫富差距,并产生"示恶效应"和法不责众的心理。① 《2011年中国社会心态研究报告》指出,群体性怨恨心态是当前大多数热点事件背后的民众情绪基础,它主要指向贪污腐败的干部和不作为的官员、为富不仁的商人、一些不公平的社会现象。②

四是"弱势"心态的普遍存在。在当前社会急剧转型的条件下,刚性制度的不完善、公正公平程序的缺乏既是社会不安全感产生的源泉,也是公务员群体及其他社会群体产生"弱势"心态的重要根源。近期的一项问卷调查显示③,不仅是传统的弱势群体,而且诸如官员群体、白领阶层,也同样认为自己是"弱势群体"——分别有45.1%的党政干部受访者、55.4%的知识分子(主要为高校、科研、文化机构职员)受访者、57.8%的公司白领受访者、73.5%的网络受访者,认为自己是"弱势群体"。受访党政干部的"弱势"心态主要来源于以下几方面:首先是激烈的官场竞争、严厉的问责制度和强大的网络监督使一些官员成了生怕做错一件事、说错一句话的"惊弓之鸟";其次是干部人事制度改革尚在逐步推进过程中,论资排辈现象依然存在,甚至"潜规则"盛行,很多官员因为没有背景而成为官场"弱势群体";再次是公务繁杂,既要有让上级看得见的政绩,又要有能让老百姓满意的民心工程,想要有所作为却困难重重;最后是一些贫困地区公务员的工资收入有限,在物价尤其是房价快速上涨的背景下,只能"望房兴叹"。而且"弱势"往往是相对而言的,只要社会不公正、不公平现象依然普遍存在,每个人就都有身受其害的可能。收入差距、生活重压、公平感和保障感的缺失等都会成为"弱势感"的催化剂。这些不仅影响着青年公务员的价值认同,而且直接导致其行为认同上往往是"知行分离"的。

四 社会认同多样化与认同整合机制缺失

随着市场经济、民主政治和公民观念的发展,人们的生活方式、就业

---

① 李培林:《中国贫富差距的心态影响和治理对策》,《江苏社会科学》2001年第3期。
② 王俊秀、杨宜音:《2011年中国社会心态研究报告》,社会科学文献出版社,2011。
③ 《调查称近五成党政干部认为自己是弱势群体》,来源:《西安晚报》2010年12月5日。

选择、利益诉求、价值取向、思想观念等出现多样化趋势，不同区域之间、阶层之间、代际之间的认识差异明显增加。而且中国当前的社会支持系统个人化趋势明显，遇到困难主要依靠家庭、家族等私人关系网络来寻求社会支持，单位组织解决社会矛盾、进行社会利益整合的力量比以前有所弱化。特别是在中国的社会关系网络中，血缘、地缘、宗族等情感因素仍然起着重要的联结作用，市场经济所要求的普遍的契约关系尚未全面建立，因此，形成社会共识和社会认同的难度加大。

一是社会认同多样性对群体共识的冲击。法国巴黎政治学院教授阿尔弗雷德·格罗塞在《身份认同的困境》中指出，"随着时光流逝，所有的身份都可以改变，特别是当身份是集体性的时候，特别是当身份是根据由类别和群体来界定的时候"，因此，"对每个人，'我们'都是多重性的，'他们'更是多样化的"[1]。正如曼纽尔·卡斯特毫不避讳地承认，"对特定的个人或群体而言，认同可能有多种。然而，这种多样性不管是在自我表现中还是在社会行动中，都是压力和矛盾的源头"[2]。因为认同本就不是中性的现象，而是带有明显的价值选择和好恶倾向的活动过程。不同的社会认同反映的是不同的利益基础，折射出不同的价值观念、身份地位、权力利益、欲望追求的动力和意志等。一个人，一个群体，乃至一个民族、一个国家，在不同时期和不同场合有不同的利益追求，其认同"不但可以说是'刻意的'（intentional）、'目的性的'（purposeful），也可说是'暧昧不清的'（vague）、'暂时的'（temporary），也不排除个人加入数个'工具性'群体的可能性"[3]。这不仅使其认同呈现出多重的话语形式，而且可能成为社会冲突的潜在来源。青年公务员个体认同的多样性冲击着群体社会认同的集体维度，冲淡公务员群体对一系列共有目标、价值观念及集体经验的共同认同。这也是当前亟须注重积极形塑青年公务员社会认同的重要原因之一。

二是社会认同整合机制缺失的影响。既然在开放多元的社会中，社会

---

[1] 〔法〕阿尔弗雷德·格罗塞：《身份认同的困境》，王鲲译，社会科学文献出版社，2010，第10、6页。

[2] 〔美〕曼纽尔·卡斯特：《认同的力量》，曹荣湘译，社会科学文献出版社，2006，第5页。

[3] 转自陈朝政《大陆台商的认同变迁：理论的归纳与推论》，《东亚研究》（East Asia Studies）2005年1月第三十六卷第一期。

认同的多样、分化乃至冲突是社会发展进步过程中不可回避的现象，而且矛盾和冲突本身并非就一定是消极问题，那么我们与其抱怨、谴责或是遗憾，不如正视、面对与因应。在市场经济和改革开放的条件下，达成高度一致的认同往往是不可能，甚至是不正常的。随着影响思想观念的渠道日益增多，青年公务员思想活动的独立性、选择性、差异性也明显增强，与此相应，其社会认同的多样性、分散化趋势益发显见。这意味着青年公务员有着各不相同的认同核心，进而可能引发价值观念、行为方式的矛盾和冲突。前述调查结果表明，青年公务员队伍中积极进取的心态与消极怠工的行为并存，知行表面趋同与实质分化的交错，在价值追求和生活目标上强烈关注自我和个人小家庭的自身利益对公共精神的弱化，等，都在加速催生青年公务员社会认同的矛盾和冲突。如果任凭这些矛盾和冲突持续积累，就可能影响到青年公务员的正常生活乃至行政系统的协调运行。而且在某种意义上说，社会认同越是多样、分散，青年公务员的思想政治教育、社会主义核心价值体系的建设就越发重要。但显而易见的是，能够有效发挥统合作用的整合机制，或者尚未建立，或者正在建立却作用甚微。传统的以僵化的学校教育以及层层渗透的各级组织为主要载体的国家主流价值教化机制在某种程度上滞后于社会发展的需要。换言之，思想政治教育改革滞后于社会发展，思想政治教育的内容与社会现实脱节，尤其是教育者的知识缺乏、言行不一、人格形象与教育要求相去甚远等，更容易诱发受教育者信度逆反的形成。[①] 而社会矛盾的凸显、社会问题的多发、腐败现象的滋生等，也与思想政治教育的正面宣传形成一定程度的反差，使许多人产生认知失调，从而对思想政治教育产生怀疑与抵触。[②] 因此，与其说青年公务员社会认同的分化与多样性是一种挑战，不如说在分化多样的社会认同之间建立起合理有效的整合机制，从根本上应对社会认同的分散化和离心化，着实是当前青年公务员社会认同建构中面临的一个更为实质性的挑战。

贯彻落实科学发展观、构建社会主义和谐社会、加快推进以改善民生为重点的社会建设等新发展战略的提出，具有很强的针对性和及时性，说

---

① 李德芳：《思想政治教育与近现代社会变革》，中国社会科学出版社，2007，第69页。
② 王勤：《思想政治教育学新论》，浙江大学出版社，2004，第298页。

明社会发展问题确已进入党政领导干部的思考范围和视野领域之内。随着党中央的高度重视，各级党政领导干部对社会发展问题也会越来越高度重视。金融危机虽然对我国产生了巨大冲击，但是也为我们提供了结构转变和进入新成长时期的一个良好机遇。既然中国的改革正处在从主要的经济改革过渡到全面改革的新成长阶段，社会体制改革急需进行，那么它所涉及的就业、收入分配、社会保障、城乡社会管理、事业单位运行、社区社会组织等一系列的社会改革就值得公务员队伍深切关注，这是当前青年公务员社会认同建构中必不可少的要素。

综上所述，影响当前青年公务员社会认同的生态环境，总体上可以简单概括为：经济高速发展，政治基本稳定，社会矛盾突显，文化繁而未荣[1]。它们共同构成了复杂、动态、系统的社会生态环境，从不同角度不同层面影响着青年公务员的价值观念、生活方式乃至行为选择，是滋养其社会认同的肥沃土壤，也是形塑其社会认同的现实基础。

---

① 陆学艺：《当代中国社会结构与社会建设》，《学习时报》2010 年 8 月 30 日，第 551 期，第 4 版。

第五章

青年公务员社会认同的
积极形塑

以价值观念认同为核心的社会认同,其分化与多样性趋势的张扬和喧嚣,引发了人们的特别关注,正如有的学者指出,"表面看来越是激烈的价值冲突越是体现出一种强烈的价值认同需要"。① 笔者在前文着力描述当前青年公务员社会认同的基本状况与主要特点,旨在展现青年公务员社会认同"是怎样"的基础上,挖掘其"应当怎样"——即青年公务员应当形塑什么样的社会认同才符合国家性质、时代发展、职业地位的特殊要求,进而具体探析从"实然状态"走向"应然状态"的建构路径和运作机制。

本章既是对研究出发点的回应,也是研究的落脚点所在。公务员社会认同问题其实包括了值得深思、不可忽略的两个方面:一方面是公务员队伍自身对自己的身份、地位、角色、职能等有怎样的认识;另一方面是什么样的公务员才能得到民众的广泛认同? 即我们应该朝什么样的方向来培育、形塑公务员,因为无论是公务员的选拔、任用,公务员的行为、举止,还是公务员的形象、态度,能否获得广大民众的更多认同才是关键所在。

第一节　青年公务员社会认同的形塑目标

在威廉·格拉瑟看来,"男女青年们……努力争取着连自己也无法解

---

① 刘荣语、贺善侃:《价值、文化、科技》,东华大学出版社,2004,第262页。

释的认同",是因为"青年人坚持主张:我们的认同和我们人性一样,都是最基本的"。认同对青年人如此重要,"以至在他们为任何一个目标而努力工作之前,必须要在某种程度上能有所实现",所以威廉·格拉瑟的论点是:在今天,几乎每个人都亲自在探求作为一个人或作为一个在工作的人被承认,而不单是作为一个工作执行者。① 但是公务员作为执行国家意志的行政主体,其工作归根到底就是通过国家授权的公共行政行为来执行国家管理的目标、实现执政党的宗旨,这就"要求个人不能独立地和任性地追求主观目的,其公共行政权力的获得与其个人所受到的限制、所作的牺牲是相辅相成的"。② 因此,青年公务员的社会认同既有青年人的共性特点,又有公务员职业性质的特殊要求,特别是处在当前经济全球化、社会急剧转型的特定时代背景下,青年公务员社会认同的形塑目标实际上也就是青年公务员群体应当如何定位、塑造什么样形象的问题。

无论是哪种社会性质的国家,公务人员的形象都代表着政府的形象,是其所处社会的政治、文化发展状况的积淀及表现,也是其自身素质及政府管理水平的具体体现。因此,塑造良好的公务员形象,强化其行为规范建设,不仅有利于公务员本身的发展,而且有助于提高政府行政能力、改善政府形象,具有深远的意义。那么应该朝什么样的方向来培养和塑造公务员队伍呢? 基于中国社会主义社会的特殊性质、时代的飞速发展以及国内外形势的种种变化,当前青年公务员社会认同的形塑目标主要应当达到以下四个方面的辩证统一:

一 坚定的政治信念与规范的职业标准相结合

任何行政主体,因其所处的时代不同、国家性质不同、统治集团的要求不同,所要追求的价值目标和所要遵循的行政道德规范都不可能是抽象而单一的。因为"不论什么样的行政伦理道德,都是以维护一定社会经济

---

① 威廉·格拉瑟(William Glasser):《认同社会》(*The Identity Society*),傅宏译,桂冠图书股份有限公司,1994,第2、13页。
② 〔德〕黑格尔:《法哲学原理》,商务印书馆,1961,第312页。

基础、巩固特定统治集团的政权，保护特定阶级利益为根本目的的"。① 我国社会主义社会的性质决定了公务员姓"公"，是人民的公仆。按照我国公务员法，公务员制度必须坚持以马克思列宁主义、毛泽东思想、邓小平理论和"三个代表"重要思想为指导，贯彻社会主义初级阶段的基本路线，贯彻中国共产党的干部路线和方针，坚持党管干部原则。老一辈无产阶级革命家不仅强调增强公职人员政治素质的重要性，而且在选拔干部的标准上始终强调政治性与职业性的相辅相成。毛泽东指出，"……共产党的干部政策，应该是以能否坚决地执行党的路线，服从党的纪律，和群众有密切的联系，有独立的工作能力，积极肯干，不谋私利为标准"。② 邓小平反复强调选拔干部的标准，重申叶剑英同志在国庆节讲话里提出的三条标准：一是坚决拥护党的政治路线和思想路线；二是大公无私，严守纪律，坚持党性，根绝派性；三是有强烈的革命事业心和政治责任心，有胜任工作的业务能力；陈云同志提出，我们选干部，要之一德才兼备。所谓德，最主要的就是坚持社会主义道路和党的领导。在这个前提下，干部队伍要年轻化、知识化、专业化，并且要把对于这种干部的提拔使用制度化。③ 陈云同志认为用干部的标准，概括起来有二：政治、能力。两者不能缺一，以政治为主。④ 我们当前强调的"党政分开"，是在特定历史时期形成的具有特定内涵的一个概念，主要指二者在职能上的分开，而不是在政治上分开，更不是党要退出政府过程。"权为民所用，情为民所系，利为民所谋"，这是党中央对党的各级领导干部的基本要求，也是对公务员的基本要求。

青年公务员必须具有坚定政治品格的同时，还必须遵循规范的职业标准。这二者不仅不矛盾，而且恰恰是辩证统一的。尽管公务员的职业有其特殊性，但它在本质上同其他社会职业一样，都是社会分工的产物，本应没有地位上的高低之分，更不存在职业上的贵贱之别。公务员作为公共事务的管理者，接受的是社会、人民的委托而形成的一种契约关系，它作为

① 张萃萍：《困境与重建——当代中国公务员行政道德建设研究》，中国法制出版社，2008，第 161 页。
② 《毛泽东选集》第 2 卷，人民出版社，1991，第 515 页。
③ 《邓小平文选》第 194、286 页。
④ 《陈云文选》第 145～146 页。

一种专门的职业，有着自己的职业标准。首先，既然公务员从事的工作是公共管理，那么公务员就要具备一定的公共管理能力，即公务员首要的任务是"管理"而不是"技术"；其次，公务员职业具备严格的职业准入资格、职业规范和行为准则，这些职业标准不仅要被公务员所广泛认同，而且要能被社会公众广泛认同；再次，当一个人获得了公务员职业，他就扮演相应的社会角色、获得相应的社会身份，并受相应的社会角色标准与约束机制的制约，能够把公共管理活动视为自己的职业生命，不仅追求物质利益的满足，而且追求职业文化与职业精神的实现；最后，作为职业，公务员系统也应该是开放而非封闭的系统，这不仅表现在系统内部的流动应该顺畅无阻，而且表现在系统内外的交替也应该透明公正，即公职领域是对外开放的，与社会其他职业领域之间可以交流互动，公务员职业各个层次的职位都可以从队伍外部吸收优秀人员，而不合格的公务员也要有明确的"退出机制"和"退出渠道"。

二 开阔的世界眼光与鲜明的民族特性相结合

十七届四中全会《中共中央关于加强和改进新形势下党的建设若干重大问题的决定》在全面分析世情、国情、党情的深刻变化后，提出了"必须按照科学理论武装、具有世界眼光、善于把握规律、富有创新精神的要求"来建设马克思主义学习型政党的重要战略任务。具有敏锐、开阔的世界眼光显然是党员干部（包括公务员）必须具备的基本素质之一。

特别是在世界处于大发展、大变革、大调整的时期，经济全球化的深入发展、各种思想文化交流交锋的日益频繁，不断提高应对国际局势和处理国际事务的能力是形势发展的必然要求。尽管马克思、恩格斯没有明确使用"经济全球化"的概念，但他们早在1848年《共产党宣言》中就指出，"资产阶级，由于开拓了世界市场，使一切国家的生产和消费都成为世界性的了"。[①] 国内外很多研究经济全球化问题的学者都承认马克思和恩格斯最早预见到今天我们才完全看清楚了的"经济全球化"趋势，认为他们是经济全球化理论的先驱。值得注意的是，他们所讲的"所有民族的全

---

① 马克思、恩格斯：《共产党宣言》，人民出版社，1992，第30页。

面、普遍相互依赖"（intercourse in every direction, universal inter depend-ence of nations）意味着世界是国际化的但还不是一体化的。尽管经济全球化与国际化（internationalization）的内涵似乎有所不同，但它们一样都难以完全逾越"民族国家间相互依存"的逻辑。[①]

民族作为人们在历史上形成的一个有共同语言、共同地域、共同经济生活，以及表现在共同文化上的共同心理素质的稳定的共同体，时至今日依然是人类社会存在和发展的主要形态。保持鲜明的民族性，就是要保持一个民族区别于其他民族的个性特征，即民族的特性或特色。比如，我国著名社会学家费孝通先生论证了中华民族作为整体的认同意识，是由56个民族多元认同意识的提升与和谐融合而呈现出来的多元一体的格局。[②] 而今，各国、各民族之间的联系和交流比以往任何时候都更加密切和频繁，几乎没有国家不被纳入到经济全球化的过程中而孤立地存在。因此，哈贝马斯指出，现代公民具有两重身份，即公民权利确立的身份及文化民族的归属感。[③] 后者在经济全球化愈演愈烈的当代，有着不可言喻的重要性。

也就是说，经济全球化与保持鲜明的民族特色、民族性看起来似乎是一对颇为矛盾的概念，但实质上是一种矛盾的统一，二者你中有我，我中有你。经济全球化的发展一方面是对民族性的否定，许多论者都充分注意到了经济全球化在一定程度上弱化了民族性这个事实；另一方面，经济全球化不仅没有也不可能消灭民族性，而且又在冲击传统民族文化和认同的情况下加强了民族性，使后者更加突出。因此，当代世界是一个融合性与民族性共存的世界，民族国家力量代表的整合性与经济全球化力量代表的全球性之间的矛盾运动还将继续下去，片面强调它们中的任何一方面都是极其危险的。既然当代的民族国家依然要在经济全球化世界中生存下去，依然要顽强地探索如何适应经济全球化加速的新世界环境，那么民族国家维护和实现国家主权与国家利益的最好办法恰恰不是逃避经济全球化的环境，而是适应，是"通过相互依存达到独立"（the doctrine of independence

---

① 参见庞中英《全球性与民族性：世界和平与发展面临挑战》，《当代世界与社会主义》1999 年第 3 期。

② 费孝通：《中华民族多元一体格局》，中央民族学院出版社，1989。

③ 〔德〕尤尔根·哈贝马斯：《包容他者》，曹卫东译，上海人民出版社，2002，第 133 页。

through interdependence）。①

当代青年公务员生活在这样一个特定的时代环境中，其社会认同的形塑就必须坚持以开阔的世界眼光与鲜明的民族特性这二者之间辩证统一、相辅相成作为基本维度，只有这样才符合时代发展和中华民族发展的要求。其实中国共产党人早就注意到并抓住问题的本质，在处理文化"民族性"与外来文化之间的关系时，非常强调"中国化"。毛泽东在发出"学习民族历史"的号召时，反复强调"马克思主义必须和我国的具体特点相结合并通过一定的民族形式才能实现。……对于中国共产党来说，就是要学会把马克思列宁主义的理论应用于中国的具体的环境。……离开中国特点来谈马克思主义，只是抽象的空洞的马克思主义。因此，使马克思主义在中国具体化，使之在其每一表现中带着必须有的中国的特性，即是说，按照中国的特点去应用它，成为全党亟待了解并亟须解决的问题"。他还指出，"把国际主义的内容和民族形式分离起来，是一点也不懂国际主义的人们的做法，我们则要把二者紧密地结合起来"。② 用通俗的话说，"所谓'中国化'，就是要把现代世界性的文化，和自己民族的文化传统，有机地联系起来。所以离开民族传统，就无从讲'中国化'"，但是如果"只看见文化的民族性，却没有看见文化的世界性"，那就"不能把两者辩证的统一起来"。③ 由于我国公务员制度既深深扎根于中国特定的土壤之中，又必须适应行政现代化的发展趋势，因此，当前青年公务员的社会认同不仅要"民族特性"与"世界眼光"兼而有之，更要达成二者的辩证统一。

三　强烈的公共精神与合理的个体利益相结合

公务员的双重角色决定了其社会认同必然涉及公共领域与私人领域两个相对分明的层面，必须以强烈的公共精神与合理的个体利益相结合作为形塑目标和基本原则之一。

---

① 庞中英：《全球性与民族性：世界和平与发展面临挑战》，《当代世界与社会主义》1999年第 3 期。

② 《毛泽东选集》第 2 卷，人民出版社，1991，第 533～534 页。

③ 《漫谈学术中国化问题》，见彭明主编《中国现代史资料选辑》第 5 册"补编"，中国人民大学出版社，1993，第 550～561 页。

所谓公共精神，不同学者界定的侧重点有所不同。张成福把公共精神界定为有关公共生活的根本价值，包括民主、法治、公正、公共服务等方面的内容。① 潘恩强认为公共精神是个庞大的体系，涉及经济、政治和文化等众多公共生活领域，具体包括独立的人格精神、社会公德意识、自制自律的行为规范、善待生命社会的慈悲胸怀等，因此关系到社会稳定和经济发展，关系到个人生命健康和生活秩序。也可把公共精神简单理解为社会成员在公共生活中对人们共同生活及其行为准则、规范的主观认可，并在客观行动上遵守、执行。② 彭继红和胡献忠则认为"现代公共精神是孕育于公共领域之中的位于最深的基本道德理想和政治价值层面的以民众利益和社会需要为依归的价值取向"。③ 沈传亮认为公共精神是公民社会的基本价值、是社会赖以存在的精神基础，主要应该理解为"为公众服务的精神，为公众而做的精神，关心公共利益的精神"，"公共生活领域中人人必须遵守的公共道德、人人必须具有利他、利群观念"是其基本要求、基本内容，"公共性、政治性、辐射性"等是其主要特点。④

总之，公共精神强调的是公共生活领域中应该具备的价值取向和精神基础，它不是抽象的，而是由多种品质构成的、具体的精神共同体。主要包括服务精神、公正精神、民主精神、法治观念、公德意识、责任意识、参与精神、奉献精神、公共利益等基本内容。在全国实施公务员法大会上，曾庆红同志指出"热爱祖国、忠于人民，恪尽职守、廉洁奉公，求真务实、开拓创新，顾全大局、团结协作"的公务员精神是中国公务员公共精神的应有之义。公共精神既是公务员群体不可或缺的职业要求，又是衡量青年公务员称职与否的重要标准之一。当代中国公务员之所以必须具有公共精神，主要缘于以下几个方面的要求：

一是政府自身公共性和公务员职业性质的内在要求。

政府的公共性是政府合法存在的前提和基础，主要通过公共行政的理

---

① 张成福：《论公共行政的"公共精神"——兼对主流公共行政伦理及其实践的反思》，《中国行政管理》1997 年第 4 期。

② 潘恩强：《论公共精神：中华传统文化未能培养独立人格》，《光明日报》2003 年 11 月 5 日。

③ 彭继红：《公共精神生活管理引论》，中国社会科学出版社，2004，第 6 页；胡献忠：《论〈公务员法〉对青年公务员现代政治人格的塑造》，《天中学刊》2008 年第 4 期。

④ 沈传亮：《公务员群体的政治文化研究》，郑州大学出版社，2007，第 95 页。

念和形式体现出来，而公共行政的首要原则是体现公民的意志、确保公共利益顺利得以实现。公务员作为政府理念的具体传达者和政府行为的具体执行者，是否具有"公共精神"就决定着政府在自利性与公共性之间所扮演的角色。① 建设服务型政府早已成为 21 世纪全球政府行政所追求的主要目标，也是 21 世纪中国政府转型的主要目标。这一以行政管理体制和政府自身改革为重点，以提高公共治理水平为目的的服务型政府建设，迫切需要公务员具有公共服务精神等公共精神来支撑。具有公共精神的公务员队伍，是其符合现代政府管理模式的标志之一。作为规范职业行为的《中华人民共和国公务员法》也明确规定，我国的公务员制度必须坚持以马克思列宁主义、毛泽东思想、邓小平理论和"三个代表"重要思想为指导，贯彻社会主义初级阶段的基本路线，贯彻中国共产党的干部路线和方针，坚持党管干部原则，在公务员应尽的义务中写明"全心全意为人民服务，接受人民监督"。② 可见，恰如严复先生所说，"国者，斯民之公产也；王侯将相者，通国之公仆也"，③ 公共精神本质上是公务员职业道德的内在要求和理性需要，也是当代政治文明建设和精神文明建设的一个重要切入口和有力抓手。

二是中国社会和中国共产党性质的必然要求。

中华人民共和国宪法明确规定，中华人民共和国是工人阶级领导的、以工农联盟为基础的人民民主专政的社会主义国家，社会主义制度是中华人民共和国的根本制度，中华人民共和国的一切权力属于人民，一切国家机关和国家工作人员必须依靠人民的支持，经常保持同人民的密切联系，倾听人民的意见和建议，接受人民的监督，努力为人民服务。④ 中国共产党作为中国工人阶级的先锋队，同时是中国人民和中华民族的先锋队，是中国特色社会主义事业的领导核心，坚持全心全意为人民服务是其根本宗旨。⑤ 如前所述，公务员群体中的绝大部分是中国共产党党员，执政党对党员的要求实际上也是对公务员群体的政治要求。

---

① 沈传亮：《公务员群体的政治文化研究》，郑州大学出版社，2007，第 95～96 页。
② 《中华人民共和国公务员法》，党建读物出版社，2005，第 6 页。
③ 参见严复《辟韩》。
④ 《中华人民共和国宪法》（全文），《人民日报》2004 年 3 月 16 日，第二版。
⑤ 《中国共产党章程》，www.xinhuanet.com。

中国共产党自创建以来就始终强调共产党员尤其是领导干部要秉持公心：从革命战争时期，毛泽东就鲜明提出了"为人民服务"这一中国共产党人的核心价值理念，到毛泽东反复强调"共产党人的一切言论行动，必须以合乎最广大人民群众的最大利益，为最广大人民群众所拥护为最高标准"、① 刘少奇明确指出"我们所有的领导人都是为人民服务的，是人民的公仆，是人民的勤务员，没有权力当老爷"；② 从邓小平指出"……如果不是做官，而是当人民的勤务员，那就要以普通劳动者的面貌出现，要平等待人，要全心全意地为人民服务"③ 到"党的干部是党的事业的骨干，是人民的公仆"于 1982 年被第一次写进党章；从江泽民坚持"依法治国与以德治国相结合"的重大方略，指出"中央反复强调领导干部要保持清醒头脑，其中一个基本要求，就是要时刻摆正自己同人民群众的位置，时刻牢记为人民服务的宗旨，时刻警惕脱离群众的倾向"④ 到胡锦涛提出"严肃查处一批违纪违法案件，坚决纠正损害群众利益的不正之风"要求"加强以保持党同人民群众血肉联系为重点的作风建设，加强以完善惩治和预防腐败体系为重点的反腐倡廉建设，抓紧解决反腐倡廉建设中人民群众反映强烈的突出问题，着力推进反腐倡廉制度建设"、"着力在领导干部特别是高中级干部中树立法律面前人人平等、制度面前没有特权、制度约束没有例外的意识"⑤，等等，无不表明中国共产党一直在努力构建一个具有公共精神的管理者队伍。如果公务员群体缺乏公共精神，则不仅影响到自身乃至党的形象的树立、宗旨的实现，而且必将影响到中国政治现代化的进程。

三是公共精神不足、亟须培养的现实要求。

中国传统上似乎就不是一个富有公共精神的国家，不要说国内各界的有识之士频频发出警醒，连美国人都曾把"缺乏公共精神"⑥ 描述为中国人的素质。早在一百多年前，梁启超先生就犀利地指出："我国民所最缺者，公德其一端也。公德者何？人群之所以为群，国家之所以为国，赖此

① 《毛泽东选集》（第 3 卷），人民出版社，1991，第 1096 页。
② 《刘少奇选集》（下卷），人民出版社，1985，第 307 页。
③ 《邓小平文选》（第 1 卷），人民出版社，1994，第 304 页。
④ 江泽民：《江泽民论有中国特色社会主义》（专题摘编），第 640 页
⑤ 《胡锦涛谈反腐：干部在制度面前没有特权》，来源：新华网，2010 年 1 月 12 日。
⑥ 〔美〕明恩溥：《中国人的素质》，京华出版社，2003，第 106 页。

德焉以成立者也"，他还阐释了"公德之大目的，即在利群，而万千理由即由是生焉"。① 中国当代散文家林语堂从文学的角度描述了中国人缺乏公共精神的原因："中国人是一个个人主义的民族，他们系心于各自的家庭而不知有社会，此种只顾效忠家庭的心理实为扩大自己的自私心理"。② 而历史学家和政治学家则分别从各自的学科视角出发，前者认为"中国古史的发展脉络，不是以奴隶制的国家代替由氏族血缘纽带联系起来的宗法社会，而是由家族走向国家，以血缘纽带维系奴隶制度，形成一种'家国一体'的格局"；③ 后者则对这种家国混同的社会组织结构进行具体描述，并形象说明这种貌似没有个人的家族组织结构对中国社会组织形态的形成和发展有极为深刻的影响，"中国的社会组织是一个大家庭而套着多层的无数小家庭。可以说是一个家庭的层系。所谓君就是一国之父，臣就是国君之子。在这样层系组织之社会中，没有'个人'观念。所有的人，不是父，即是子。不是君，即是臣。不是夫，就是妇。不是兄，就是弟"。④ 其影响正如有学者指出的，"建立在对一家之主的地位和权威的尊崇的古代宗法观念之上的家长制，是中国政府组织创建的理论基础"。⑤

如此根深蒂固的历史传统不可能一朝泯灭，也不可能不影响到当代中国的管理层。1980 年，邓小平在《党和国家领导制度改革》一文中深刻揭示了家长式权力高度集中所必然导致的种种弊端："不少地方和单位，都有家长式的人物，他们的权力不受限制，别人都要惟命是从，甚至形成对他们的人身依附关系……上级对下级不能颐指气使，尤其不能让下级办违反党章国法的事情；下级也不应当对上级阿谀奉承，无原则地服从，'尽忠'。不应当把上下级之间的关系搞成毛泽东同志多次批评过的猫鼠关系，搞成旧社会那种君臣父子关系或帮派关系。"⑥ 美国学者詹姆斯·R. 汤森和布兰特利·沃马克在他们所著的《中国政治》一书中，也深刻洞见和犀利地解读了中国干部的依附关系："下级完全难以抵制上级干预的状况导

---

① 梁启超：《论公德》，载《梁启超文选》（上），中国广播电视出版社，1992，第 109、114 页。
② 林语堂：《吾国与吾民》，中国戏剧出版社，1990，第 157 页。
③ 张岱年、方克立：《中国文化概论》，北京师范大学出版社，2006，第 273 页。
④ 梁漱溟：《中国文化要义》，上海人民出版社，2005，第 90 页。
⑤ 〔美〕何天爵：《中国人本色》，张程、唐琳娜译，中国言实出版社，2006，第 27 页。
⑥ 《邓小平文选》（第 2 卷），人民出版社，1994，第 331 页。

致了不必要的官僚行为。干部倾向于在承担决策责任时小心翼翼，但他们又在自己对下属和局外人的权力面前沾沾自喜。每一个官员都是他上司的铁砧和他的下级的锤子。"① 如今，这种家长制作风依然顽固地存在于很多行政部门，上下级之间缺乏平等交流和对话，权威主义、独断论仍旧盛行等情况，完全践踏了民主与法治精神。由此熏染出来的公务员习惯于被动接受上级的观点，成为唯唯诺诺的工具，而非具有自由意志和独立思维能力等现代公共精神的公务员。

特别是改革开放以来，随着市场经济的推行，注重经济利益、注重竞争、注重效率的同时往往忽视对精神文明、公共道德、公平公正的追求，表现为利己现象突出并合理化，利群思想式微并务虚化，部分公务员公共精神缺位引发的利己心态膨胀乃至贪污腐败、官僚主义作风等日趋严重。不少公务员对公共服务的理解还停留在表层，并没有真正、彻底地抛弃"官本位"思想，服务意识尚不够强。笔者从调查问卷和深度访谈获取的信息中，无不展示着中国当代政治生态环境下青年公务员纷繁复杂的精神世界：应该说青年公务员对公共道德、公共精神的价值取向是明了肯定的，但在潜意识中，追求私人利益却往往主导了其行为表现；虽然大部分青年公务员都认为自己颇具服务精神，但在评价公务员队伍的整体情况时，又都认为公务员的服务精神仍有较大的提升空间。凡此种种矛盾现象，究其根源还在于公务员扮演的两种角色利益之间的冲突——作为党和国家政策的执行者角色，公务员就必须全心全意为人民服务，努力做好人民的公仆；作为社会生活中的个体私人角色，公务员要为自己谋利益，力争在条件允许的情况下实现个人利益最大化。公务员职责要求他们履行角色定位所应该履行的利群义务并不能完全消灭其内心深处利己心态的人之本性。这种冲突普遍存在于公务员个体的身上，在强势意识形态控制和高度集中的计划经济体制下曾得到暂时缓解，但在意识形态控制弱化、改革开放环境下自我意识开始觉醒的现时代，两者之间的张力越来越大。② 而公务员公共精神的强弱与社会道德及公共品质状况休戚相关，"再也没有什么东西能够像政府那样对人民的风俗习惯产生如此直接的影响"。③

---

① 〔美〕汤森、沃马克：《中国政治》，董方、顾速译，江苏人民出版社，2005，第32页。
② 沈传亮：《公务员群体的政治文化研究》，郑州大学出版社，2007，第103页。
③ 《重在塑造公务员的公共精神》，来源：人民网，2004年12月13日。

综上所述，公共精神是青年公务员社会认同形塑目标的题中应有之义。但值得特别强调的是，弘扬公共精神并不排斥青年公务员对个体利益的合理追求。公务员也是独立的个体，而且在某种意义上说，利己是利群的前提和基础，利群的实现往往有赖于利己的实现。因为"历来为繁芜丛杂的意识形态所掩盖着的一个简单事实：人们首先必须吃、喝、住、穿，然后才能从事政治、科学、艺术、宗教，等等"①。如果说这是从物质决定精神的角度来说，那么在基本的物质需要满足之后，人们追逐的利益会因为所属群体不同而有所不同。任何时候，我们都不能忽视公务员也有个人利益的重要事实，完全以公共利益为行为动机的"公共人假设"并不符合现实生活的实际。只有达到个人利益和公共精神的辩证统一才是青年公务员社会认同的形塑目标。正如马克思说过的，"在选择职业时，我们应该遵循的主要指针是人类的幸福和我们自身的完美。不应认为这两种利益是敌对的，互相冲突的，一种利益必须消灭另一种的。人类的天性本来就是这样的：人们只有为同时代人的完美，为他们的幸福而工作，才能使自己也达到完美"。②

四　正确的理论认识与自觉的行为实践相结合

针对当前青年公务员社会认同中较为常见的知行不一现象，在其社会认同的形塑上，还必须正确处理好知与行、理论认识与行为实践的辩证统一关系。而科学认识、处理知与行的关系又离不开马克思主义的指导。因为"基于实践的由浅入深的辩证唯物论的关于认识发展过程的理论，在马克思主义以前，是没有一个人这样解决过的。马克思主义的唯物论，第一次正确地解决了这个问题，唯物地而且辩证地指出了认识的深化的运动"③。

马克思主义认为，思想是行动的先导，理论是实践的指南，"没有革命的理论，就不会有革命的运动"。④ 理论认识"正是，也仅仅是，因为它

---

①　《马克思恩格斯选集》（第3卷），人民出版社，1995，第776页。

②　《马克思恩格斯全集》（第40卷），人民出版社，1982，第7页。

③　《毛泽东选集》（第1卷），人民出版社，1991，第286页。

④　见列宁《俄国社会民主党人的任务》，《列宁全集》第2卷，人民出版社，1984，第443页；并见列宁《怎么办？》，《列宁全集》第6卷，人民出版社，1986，第23页。

能够指导行动"，① 所以倍显重要，恰如毛泽东指出的，"如果有了正确的理论，只是把它空谈一阵，束之高阁，并不实行，那末，这种理论再好也是没有意义的。认识从实践始，经过实践得到了理论的认识，还须再回到实践去。认识的能动作用，不但表现于从感性的认识到理性的认识之能动的飞跃，更重要的还须表现于从理性的认识到革命的实践这一个飞跃"。② 列宁也说过："实践高于（理论的）认识，因为它不仅具有普遍性的品格，而且还具有直接现实性的品格"。③ 因此，"生活、实践底观点，应该是认识论底首先的和基本的观点"。④ 可见，知与行、理论与实践之间不是分离割裂的，而是辩证统一的，"离开革命实践的理论是空洞的理论，而不以革命理论为指南的实践是盲目的实践"⑤，"斯大林说得好"⑥ 的这句话明确而深刻点出了二者之间的内在关系。

社会认同本质上是，而又绝不仅仅是认知的心理范畴，况且"心理状况通常与现实的社会定义相关，其本身也是被社会界定的"。⑦ 在社会结构中，当个人承担了某种社会角色、拥有某种社会认同时，他就同时拥有了履行该角色和该认同指向的义务。基于一系列共有的目标、价值观念或者经验的共同认同，恰恰是实践的重要基础。换言之，社会认同是在学习并认知一定知识，实践一定社会关系的基础上，在现实生活的体验和参与中形成的，是属于被理解后能"更深刻地感觉"⑧ 的东西。既然马克思主义哲学认为十分重要的问题，不在于"用不同的方式解释世界"，而在于"改变世界"⑨，而"思想根本不能实现什么东西，为了实现思想，就要有使用实践力量的人"⑩，那么社会意识（社会认同）能动作用的产生和实现

---

① 《毛泽东选集》（第1卷），人民出版社，1991，第292页。
② 《毛泽东选集》（第1卷），人民出版社，1991，第292页。
③ 见列宁《黑格尔〈逻辑学〉一书摘要》（《列宁全集》第55卷，人民出版社，1990，第183页）。
④ 见列宁《唯物主义和经验批判主义》，《列宁全集》第18卷，人民出版社，1988，第144页。
⑤ 《斯大林选集》（上卷），人民出版社，1979，第199~200页。
⑥ 《毛泽东选集》（第1卷），人民出版社，1991，第293页。
⑦ 〔美〕彼得·伯格、托马斯·卢克曼：《现实的社会构建》，汪涌译，北京大学出版社，2009，第144页。
⑧ 《毛泽东选集》（第1卷），人民出版社，1991，第286页。
⑨ 《马克思恩格斯选集》第1卷，人民出版社，1995，第61页。
⑩ 《马克思恩格斯全集》第2卷，人民出版社，1957，第152页。

就不是自然而然地，而必须通过人的实践活动才能最终得以实现。

如果我们说为了实现广泛的社会认同是思想政治教育的目标，那么提高基于社会认同基础上的、自觉自愿的行为能力是思想政治教育的核心内容。由于知识和规范的学习及掌握可以通过外在强化输入的方式进行，而社会认同则必须通过内在机制的自觉转化才能达成，即社会认同是在青年公务员学习知识、技能、规范和在现实生活中实践、运用它们的博弈过程中缓慢生成的，是选择的结果，而非强加的规定。因此，培育和形塑青年公务员的社会认同，首先需要考虑青年公务员思想政治教育内容形式的改革，尽管"最为关键也最为艰难的恐怕是思想政治教育内容体系和课程体系的改革"，[①] 但这还仅仅是第一步，还必须在此基础上提升青年公务员的行为能力，以达成知行一致的目标。可是，当前青年公务员社会认同的现实与目标之间的差距较大。调查显示，当前青年公务员并非对民主、法治、利群等公共精神的含义不了解、不认可，但在实际行动中的表现却往往与公共精神的要求有较大落差。也正是在这个意义上说，青年公务员社会认同的形塑目标不应该仅仅停留于认知的心理层面，只有在认知与实践辩证统一的基础上、在"改变世界"的行动中才算真正完成了自己的使命。

综上所述，形塑当前青年公务员社会认同的应然目标是：政治坚定而又符合职业标准，拥有世界眼光而又坚持民族特性，在合理追求个人利益的基础上具有强烈公共精神的、知行一致的公共事务管理者。

第二节　青年公务员社会认同的形塑路径

青年公务员的社会认同深受社会历史和社会环境的影响，既有积极的一面，也有消极的一面，其实然状况与应然目标之间尚有不小差距。由于所涉范围广泛，青年公务员社会认同的引导是一项庞杂艰巨的系统工程，需要不同要素共同参与。曼纽尔·卡斯特指出，"认同的建构所运用的材

---

① 梁桂麟、徐海波：《当代高校公共理论课教育教学研究》，中国社会科学出版社，2004，第 343 页。

料来自历史、地理、生物，来自生产和再生产的制度，来自集体记忆和个人幻觉，也来自权力机器和宗教启示。但正是个人、社会团体和各个社会，才根据扎根于他们的社会结构和时空框架中的社会要素（determination）和文化规划（project），处理了所有这些材料，并重新安排了它们的意义"。① 也就是说，社会认同的建构有赖于"社会结构和时空框架中的社会要素"，因此，笔者试从价值引导方向、夯实发展基础、具体机制运作和制度建设保障四个方面对引导途径展开探讨，以期能增强青年公务员正面的积极认同、消弭其负面的消极认同，达成青年公务员社会认同塑造的应然目标，为公务员队伍建设乃至中国政治建设与发展添砖加瓦。

一 通过积极有效的价值引导为社会认同指明正确方向

在社会利益、思想认识多样化的复杂背景下，亟须积极有效地对社会认同的核心——价值观念认同进行正确引导。因为"一般而言，谁建构了集体认同，以及为谁建构了集体认同，大致上便决定了这一认同的象征性内容，以及它对于那些接受或拒绝这个认同的人的意义"。② 而近些年来，价值引导的有效性恰恰是我们的软肋。所以笔者认为，要保持青年公务员的社会认同不偏离应有的前进方向，以下几个方面是价值引导过程中不可或缺的：

（一）发挥意识形态良性功能，巩固全党全民的共同思想基础

马克思主义认为，经济基础决定上层建筑，上层建筑反作用于经济基础。意识形态显然属于思想上层建筑，对政治上层建筑和经济基础都起着重要的影响作用。著名的西方马克思主义者乔治·卢卡奇早就指出，"无产阶级革命要取得成功，就必须重视意识形态问题，努力形成自觉的阶级意识，必须首先以无产阶级的革命意识形态取代资产阶级意识形态的统治

---

① 〔美〕曼纽尔·卡斯特：《认同的力量》，曹荣湘译，社会科学文献出版社，2006，第6页。
② 〔美〕曼纽尔·卡斯特：《认同的力量》，曹荣湘译，社会科学文献出版社，2006，第6页。

地位，否则就不可能在革命斗争中获得真正的胜利"。① 西方马克思主义的另一代表人物阿尔都塞也充分肯定了意识形态的积极功能，认为"意识形态是具有独特逻辑和规律的表现体系，它在特定的社会历史地生存着，并作为历史而起作用"，"为了培养人、改造人和使人们能够符合他们的生存条件的要求，任何社会都必须具有意识形态"。② 阿尔都塞甚至指出，"种种事实表明，没有这些特殊的社会形态，没有意识形态的种种表象体系，人类社会就不能生存下去。人类社会把意识形态作为自己呼吸的空气和历史生活的必要成分而分泌出来"。③ 如果说经济的、政治的、意识形态的、文化的等多种方式都可以协调社会利益集团之间的矛盾、维护社会秩序，那么"意识形态是一种节省的方法，个人用它来与外界协调，并靠它提供一种'世界观'，使决策过程简化"。④ 我国国内也有学者特别强调意识形态认同所能产生的功能作用，认为意识形态认同即社会成员对社会主义意识形态的认可，是指党员干部和人民群众对党的指导思想及其衍生的纲领、路线、方针、政策等产生的价值取向和心理倾向，一种在社会政治生活中产生的感情和意识上的归属感。⑤ 李淑梅指出，意识形态认同不仅包括对其所维护的基本社会制度的认同，而且包括对其所倡导的社会发展具体模式、人的发展的具体方式的认同，因此，意识形态不仅具有维护一定社会制度的功能，而且因其是人们对自身行为的道德约束而能够减少协调人们社会关系的成本。⑥

　　历史和事实都可以证明，任何一个国家、任何一个执政党，都需要主流意识形态的强力支撑。而任何一种意识形态都是特定利益集团的思想观念和价值系统，必然烙有鲜明的阶级性。一个社会的主流意识形态通常是统治阶级利益、意志的集中体现并服务于特定的社会经济基础和政治统治体系。正如马克思主义从来就没有隐讳她是为无产阶级服务的事实，承认自己是无产阶级认识世界和改造世界的锐利思想武器。

---

① 〔匈〕乔治·卢卡奇：《历史与阶级意识》，重庆出版社，1993。
② 徐崇温：《西方马克思主义》，天津人民出版社，1982，第552~553页。
③ 阿尔都塞：《保卫马克思》，顾良译，商务印书馆，1984，第201页。
④ 诺斯：《经济史上的结构和变革》，商务印书馆，1992，第50页。
⑤ 王邦佐：《执政党与社会整合：中国共产党与新中国社会整合实例分析》，上海人民出版社，2007，第217页。
⑥ 李淑梅：《意识形态与人的社会认同》，《学习与探索》2005年第5期。

　　意识形态的阶级性并不否定自身的诸多功能，其鲜明的阶级性、系统的理论性、强烈的实践性等本质特征决定了它能够在一个国家的政治、经济、文化、社会生活乃至国际关系中发挥巨大的作用。有的学者从认识论层面出发，把意识形态的功能大体划分为认知功能、规范功能和价值功能三大类。有的学者则根据意识形态发挥作用的领域和范围，主要可以把意识形态的功能分为政治功能、经济功能、社会文化功能和外交功能等几个方面[①]：在政治方面，能够达到政治动员、政治团结、政治论证、政治导向、政治合法化及批判异己意识形态的作用；在经济方面，能够为经济运行营造一个良好的社会环境和运行机制、克服"搭便车"等各种投机主义现象、规范经济主体之间关系、解决非市场机制的资源配置问题并直接促进或阻碍经济发展；在社会文化方面，能够为社会提供价值体系、精神支柱，发挥教化、疏导作用，维系社会稳定，并成为社会整个体系的解释工具和社会上各种矛盾及社会问题的"黏合剂"、"晴雨表"和"反光镜"；在外交方面，能够直接影响一个国家的对外政策，并对一个国家的外交政策起到掩饰、包装和伪装的作用。还有的学者强调意识形态在社会和政治层面的功能，如社会整合功能、合法化功能、动员和认同功能、团结和组织功能、表达和交流功能、感染和操纵功能等。[②]

　　作为实现社会控制和社会整合的基本手段之一，意识形态功能的发挥并非自然而然的事。特别是在复杂的国内外形势下，对于任何一个国家而言，要保持、巩固主流意识形态的指导地位都绝非轻而易举之事。在我国，马克思主义已经居于社会主义意识形态的指导地位。因为马克思主义代表的无产阶级是人民群众的核心部分，无产阶级的利益和广大人民群众的利益在本质上是一致的，所以马克思主义不仅是反映无产阶级利益的学说，同时还是反映最广大人民群众利益的学说，只不过在不同的时期强调的侧重点有所不同：在革命战争年代更强调前者，而在社会主义建设时期则应该侧重强调后者。[③] 在马克思主义的指引下，中国特色社会主义建设

① 王永贵：《全球化背景下社会主义意识形态功能探析》，《社会主义研究》2009 年第 3 期。

② 崔晓晖：《意识形态认同：新时期中国共产党社会整合的思想基础》，吉林大学 2008 年博士学位论文。

③ 李建平：《论马克思主义的生命力和竞争力》，《福建师范大学学报》（哲学社会科学版）2006 年第 6 期。

稳步发展，但是，一方面是西方敌对势力实施西化、分化的图谋不会改变，另一方面是国内经济社会形势的发展变化带来多种多样的社会思潮，其中包括非马克思主义甚至是反马克思主义的思想倾向。因此，如何在新的历史条件下巩固马克思主义在意识形态领域的指导地位、增强社会主义意识形态这一全党全民共同思想基础的吸引力和凝聚力，同样面临着严峻挑战。

社会主义核心价值体系是社会主义意识形态的本质体现，这一有机统一的整体是当代中国社会行为的价值导向和标准规范。作为对普通民众有不小示范和榜样作用的青年公务员，应该率先从以下几个方面入手增强自身对社会主义意识形态的价值观念认同：

1. 自觉加强理论学习，提升政治素养

政治理论素养是青年公务员树立共产主义理想信念的基础，是公务员立德的根基，也是公务员从根本上增强政治免疫力，自觉抵御拜金主义、享乐主义、极端个人主义等错误思想侵袭的根本保障。只有坚持不懈地用马克思主义及其中国化的最新成果教育自己、武装自己，既注重学习研究马克思主义理论体系，善于从整体上把握马克思主义的科学内涵和理论精髓；又注重与时俱进地学习研究中国特色社会主义理论体系，善于从理论与实践的结合中把握马克思主义的活灵魂和方法论，才能在政治上、理论上真正成熟起来，也才能在学懂、学透的基础上使马克思主义思想真正转化为个体的自觉追求。

2. 积极在应用中推动理论与时俱进地发展

诺斯认为，"大凡成功的意识形态必须是灵活的，以便得到新的团体的忠诚拥护，或者作为外在条件变化的结果而得到旧的团体的忠诚拥护"①。坚持马克思主义在意识形态中的主导地位，必须大力推进理论创新，不断赋予当代中国马克思主义以鲜明的实践特色、民族特色和时代特色；必须广泛宣传普及中国特色社会主义理论体系，推动当代中国马克思主义大众化；必须学以致用，学会创造性地运用马克思主义的基本原理，研究新情况，解决新问题，正确揭示社会发展变化中的新规律、新特征，

---

① 〔美〕道格拉斯·C. 诺斯：《经济史中的结构与变迁》，陈郁、罗华平译，上海三联书店、上海人民出版社，2003，第 58 页。

科学解释社会中出现的新事物、新问题，令人信服地回答群众遇到的疑虑和困惑。这要求青年公务员除了与时俱进地充分把握马克思主义及其中国化成果，还要主动在实践中提升理论的运用能力、解释功能和指导作用。

3. 密切联系日常社会意识和心理，占领思想文化上的领导权

日常社会意识和心理同人们的切身利益密切相关，实际上是人们在日常生活中形成的对社会的一种体认和理解，具体表现为个人的一定愿望、信仰、要求和意向，等等，通常带有素朴、自发、零散等主要特征。人们的日常社会意识构成了意识形态的素材和基础，意识形态就是对其加工和改造、升华和概括性的集中反映。马克思主义意识形态的运行离不开日常社会意识的支持和认同。在马克思的意识形态理论中也包含着关于意识形态与日常意识关系的思想①，因此马克思主义经典作家非常注重研究人的日常心理，列宁曾强调"必须学会特别耐心地慎重地对待他们，以便能够了解每个阶层、每个行业等等的全部群众的心理特点"②，西方马克思主义更是深入挖掘和阐发了马克思的这一思想。意识形态如何与个人的日常心理相联系并进而获得人们的普遍接受是葛兰西高度关注的一个问题。在葛兰西看来，意识形态既是思想体系、又离不开人们的经验与体验，所以知识分子在"制定一种高于'常识'、在科学方面融贯一致的思想方式的过程中，永远不忘记同'普通人'相接触，并且确实在这种接触中发现它所研究和解决的问题的源泉"③。他实际上指出了无产阶级必须占有思想文化上的领导权，必须使自己的意识变为被大众一致赞同的意识。由于"民众相信什么"至关重要，既然意识形态与日常社会观念、社会心理之间具有某种同构性，那么要想让人们接受和认同意识形态，就必须紧密联系人们的日常社会意识，使人们在意识形态中能够"认出"自己的意愿，这样有利于实现意识形态对人们思想、观念和心理的渗透与影响，真正促使人们达成意识形态认同。

4. 主动加强理想信念教育，切实转变工作作风

理想信念既是精神的支柱，也是解释说明现实的工具和武器。根据加尔布雷斯"双峰对称"的理论，只有一个组织内部成员对本组织具有高度

① 李淑梅：《意识形态与人的社会认同》，《学习与探索》2005 年第 5 期。
② 《列宁全集》第 31 卷，人民出版社，1958，第 168 页。
③ 葛兰西：《狱中札记》，中国社会科学出版社，2000，第 240～241 页。

的自我认同，该组织才能获得组织外部的认同。青年公务员的特殊身份和地位决定了其理想信念教育的成效，直接影响着其他社会成员对于马克思主义的信仰。因此，青年公务员一方面要在主观上加强自身的世界观、人生观、权力观、政绩观等观念教育，另一方面要以实际行动改变自身的工作作风，用实实在在的客观行为真正获得民众的广泛认同，进而带动民众增强对马克思主义的信仰。

（二）选择形塑社会认同的合适媒介，加强和改进思想政治教育

马克思认为人的一切行为的产生都根源于人的动机，而动机根源于人的需要。青年公务员普遍有加强思想政治教育的需要，但效果不佳的现状恰恰说明思想政治教育过程中存在诸多不符合教育对象实际需求的地方。社会认同作为思想政治教育的目标所在，作为衡量思想政治教育有效性的现实尺度，同时也是增强思想政治教育有效性的重要途径。重构社会认同离不开思想政治教育功能的正常发挥，也离不开思想政治教育有效性的提升。改进思想政治教育工作，需要认真考察教育对象的合理需要，制定符合需要的教育目标、教育内容，选择符合需要的教育方法、教育媒介，方能调动受教育者的积极性和主动性，进而获得受教育者的认可和接受。

从日新月异的时代发展特征来看，当前加强和改进思想政治教育工作，在形塑社会认同的媒介选择上，需要特别重视以下三个方面的问题：

首先，网络、手机短信等现代信息平台的运用和建设。在不受特定网络结构支配的网络社会中，每个网络不仅可以根据特定的社会环境和个人用户特点自行设计和发展，而且网络的互相连接也不受不同网络类型的限制。这种开放的网络结构使网络平台不仅成为一种新型的交流工具，而且成为一个虚拟的网络社会。它具有结构的开放性、信息的多样性、管理的分散性和交流方式的多样性等特点，改变了人们社会参与的方式和社会活动的形式。[①] 手机短信具有便利、迅速、廉价而高效等特点，是现代社会生活中的重要交流渠道之一。因手机短信而萌发的"手机文化"正日益走入寻常百姓家，以别样方式反映着社会生活的具体状况，也潜移默化地影

---

① 苏振芳：《用社会主义核心价值体系引领网络文化建设》，《中共福建省委党校学报》2009年第 2 期。

响着人们的思想、观念乃至行为。因此，现代社会中的思想政治教育不能囿于传统的媒介和平台，应该注重用社会主义核心价值体系引领时代潮流，占领网络文化、手机文化等阵地的制高点。

其次，文本、符号、话语系统的传承与创新。没有深入人心的宣传和传播，主流意识形态要赢得人们的认同无异空中楼阁。而宣传和传播又离不开文本、符号、话语系统的运用。马克思指出，"'精神'从一开始就很倒霉，注定要受物质的纠缠，物质在这里表现为震动着的空气层、声音，简言之，即语言。语言和意识具有同样长久的历史，语言是一种实践的、既为别人存在因而也为我自身而存在的、现实的意识。语言也和意识一样，只是由于需要，由于和他人交往的迫切需要才产生的"。① 由于主流意识形态往往具有高度理论化、系统化等特征，与广大民众尚未上升到该层面的、感性的社会心理意识活动还有一定的距离。因此，主流意识形态只有用人们能够听得懂、愿意听、喜欢听的生动话语，即坚持"贴近实际、贴近生活、贴近群众"的原则来表达和宣传自己，才能为人民所了解和理解，进而才有可能被人民所接受和认同。中国共产党在思想政治教育的历史上，曾经非常出色地运用口号、标语等文本符号系统完成政治动员和社会动员，这是当前依然要传承的优秀传统，当然，话语系统的具体内容需要随形势的发展变化而不断创新。

最后，思想政治教育形式上的与时俱进。时代发展要求思想政治教育工作必须适应面临的新情况，根据干部群众在各种环境下衍生出的思想认识的新问题、社会生产活动中的新趋势，不断改进和完善工作方式、方法和工作机制，不断提高思想政治教育工作的感召力和渗透力，力求找到解决问题最有效、最便捷和最合理的对策途径。比如，当代社会的文化传播形式已经逐渐从传统的文字传播时代向现代的视觉文化传播时代过渡②：在传统的文字传播时代，人们必须拥有并运用一定的理性思维能力，才能较好地了解和认识一种文化。而在视觉文化传播时代，视觉文化集图、文、声、形于一身的特点，使人们能够以一种更生动、更活泼、更形象的方式将自己展示出来，它不一定需要拥有较强的理性思维能力，在相当多

---

① 《马克思恩格斯选集》（第 1 卷），人民出版社，1995，第 81 页。

② 姜地忠：《当前我国主流意识形态认同问题研究——以维护社会秩序稳定为出发点》，吉林大学 2009 年博士学位论文。

的情况下只需要借助感性意识就能较好地了解和理解自己。这种文化传播形式的现代转型提示我们，在进行思想政治教育、进行主流意识形态的宣传和传播时，可以充分借助现代的数码技术、影像技术、电子技术等手段，将自己理性化的概念系统感性化，以更直观、感性的方式将内容展示给民众，实现自身理性化的概念系统与广大社会成员感性意识的统一，以便社会成员能更好地理解、接受和认同这些概念系统。

（三）培育现代公共精神，优化社会认同的文化生态

现代公共精神的发育状况反映着一个社会的开化程度、发展水平和整合能力，关系到一个民族和国家的吸引力、凝聚力和向心力，关系到社会大众的共同理想和奋斗目标。因此，培育现代公共精神，对于任何一个现代国家的治理和稳定都尤为重要，甚至可以说，没有公民的公共精神，就没有真正意义上的和谐社会。这里所谓的公共精神不是要形成绝对统一的思想价值观念，而是在不否定文化多样性前提下的相对统一，是一个社会共同体内部最低限度的一种共同的价值、标准和态度，是社会共同体内部公共利益和共同要求在制度和价值上的反映，因此是以全体人民（包括执政党成员）的利益和要求为核心或主导。[1] 只有培养起这种公共精神，才能优化社会文化生态环境，才能协调各方利益、凝聚各种力量，推进整个社会的和谐稳定发展。

如前所述，中国人的公共精神还相当欠缺，新文化运动的领军人物之一陈独秀曾说："中国人简直是一盘散沙，一堆蠢物。人人怀着狭隘的个人主义，完全没有公共心，坏的更是贪赃卖国，盗公肥私。"[2] 步入现代化进程的中国，只有不断建构和培育出具备现代性社会精神气质与人格特质的人，才能建立起现代文明、健康、公正和合理的公民社会。显然，当前中国的文化生态离此尚有很大距离，青年公务员公共精神的缺乏是其社会认同形塑中面临的重大挑战之一。公共精神的衰微不仅易于导致公共行政理论的非公共倾向、公共行政基本价值的偏差，而且易于侵害民主社会中应有的自由、秩序、公民利益和公共利益等，甚至易于导致公共行政实践

---

① 林修果、林婷：《公共治理：建构和谐社会的一种行政学范式解读》，《马克思主义与现实》（双月刊）2005 年第 5 期。

② 梁岷：《陈独秀文章选编》，中国广播电视出版社，1981，第 516 页。

的误区、把公共行政转化成追求私人利益的手段。

总之，在当代中国市场经济和社会转型的双重压力之下，公共精神不可能是自发的产物，而需要不断地培育和建构。正如有学者指出，现代公民社会的国民教育尤其是民族精神教育实质上是一种社会化的"公众教育"，要求全社会都参与到新的理性与人文精神的学习、传播、创新和实践中来。[1] 青年公务员在培育具有"公共性、公众性、时代性与继承性、民族性和普遍性"[2] 等基本特点的公共精神中更应起表率与示范作用，特别是要注重对民主精神、合作精神、宽容精神和诚信精神等的积极培育，强调对正义意识、规则意识、生态意识、社会服务意识等的内心自觉。

二 通过合理均衡的全面发展为社会认同夯实基础

既然社会生态环境系统是当前中国青年公务员社会认同形成和发展变化的现实根基，那么建设一个合理均衡、全面发展的社会生态系统无疑是导向积极社会认同的坚实基础。自 20 世纪 90 年代以来，我国综合国力大幅提升，人民生活显著改善，国际地位和影响力迅速提高，社会主义经济建设、政治建设、文化建设、社会建设以及生态文明建设和党的建设均取得重大的历史性进展，这为中国未来一个时期经济社会的持续发展奠定了良好基础。但是依然处于社会主义初级阶段和恰逢改革开放的攻坚时期，我国的社会生态环境系统面临着不少冲突和失衡问题。基于当前的发展状况，笔者以为以下几个方面是促进合理均衡发展以夯实社会认同基础的重要着力点：

（一）转变经济发展方式，加快以改善民生为重点的社会建设

涂尔干在《社会分工论》中指出："每个民族的道德准则都是受他们的生活条件决定的。倘若我们把另一种道德反复灌输给他们，不管这种道德高尚到什么地步，这个民族都会土崩瓦解，所有个人也会痛苦地感受到

---

[1]　袁祖社：《"公共精神"：培育当代民族精神的核心理论维度》，《北京师范大学学报》（社会科学版）2006 年第 1 期。

[2]　陈永森：《和谐社会与公民的公共精神》，《思想理论教育》2008 年第 23 期。

这种混乱的状况。"① 即具体的现实生活条件是抽象的社会意义系统（包括道德准则）为民众所认同的前提和基础。立足我国的基本国情，发展是执政兴国的第一要务，牢牢抓住"以经济建设为中心"的方针依然不能动摇。只有实现又好又快的经济发展，才能为中国特色社会主义打下坚实基础，也才能为普通民众包括广大青年公务员形成积极的社会认同打下坚实的物质基础。但是，当前中国经济社会的发展形势极其复杂，经济社会发展中的，结构性问题和体制性问题并存，国内问题和国际问题相互交织。2008 年的国际金融危机影响深远，不仅对中国的经济增长速度造成冲击，更是对中国经济发展质量带来挑战。因此，坚持以经济建设为中心，必须深入贯彻落实科学发展观，增强驾驭经济社会发展大局和解决复杂问题的能力，统筹考虑短期调控政策和长期发展策略，既要解决好当前发展中的突出问题，防止经济出现较大波动，又要切实化解深层次矛盾和潜在风险，为长远发展打好基础。

保障和改善民生是加快转变经济发展方式的根本出发点和落脚点，也是坚持以经济建设为中心的根本目的。而保障和改善民生又亟须推进滞后于经济建设的社会建设，因为社会结构滞后于经济结构是当前中国最大的结构性矛盾，也是造成诸多经济社会问题的根本原因。加快社会建设，能大幅减少社会矛盾，降低社会成本，切实改善民生，这是转变经济发展方式的内在需求，也是社会结构转型和贯彻落实科学发展观的必然要求。社会建设重大战略思想的提出，既反映了中国社会主义现代化建设事业的实践发展到了新阶段、有了新要求；又反映了中国共产党对实践深刻变化的理论自觉，在不断实践、探索的过程中总结出新的理论概括和突破性认识。这标志着党"立党为公、执政为民"的执政理念进一步具体化，标志着党对共产党执政规律、社会主义建设规律、人类社会发展规律的认识达到了新高度。尽管推进社会建设的进程依然面临着来自经济、制度以及思想认识等多方面的巨大挑战，但是青年公务员作为中国发展的后备力量，必须敏锐捕捉发展方向的变化，切实坚持以科学发展为主题、以加快转变经济发展方式为主线，主动增强忧患意识、风险意识、社会责任意识，努力提升符合科学发展的工作能力和增进社会认同。

---

① 〔法〕涂尔干：《社会分工论》渠东译，生活·读书·新知三联书店，2000，第 298 页。

（二）推进社会管理体制创新，建设公共服务型的有效政府

社会管理体制创新不仅是加强社会建设的关键环节，也是行政管理体制改革的重要组成部分，其目标在于健全"党委领导、政府负责、社会协同、公众参与"的社会管理格局，形成"政府调控机制同社会协调机制互联、政府行政功能同社会自治功能互补、政府管理力量同社会调节力量互动"的社会管理网络。从组织社会学的视角来看，这是一个组织重构的动态过程。

就政府定位而言，建设公共服务型的有效政府无疑与计划经济时代高度集中统一管理体制下形成的"强政府、弱社会"模式有截然不同的区别，认可的是现代社会运行中政府宏观调控、市场资源配置和社会利益关系协调这三种基础机制，符合国家与社会合作治理的现代社会管理模式。政府机构改革的核心目标就是实现政府职能转变，把不该由政府管理的事项转移出去，加大推进政企分开、政资分开、政事分开、政社分开，同时把该由政府管理的事项切实管好；这意味着政府要更多地运用经济、法律手段，加强经济调节和市场监管；要更加注重社会管理和公共服务职能，着力改善民生和加强社会建设。此外，有效政府不仅是一个能够治理，而且应该是一个善于治理的政府。

政府职能的变革，要求政府的运作方式及其工作人员的行政理念、工作作风等发生相应的转变，而普通民众对政府及其工作人员的评判标准和认同方式也会发生巨大变化。比如，行政工作透明度成为影响行政首长支持率的重要因素，根据零点公司连续多年进行的县市长民意评价结果发现，民众对县市首长的正确认知率及对行政工作的了解度显著影响着行政首长获取支持率的高低。如果行政首长获得的正确认知率越高，那么他所获得的欣赏度和支持率也会越高。在 2004 年和 2005 年的调查中，能够正确认知行政首长的民众和不能正确认知者相比较，前者对行政首长的欣赏度高出后者近 5 个百分点，支持率高出了 28% 以上（见图 5 - 1 所示）。①

数据同时说明，行政首长行政工作的民众了解度越高，所获得的支持

---

① 零点调查北京总部：《行政首长：以透明赢支持》，http：//www.zikoo.com/companies/articles/408vuulxs.html，2005 年 10 月 27 日。

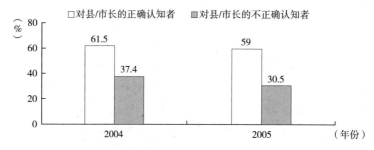

图 5 – 1　2004～2005 年对行政首长正确认知的民众与所有民众对行政首长的支持率比较

率也是越高。对行政首长施政计划、实际政绩、个人形象、为政清廉和关心民众这五项因素有所了解者对行政首长的支持率较不了解者的支持率均高出了 13% 以上（详见图 5 – 2 所示）。[①]

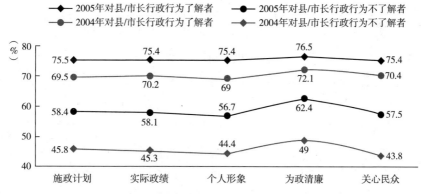

图 5 – 2　2004～2005 年对行政首长行政行为了解者群体与

不了解群体对行政首长的支持率比较

可见，建设公共服务型政府对青年公务员的工作水平、工作能力、工作方式、工作作风等均提出了新的要求，这为当前青年公务员建构符合时代要求的积极社会认同指明了与时俱进的方向。

（三）增强党的执政能力，提升政治合法性

既然绝大多数的公务员都是共产党员，那么构建公务员的社会认同就不能不考虑对其有切身影响的党组织的执政能力、执政水平及基于此上的

[①]　零点调查北京总部：《行政首长：以透明赢支持》，http：//www.zikoo.com/companies/articles/408vuulxs.html，2005 年 10 月 27 日。

政治合法性问题。组织的吸引力不在于组织成员数量的多少，而在于组织的凝聚力。中国共产党作为中国特色社会主义社会的领导核心，其自身的凝聚力是吸引民众的前提和基础。但是仅止于此是远远不够的，"任何一种政治系统，如果它不抓合法性，那么，它就不可能永久地保持住群众（对它所持有的）忠诚心。这也就是说，就无法永久地保持住它的成员们紧紧地跟随它前进"。① 所谓的合法性，即某一政治系统"具有能力形成并维护一种使其成员确信现行政治制度对于该社会最为适当的信念"，② 它必须建立在特定的价值基础之上，并能够得到公众舆论的广泛认可。通俗地说，政治合法性就是公民对国家公共权威性的认同，其基本职能是提供之所以存在的理由，并借以维持社会正常而有序的发展。

政治合法性是以民众的认同与支持作为基础，绝非空穴来风，需要组织提供多方面的实质性支撑。为民谋划是其中的关键要素。因为"人们奋斗所争取的一切，都同他们的利益有关"③，任何政治统治的稳固，都离不开较好的政绩以满足民众的利益。特别是当代社会，"由于政治世俗化、民主化和大众社会化已取得了较大进展，因而人们已习惯于根据公民的经常性利益来评价政治"④。普通民众不但要听执政党说了什么，更关键的是看执政党做了什么，如果口惠而实不至，就难以保证一如既往地依赖党、支持党。面对复杂多变的新形势，中国共产党只有不断增强自身的执政能力、科学提升自身的执政水平，方能持续创造出令世人瞩目的政绩。具体表现在执政党的决策能力上，要能保持党与群众之间具有共同的理想与利益，能够解决与民众切身利益紧密相关的根本问题，能够吸引群众自觉自愿地紧跟着党把正确决策切实转化为共同行动。在社会阶层日益分化的当代社会，如何有力整合社会中的各种力量，使之凝聚到党的旗帜下，共同创造"包容性增长"的和谐社会，是对党执政能力和执政水平的重大考验。只有民众感受到执政党和政府的吸引力，真正对党和政府产生认同感；只有增强党和政府的凝聚力和政治合

---

① 〔德〕于·哈贝马斯：《现代国家中的合法性问题》，《重建历史唯物主义》，社会科学文献出版社，2000，第264页。
② S. M. Lipset, "Some Social Requisites of Democracy: Economic Development and Political Legitimacy", American Political Science Review, Vol. 53 (March 1959), p. 86.
③ 《马克思恩格斯全集》（第1卷），人民出版社，1957，第82页。
④ 〔日〕山口定：《政治体制》，经济日报出版社，1991，第216页。

法性，作为组织成员的党员和公务员（前者包括绝大部分的后者）才能更加容易被民众所认同，进而也才能够坚守应有的职业伦理、道德规范，走向知行合一的行为认同。

（四）拓展社会参与空间，增强群体和社会凝聚力

"凝聚力"，泛指使人或物聚集到一起的力量。[①] 由于人是社会的动物，总是要以一定的方式结合在一起，而任何的结合方式都离不开凝聚力。如果说家庭的凝聚力，主要来自家庭成员之间的血缘亲缘和无私持久的爱，那么集体的凝聚力，就主要来自于集体共同的奋斗目标和成员之间的团结协作。作为由诸多个人和群体等要素构成的复杂系统，人类社会的强大凝聚力来自于对社会基本价值取向的共同认可，这样才能把不同职业、不同社会阶层、不同兴趣爱好、不同人生理想、不同价值追求的人紧密聚集在一起，团结整合为一个有机整体。

增强社会凝聚力离不开公共领域、公共生活的重建与扩大。具有整合作用和凝聚功能的社会认同是建立在社会交往之上的，历史经验及其经常活动的地域范围是构成社会认同的一个重要因素。这里所谓的历史经验就是人们共同的活动经历，包括相互交往的经历，而地域范围则说明社会交往活动离不开一定的社会环境，即社会参与空间。要"在政治上有活力，就是要引导和发展公民政治参与的主动性和积极性，使公民依法享有广泛的权利和自由"。[②] 如果一个社会缺乏社会参与空间，即公民没有正常的表达途径、表达机制，没有参与公共治理的机会和平台，那么这个社会顶多只能实现"善政"，而无法实现"善治"。善治的本质特征就是国家与社会、政府与公民之间的良好合作，它有赖于公共领域的发展和成熟。

公共领域与私人领域是相对而言的，自从人类建立社会和国家以来，社会公共行为、公共关系和公共事务的管理或规范问题就开始出现，公共生活不仅有别于私人生活，而且人类社会要达到文明状态就必须从私人生活走向公共生活。公共领域作为公共生活的载体，是由公共治理之公共性催生而来，所以汉娜·阿伦特认为公共性首先是对于公共领域而言，它

---

① 吕叔湘主编《新编汉语词典》，商务印书馆，1996，第932页。
② 《构建社会主义和谐社会大参考》，红旗出版社，2005。

"意味着一种公开性，与极具个体性、私人性的单个经验不同，它是一种处于光亮之中为每个人都可见、可闻、可接近的敞开和解蔽"。① 公共领域的成长壮大，对公民而言，有助于公民了解自己和其他人对政府的不同要求、了解不同期望之间的关系；对政府而言，则能有效抑制公共权力对社会公众的滥用，使公共管理更能体现为公众利益服务的本质目标。因此，公共领域的培育、社会参与空间的扩展能使每一个人（包括青年公务员）有机会理解和尊重他人的政治偏好，有助于促进不同社会群体之间、同一社会群体内部诸成员之间的沟通与合作，从而减少社会冲突、增进社会认同。

由于行政权力的运行不仅取决于其自身的强制性、支配性和惩罚性，而且取决于权力的合法性，即大多数社会公众的同意、接受和认同。因此，公众只有积极参与到公共行政过程之中，才能达成与行政机关的良好合作。这意味着政府与公众的互动性必须日益加强，公共领域与私人领域除了互相区别又必须互相渗透。中国公共领域的成长与西方有所不同，受社会发展的限制和传统意识形态的影响，尚未建立一个"以现代化、全球化和网络化为背景的公私界限明晰化、公共权力运作规范化和社会舆情力量增强为特征的"健全、有序的公共领域②，公共表达尚无充分的公共空间，公共问题的解决也缺乏足够的公共渠道，公共权力的滥用依然大量存在。哈贝马斯曾经对资本主义社会公共领域衰落带来的资本主义合法化危机、认同危机进行批判和分析，试图通过建立能形成主体间共识的语言交往来克服合法化危机，实现人们对社会秩序的普遍认同。可见，在中国的现代化进程中，公务员亟须在拓展社会参与的空间、培育公共领域的成长中转变行为方式、形塑公共管理者的角色认同。

三 通过具体系统的机制运作为社会认同提供整合可能

机制产生于社会现象内部诸要素间有机联系的过程中，是一种相对稳定、有效的事物生成模式。社会认同机制即引起人们产生认同心理、行为

---

① 汪晖、陈艳谷：《文化与公共性》，三联书店，2005。
② 林修果、林婷：《公共治理：建构和谐社会的一种行政学范式解读》，《马克思主义与现实》（双月刊）2005 年第 5 期。

的内在因素之间有机联系而生成的、相对固定化的模式。影响社会认同的机制众多，如利益机制、需要机制、政治文化制约机制、政治意识形态主导机制、政治参与机制、政治沟通机制、舆论导向机制、亚政治认同机制等。① 具体系统的机制运作可以为社会认同分化的统合提供可能和路径。限于研究主题和研究篇幅，本文重点探讨社会认同过程中利益机制、类比机制和整合机制的建立与运作。

（一）利益机制的建立与运作

利益关系是人类社会的基本关系之一。马克思、恩格斯曾诠释了人们的行为与利益之间的密切关系。18 世纪法国杰出的启蒙思想家霍尔巴赫也曾指出："如果社会不为人们获得幸福创造条件，人们就不可能爱社会；如果社会剥夺了人类本性所需的一切福利，或者不给人们提供自我保存所需的条件，那么，人们就会怀着憎恨之心同它断绝关系，抛弃它，甚至还要危害它。"② 同理，利益获得的多少以及利益满足的程度，既是人们判断政党与政府好坏的唯一标准，也是制约政治价值体系能否以及能在多大程度上为人们所接受的重要因素。恰如社会学鼻祖孔德所言，"认识一致是人类任何真正结合所必须的基础，这一结合由于其他两个基本条件相应地联系：感情上的充分一致，利益上的某种相同。"③ 美国社会学家科尔曼（James S. Coleman）在《社会理论的基础》中指出："当一个人把他人的利益与自身利益结合为一体，即内化他人利益时，就是心理学家认为的认同他人。"因此，该书中"认同的含义是行动者在某种程度上将被认同者的利益视为自身利益"。在科尔曼看来，要求人民对国家认同、视国家利益与个人利益为一体，是国家组织行动的最重要的方式；在任何情况下，雇员的忠诚或对雇主的认同，都是雇主极为重视的宝贵资源。④ 可见，共同的利益是达成社会认同必要的基本条件之一。

中国共产党历代中央领导集体深谙共同利益的关键地位和重要性，从

---

① 薛中国：《当代中国政治认同心理机制研究》，吉林大学 2007 年博士论文。
② 〔法〕霍尔巴赫：《自然政治论》，商务印书馆，1994，第 9 页。
③ 〔法〕奥古斯特·孔德：《论实证精神》，黄建华译，商务印书馆，1996，第 19 页。
④ 詹姆斯·S. 科尔曼：《社会理论的基础》，邓方译，社会科学文献出版社，2008，第 478 ~ 480 页、第 148 ~ 150 页。

"为人民服务"到"三个有利于"标准的提出，再从"三个代表"重要思想到"立党为公、执政为民"、"权为民所用、情为民所系、利为民所谋"，无不表明中国共产党历代中央领导集体始终都把实现广大人民群众的根本利益作为自己的一致追求。"群众利益无小事"一以贯之地体现在我国主流意识形态的内涵和表述之中。尽管主流意识形态表达的社会理想和利益目标首先是必须满足民众的利益诉求，这是主流意识形态获得社会认同的前提条件，但是利益机制的建立与运作并非仅止于此，要让民众的社会认同，包括青年公务员的社会认同从可能走向现实，在利益机制的运作中还必须注重以下方面：

首先，利益诉求的切实实现。广大人民群众的根本利益仅仅体现在正确表述上是远远不够的，关键是要能切实得以实现，即实现好、发展好、维护好广大人民群众的根本利益是形塑社会认同的现实基础。如果没有抓紧实现利益这条主线，那么"思想一旦离开了利益就一定会使自己出丑"。① 毛泽东多次强调，"一切空话都是无用的，必须给人民以看得见的物质利益"。② 邓小平也多次指出，"讲社会主义，首先就要使生产力发展，这是主要的。只有这样，才能表明社会主义的优越性。社会主义经济政策对不对，归根到底要看生产力是否发展，人民收入是否增加。这是压倒一切的标准。空讲社会主义不行，人民不信"。③ 前苏联走向失败的经验教训错综复杂，但是无法兑现对人民群众的利益承诺是其中的关键因素。正如加迪斯所言，"大多数历史学家现在已经认识到，前苏联的崩溃在很大程度上是由于其意识形态的宣传鼓动和它所面对的现实之间存在着鸿沟"。④ 因此，只有切实把理想状态的利益诉求转化为现实，让人民群众真切地感受到自己利益的实现，这样的政党、这样的政府才能最终赢得广泛的社会认同。青年公务员作为社会生活中的普通一员，和其他社会人一样，生存是第一需要，也有照顾家庭的责任，也有生活消费、子女教育、赡养老人等生活中普遍存在的经济压力。而且青年公务员大都面临事业和

---

① 《马克思恩格斯选集》（第 2 卷），人民出版社，1995，第 103 页。
② 《毛泽东著作选读》下册，人民出版社，1986，第 563 页。
③ 《邓小平文选》第 2 卷，人民出版社，1993，第 314 页。
④ 〔美〕雷迅马：《作为意识形态的现代化》，牛可译，中央编译出版社，2003，约翰·刘易斯·加迪斯序。

家庭的同时起步阶段，对物质的客观需要本就十分强烈，同时却面临工作年限较短、职级较低、整体待遇不高等问题。正如捷克经济学家奥塔·希克指出的，"大多数马克思主义者在谈论人的'觉悟'时，往往只谈工人的思想正朝着马克思主义所说的阶级觉悟这个方向发展，但是他们却忘了，工人阶级不仅作为一个阶级在那里思考，他们首先是作为单个的人在一定的社会条件下进行思考、感觉和行动，他们只通过个人的现实利益和个人的经验才逐步地并几经曲折地认识到他们的共同利益"①。且不说奥塔·希克的政治立场是否可靠，但是看得见的物质利益确实是广大民众乃至青年公务员社会认同的重要支点之一。因此，青年公务员合理利益的实现是其社会认同的现实基础。

其次，利益结构的合理调整。社会认同的达成往往是客观事实、主观评估和未来预期三者之间权衡的结果，也是人们想获得的利益和我们可能付出代价之间冲突的结果。每一个现实的个体都是多种利益的复合体，利益需求和满足状况往往因人而异，对利益获得和付出代价之间的主观评价也各有不同。但是在各种利益的复合之中，物质利益无疑是人们首要的、根本的利益。作为人们生存、生活的前提性、基础性利益，其变化涉及每个社会成员的切身利益，因此经常引起人们的高度关注、极为敏感。根据研究，从国家或其他组织结构中获利最多的人，认同感最强，而获利较少的人（如国家内部社会经济地位最低的阶层以及公司内部地位最低的工人），认同意识则较淡薄。② 当代中国诸多的社会矛盾和社会问题都潜藏着利益的冲突。由于社会利益主体的多样化，广大人民群众的利益实现不可能是整齐划一的，甚至同一群体内部也存在不小的利益差距。收入差距过大除了反映出收入分配的不合理，在某种程度上也折射出利益结构的不合理。一些比较尖锐的利益矛盾和利益问题凸显出人民群众并非要求利益的平均分配，而主要是反对不公平、不合理的利益获取和利益分配结构。青年公务员群体内部收入差距的扩大是他们对收入分配不满的主要原因之一。因此，利益机制的运作和完善必须考虑利益结构的合理调整，这是形

---

① 〔捷〕奥塔·希克：《第三条道路——马克思列宁主义理论与现代工业社会》，张斌译，人民出版社，1997，第26页。
② 詹姆斯·S. 科尔曼：《社会理论的基础》，邓方译，社会科学文献出版社，2008，第149页。

成社会认同的主要参照物和重要基础。必须加大收入分配的调节力度，有效调节财富在社会各阶层之间的分配比例，合理调整社会群体内部的分配结构，让全体人民共享经济社会的发展成果，从而建设一个更加公平合理的社会。从公务员的角度而言，继续深化公务员工资制度改革，尽快建立科学、完善的公务员工资分配制度等是利益结构合理调整的必然要求。

最后，利益表达的渠道畅通。社会转型时期有不少利益矛盾、利益冲突的出现与利益表达渠道的缺乏或不顺畅有着密切关系。不少强烈的社会心理落差在缺乏正常的、体制内的利益表达途径之际，往往寻求非正常的、体制外的渠道和方式。可见，建立并确保顺畅的利益表达途径和维权渠道，不仅能有效沟通党和政府与公民之间的交流渠道，使党和政府能够及时倾听民众的呼声和心声，而且对于保障公民合法权益、化解矛盾冲突，都至关重要。顺畅的利益表达渠道也是实现善治、走向现代社会的必要条件。青年公务员，特别是基层的青年公务员，虽然具有强烈的表达意识、参与意识，但是表达渠道不顺畅同样让人如鲠在喉，负面情绪的积累不仅不利于公共管理工作的开展和运行，而且可能加剧、激发干群矛盾。

（二）类比机制的建立与运作

类比机制即分类比较机制。泰费尔在《群际关系的社会心理学》中认为，社会认同是由社会分类（social categorization）、社会比较（social comparison）和积极区分原则（positive distinctiveness）这三个基本心理过程建立的[①]，在社会认同理论研究者的精心诠释下，社会比较过程早已成为社会认同建构和符号边界强化的基本机制之一。[②] 概而言之，个体首先通过社会分类，区分出内群体和外群体，才能在此基础上对自己所归入的群体产生认同，并逐渐产生内群体偏好和外群体偏见。也就是说，社会认同理论着眼点于个人主观上的群体身份，通过"归属"（belonging）这一心理现象和知觉过程的类化（categorization）机制，关注群体成员的社会心理属性，是个体主动将群体心理化之后，得到积极的情感和价值意义并以此

---

① Henri Tajfel, "Social Psychology of Intergroup Relations", Annual Review of Psychology, 1982, 33：1–39.

② 方文：《学科制度和社会认同》，中国人民大学出版社，2008，第83页。

区隔他人的动力过程。这里的群体不仅是一个社会现实，而且是一个心理现实，是一个心理化的群体。[1] 个体经由主观归属的社会范畴（如国家、党派、种族等）来标定身份，可以清晰地分辨出"内群体"与"外群体"的不同。我们可以把由类比机制贯穿其中的社会认同基本过程简单归纳成如图 5-3 所示的，这一关键过程主要探讨了个体归属于群体、凝聚为群体；个体与群体、群体与群体之间相互关系的社会心理机制，能够有力地解释各种群体现象。[2]

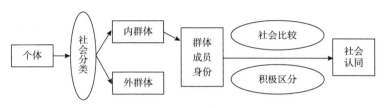

图 5-3 社会认同的基本过程

社会认同作为同一性与差异性的辩证统一体：一方面，人们的身份是同一性与共性等逻辑演变的结果[3]，从表示身份的基本内涵中延伸出来的同一性与共性可以帮助人们确定自身的身份；另一方面，我们还需要与我们具有差异的人们来确定我们的身份，换言之，知道我们是谁，首先必须知道我们不是谁，差异性在认同的过程中发挥着根本性的作用。[4] 正如亚历山大·温特指出的，认同的基本原理就是假设"他们"与"我们"是根本不同的，而提高认同的可能性则取决于他们与我们是一致的。[5] 总之，社会认同的获得、建构与塑造是在不同群体的权衡、分类和比较中得以完成，因此，类比机制的建立与运作对社会认同的引导具有重要作用。

但是由于人们进行分类时会将符合内群体的特征赋予自我，这是一个

---

① 杨宜音：《"社会认同的理论与经验研究"工作坊召开研讨会》，《社会学研究》2005 年第 4 期。

② 王沛、刘峰：《社会认同理论视野下的社会认同威胁》，《心理科学进展》2007 年第 5 期。

③ Marian Kemphy and Aldona Jawlowska ed. , Identity in Transformation, Postmodernity, Post-communism and Globalization, London：Praeger2002 p. 88.

④ Marian Kemphy and Aldona Jawlowska ed. , Identity in Transform ation, Postmodernity, Post-communism and Globalization, London：Praeger2002 p. 89.

⑤ 〔美〕约瑟夫·拉彼德、弗里德里希·克拉脱赫维尔主编《文化认同——国际关系回归理论》，金烨译，浙江人民出版社，2003，第 82 页。

自我定型的过程，而且个体通过分类，往往会将有利的资源分配给我方群体成员。[1] "所有的实验研究都表明，仅仅是对两个不同群体隶属的感知，或者说仅仅是社会范畴化，就足以激发偏好内群的群际歧视。换言之，仅仅对外群在场的觉知，就足以在内群中激发群际竞争或歧视反应。"[2] 而且所谓的积极区分原则是指个体为了满足自尊或自我激励的需要会突出自己某方面的特长，使自己在群体比较的相关维度上表现得比外群体成员更为出色。[3] 所以类比机制的结果中既有积极的一面，也有消极的一面。前者表现为能够提高内群体成员的认同并相应提高内群体成员的自尊；后者表现为易于形成内群体成员的高自尊与外群体成员低自尊或自尊遭受威胁的强烈反差，这种群体间差异的凸显，容易引发群体间的偏见、敌意乃至冲突。特别是随着当前社会群体边界的日益显现、精英和大众之间的裂痕开始出现，如何消除类比机制的负面影响，应用其正面功能引导青年公务员走向更为积极的社会认同，就要求我们在类比机制的建立和运用中必须特别强调公平原则和公益原则。

首先是公平原则。公平是人类始终不渝的追求之一，是表现人类情感的必需。罗尔斯指出，"在一个健康的现代民主社会中，参与原则要求所有的公民都应有平等的权利来参与制定公民将要服从的法律的立宪过程和决定其结果。为此，宪法必须确保一种参与、影响政治过程的公平机会"。[4] 但是"关于永恒公平的观念不仅因时因地而变，甚至也因人而异，这种东西正如米尔伯格正确说过的那样，'一个人有一个人的理解'"。[5] 也就是说，公平与平等都是一个相对的概念，是一个历史的范畴。马克思、恩格斯从人的类本质层面上指出了现代公平、平等的理想化的状态："这种平等要求更应当从人的这种共同特性中，从人就他们是人而言的这种平等中引申出这样的要求：一切人，或至少是一个国家的一切公民，或一个

① 张莹瑞、佐斌：《社会认同理论及其发展》，《心理科学进展》2006，14（3）：475-480.

② Henri Tajfel, John C. Turner, "The Social Identity Theory of Inter-group Behavior", in S. Worchel-etal（eds.）, Psychology of Intergroup Relations（Second edition）, Chicago: Nelson Hall Publishers, 1986.

③ 周晓虹：《认同理论：社会学与心理学的分析路径》，《社会科学》2008年第4期。

④ 罗尔斯：《正义论》，中国社会科学出版社，1988，第211页.

⑤ 《马克思恩格斯选集》第3卷，人民出版社，1995，第212页。

社会的一切成员，都应当有平等的政治地位和社会地位。"① 无论哪个社会群体在建立和运用类比机制时，首先都应当遵循公平原则，如果把自己的政治、社会地位凌驾于其他社会群体之上，势必难以形成广泛的社会认同。在以社会公正、和谐、稳定为最终目标的社会建设进程中，形塑青年公务员的社会认同更应遵循公平正义的基本原则，只有不断提高自身的思想政治觉悟、规范言行，才能为人民群众树立一个清正廉洁、作风优良的公务员队伍形象。

其次是公益原则。由于利益的实现程度与追求的理想目标之间存在着现实差距，因此，社会系统各个成员之间、成员与群体之间、群体与群体之间产生利益竞争、利益摩擦和利益冲突等是社会生活中的常见现象。各种社会力量为获取利益而互相排斥，甚至采取某种形式的对峙、对抗，这虽是不可避免的，但不能超出社会系统的承受与容纳能力，否则就会造成整个社会系统的离散、分化，甚至是某种程度的混乱、失序以致崩溃、瓦解。因此，确保社会共同体的共同利益即公共利益的实现，是社会和谐稳定的根本要求和基本保障。既然现代社会是多元开放的社会，不同利益主体的存在、不同的利益要求都必须得到尊重，那么作为对整个社会公共利益进行决策和分配的政治活动、政治行为，势必具有根本性、公共性、全局性和权威性的特点。② 即政府及其成员有义务增进社会的公共利益，即使民众的看法有分歧，服务于公共利益也是公共行政管理者的职责所在和行为指南。如果公务员在社会认同的形塑中不能自觉遵循公益原则，其行为规范不能符合公共利益的要求，那么极易导致部门利益或个人私利被置于公共利益之上的结果，为此备受批评、不能获得社会的广泛认同也就在所难免。因此，在公务员社会认同分化的整合中、在类比机制的运作中，确保公共行政管理者即公务员自身能够代表并回应公共利益的要求至关重要。

（三）整合机制的建立与运作

在社会思潮丰富多样的现代社会中，要求整个社会舆论完全统一、整

---

① 《马克思恩格斯选集》第3卷，人民出版社，1995，第444页。
② 俞可平：《政治与政治学》，社会科学文献出版社，2003，第3页。

个社会步调完全一致，既不可能也不现实。公众对社会问题有自己独立的认识和见解，价值观念、价值追求多样化等，在一定意义上是社会进步的标志，与此同时，也对整个社会的凝聚力、向心力形成挑战。海德认为，人类普遍地有一种平衡、和谐的需要。一旦人们在认识上有了不平衡和不和谐性，就会在心理上产生紧张的焦虑，从而促使他们的认知结构向平衡和和谐的方向转化。整合青年公务员分化与多样性的社会认同，并不是追求刻板僵硬的统一认识，而是在共同价值观念基础上突出指导思想的一元化，即必须在指导思想一元化的引导下实现价值观念的多样化。但是，价值整合是比利益整合更为长期的过程，是社会认同形塑的精神支撑和核心内容。因此，青年公务员必须以身作则，在增强社会认同、创造和谐社会氛围中作出表率。具体而言，整合机制的建立与运作需要注意以下几个方面：

首先，充分保持主导意识形态的包容性。国家政权通过强制，从上而下施加力量，是实现社会整合的重要途径。但是，任何国家都不能仅仅依靠国家政权的强制力量来实现长期、稳定的社会整合。可持续的社会整合离不开社会力量的大力支持。从社会学的角度看，"对于社会基本事物之涵义有一致的认识"和"社会群体奋斗目标的基本一致"是和谐社会的两个基本条件①，它们强调的都是观念在整合社会中的作用，即观念、意识形态的稳定是社会稳定的基本条件。但是，作为对物质能动反映的思想意识，还必须适应社会的快速发展，表现出高度的灵活性和包容性。社会主义核心价值体系作为当代中国的主导意识形态，要为和谐社会建设奠定坚实的思想道德基础、要成为社会成员普遍的价值标准，也必须增强自身的弹性和包容性。只有尊重差异、包容多样，才能引领社会思潮，最大限度地形成社会思想共识，即社会认同。包容性的增强是建立在沟通对话的基础之上。意识形态的整合不同于权力强制或强力排斥，只有依靠主导意识形态与非主流意识形态进行积极的思想交流、交锋和对话，才能使思想观念和价值原则方面的分歧得以明晰，才能使主导意识形态的价值观念不断得以活跃、理论视野不断得以拓宽，也才能让不同的社会成员对主导意识形态有充分的理解和信任，为主导意识形态保持旺盛的生命力并最终拥有

① 李强：《从社会学角度看构建社会主义和谐社会》，《社会科学战线》2005 年第 6 期。

广泛的社会认同打下牢靠根基。总之，意识形态工作必须适应时代变化和形势发展的要求，僵硬的意识形态只能使执政党和政府远离群众、远离社会。充分保持主导意识形态的弹性和包容性，也是增强政治合法性的基础条件。只有建立在这样的基础之上的主导意识形态，才不会故步自封，人们对它的认同才不会是强力压制下的刚性认同，而是源自思想深层的实质性认同。整合机制只有以此为依托，其功能才能得以切实发挥、其效果才能得以顺利显现。

其次，牢固占领思想文化的主阵地。在社会认同整合机制的运作中，掌握意识形态领域的领导权、占领思想文化的主阵地，容不得半点掉以轻心。邓小平多次强调，"报刊、广播、电视都要把促进安定团结，提高青年的社会主义觉悟，作为自己的一项经常性的、基本的任务"，"要大力宣传社会主义的优越性，宣传马列主义、毛泽东思想的正确性，宣传党的领导、党和人民群众团结一致的威力，宣传社会主义中国的巨大成就和无限前途，宣传为社会主义中国的前途而奋斗是当代青年的最崇高的使命和荣誉"。① 江泽民多次指出，"思想宣传阵地，社会主义思想不去占领，资本主义思想就必然会去占领"。② 这里的思想文化阵地，不仅包括主导意识形态尚能比较牢固掌握的传统阵地，而且包括如何有效占领诸如网络文化阵地之类的新型阵地。因此，青年公务员在行为过程的社会认同上更应该积极学习网络等现代知识，主动更新知识结构，切实提高对网络工作的驾驭能力和领导水平；加快推进主流意识形态成果和主流文化产品的数字化建设；学会在纷繁复杂的网络信息中辨别真伪，坚决抵制、清除各种反动腐朽信息，正确引导网络舆论。

最后，加强职业道德建设，塑造富有向心力的组织文化。不同职业内部都有自身相对明确的职业道德规范。职业道德水平的提升可以固化法律规范的效力，反之，职业道德水平的滑坡却会降低法律规范的有效性。在我国法律规范体系正在形成、尚未完善的当前，职业道德建设的辅助作用尤为重要。职业荣誉感和敬业精神，是职业群体向心力、凝聚力形成的根本要素。尽管公务员群体的职业道德规范有其特殊性，但一样不能缺乏尊

---

① 邓小平：《目前的形势和任务》（1980 年 1 月 16 日）。
② 江泽民：《在庆祝中国共产党成立七十周年大会上的讲话》（1991 年 7 月 1 日）。

重职业的敬业精神的支撑。包括职业道德规范在内的组织文化是组织成员共有的价值和信念体系，在相当程度上决定着组织成员的行为方式及其对周围世界的反应。具体来说，公务员群体内部的组织文化，将直接影响公务员的为人处世，影响他们对问题进行概念化、定义、分析和解决的方式。因此，塑造什么样的组织文化对整合公务员的社会认同有着重要影响。比如，国外学者通过在组织情景中的考察，从社会认同的自我归类理论观点出发，发现群组内部的尊重比群组外部对于集体成员的自尊和情绪更有决定性作用。[①] 研究表明，被试者如果感觉到了内群组的尊重，会给他们带来一种安全的群体成员身份的感觉。成功地与员工建立起信任关系的领导者能够转化"领导者代表外群体（管理层）"的知觉为"领导者也是属于内群体（工作团队）"的一部分，因而可以增加他们对于工作团队成员知觉和行为的有效影响。[②] 同理，公务员群体内部也亟须塑造全新的、富有凝聚力的组织文化以确定组织成员的行为准则、熏陶组织成员的行为取向。如果能创造出一种建立在共享价值观基础上的，职业归属感强、对公共服务角色定位、公共服务价值陈述清晰而明确的组织文化，显然有助于实现公务员群体内部的团结与合作，有助于公务员群体在整合社会认同的基础上形成统一的整体、保持良好的整体形象。

四 通过全面多维的制度建设为社会认同寻求根本保障

作为承载着某种道德价值而又以规则形态客观存在的制度来说，其丰富的内涵和特殊的重要性均为学界所关注、热议并认可。涂尔干眼里的制度就是由集体确定的信仰和行为方式。[③] 舒尔茨认为："制度是一种行为规则，这些规则涉及政治及经济行为。"[④] 诺斯认为："制度是一系列被制定

---

① Naomi Ellemers, Dickde Gilder. The paradox of the disrespected: Disrespected group members_engagement in group – serving efforts [J]. Journal of Experimental Social Psychology. 2004, 42: 413 – 427.

② Tom Postmes, NylaR. Branscombe. Influence of Long – Term Racial Environmental Composition on Subjective Well – Being in African Americans [J]. Journal of Personality and Social Psychology. 2002, 83, (3): 735 – 751.

③ 涂尔干（迪尔凯姆）：《社会学方法的准则》，狄玉明译，商务印书馆1995年版。

④ 〔美〕T. W. 舒尔茨：《制度与人的经济价值的不断提高》，载科斯等《财产权利与制度变迁》，上海三联书店，1994，第253页。

出来的道德规则守法程序和行为的道德伦理规范，它旨在约束追求主体福利或效用最大化利益的个人行为。"① 青木昌彦指出，对一个国家而言，制度安排是多样的、复杂的，并且存在着共时关联和历时关联，呈现出一种整体性。只有相互一致和相互支持的制度安排才是富有生命力的和可维系的，否则，精心设计的制度很可能高度不稳定。② 20 世纪 90 年代，政治科学中新制度主义理论蓬勃发展、流派众多，其共同特征是：以结构主义作为理论的出发点；认为制度的存在影响个人行为并使行为具有可预测性；假设制度在其成员中塑造（改变）文化和规则。③ 新制度主义理论的可取之处在于不仅把正式规则、程序和准则作为社会制度的应有之义，而且认为社会制度包括了象征体系、认知形式以及道德模式等引导人类行为的"意义框架"，亦即把制度分为正式制度与非正式制度。就社会生活中的制度现实而言，正式制度主要包括基本的政治制度、经济制度、福利制度、社会管理制度、法律制度及相关政策等；非正式制度主要包括各种传统、习惯、道德规范、价值观念，甚至文化传统等。④ 处在急剧制度变迁中的中国社会，显然需要加快健全制度体系，增强制度体系的连续性、协调性、适应性、有效性和公平公正性，以推进社会整合、稳定社会秩序，构建社会主义和谐社会。换言之，全面多维的制度建设是和谐社会建设的切入点，也是构建积极社会认同的根本保障。只有通过系统、有机、全方位的制度建设，充分发挥正式制度和非正式制度的不同功能作用，才能为青年公务员积极社会认同的形塑提供重要支撑和根本保障。

（一）加强相关法律政策等正式制度建设

除了国家层面的正式制度，就青年公务员而言，与身份地位、职业管理密切相关的法律政策，诸如公务员制度、民主制度、法制制度等都是其社会认同形塑的正式制度。公务员群体社会认同中出现公共精神缺失、政

① 〔美〕道格拉斯·C. 诺斯：《经济史中的结构与变迁》，上海三联书店，1994，第 225～226 页。

② 〔日〕青木昌彦：《比较制度分析》，周黎安译，上海远东出版社，2001，第 11～13 页。

③ B. Guy Peters, Institutional Theory in Political Science: The "New Institutionalism", London and New York: Continuum, 2005.

④ 李培林、陈光金、张翼、李炜：《中国社会和谐稳定报告》，社会科学文献出版社，2008，第 44 页。

治行为的逐利导向、价值认同的离心分散等现象，与中国公务员制度建设滞后大有关系。虽然自1993年以来，中国的公务员制度、法律法规建设取得较大进展，公务员依法管理运行的机制初步形成，特别是《公务员法》的颁布实施意味着公务员制度建设进入崭新阶段：不仅调整了公务员的范围、确立了分类管理原则、改革完善了职务级别制度，而且对职位聘任制度作出了明确规定。① 但是，公务员相关法律制度中不成熟、不健全的地方依然不少，约束、规范公务员行为的行政法方面尤为薄弱。因此，加强公务员制度及相关法律政策的建设是个亟须规范化、系统化的过程，完全有必要在《公务员法》的基础上进一步完善和健全分类制度、竞争激励制度、新陈代谢制度、考核评价制度、工资保障制度、监督制度等。② 在健全和完善相关正式制度建设，以发挥其保障社会认同形塑功能的过程中，还需要特别重视以下几点：

首先，加强制度整合，注重制度建设的系统性和可操作性。当代中国法律制度等正式制度发展的速度惊人，但是"制度匮乏"与"制度剩余"并存的情况却普遍存在。一方面，不少的法律规范内部及其与政策制度之间就同一对象的规定繁琐、交叉而重复；另一方面，偏重程序法而实体法严重不足、立法层次不高、法律条文的可随意解释性等均提供了制度性漏洞、扩展了制度匮乏的空间。这不仅不利于维护法律制度的尊严，而且为有法不依提供了借口、埋下了制度性隐患。因此，在制度建设的过程中加快制度整合，使其具有可操作性，而制度整合的关键所在又是不同制度之间在逻辑上具有相容性。否则，制度建设的结果容易偏离制度设计的初衷，乃至产生吉登斯所说的结构性矛盾。如果为立法而立法，形成"健全而没有可操作性的法律制度"势必造成"法律虚置化"③，最终破坏制度建设。

其次，避免制度设计和制度建设中的观念误区，提升制度本身的认同度。西蒙指出，制度能够向组织成员"提供一般性的刺激因素和注意导向

---

① 《人民日报》2005年9月19日第4版。
② 姜海如：《中外公务员制度比较》，商务印书馆，2003。
③ 沈传亮：《公务员群体的政治文化研究》，郑州大学出版社，2007，第191页。

器"，从而引导成员行为。① 但是制度要发挥其推动社会整合的作用，首先必须得到社会成员的广泛认同。即人们对该制度安排产生观念性信仰，认为现行的制度安排是最合适的，并愿意服从，愿意为此承担某些政治义务。② 能够获得广泛认同的制度设计本身应当具有公平公正的品质，并且能够在运行过程中促进公平公正。这要求我们在制度建设过程中，特别是在制度设计之初就要尽量避免一些观念误区，保证其公平公正的本质，总体上体现权利平等、机会平等、程序公正和分配正义等基本的规定性。比如，建设法律制度与普及法律知识、树立法治意识、增强法律观念等是密不可分的：在一定程度上，法治观念意识不仅能够反映国家法律制度的健全与否，而且能够综合反映国家的国民素质；反之，提升法律制度的认同度也要加快法治观念、法治意识的培育，使法治精神真正入耳、入脑、入心。

最后，根据社会发展需要，力求制度建设的适应性与针对性。不能调整创新、与时俱进的制度建设，会成为民生改进、社会结构调适乃至社会发展的障碍，也是激发社会矛盾甚至社会冲突的重要因素。因此，制度建设不能是僵化的，必须拥有适应性和针对性，能够随着社会结构等社会发展特征的变化而变化。比如，作为世界性痼疾的腐败问题，事关国家发展全局，是关系着最广大人民的根本利益、关系着社会公平正义与和谐稳定的重大社会问题。当前中国由于经济体制、社会结构、利益格局和人们思想观念的深刻变化，各种社会矛盾凸显，各方面体制机制还不完善，腐败现象仍然易发多发，案件涉案金额巨大，违法违纪行为趋于隐蔽化、智能化、复杂化等，均说明当代中国的反腐败形势依然严峻，任务依然繁重。③ 特别是掌握和使用着公共权力的公务员群体的反腐倡廉问题，更是社会公众十分关注的焦点。正如德国哲学家费希特所说："如果出类拔萃的人都腐化了，那还到哪里去寻找道德善良呢？"可见，着力推进反腐倡廉的制度建设是当代中国制度建设的重要内容之一，是加强反腐倡廉建设的紧迫任务。《中国的反腐败和廉政建设》白皮书为规范领导干部廉洁从政行为

---

① 赫伯特·西蒙：《管理行为——管理组织决策过程的研究》，北京经济学院出版社，1988，第 98 页。

② 徐湘林：《渐进政治改革中的政党、政府与社会》，中信出版社，2004，第 44 页。

③ 《中国首次发布反腐败和廉政建设白皮书》，来源：深圳新闻网，2010 年 12 月 29 日。

制定了一系列行为准则和道德规范：《中国共产党党员领导干部廉洁从政若干准则》，比较全面规范了社会主义市场经济条件下党员领导干部的廉洁从政行为；《关于对党和国家机关工作人员在国内交往中收受礼品实行登记制度的规定》，要求党和国家机关工作人员不得收受可能影响公正执行公务的礼品馈赠；《关于领导干部报告个人有关事项的规定》，要求领导干部如实报告本人收入、本人及配偶、共同生活的子女房产、投资，以及配偶子女从业等情况。由于"制度为一个共同体所共有，并总是依靠某种惩罚而得以贯彻。没有惩罚的制度是无用的"①，因此，为了依法依纪惩治腐败，中国也制定并不断完善包括刑事处罚、党纪处分和政纪处分在内的一系列实体性法律法规。总之，干部在制度面前同样没有特权，要以建立健全惩治和预防腐败体系各项制度为重点，以制约和监督权力为核心，以提高制度执行力为抓手，加强整体规划，抓紧重点突破，逐步建成内容科学、程序严密、配套完备、有效管用的反腐倡廉制度体系，切实提高制度执行力、增强制度实效。②

（二）充分建构非正式制度，转化运用传统政治资源

非正式制度主要包括意识形态、道德规范、风俗习惯、文化传统等从思想层面和意识形态层面来规范、约束、激励人们行为的潜在规则安排。与正式制度相较而言，非正式制度培养缓慢，需要以正式制度的健全和完善为前提，并经过持久的努力和沉淀方能形成。比如，欧美国家公民法治、民主意识的培养和内化也历经数百年之久。中国悠久的历史积淀了丰富的非正式制度资源，对当代社会认同不论是正向支持还是反向削弱，传统的印迹始终没有黯然失色。因此，充分建构非正式制度，特别是转化运用传统政治资源，是形塑青年公务员社会认同的可行路径。

1. 汲取传统伦理道德的内在精华

道德规范的基本价值对人类社会的发展起着重要作用，其意义是法律制度所无法取代的。涂尔干指出，"一般而言，我们认为道德规范的特性在于它阐明了社会团结的基本条件。法律和道德就是能够把我们自身和我

---

① 柯武刚、史漫飞：《制度经济学——社会秩序与公共政策》，商务印书馆，2000，第32页。

② 《胡锦涛谈反腐：干部在制度面前没有特权》，来源：新华网，2010年1月12日。

们与社会联系起来的所有纽带，它能够将一群乌合之众变成一个具有凝聚力的团体"。① 如果说程序性的法律还仅仅是一种外在的行动，关注的是人们外在的行为，那么道德规范则可以深入到人们的意志当中并指导意志的行动。因此，缺乏道德基本价值、缺少权利与义务并重的原则，任何开放社会、任何民主制度都无法长期维持下去。②

然而，在经济全球化进程中，当代道德困境的立体状态是：一方面，传递传统价值的能力和意愿被磨蚀，道德传承和存续无法按照原来的节奏和方式进行，代际之间的差距不断拉大；另一方面，社会各阶层之间缺乏基本认同的道德认知平台，代际之间难以沟通。③ 走出这种道德困境，需要我们认识到：道德不是先验的、也不是超验的，而是实验式的社会经验的成果，即道德基本价值不是靠法律规定来确定的，主要是以榜样、教育、权威和领导等为基础，同时还有赖于传统价值、原则和社会公理的传承。而"使传统价值重新发扬光大的最佳土壤，便是在实践中身体力行的、通过榜样展示出来的美德"。④ 作为青年公务员，在汲取传统伦理道德的内在精华、传承优良道德价值传统方面，更应使之不仅仅成为"一种习惯上的行为模式，而是一种义务上的行为模式"⑤。

2. 剔除传统政治文化的负面影响

中国传统政治文化是影响公务员群体政治文化乃至社会认同的内生性变量之一。作为人类历史上一种相当成熟的、渗透力极强的中国传统政治文化，是在中国几千年社会历史发展中生长出来、沉淀下来的政治心理和政治价值，是中国历代各种思想、理论、观念的集结反映。它不仅博大精深，而且有相当明显的特征，至今依然影响深远。应该说，中国传统政治文化既有很多值得当代政治文化建设时可资借鉴的地方，如民重君轻的民

---

① 涂尔干：《社会分工论——涂尔干社会学的奠基之作》，渠东译，三联书店，2000，第479页。

② 〔德〕赫尔穆特·施密特：《全球化与道德重建》，柴方国译，社会科学文献出版社，2001，中译者序第8页。

③ 杨雪冬：《价值、责任和勇气：重建道德秩序的担当——一本政治家写给政治家的书〈全球化与道德重建〉》，《学习时报》第388期。

④ 〔德〕赫尔穆特·施密特：《全球化与道德重建》，柴方国译，社会科学文献出版社，2001，中译者序第8页。

⑤ 涂尔干：《社会分工论——涂尔干社会学的奠基之作》，渠东译，三联书店，2000，第二版序言第52页。

本观念、崇尚独立人格精神、强调爱国主义、讲究务实精神、弘扬大一统观念、追求理想主义、尊重传统等；但同时也存在不少堪称糟粕的、对当代政治心理和政治文化形成负面影响的地方，如浓厚的封建保守色彩，政治人的权威主义人格及其表现出来的权力崇拜心理、人身依附意识、奴性意识、明哲保身观念、欺上瞒下的虚饰欺骗习惯等。特别是中国传统政治文化一直奉行的人治和礼治传统，使得情大于法、人大于法、权大于法的现象依然存在。邓小平曾精辟地概括了中国传统政治文化的负面影响，包括"社会关系中残存的宗法观念、等级观念；上下级关系和干群关系中在身份上的某些不平等现象；公民权利义务观念薄弱；经济领域中的某些'官工'、'官商'、'官农'式的体制和作风；片面强调经济工作中的地区、部门的行政划分和管辖，以至画地为牢，以邻为壑，有时两个社会主义企业、社会主义地区办起交涉来会发生完全不应有的困难；文化领域中的专制主义作风；不承认科学和教育对于社会主义的极大重要性，不承认没有科学和教育就不可能建设社会主义；对外关系中的闭关锁国、夜郎自大；等等"。① 由此可见，传统政治文化中某些不适应现代社会发展的政治观念、政治心态是现代政治文化发展的重重障碍，必须坚决予以批判和彻底予以清理。剔除中国传统政治文化的负面影响，需要从其滋生的土壤入手、改良其生长环境，并结合中国的发展实际，转化传统政治文化中有益、合理的精神因子，建构起现代政治文化。

3. 秉承中国共产党的优秀政治传统

由于当代公务员绝大多数是中国共产党党员，因此，能否自觉秉承中国共产党的优秀政治传统是青年公务员社会认同形塑中的关键因素。早在1945 年 4 月，毛泽东在党的七大上就总结了中国共产党理论联系实际、密切联系群众、批评与自我批评的三大优良传统和作风。中国共产党党章指出："我们党的最大政治优势是密切联系群众，党执政后的最大危险是脱离群众。党风问题、党同人民群众联系问题是关系党生死存亡的问题。"十三届三中全会通过的《中共中央关于加强和改进企业思想政治工作的通知》中又初步概括了党思想政治工作的优良传统，即紧紧围绕党的中心任务的传统、实事求是的传统、群众路线的传统、平等待人的民主传统、干

① 《邓小平文选》（第 2 卷），人民出版社，1994，第 334 页。

部以身作则的传统、全党做思想政治工作的传统。① 老一辈无产阶级革命家也多次指出的：最重要、最根本的是用马克思主义武装人们头脑的传统等等。所有这些都是当代青年公务员社会认同形塑中必须秉承的优秀政治资源。中国共产党还在领导革命建设的过程中积累了丰富的、可资塑造社会认同借鉴的政治动员经验，比如，革命时期党在农村的政治社会化工作获得了极大成功，"政治教育的普及乡村，全是共产党和农民协会的功绩。很简单的一些标语、图画和讲演，使得农民如同每个都进过一下子政治学校一样，收效非常之广而速"。② 又比如，意识形态作为"减少提供其他制度安排的服务费用的最重要的制度安排"，③ 中国共产党在发挥其特殊功效方面也是成绩显著，以至美国学者汤森等人感慨，"当代意识形态的基本内容已大大地不同于过去。在利用意识形态的整合效益方面，中国共产党已远远超过了帝国的精英们"。④

（三）吸收并借鉴世界文明成果，运用各类有益社会资源

马克思主义及其中国化的发展历史，实际上是与时俱进、不断吸收借鉴人类优秀发展成果、不断实现自我突破和自我超越的发展历史。不论是主流意识形态的发展创新，还是民族文化的维护建设，都离不开开放的心态、离不开时刻注意吸收借鉴世界文明的优秀成果。保持开放的心态能够使主流意识形态在思想交流、交锋与对话中展现出比各种非主流意识形态更具科学性、真理性和正义性的理论品格，从而确立自身的领导权，并赢得人们的广泛认同；吸收借鉴世界文明成果能够在抵御经济全球化过程的不利因素、自觉融入世界文明主流中实现自身的现代化转型，并保持自身的先进性与独特性。总之，兼容并蓄地吸收借鉴各种文明成果，是马克思主义最为可贵的理论品格之一。在青年公务员社会认同的形塑中，同样需要吸收借鉴世界文明成果，其中可以运用的有益社会资源很多，笔者认为以下几点尤需关注：

首先，建构具有共同价值观的文化。斯威德乐（Swidler，1986）认

---

① 张耀灿主编《中国共产党思想政治教育史论》，高等教育出版社，2006，第21页。
② 《毛泽东选集》第1卷，人民出版社，1991，第35页。
③ 方江山：《非制度政治参与》，人民出版社，2000，第17页。
④ 〔美〕汤森、沃马克：《中国政治》，董方、顾速译，江苏人民出版社，2005，第32页。

为，文化影响社会行为，并不是为行为定向提供终极价值，仅仅是形塑社会行动者的习惯、技能和风格的所有储备（repertoire）或工具箱，从中，社会行动者建构其多元的行动策略。① 在约翰·斯梅尔看来，文化是一个社会集团理解其经历的方式，他在《中产阶级文化的起源》一书中提到："一个群体的阶级认同，依赖于一种其成员共同享受的文化，一种包含经济、社会和政治因素在内的具有共同世界观的文化。""当那些个人和集团先是通过经历，最终通过意识，造就使自己处于社会等级某一位置的结构时，阶级认同便产生了。"当然，文化建构又是一个持续的历史过程。社会群体要想获得自我意识和团体凝聚力，首先要获得一个具有共同价值观的文化。"要想使他们意识到，自己竟是某全面性人类结社组织形式的成员，就得先让他们从直接的个人经验入手，来认识一些结社组织的价值。"② 应该看到，一个国家或总体社会的政治目标和爱国情感、现行意识形态以至宗教和传统伦理道德价值等共同意识，作为集体性的社会实在，都是构筑价值认同的重要因素。③ 只有在构筑于共同价值观基础之上的文化的无形而潜移默化的作用中，社会群体的整合才会得以顺利进行、社会认同才易于得以产生。青年公务员群体亦然。

其次，运用象征符号体系促进意识形态的社会化与社会认同。美国社会学者安东尼·奥勒姆认为，社会整合的有效途径和根本方式就是使某种社会意识形态社会化，即达到意识形态的社会认同。他说："一体化过程要求社会寻求崭新而更为广阔的基础，以弥合可能或确实由分化模式引起的社会冲突。弥合社会冲突的脉络可在社会体系和社会结构的最高等级层次上，尤其是在价值观和规范的层次上寻找。"④ 那么如何促进意识形态的社会化呢？卢梭非常清楚地指出，对社会的忠诚必须依靠那些与日常生活密切相关的具体象征物和制度。⑤ 欧洲一体化所创建的象征符号体系，就

---

① 转引自方文《学科制度和社会认同》，中国人民大学出版社，2008，第113~114页。
② 吴玉军：《个人自由与社会认同的内在张力——"两个卢梭"问题的新解读》，《海南大学学报》（人文社会科学版）2004年第3期。
③ 转引自李培林、陈光金、张翼、李炜《中国社会和谐稳定报告》，社会科学文献出版社，2008，第11页。
④ 〔美〕安东尼·奥勒姆：《政治社会学》，张华青译，浙江人民出版社，1989，第116页。
⑤ 转引自吴玉军《个人自由与社会认同的内在张力——"两个卢梭"问题的新解读》，《海南大学学报》（人文社会科学版）2004年第3期。

在实践中促进了欧洲认同的形成：① 几十年来，欧共体/欧盟已经并正在继续塑造一套具有象征意义的符号体系，从"欧洲日"到旗帜、歌曲等。通过这些手段，欧共体/欧盟不仅使自身成为一个可见、可触的实体，也对公民的心理产生潜移默化的影响。通过对一体化历史的纪念和不断重申共同体的"我群"意识，促使公民认可欧洲一体化的历史合法性和合理性以及欧共体/欧盟在一体化过程中的正统地位。可见，象征体系的功能促使"欧罗巴"越来越等同于欧洲共同体。形塑青年公务员的社会认同也需要充分运用与日常生活密切相关的具体象征物和制度，以使意识形态，包括共同的价值观念，在社会化中获得社会认同。

最后，注重公众舆论和社会舆情的发展变化。公众舆论和社会舆情是影响公务员社会认同的直接外在因素，也是影响执政党决策的重要因素。执政党必须考虑舆情向背，才能扩大社会基础、赢得更多的支持者，进而稳固政权。林肯曾经说过，有了舆论的支持就什么都做得到，没有舆论支持就什么也办不到。从一定意义上说，舆论就是一种利益表达。在政治学范畴内，公众舆论通常是指公众对国家政策和某些重大社会问题的态度和意见的反映，其形成有三个因素：一是传播媒介；二是受信者必须具有一定的文化心理体系；三是成为舆论对象的问题总是或多或少、直接或间接地同人们有着某种利益关系。② 不论工作行为还是生活私事，公务员的一举一动很容易成为公众舆论关注的焦点。密切关注并合理引导公众舆论的发展变化，是形塑青年公务员社会认同过程中弥足珍贵的社会资本，西方发达国家在舆论引导中的经验教训颇值得我们学习借鉴。

---

① 范勇鹏：《欧洲认同的形成——一个新制度主义的解释》，《世界经济与政治》2008年第2期。

② 王邦左等编：《中国政党制度的社会生态分析》，上海人民出版社，2000，第176页。

结　语

　　社会认同是当代世界各国理论研究和实践中都无法忽视的一个重要范畴。作为思想政治教育重要对象的青年公务员是中国社会未来发展的中坚力量，其社会认同的具体状况事关政治合法性基础和政治体系的稳固。"任何一种政治系统，如果它不抓合法性，那么，它就不可能永久地保持住群众（对它所持有的）忠诚心。也就是说，就无法永久地保持住它的成员们紧紧地跟随它前进。"① 合法性的支持来自于规则、法律，更来自于民意，即民众的社会认同。犹如政治合法性取决于人民的认同一样，青年公务员的"合法性"亦建立在广大民众认可和接受的基础之上。厘清青年公务员社会认同的具体状况、主要特征与影响其生成的生态环境系统是探讨其被接受、被认可的前提条件。德国著名社会学家马克思·韦伯（Max Weber）曾经指出："人是悬挂在由他们自己编织的意义之网上的动物。"② 只有在系统剖析青年公务员社会认同基本状况的基础上确定其应有的形塑目标，才能有针对性地提出形塑路径以弥合实然与应然的差距，达到基于青年公务员自愿、有机的社会认同基础上而形成的政治合法性，这对当代中国既定的政治体系来说，显然是一种积极、巨大的支持力量。

　　本研究的具体结论如下：

　　1. 思想政治教育与社会认同之间是相辅相成的辩证统一。

---

① 〔德〕于·哈贝马斯：《重建历史唯物主义》，社会科学文献出版社，2000，第264页。
② 格尔兹：《文化的解释》，纳日碧力戈等译，上海人民出版社，1999，第5页。

思想政治教育与社会认同既有区别又有联系,二者的辩证关系具体表现在思想政治教育过程的各个环节、各个要素上。思想政治教育是达成社会认同的主要手段和根本途径;社会认同是思想政治教育的本质要求和中间环节,是思想政治教育有效性的必要条件和现实尺度,是转变传统思想政治教育灌输方式的内在需要和重要途径。

2. 青年公务员的社会认同是一个内涵丰富的有机体系。

社会认同是指基于群体相互交往实践过程中的社会主体,对外在环境和群体状况之间的综合互动形成认同感与归属感的动态过程。究其内涵,是对群体身份资格的认同感与归属感;是自我认同与群体认同的辩证统一;是历史、多元的建构过程;是由多种认同有机构成的复杂系统。青年公务员的社会认同主要包括了价值观念认同、政策制度认同、身份地位认同、利益分配认同、行为过程认同五个相对独立又有机联系的方面。

3. 青年公务员的社会认同受到社会历史渊源和现实社会环境的深刻影响。

青年公务员社会认同的具体状况,既抹不掉历史的印迹,也离不开当前所处环境背景的形塑,是社会记忆与社会时空共同作用的产物。远至中国古代官僚的认同情况,近至新中国建立后干部群体的社会认同均是不可磨灭的集体记忆;而当代中国错综复杂的社会生态环境更是为青年公务员社会认同的形塑提供了特定的时空架构。理解当代青年公务员社会认同的具体状况不能脱离历史和社会的深刻影响。

4. 青年公务员的社会认同总体上是积极的,呈现出复杂多样性、类型分化性、结构二重性和动态过程性等主要特征。

从第一手资料与第二手资料的相互印证中,可以发现青年公务员在世界观、人生观、价值观等根本问题上有着自身相对稳定的价值判断和取向,尽管其中也存在一些负面的消极认同,但是对马克思主义主流意识形态的基本社会认同感就像一条红线贯穿于呈现出复杂多样性和类型分化性的社会认同之中。青年公务员的社会认同不仅出现强制型与诱致型、封闭型与开放型、表面型与实质型等的交叉复合,而且主观与客观、传统与现代的"二重性"也日渐显现,表现为职业认同中的情感性与非情感性、价值认同上的集体取向与个体取向、国家民族意识(闭合性)

与对外开放意识（开放性）、认同本国传统文化与接纳西方文化等二重结构。青年公务员的社会认同在不同体制制度背景下不是静止不变的，而是动态可塑的变迁过程，因此其社会认同的建构和形塑，绝非一劳永逸。

5. 青年公务员社会认同的积极形塑需要明确目标、探寻路径。

随着现代化进程的推进和现代性的高度发展，"我要成为谁"日益取代"我是谁"而成为认同努力的中心。当代我国青年公务员社会认同的形塑目标应指向坚定的政治信念与规范的职业标准相结合、开阔的世界眼光与鲜明的民族特性相结合、强烈的公共精神与合理的个体利益相结合、正确的理论认识与自觉的行为实践相结合，旨在促使青年公务员的社会认同实现"从情感层次到认知层次，从本能、移情到自觉、理性，从注重'输出'到注重'输入'，从基于价值、观念的绝对同一到基于相互依赖的合作关系，从通过强制灌输到通过自由沟通，从内容僵化不变到内容灵活可变"[①] 等方面的转型。为此，亟须调动各种因素共同参与到青年公务员社会认同的形塑这一庞杂艰巨的系统工程中来。就现实可行的路径而言，一是通过积极有效的价值引导为社会认同指明正确方向，包括发挥意识形态良性功能，巩固全党全民的共同思想基础，青年公务员应率先从自觉加强理论学习、提升政治素养，积极在应用中推动理论与时俱进地发展，主动占领思想文化上的领导权，从加强理想信念教育、转变工作作风等方面入手增强自身对社会主义意识形态的价值观念认同；选择塑造社会认同的合适媒介，加强和改进思想政治教育，特别需要重视网络、手机短信等现代信息平台的运用和建设，注重文本、符号、话语系统的传承与创新；培养现代公共精神，优化社会认同的文化生态。二是通过合理均衡的全面发展为社会认同夯实基础，包括转变经济发展方式，加快以改善民生为重点的社会建设；推进社会管理体制创新，建设公共服务型的有效政府；加强党的执政能力建设，提升政治合法性；拓展社会参与空间，增强社会凝聚力。三是通过对利益机制、类比机制和整合机制等机制的系统运作为社会认同提供整合的可能。在利益机制的运作中必须注重利益诉求的及时回应、利益结构的合理调整

---

① 吕元礼：《政治文化：转型与整合》，江西人民出版社，1999，第5~8页。

合利益表达的渠道畅通；在建立和运用类比机制时必须特别强调公平原则和公益原则；在整合机制的建立与运作中需要充分保持主导意识形态的包容性，塑造富有向心力的组织文化等。四是通过多维的制度建设为社会认同寻求根本保障，包括加强相关法律政策等正式制度建设，加强制度整合、注重制度建设的系统性和可操作性，避免制度设计和制度建设中的观念误区、提升制度建设的认同度，根据社会发展需要、力求制度建设的适应性与针对性；充分建构非正式制度、汲取传统伦理道德的内在精华、剔除传统政治文化的负面影响、秉承中国共产党的优秀政治传统；吸收借鉴世界文明成果、运用各类有益社会资源，如建构具有共同价值观的文化，并运用象征符号体系促进意识形态的社会化与社会认同，以及注重公众舆论和社会舆情的发展变化，等等。

综上所述，青年公务员的社会认同不仅是一种意识范畴，而且是一种实践范畴。它全面反映了青年公务员的认知、情感、意志、信念以及由此而采取的行为，是一个内涵丰富的有机体系。要"创设一个有生存能力并获得全体公民认同的民族国家"，亟须青年公务员乃至全体公民建构起更为积极、有机、实质性的社会认同，以增进政治合法性。只有在社会认同的基础上，青年公务员乃至全体民众才能对政治组织及其政治信念表现出最大的热忱和忠诚。就像彼德·布劳所说："我们不能强迫别人赞同我们，不管我们对他们有多少权力，因为强制他们表达他们的感激或赞扬将使这些表达毫无价值——行动可以被强迫，但情感的被迫表现仅仅是一场戏"。①

诚然，笔者为研究之初衷付出了诸多努力，但是限于能力与水平，本文仍有不少不足之处，比如，较多着力于对青年公务员群体的社会认同进行描述性分析，深入的理论抽象和概括尚显不足；在定量研究与定性研究的结合方面也不够深刻，特别是缺乏更高层次的社会统计分析，有些规律性的东西尚待挖掘；比较研究方面有待进一步挖掘，缺乏对青年公务员群体与国内其他群体、与同时期国外公务员群体之间在社会认同上的比较，以及缺乏对其普遍规律和特殊规律的深入探讨等，都是本

① 〔美〕彼德·布劳：《社会生活中的交换与权力》，孙非等译，华夏出版社，1988，第19页。

研究的不足所在。相对于中国共产党领导人民最大限度地形成社会共识，减少不认同、不和谐因素，以形成共建和谐伟业的强大精神支撑这一宏大目标而言，笔者的研究微乎其微。但是，研究不足亦指明了今后可以继续努力的方向，笔者将致力于此方面研究的具体化和系统化。

附录1：公务员社会认同情况调查问卷

调查地点： _____ **调查时间：** _____

尊敬的领导（同志）：

您好！为了客观准确地了解公务员在工作、学习、生活等方面的需求与现状，我们组织了这次问卷调查。调查不记姓名，有关信息将严格保密，仅作科研和政策建议使用。请您在选项前的"□"内打"√"或在"_____"上写出您的答案。

非常感谢您对本次调查的参与和支持！

中共福建省委党校社会发展研究所

2009 年 9 月

您的基本信息

W01. 您的性别：（1）□ 男　　　（2）□ 女

W02. 您的年龄：

（1）□ 19 ~ 24 岁　　（2）□ 25 ~ 28 岁　　（3）□ 29 ~ 35 岁

（4）□ 36 ~ 40 岁　　（5）□ 40 岁以上

W03. 您的婚姻状况：

（1）□ 已婚　　　（2）□ 未婚　　　（3）□ 离异或丧偶

W04. 您的政治面貌：

（1）□ 中共党员　　　（2）□ 共青团员

（3）□ 民主党派成员　　（4）□ 无党派群众

W05. 您的文化程度：

(1) □ 博士研究生　　(2) □ 硕士研究生

(3) □ 大学本科（含双学士）

(4) □ 大专、高职　　(5) □ 其他_____

W06. 您所学的专业：

(1) □ 社会人文科学　(2) □ 管理学　　　(3) □ 理学

(4) □ 工农医学　　　(5) □ 其他_____

W07. 您的工龄：_____年

W08. 您目前的职级情况：

(1) □ 正处及以上　　(2) □ 副处　　　　(3) □ 正科

(4) □ 副科　　　　　(5) □ 科员及其他（尚未定级）

W08a. 您目前是：

(1) □ 领导职数　　　(2) □ 非领导职数　(3) □ 二者兼有

W09. 您目前的月实际收入情况（包括工资、福利及其他各项收入）：

(1) □ 8000 元以上　　　(2) □ 5000 ~ 8000 元

(3) □ 3000 ~ 5000 元　　(4) □ 3000 元以下

您的政治思想价值观

W10. 您怎样理解马克思主义在当代中国的地位和作用？（可选多项）

(1) □ 指引中国发展进步的唯一正确理论，必须始终不折不扣地坚持

(2) □ 其精神实质是科学的，但需要与中国实际密切结合

(3) □ 突破马克思主义理论中一些过时的观点，就是发展马克思主义

(4) □ 把马克思主义僵化和教条化，就会亡党亡国

(5) □ 不大符合中国的现实国情，可以用一种新理论来代替

W11. 您认为要形成坚定的中国特色社会主义的理想信念，主要应该依靠：（最多选两项）

(1) □ 政治理论学习　(2) □ 社会生活历练　(3) □ 工作实践

(4) □ 加入党团组织　(5) □ 参加政治活动　(6) □ 说不清

W12. 对于科学发展观，您的认识是：（只选一项）

(1) □ 是经济社会发展的重要指导方针，对单位和个人工作影响都很大

(2) □ 对单位工作有重要影响，对个人影响不大

(3) □ 是国家层面的战略思想，对单位和个人影响都不大

(4) □ 说不清

W13. 您认为影响中国发展的主要问题有哪些？（最多选三项）

(1) □ 官员贪污腐败　　(2) □ 经济持续发展问题

(3) □ 政治体制改革　　(4) □ 三农问题

(5) □ 就业问题　　　　(6) □ 教育问题

(7) □ 贫富差距问题　　(8) □ 社会治安问题

(9) □ 环境保护问题

W14. 您认为目前党的执政能力建设最亟须加强的是：（最多选两项）

(1) □ 严惩官员腐败

(2) □ 密切联系群众，倾听群众呼声

(3) □ 各项政策要抓好落实

(4) □ 改革政治体制以适应经济社会发展

(5) □ 加强党内民主

(6) □ 加强思想建设

(7) □ 聚精会神抓经济

(8) □ 其他＿＿＿＿＿＿＿＿

(9) □ 说不清

W15. 近年有多起群体事件发生，您的看法是：（最多选两项）

(1) □ 干部严重脱离群众，导致官民矛盾

(2) □ 一部分群众不明真相，被坏人煽动

(3) □ 政府对处理突发问题缺乏应急机制，能力有待提高

(4) □ 下情上达的渠道不畅通，使有关部门不能了解民意

(5) □ 与我无关

W16. 下面关于"爱国"的阐释，与您的理解比较相符的是：（可选多项）

(1) □ 爱国就是拥护社会主义制度，坚持执行党的各项方针政策

(2) □ 爱国是实实在在的具体行动，首先要做好本职工作

  （3）□ 爱国就要宣扬民族主义，抵制不友好国家的企业及商品

  （4）□ 抨击社会黑暗面，为公平正义鼓与呼，也是爱国

  （5）□ 爱国与爱党既有联系又有区别，但爱国不等于爱党

W17. 您认为社会主义和资本主义的未来发展趋势如何？（只选一项）

  （1）□ 最终走向社会主义

  （2）□ 最终走向资本主义

  （3）□ 两者融合产生新的社会形态

  （4）□ 各走各的路

W18. 下面是关于经济全球化背景下的一组观点，您怎么看？（每行只选一项）

	非常赞同	比较赞同	不太赞同	很不赞同	说不清
越是经济全球化，越要坚持民族特色和基本价值	□	□	□	□	□
应该以"和而不同"的胸怀和态度同国际沟通、对话	□	□	□	□	□
同一地球，同一家园，国家间的合作应该多于对抗	□	□	□	□	□
美国的许多价值观具有普适性，中国应该取长补短	□	□	□	□	□
文体明星加入外国国籍，可以增进中外交流，无可厚非	□	□	□	□	□
西方反华势力仍大有人在，我们在合作交流中要保持警惕	□	□	□	□	□
中国传统文化将走向世界，会在更大范围内产生影响	□	□	□	□	□

W19. 您认为中央政策在基层的落实情况如何？（只选一项）

  （1）□ 很好 （2）□ 较好 （3）□ 一般

  （4）□ 较差 （5）□ 很差 （6）□ 说不清

W19a. 如果您认为落实得不好，请回答：最主要的原因是什么？（只选一项）

  （1）□ 政策制定者不了解基层，政策不具操作性

  （2）□ 政策在具体执行中被断章取义，各取所需

（3）□ 对政策宣讲不够，老百姓不理解

（4）□ 触动某些特定群体的利益，执行中遭到阻挠

（5）□ 其他_____

W20. 在工作中，如果您个人坚持依法行政，对国家发展和社会公正有意义吗？

（1）□ 很有意义，从我做起

（2）□ 略有意义，杯水车薪

（3）□ 毫无意义，浪费时间

W21. 您对当今社会存在的贪污腐败现象看法如何？（只选一项）

（1）□ 社会发展的必然阶段，其存在具有合理性

（2）□ 已然成为社会毒瘤，难以根治，病入膏肓

（3）□ 加大力度，严惩腐败，相信能够起到积极作用

（4）□ 不管他人如何，自己不做腐败之事，独善其身

W22. 如果您发现您的同事有违法乱纪的行为，您会怎么做？（只选一项）

（1）□ 主动向上级领导或有关部门反映并劝阻

（2）□ 仅私下做劝阻工作

（3）□ 组织找自己了解情况时才说

（4）□ 怕得罪人，不愿反映

（5）□ 不管他人如何，自己不做腐败之事，独善其身

（6）□ 随同参加

W23. 您如何看待"对上负责"与"对下负责"的关系？（只选一项）

（1）□ 两者是统一的

（2）□ 鉴于现行的干部考核机制，对上负责是主要的

（3）□ 从上而不唯上，必要时多打"擦边球"

（4）□ 群体利益高于一切，宁可得罪上级，也要维护群体利益

（5）□ 说不清

W24. 您加入公务员队伍的目的是：（最多选两项）

（1）□ 在更高平台上为国家和社会进步做出更多贡献

（2）□ 更有利于实现自我价值，更能得到社会认同

（3）□ 公务员是一种身份的象征，有更高的社会地位

（4）□ 生活更有保障，更加稳定

（5）□ 学而优则仕

（6）□ 光宗耀祖

（7）□ 没多想，凭运气

（8）□ 其他_____

W25. 电视剧《潜伏》中余则成的哪些品质，您最认同的是：（最多选两项）

（1）□ 信仰坚定，矢志不渝

（2）□ 处变不惊，善于化险为夷

（3）□ 谨慎周密，处世稳重

（4）□ 大智若愚，精于职场周旋

（5）□ 为正义而殉道

（6）□ 心地善良正直

（7）□ 体恤下属，懂得做人

（8）□ 生活严肃，忠于爱情

（9）□ 看过此剧，但不认同

（10）□ 没看过此剧

W26. 在您看来，人生最大的幸福是：（只选一项）

（1）□ 为一种崇高的信仰而奋斗

（2）□ 获得社会的承认和他人的尊敬

（3）□ 拥有权力、金钱

（4）□ 从事自己喜欢的职业

（5）□ 拥有一个美满和谐的家庭

（6）□ 生活安逸，内心宁静

（7）□ 其他_____

您的工作、学习、生活情况

W27. 您认为公务员职业的社会地位如何：_____【请填写序号】

W27a. 您认为公务员职业目前的社会地位是：_____

W27b. 您认为公务员职业应该具有的社会地位是：_____

（1）□ 属精英阶层，具有很高的社会地位

（2）□ 属中上阶层，具有较高的社会地位

（3）属中间阶层，具有一般的社会地位

（4）属中下阶层，具有较低的社会地位

（5）属下等阶层，没有什么社会地位

W28. 您认为公务员应该具备怎样的职业形象？（最多选两项）

（1）□ 职业的公共事务管理人

（2）□ 社会公仆

（3）□ 社会管理者

（4）□ 领导干部

（5）□ 其他_____

W29. 请您对公务员职业的以下方面做出主观评价，1 代表主观认同程度最低，5 代表主观认同程度最高：

	1	2	3	4	5
收入福利水平的高低	□	□	□	□	□
工作环境的好坏	□	□	□	□	□
发展机会的多少	□	□	□	□	□
工作强度的高低	□	□	□	□	□
整体道德意识的强弱	□	□	□	□	□
服务意识的强弱	□	□	□	□	□
收入分配公平度的高低	□	□	□	□	□
职业地位的高低	□	□	□	□	□
职业发展前景的好坏	□	□	□	□	□
权利和义务的对等程度	□	□	□	□	□
全心全意为人民服务观念的强弱	□	□	□	□	□

W30. 您认为目前所从事工作的压力如何？

（1）□ 压力很大 （2）□ 压力较大 （3）□ 一般

（4）□ 压力较小 （5）□ 压力很小

W30a. 如果您感到压力较大或很大，主要原因是什么？（只选一项）

（1）□ 本职工作要求知识不断更新

（2）□ 事务繁杂，工作量大

（3）□ 工作目标难以实现

（4）□ 领导要求过于严格

（5）□ 与同事关系紧张

（6）□ 其他_____

W31. 您平时获取信息最主要的是通过：（最多选两项）

（1）□ 互联网　　　（2）□ 广播电视　　　（3）□ 手机

（4）□ 报刊　　　　（5）□ 面对面交谈　　（6）□ 其他___

W32. 您在业余时间最喜欢从事下列哪些活动？（最多选三项）

（1）□ 看电影　　（2）□ 看电视

（3）□ 听音乐　　（4）□ 旅游

（5）□ 上网　　　（6）□ 与朋友聚会聊天

（7）□ 读书，读报　（8）□ 社会交往

（9）□ 打牌　　　（10）□ 体育锻炼

（11）□ 呆着，什么也不干

（12）□ 其他_____

W33. 您上网主要做什么？（最多选两项）

（1）□ 浏览信息　　（2）□ 聊天

（3）□ 工作，收发邮件（4）□ 学习

（5）□ 交友　　　　（6）□ 休闲娱乐（打游戏、听音乐等）

（7）□ 写博客　　　（8）□ 网上购物

（9）□ 其他_____

W34. 您使用博客的主要目的是：（只选一项）

（1）□ 追求时尚，图新鲜

（2）□ 结交更多朋友

（3）□ 发表时政评论

（4）□ 书写个人感受

（5）□ 工作需要

（6）□ 没有开博客

W35. 您平时经常阅读的报刊有哪些？（最多选两项）

（1）□ 党报党刊（《人民日报》、《求是》等）

（2）□ 国际时政类报刊（《参考消息》、《环球时报》等）

（3）□ 青年类报刊（《中国青年报》、《中国青年》等）

（4）□ 时评类报刊（《南方周末》等）

（5）□ 文摘类报刊（《文摘报》、《读者》、《青年文摘》等）

（6）□ 本行业报刊

（7）□ 本地休闲都市报刊

（8）□ 其他＿＿＿＿＿＿＿

W36. 下面哪些方面对您的人生观影响最大？（最多选两项）

（1）□ 家庭　　　　　　　　（2）□ 学校

（3）□ 社会环境　　　　　　（4）□ 工作单位

（5）□ 周围朋友　　　　　　（6）□ 网络等传媒

（7）□ 其他＿＿＿＿＿＿

W37. 您认为家庭幸福的关键因素是什么？（只选一项）

（1）□ 夫妻感情　　　　　　（2）□ 经济条件

（3）□ 健康状况　　　　　　（4）□ 住房状况

（5）□ 子女问题　　　　　　（6）□ 与父母亲朋的关系

（7）□ 家庭成员中社会地位的变化

（8）□ 其他＿＿＿＿＿＿

W38. 您认为下面哪种思想文化对您影响较大？（最多选三项）

（1）□ 马克思列宁主义　　　（2）□ 毛泽东思想

（3）□ 中国特色社会主义理论　（4）□ 中国传统文化

（5）□ 西方文化思潮　　　　（6）□ 基督教

（7）□ 佛教　　　　　　　　（8）□ 日剧文化

（9）□ 韩剧文化　　　　　　（10）□ 其他＿＿＿＿＿

W38a. 如果您深受中国传统文化的影响，请回答：对您哪方面影响最大？

（只选一项）

（1）□ 从政为官　　　　　　（2）□ 为人处世

（3）□ 修身养性　　　　　　（4）□ 其他＿＿＿＿

W39. 您择业最看重的是：（最多选三项）

（1）□ 收入　　　　　　　　（2）□ 住房

（3）□ 职业发展预期　　　　（4）□ 清闲舒适

（5）□ 工作稳定　　　　　　（6）□ 职业的社会声望

（7）□ 实现自我价值　　　　（8）□ 工作地点近便

（9）□ 专业对口　　　　　　（10）□ 单位性质

（11）□ 解决户口　　　　　　（12）□ 其他＿＿＿＿＿

W40. 您工作单位中的人和事，对您影响较大的有哪些？（最多选三项）

（1）□ 单位在社会上的声望

（2）□ 单位内部的各项制度

（3）□ 领导的一言一行

（4）□ 单位长期形成的传统习惯

（5）□ 办公室同事的价值评判标准

（6）□ 单位内朋友的喜怒哀乐

（7）□ 单位组织的一些活动

（8）□ 其他＿＿＿＿＿＿

（9）□ 对我影响都不大

W41. 哪些因素对您的工作积极性影响最大？（最多选三项）

（1）□ 收入问题　　　　　　（2）□ 领导关心

（3）□ 住房问题　　　　　　（4）□ 晋升机会

（5）□ 公平竞争的环境　　　（6）□ 健康问题

（7）□ 和谐的工作关系　　　（8）□ 其他＿＿＿＿＿

W42. 在以下各项中，您最关心的是：（最多可选四项）

（1）□ 健康问题　　　　　　（2）□ 收入问题

（3）□ 婚恋问题　　　　　　（4）□ 人际关系

（5）□ 个人进步　　　　　　（6）□ 休闲娱乐

（7）□ 住房问题　　　　　　（8）□ 医疗问题

（9）□ 教育问题　　　　　　（10）□ 物价问题

（11）□ 环境保护　　　　　 （12）□ 社会治安

（13）□ 反腐倡廉　　　　　 （14）□ 三农问题

（15）□ 国企改革　　　　　 （16）□ 军事国防

（17）□ 台海关系　　　　　 （18）□ 国际局势

（19）□ 其他＿＿＿＿＿

W43. 最近一个时期，您花费时间较多的事情是：（最多选三项）

（1）□ 日常工作　　　　　　（2）□ 学习专业或其他知识

（3）□ 处理各种人际关系　　（4）□ 处理家庭事务

（5）□ 朋友之间的应酬   （6）□ 发展个人爱好

（7）□ 观看热播的电影、电视剧   （8）□ 网上聊天或游戏

（9）□ 其他_____

W44. 您认为本单位反腐败监督机制的作用如何？（只选一项）

（1）□ 监督机制相当完善，约束力强

（2）□ 监督机制比较完善，有较强的约束力

（3）□ 制度上有漏洞，约束力不强

（4）□ 形同虚设，可有可无

（5）□ 对具体机制不太了解，靠个人自律吧

您的需求状况

W45. 您目前的主要困难是：（最多选三项）

（1）□ 工作压力较大   （2）□ 经济负担过重

（3）□ 婚恋遇到挫折   （4）□ 人际关系紧张

（5）□ 发展空间有限   （6）□ 缺乏专业知识

（7）□ 住房条件不好   （8）□ 身体状况不佳

（9）□ 领导不予重视   （10）□ 其他_____

W46. 您认为在政府部门工作，比较重要的能力有：（可选多项）

（1）□ 学习能力

（2）□ 沟通协调能力

（3）□ 对政策的理解领会和把握能力

（4）□ 调研能力

（5）□ 创新能力

（6）□ 基层工作经验和能力

（7）□ 文字表达能力

（8）□ 语言表达能力

W47. 近一年来，您参加过多长时间的业务培训或集中学习？（只选一项）

（1）□ 1～10 天   （2）□ 11～30 天

（3）□ 31～60 天   （4）□ 60 天以上

（5）□ 没有参加过

W48. 到目前为止，您经历过几个工作岗位？（只选一项）

(1) □ 1 个   (2) □ 2 个

(3) □ 3 个   (4) □ 4 个

(5) □ 5 个   (6) □ 6 个及以上

W48a. 如果您经历 2 个及以上的工作岗位，那么请回答：都是哪些岗位？

（可选多项）

(1) □ 市、县及以下的基层单位（包括挂职）

(2) □ 跨部门、跨行业的岗位

(3) □ 本单位内部轮岗

(4) □ 到上级单位挂职锻炼

(5) □ 借调到其他单位

(6) □ 在社会上的兼职

(7) □ 其他_____

W49. 您认为哪种方式最有利于公务员提高能力？（最多选两项）

(1) □ 到上级单位挂职锻炼   (2) □ 到基层挂职锻炼

(3) □ 到同级单位交流轮岗   (4) □ 到党校进修

(5) □ 专题培训   (6) □ 出国培训

(7) □ 在现有岗位上自学   (8) □ 其他_____

W50. 您怎样看待年轻干部到基层锻炼？（只选一项）

(1) □ 很有必要，能够了解基层情况，提高履职能力

(2) □ 有必要，但目前缺乏制度保障

(3) □ 没必要，形同虚设，换了个地方坐机关而已

(4) □ 只不过是职务升迁的途径

W51. 您在基层（市地级以下）工作的时间有多长？（只选一项）

(1) □ 5 年及以上   (2) □ 3~4 年

(3) □ 2 年   (4) □ 1 年

(5) □ 半年   (6) □ 没有

W52. 您愿意通过什么方式学习？（只选一项）

(1) □ 在工作实践中学习   (2) □ 脱产学习

(3) □ 参加在职培训   (4) □ 工作之余自学

(5) □ 已有知识完全胜任工作，无须再学习

W53. 您在学习方面遇到的最大的困难或干扰是什么？（最多选两项）

（1）□ 领导不支持　　　　　　（2）□ 家务繁重

（3）□ 学习困难，成效差　　　（4）□ 工作太忙

（5）□ 学费高　　　　　　　　（6）□ 脱产学习影响晋升

（7）□ 无任何困难或干扰

W54. 您认为自己目前的健康状况如何？（只选一项）

（1）□ 良好　　　　　　　　　（2）□ 较好

（3）□ 一般　　　　　　　　　（4）□ 较差

（5）□ 很差

W54a. 如果您健康状况不佳，请回答：主要原因是什么？（只选一项）

（1）□ 身体素质不好　　　　　（2）□ 工作负担重

（3）□ 学习压力大　　　　　　（4）□ 生活无规律

（5）□ 情感不顺　　　　　　　（6）□ 遭遇意外事故

（7）□ 其他_____

W55. 党团除外，您还参加了哪些社团组织？（可选多项）

（1）□ 党团所组织的各种协会

（2）□ 校友会、同乡会

（3）□ 通过网络自由结合的组织

（4）□ 符合个人兴趣爱好的社会组织

（5）□ 志愿服务等公益性组织

（6）□ 其他_____

（7）□ 没有参加

W55a. 如果您参加了上述组织，请回答：最大的收获是什么？（只选一项）

（1）□ 交了很多朋友　　　　　（2）□ 丰富了业余生活

（3）□ 服务社会　　　　　　　（4）□ 学习了很多知识

（5）□ 排解情绪，释放压力　　（6）□ 其他____

附录 2：访谈提纲

1. 请介绍一下个人简况：姓名、性别、出生年月、是否党员、单位、职务、婚姻状况（声明真实姓名不在文中体现）。

2. 请介绍工作的概况（从开始工作到现在的简单情况，有无调动？目前职务？）。

3. 您认为公务员是一种职业吗？您当初是为什么选择当公务员的？如果重新选择，您想成为一名公务员吗？

4. 在您眼中，公务员应该拥有一种怎样的形象？应该拥有哪些基本素质和能力？

5. 目前收入的状况如何？您如何评价公务员收入水平的高低？与社会其他群体对比，您的收入处于何种层次？把您的收入与您熟悉的同龄人相比，感觉如何？把您的收入与您的工作付出相比较而言呢？

6. 您觉得公务员群体内部有差别吗？请具体谈谈。

7. 您平常最关心的事情是什么？

8. 您关心国家的大政方针吗？熟悉所在单位的规章制度、工作计划等吗？您对这些政策制度的评价如何？（包括政策制度的可行性、操作性等）

9. 如果把整个社会成员五等分，您觉得自己属于哪个阶层？为什么？

10. 您觉得公务员要遵循哪些行为规范？您自己在日常生活中特别注意哪些方面？

11. 您觉得在职务升迁上，最关键的是什么？性别是否构成影响？请具体谈谈。

12. 您觉得目前最大的困难（压力）是什么？为什么？

13. 您对信仰问题有什么看法？

14. 您的理想是什么？请谈谈您的生活态度、为人处世的方式具体是怎样的？

15. 您觉得当前的青年公务员需要理想信念教育吗？您如何看待当前公务员的思想政治教育？

16. 您觉得当前公务员队伍存在的问题有哪些？最大的问题是什么？您认为应该如何去克服？

17. 您觉得当公务员有优势吗？有什么劣势吗？请举例谈谈。

18. 请问还有没有什么需要补充的话题？

访谈结束，再次表示真挚的谢意！

附录3：访谈对象个人情况简表

序号	性别	年龄(岁)	学　历	工作单位	职　务
A	女	28	党校研究生	厦门市机关事务管理局	副主任科员
B	男	30	党校研究生	连江县透堡镇人民政府	科员
C	女	26	党校研究生	泉州市贸易发展局	科员
D	男	35	党校在职大学学历	三明市某县	副处
E	女	33	党校研究生	福州市委宣传部	副科长
F	男	30	党校研究生	南安市交通局	主任科员
G	男	35	双学士、党校研究生	福州市某县级市	副处
H	男	25	党校研究生	泉州市鲤城区政协	科员
I	女	39	党校研究生	南平市公安局	正科长
J	女	28	党校研究生	福州市老龄办	科员

参考文献

一 马克思主义理论文献

1.《马克思恩格斯选集》（1～4卷），人民出版社，1995。

2.《马克思恩格斯全集》第20卷，人民出版社，1971。

3.《马克思恩格斯全集》第46卷（上、下），人民出版社，1979。

4.《马克思恩格斯全集》第42卷，人民出版社，1979。

5.《马克思恩格斯全集》第6卷，人民出版社，1961。

6.《马克思恩格斯全集》第3卷，人民出版社，1979。

7.《列宁选集》（1～4卷），人民出版社，1995。

8.《毛泽东选集》（1～4卷），人民出版社，1991。

9.《毛泽东文集》（6～8卷），人民出版社，1999。

10.《邓小平文选》（1～2卷），人民出版社，1994。

11.《邓小平文选》第3卷，人民出版社，1993。

12.《江泽民文选》（1～3卷），人民出版社，2006。

13. 胡锦涛：《牢固树立社会主义荣辱观》。

14.《高举中国特色社会主义伟大旗帜为夺取全面建设小康社会新胜利而奋斗——在中国共产党第十七次全国代表大会上的报告》（2007年10月15日），新华网。

二 中文著作

1. 张耀灿：《中国共产党思想政治教育史论》，高等教育出版社，2006。

2. 张耀灿：《思想政治教育学前沿》，人民出版社，2006。

3. 张耀灿、郑永廷、刘书林、吴潜涛等：《现代思想政治教育学》，人民出版社，2001。

4. 苏振芳：《当代国外思想政治教育比较》，社会科学文献出版社，2009。

5. 苏振芳：《道德教育论》，社会科学文献出版社，2006。

6. 郑传芳、朱清：《邓小平理论与"三个代表"重要思想概论》，福建人民出版社，2004。

7. 郑又贤：《马克思主义哲学新探》，社会科学文献出版社，2008。

8. 林修果：《公共管理学》，吉林人民出版社，2006。

9. 杨立英：《网络思想政治教育论》，人民出版社，2003。

10. 陈永森：《公民精神纵横论》，中国文联出版公司1999。

11. 王岗峰等《走向和谐社会》，社会科学文献出版社，2005。

12. 王岗峰：《社会和谐发展论》，社会科学文献出版社，2007。

13. 陈桂蓉：《和谐社会与女性发展》，社会科学文献出版社，2007。

14. 李德芳：《思想政治教育与近现代社会变革》，中国社会科学出版社，2007。

15. 陈秉公：《思想政治教育学原理》，辽宁人民出版社，2001。

16. 乐国安：《思想政治工作社会心理学》，中国劳动出版社，1998。

17. 孙其昂：《社会学视野中的思想政治工作》，中国物价出版社，2001。

18. 赵康太、李英华：《中国传统思想政治教育理论史》，华中师范大学出版社，2006。

19. 沈壮海：《思想政治教育有效性研究》，武汉大学出版社，2001。

20. 王勤：《思想政治教育学新论》，浙江大学出版社，2004。

21. 童世骏：《意识形态新论》，上海人民出版社，2006。

22. 薛中国：《当代中国政治认同心理机制研究》，吉林大学2007。

23. 范勇鹏：《欧洲认同的形成：功利选择与制度建构》，中国社会科学院研究生院博士论文，2008。

24. 李培林、陈光金、张翼、李炜：《中国社会和谐稳定报告》，社会科学文献出版社，2008。

25. 费孝通：《乡土中国生育制度》，北京大学出版社，1998。

26. 汝信、陆学艺、李培林主编《2008年中国社会形势分析与预测》，社会科学文献出版社，2007。

27. 汝信、陆学艺、李培林主编《2009年中国社会形势分析与预测》，社会科学文献出版社，2008。

28. 汝信、陆学艺、李培林主编《2010年中国社会形势分析与预测》，社会科学文献出版社，2009。

29. 吕元礼：《政治文化转型与整合》，江西人民出版社，1999。

30. 朱光磊：《论中国传统政治文化》，人民出版社，1992。

31. 潘一禾：《观念与体制——政治文化的比较研究》，学林出版社，2002。

32. 李景鹏、宋定国主编《当代中国青年的政治意识和政治行为》，中国人民公安大学出版社，1992。

33. 江宜桦：《自由主义、民族主义与国家认同》，扬智文化事业有限公司，1998。

34. 石之瑜：《后现代的国家认同》，世界书局，1995。

35. 袁贵仁：《马克思的人学思想》，北京师范大学出版社，1996。

36. 徐湘林：《渐进政治改革中的政党、政府与社会》，中信出版社，2003。

37. 中国社会科学院公共政策研究中心，香港城市大学亚洲管治研究中心编《中国公共政策分析2003年卷》，中国社会科学出版社，2003。

38. 陆学艺主编《当代中国社会流动》，社会科学文献出版社，2004。

39. 俞可平：《政治与政治学》，社会科学文献出版社，2003。

40. 王邦左等编：《中国政党制度的社会生态分析》，上海人民出版社，2000。

41. 郑杭生主编《中国社会发展研究报告2009·走向更有共识的社会：社会认同的挑战及其应对》，中国人民大学出版社，2009。

42. 马振清：《中国公民政治社会化问题研究》，黑龙江人民出版社，2001。

43. 柳新元：《利益冲突与制度变迁》，武汉大学出版社，2002。

44. 周永康：《大学生角色认同实证研究》，西南大学出版社，2008。

45. 孔德永：《当代中国社会转型时期的政治认同问题研究》，山东大学出版社，2006。

46. 王邦佐：《执政党与社会整合：中国共产党与新中国社会整合实例分析》，上海人民出版社，2007。

47. 刘明隆：《台湾公民教育的再思：以认同能力为主轴的公民教育》，台湾大学国家发展研究所硕士论文，2006。

48. 陈朝政：《台商在两岸的流动与认同：经验研究与政策分析》，东吴大学出版社，2005。

49. 张春兴：《青年的认同与过失》，台湾东华书局、世界图书出版社，1993。

50. 杜正胜：《编户齐民——传统政治社会结构之形成》，台北联经出版公司 1990 年。

51. 陈振明主编《政策科学》，中国人民大学出版社，1998。

52. 沈传亮：《公务员群体的政治文化研究》，郑州大学出版社，2007。

53. 俞吾金：《意识形态论》，上海人民出版社，1993。

54. 徐海波：《中国社会转型与意识形态问题》，中国社会科学出版社，2003。

55. 王成兵：《当代认同危机的人学解读》，中国社会科学出版社，2004。

56. 沙莲香：《社会心理学》，中国人民大学出版社，2002。

57. 周晓虹：《现代社会心理学——多维视野中的社会行为研究》，上海人民出版社，1997。

58. 杨宜音、张曙光：《社会心理学》，首都经济贸易大学出版社，2008。

59. 张春兴：《青年的认同与过失》，台湾东华书局、世界图书出版社，1993。

60. 李友梅、肖瑛、黄晓春：《社会认同：一种结构视野的分析》，上海人民出版社，2007。

61. 王庆兵：《发展中国家政党认同比较研究》，中国经济出版社，2007。

62. 王彦斌：《管理中的组织认同》，人民出版社，2004。

63. 陶家俊：《思想认同的焦虑》，中国社会科学出版社，2008。

64. 马胜利、邝杨：《欧洲认同研究》，社会科学文献出版社，2008。

65. 万明钢：《多元文化视野价值与民族认同研究》，民族出版社，2006。

66. 张云鹏：《文化权：自我认同与他者认同的向度》，社会科学文献出版社，2007。

67. 祁进玉：《群体身份与多元认同》，社会科学文献出版社，2008。

68. 祝灵君：《一致与冲突——政党与群众关系的再思考》，人民出版社，2006。

69. 吴宗国主编《中国古代官僚政治制度研究》，北京大学出版社，2004。

70. 李天石：《中国中古良贱身份制度研究》，南京师范大学出版社，2004 版。

71. 马庆钰：《告别西西弗斯：中国政治文化分析与展望》，中国社会科学出版社，2002。

72. 孙立平：《转型与断裂：改革以来中国社会结构的变迁》，清华大学出版社，2004。

73. 孙立平：《失衡：断裂社会的运作逻辑》，社会科学文献出版社，2004。

74. 沈晖：《当代中国中间阶层认同研究》，中国大百科全书出版社，2008。

75. 石云霞：《新中国成立以来中国共产党思想理论教育历史研究》，中国社会科学出版社，2007。

76. 李强：《社会分层十讲》，社会科学文献出版社，2008。

77. 方文：《学科制度和社会认同》，中国人民大学出版社，2008。

78. 李春成：《行政人的德性与实践》，上海复旦大学出版社，2003。

79. 李培林、陈光金、张翼、李炜：《中国社会和谐稳定报告》，社会科学文献出版社，2008。

80. 李培林、李强、孙立平等《中国社会分层》，社会科学文献出版社，2004。

81. 王思斌：《社会学教程》（第二版），北京大学出版社，2003。

82. 吴增基、吴鹏森、苏振芳主编《现代社会学》，上海人民出版社，1997。

83. 李培林、张翼、赵延东、梁栋：《社会冲突与阶级意识：当代中国社会矛盾问题研究》，社会科学文献出版社，2005。

84. 李合亮：《思想政治教育探本：关于其源起及本质的研究》，北京人民出版社，2007。

85. 周晓虹主编《中国中产阶层调查》，社会科学文献出版社，2005。

86. 张子良：《公务员制度与行政现代化》，上海社会科学院出版社，2007。

87. 王亚南：《中国官僚政治研究》，中国社会科学出版社，1981。

88. 〔日〕君塚大学、〔中〕吴鲁平、〔韩〕金哲秀主编《东亚社会价值的趋同与冲突——中日韩青年社会意识比较》，社会科学文献出版社，2001。

89. 周天勇、王长江、王安岭主编《攻坚：十七大后中国政治体制改革》，新疆生产建设兵团出版社，来源：人民网—理论频道，2008 年 4 月 28 日。

90. 张苹萍：《困境与重建——当代中国公务员行政道德建设研究》，中国法制出版社，2008。

91. 方旭光：《政治认同的基础理论研究》，复旦大学 2006 年博士论文。

92. 薛中国：《当代中国政治认同心理机制研究》，吉林大学 2007 年博士论文。

93. 崔晓晖：《意识形态认同：新时期中国共产党社会整合的思想基础》，吉林大学 2008 年博士学位论文。

三　外文译著

1. 〔美〕彼得·伯格、托马斯·卢克曼：《现实的社会构建》，汪涌译，北京大学出版社，2009。

2. 〔匈〕卢卡奇：《历史与阶级意识——关于马克思主义辩证法的研究》，商务印书馆，1992。

3. 〔加〕查尔斯·泰勒：《自我的根源：现代认同的形成》，韩震译，译林出版社，2001。

4. 〔加〕查尔斯·泰勒：《现代性之隐忧》，程炼译，中央编译出版社，2001。

5. 〔法〕涂尔干：《社会分工论》，渠东译，生活·读书·新知三联书店 2000。

6. 〔法〕阿兰·图海纳：《我们能否共同生存——既彼此平等又互有差异》，狄玉明、李平沤译，商务印书馆，2005。

7. 〔英〕安东尼·吉登斯：《社会学》（第 4 版），赵旭东等译，北京大学出版社，2003。

8. 〔英〕安东尼·吉登斯：《现代性与自我认同》，赵旭东译，三联书店，1998。

9. 〔英〕安东尼·吉登斯：《失控的世界》，周红云译，江西人民出版社，2001。

10. 〔英〕齐格蒙特·鲍曼：《全球化——人类的后果》，郭国良、徐建华译，商务印书馆，2001。

11. 〔英〕戴维·莫利、凯文·罗宾斯：《认同的空间——全球媒介、电子世界景观和文化边界》，司艳译，南京大学出版社，2001。

12. 〔美〕詹姆斯·科尔曼：《社会理论的基础》，邓方译，中国社会科学出版社，2008。

13. 〔美〕乔森纳·弗里德曼：《文化认同与全球化过程》，郭建如译，商务印书馆，2003。

14. 〔美〕塞缪尔·亨廷顿：《变化社会中的社会秩序》，王冠华等译，三联书店，1989。

15. 〔美〕塞缪尔·亨廷顿：《文明的冲突与世界秩序的重建》，周琪等译，新华出版社，2002。

16. 〔美〕安德森：《想象的共同体》，上海人民出版社，2003。

17. 〔美〕哈罗德·伊罗生：《群氓之旅：群体认同与政治变迁》，邓伯宸译，广西师范大学出版社，2008。

18. 〔美〕约瑟夫·S. 奈：《硬权力与软权力》，门洪华译，北京大学出版社，2005。

19. 〔意〕葛兰西：《狱中札记》，人民出版社，1983。

20. 〔意〕朱塞佩·费奥利：《葛兰西传》，人民出版社，1983 年。

21. 〔美〕E. A. 罗斯：《社会控制》，秦志勇、毛永政等译，华夏出版社，1989。

22. 〔美〕罗伯特·K. 默顿：《社会理论和社会结构》，译林出版社，2006。

23. 〔美〕彼德·布劳：《社会生活中的交换和权力》，孙非等译，华夏出版社，1988。

24. 〔美〕曼纽尔·卡斯特：《认同的力量》，夏铸九等译，社会科学文献出版社，2003。

25. 〔德〕尤尔根·哈贝马斯：《重建历史唯物主义》，社会科学文献出版社，2000。

26. 〔德〕尤尔根·哈贝马斯：《交往与社会进化》，张博树译，重庆出版社，2002。

27. 〔德〕赫尔穆特·施密特：《全球化与道德重建》，柴方国译，社会科学文献出版社，2001。

28. 〔美〕西摩·马丁·李普塞特：《一致与冲突》，张华清等译，上海人民出版社，1995。

29. 〔美〕詹姆斯·R. 汤森、布兰特利·沃马克：《中国政治》，顾速、董方译，江苏人民出版社，1996。

30. 〔美〕安东尼·奥勒姆：《政治社会学》，张华青译，浙江人民出版社，1989。

31. 〔美〕艾尔·巴比：《社会科学研究方法》（第8版），华夏出版社，2002。

32. 〔美〕加布里埃尔·A. 阿尔蒙德，小 G. 宾厄姆·鲍威尔：《比较政治学：体系、过程和政策》，上海译文出版社，1987。

33. 〔美〕R. 科斯，A. 阿尔钦、D. 诺斯等《财产权利与制度变迁——产权学派与新制度学派译文集》，三联书店，1994。

34. 〔德〕柯武刚、史漫飞：《制度经济学——社会秩序与公共秩序》，商务印书馆，2000。

35. 〔美〕B. 盖伊·彼得斯：《政府未来的治理模式》，中国人民大学出版社，2001。

36. 〔美〕斯蒂芬·P. 罗宾斯：《组织行为学》（第7版），中国人民大学出版社，1997。

37. 〔美〕约翰·罗尔斯：《作为公平的正义——正义新论》，姚大志译，三联书店，2002。

38. 〔美〕约翰·罗尔斯：《正义论》，上海译文出版社，1991。

39. 〔美〕查尔顿·赖特·米尔斯：《权力精英》，南京大学出版社，2004。

40. 〔美〕安东尼·唐斯：《官僚制内幕》，中国人民大学出版社，2006。

41. 〔美〕蓝志勇：《行政官僚与现代社会》，中山大学出版社，2003。

42. 〔法〕阿尔弗雷德. 格罗塞：《身份认同的困境》，王鲲译，社会科学文献出版社，2010。

43. 〔美〕彼得·伯格、托马斯·卢克曼著：《现实的社会构建》，汪涌译，北京大学出版社，2009。

44. 〔美〕丹尼尔·贝尔：《后工业社会的来临》，商务印书馆，1984。

45. 〔英〕Richard·Jenkins：《社会认同》，王志弘、许妍飞译，巨流图书有限公司，2006。

46. 威廉·格拉瑟（William Glasser）：《认同社会》（The Identity Society），傅宏译，桂冠图书股份有限公司，1994。

四 部分论文

1. 李建平：《大力开展文本研究，推进马克思主义理论的创新》，《福建师范大学学报》（哲学社会科学版）2007 年第 4 期。

2. 李建平：《论马克思主义的生命力和竞争力》，《福建师范大学学报》（哲学社会科学版）2006 年第 6 期。

3. 郑传芳：《改革开放与防腐倡廉建设》，《福建农林大学学报》（哲学社会科学版）2008 年第 6 期。

4. 郑传芳：《党的十七大的重大贡献》，《福建农林大学学报》（哲学社会科学版）2008 年第 1 期。

5. 苏振芳：《建设社会主义核心价值体系：坚持马克思主义在社会主义核心价值体系中的指导地位》，《福建师范大学学报》（哲学社会科学版）2008 年第 1 期。

6. 苏振芳：《用社会主义核心价值体系引领网络文化建设》，《中共福建省委党校学报》2009 年第 2 期。

7. 苏振芳：《加强文化管理，促进和谐文化建设》，《思想理论教育导刊》2009 年第 2 期。

8. 何贻纶：《构建马克思主义国际关系理论体系的若干思考》，《福建师范大学学报》（哲学社会科学版）2009 年第 1 期。

9. 何贻纶：《国家安全观刍议》，《政治学研究》2004 年第 3 期。

10. 郑又贤：《论预防权力腐败的主要难题》，《福建行政学院学报》2009 年第 1 期。

11. 郑又贤：《关于中国特色社会主义理论体系主要特征的辩证思考》，《马克思主义研究》2008 年第 12 期。

12. 林修果：《防腐倡廉工作中思想政治教育的定位与创新》，《党政干部学刊》2009 年第 4 期。

13. 林修果：《公共治理：建构和谐社会的一种行政学范式读解》，《马克思主义与现实》2005 年第 5 期。

14. 杨立英：《马克思经济伦理思想与和谐社会的制度伦理建设》，《思想理论教育导刊》2009 年第 4 期。

15. 杨立英：《意识形态、经济发展与科学发展观的价值合理性》，《马克思主义与现实》2006 年第 2 期。

16. 杨立英：《论网络思想政治教育的主客体关系特性与教育创新》，《思想理论教育导刊》2005 年第 11 期。

17. 杨立英：《现代公民教育的方法论思考》，《思想理论教育导刊》2004 年第 10 期。

18. 陈永森：《和谐社会与公民的公共精神》，《思想理论教育》2008 年第 23 期。

19. 陈永森：《公私观与和谐社会的制度安排》，《甘肃社会科学》2006 年第 2 期。

20. 陈桂蓉：《公民："以人为本"的主体》，《福建师范大学学报》（哲学社会科学版）2009 年第 3 期。

21. 陈桂蓉：《公共突发事件视野下的公民伦理精神》，《科学社会主义》2007 年第 1 期。

22. 陈桂蓉：《公共文明建设价值新议》，《道德与文明》2008 年第 3 期。

23. 王岗峰：《以人为本是和谐社会的本质和核心》，《福建师范大学学报》（哲学社会科学版）2006 年第 1 期。

24. 潘一禾：《当代中国青年的社会建设参与和社会认同构建》，《中国青年研究》2008 年第 9 期。

25. 潘一禾：《多元认同方式与国际社会认同》，《杭州师范大学学报》（社会科学版）2008 年第 4 期。

26. 邓志松：《公民教育与认同政治：以国家认同教育为例》，《通识教育季刊》2005 年第 1 期。

27. 李琦：《公民社会理论视角下的认同问题探究——从黑格尔到哈贝马斯》，《思想战线》2008 年第 2 期。

28. 胡献忠：《论〈公务员法〉对青年公务员现代政治人格的塑造》，《天中学刊》2008 年第 4 期。

29. 张向东：《认同的概念辨析》，《湖南社会科学》2006 年第 3 期。

30. 王增收、张飞：《公民政治行为能力：思想政治教育与政治认同的连接点》，《湖北社会科学》2007 年第 3 期。

31. 赵金山、张书站：《构建社会主义和谐社会的社会认同机制》，《河北学刊》2006 年第 5 期。

32. 梅萍：《国外公民道德认同的方式及其启示》，《教育科学》2008 年第 2 期。

33. 张昭国：《论和谐社会的话语宣传与社会认同》，《中共济南市委党校学报》2008 年第 1 期。

34. 韩震：《论全球化进程中的多重文化认同》，《求是学刊》2005 年第 5 期。

35. 刘泽雨：《内化认同：社会主义核心价值体系建设的一个重要问题》，《马克思主义与现实》2007 年第 5 期。

36. 方文：《群体资格：社会认同事件的新路径》，《中国农业大学学报》（社会科学版）2008 年第 1 期。

37. 周宪：《认同建构的宽容差异逻辑》，《社会科学战线》2008 年第 1 期。

38. 吕磊：《社会认同、政治制度和民族认同的建立——以西欧的历史经验为基础的一般性讨论》，《世界经济与政治论坛》2003 年第 1 期。

39. 赵志裕、温静、谭俭邦：《社会认同的基本心理历程——香港回归中国的研究范例》，《社会学研究》2005 年第 5 期。

40. 张莹瑞、佐斌：《社会认同理论及其发展》，《心理科学进展》2006 年第 3 期。

41. 王沛、刘峰：《社会认同理论视野下的社会认同威胁》，《心理科学进展》2007 年第 5 期。

42. 王邦佐、谢岳：《社会整合：21 世纪中国共产党的政治使命》，《学术月刊》2001 年第 7 期。

43. 卢绍君、徐坡岭：《社会主义信念的价值认同、理论认同及其变化轨迹》，《探索》2000 年第 1 期。

44. 李笃武：《社会转型期主流意识形态认同危机与对策》，《河南师范大学学报》（哲学社会科学版）2006 年第 2 期。

45. 曾盛聪：《试论现代思想政治教育的管理价值》，《思想教育研究》2002 年第 7 期。

46. 渠敬东：《涂尔干的遗产：现代社会及其可能性》，《社会学研究》1999 年第 1 期。

47. 陆学艺：《当代中国社会结构与社会建设》，《学习时报》2010 年第

551 期，第 4 版。

48. 齐忠恒：《现代社会认同建构的基础》，《南京工业职业技术学院学报》2006 年第 1 期。

49. 李淑梅：《意识形态与人的社会认同》，《学习与探索》2005 年第 5 期。

50. 李强：《职业共同体：今日中国社会整合之基础——论"杜尔克姆主义"的相关理论》，《学术界》（双月刊）2006 年第 3 期。

51. 涂洪波：《制度分析：对新制度主义的一种解读》，《广东社会科学》2006 年第 6 期。

52. 李友梅：《重塑社会认同与探索社会自我调适系统》，《探索与争鸣》2007 年第 2 期。

53. 李友梅：《重塑转型期的社会认同》，《社会学研究》2007 年第 2 期。

54. 王成兵：《对当代认同概念的一种理解》，《学习与探索》2004 年第 6 期。

55. 吴永红：《分化与整合：全球化时代的社会认同》，《学术论坛》2008 年第 5 期。

56. 张娟、金娜：《当代中国中间阶层的社会认同分析》，《理论观察》2007 年第 2 期。

57. 孙晓伟：《意识形态：中国共产党政治权威合法性认同的思想基础》，《岱宗学刊》2003 年第 7 期。

58. 史炳军、马朝琦：《危机与回应：和谐社会的文化认同》，《社会科学家》2006 年第 5 期。

59. 高一虹、李玉霞、边永卫：《从结构观到建构观：语言与认同研究综观》，《语言教学与研究》2008 年第 1 期。

60. 邓治文，卿定文：《大学生的社会认同状况研究——以某高校为例》，《长沙理工大学学报》（社会科学版）2006 年第 2 期。

61. 杨宜音：《"社会认同的理论与经验研究"工作坊召开研讨会》，《社会学研究》2005 年第 4 期。

62. 徐颂陶、王鼎、陈二伟：《中国干部人事制度改革 30 年》，《中国人才》2007 年第 12 期。

63. 李培林：《另一只看不见的手：社会结构转型》，《中国社会科学》1992 年第 5 期。

64. 李培林：《中国贫富差距的心态影响和治理对策》，《江苏社会科学》2001 年第 3 期。

65. 沈传亮、王伟：《公务员群体的职业地位分析》，《国家行政学院学报》2006 年第 1 期。

66. 周实、刘亚静：《日本〈国家公务员伦理法〉的特征及启示》，《东北大学学报》（社会科学版）2006 年第 1 期。

67. 方旭光：《政治认同：思想政治教育的目标取向》，《思想理论教育》2006 年第 1 期。

68. Li Youmei. Rebuilding Basic Social Identity and a New Collective Cooperative Capacity [J]. SOCIAL SCIENCES IN CHINA Autumn 2007.

69. Leonie Huddy. From Social to Political Identity：A Critical Examination of Social Identity Theory [J]. Political Psychology, Vol. 22, No. 1 （Mar., 2001）, pp. 127 – 156.

70. Peter Foreman and David A. Whetten. Members´ Identification with Multiple – Identity Organizations [J]. Organization Science, Vol. 13, No. 6 （Nov. – Dec., 2002）, pp. 618 – 635.

71. Stephen Reicher. The Context of Social Identity：Domination, Resistance, and Change [J]. Political Psychology, Vol. 25, No. 6, Symposium：Social Dominance and Intergroup Relations （Dec., 2004）, pp. 921 – 945.

72. Marilynn B. Brewer. The Many Faces of Social Identity：Implications for Political Psychology [J]. Political Psychology, Vol. 22, No. 1 （Mar., 2001）, pp. 115 – 125.

73. Steven Greene. Understanding Party Identification：A Social Identity Approach [J]. Political Psychology, Vol. 20, No. 2 （Jun., 1999）, pp. 393 – 403.

74. Jackman, MR, &Jackman, RW, "An Interpretation of the relation between objective and subjective social status." American Sociological Review, vol. 38, 5 （October, 1973）, pp. 569 – 582.

后　记

搁笔已是夜深人静时分，虫鸣蛙叫声中的党校分外怡人，夏夜雨后的凉风吹得博士学习期间的酸甜苦辣重又涌上心头。本书是在博士学位论文的基础上修改而成，如果没有中共福建省委党校文库出版经费的全力资助，我博士学习阶段的研究成果就无法尽快面世。在此首先对党校文库编委会及评审专家致以深深的谢意。

在我的第一本书即将付梓之际，要感谢的人很多很多，从博士论文的写作到书稿的出版、从学习工作到生活，各位前辈同仁的指导、帮助与关爱历历在目……

深深地向恩师苏振芳教授和师母孙丽老师道声谢谢！从博士论文的选题到研究、从论文框架的确立到提纲的拟定、从论文初稿的提交到逐字逐句的修改，导师不仅给予具体细致的指导，而且不断启发我的科研思维和写作能力，更以渊博的学识、宽厚的胸怀、严谨的态度为弟子们立下治学的榜样。师母孙丽老师对我们学习生活的关心无微不至，同样令人难以忘怀。

深深地向博士指导小组的导师们道声谢谢！从论文的开题到答辩，李建平教授、郑传芳教授、郑又贤教授、何贻纶教授、林修果教授、杨立英教授、陈桂蓉教授、王岗峰教授、陈永森教授和赵麟斌教授都提出了许多宝贵的意见，他们高屋建瓴的指点令人茅塞顿开，我在论文的进一步修改中也尽力加以消化和吸收，但由于个人的能力和水平问题，尚有一些建议只有留待日后做持续而深入的研究了。在此谨向各位导师致以真挚的谢意！

深深地向中共福建省委党校的领导同仁们道声谢谢！不能忘记凌厚锋

教授如沐春风般的循循教导；不能忘记刘大可副校长无私宽容的善意指点；不能忘记党校文库编委会评审专家亦师亦友般的点拨帮助；不能忘记党校科研处细致周到的督促支持；不能忘记社会发展研究所各位同事不分彼此的鼎力相助；更不能忘记许许多多党校同仁们情同家人般的热情鼓励和默默相助……

深深地向工作生活中的好友同窗们道声谢谢！福建师范大学的孟迎芳副教授在 SPSS 软件的使用分析上给予全力指导和无私帮助；福建师大马克思主义学院的林秀琴老师、许珍老师，师兄谢宏忠博士、廖志诚博士和同窗黄雯、曾志云、叶琛、郑启福博士等人给予关心帮助和精神鼓励；浙江省委党校的徐彬副教授夫妇、福州市教育学院的徐丽红老师夫妇、晋安区国土资源管理局张成夫妇等人给予细致入微的关心支持，在此一并表示最诚挚的感谢！

深深地向本书的主角们和辛勤工作者们道声谢谢！感谢党校学员、被调查对象的鼎力支持，感谢蓝凯英提供的加入中央国家机关团工委课题组的机会，感谢师大心理学系硕士研究生许小凤、陈蓉等为调查数据录入所做的辛勤工作，感谢本书历次匿名评审专家的精辟建议，感谢社会科学文献出版社王绯主任和郑茵中编辑，她们为本书的顺利出版投入了大量心血，专业而中肯的建议让本书增色不少。

最后要特别感谢家人的理解和支持，父母的殷切期盼和尽心尽力、先生的默默奔忙和全力协助、女儿的乖巧懂事和美好心愿，我都一一纳藏心中！唯有将这为人女、为人妻、为人母的种种遗憾和庆幸之处，化作学习工作的不竭动力，以加倍的努力，力争更多的收获，才对得起导师、朋友、家人的无私付出！谨以此自勉！

孙秀艳

2012 年 7 月于有福之州

图书在版编目（CIP）数据

演进与形塑：青年公务员的社会认同/孙秀艳著.--北京：社会科学文献出版社，2012.12（2019.6重印）

（海西求是文库）

ISBN 978-7-5097-4181-8

Ⅰ.①演… Ⅱ.①孙… Ⅲ.①青年-公务员-社会地位-研究-中国 Ⅳ.①D630.3

中国版本图书馆 CIP 数据核字（2012）第 317698 号

·海西求是文库·

演进与形塑：青年公务员的社会认同

著　　者／孙秀艳

出 版 人／谢寿光
项目统筹／王　绯
责任编辑／郑茵中　关晶焱

出　　版／社会科学文献出版社·社会政法分社（010）59367156
　　　　　　地址：北京市北三环中路甲29号院华龙大厦　邮编：100029
　　　　　　网址：www.ssap.com.cn
发　　行／市场营销中心（010）59367081　59367083
印　　装／三河市龙林印务有限公司

规　　格／开　本：787mm×1092mm　1/16
　　　　　　印　张：22.25　字　数：363千字
版　　次／2012年12月第1版　2019年6月第4次印刷
书　　号／ISBN 978-7-5097-4181-8
定　　价／68.00元